卓越教师培养计划系列教材

主编 李正春

应用文写作与例文剖析
Practical Writing

主 编 朱全福

副主编（以姓氏笔画为序）

沈 华 梁丽英 路海洋

暨南大学出版社
JINAN UNIVERSITY PRESS

中国·广州

图书在版编目（CIP）数据

应用文写作与例文剖析/朱全福主编. —广州：暨南大学出版社，2012. 8
（2024. 7 重印）
（卓越教师培养计划系列教材）
ISBN 978 - 7 - 5668 - 0198 - 2

Ⅰ. ①应… Ⅱ. ①朱… Ⅲ. ①汉语—应用文—写作 Ⅳ. ①H152. 3

中国版本图书馆 CIP 数据核字（2012）第 086449 号

应用文写作与例文剖析
YINGYONGWEN XIEZUO YU LIWEN POUXI
主　编：朱全福

出 版 人：阳　翼
策划编辑：杜小陆
责任编辑：杜小陆　黄海燕
责任校对：黄　颖
责任印制：周一丹　郑玉婷

出版发行：暨南大学出版社（511434）
电　　话：总编室（8620）31105261
　　　　　营销部（8620）37331682　37331689
传　　真：（8620）31105289（办公室）　37331684（营销部）
网　　址：http：//www. jnupress. com
排　　版：广州良弓广告有限公司
印　　刷：广东虎彩云印刷有限公司
开　　本：787mm×960mm　1/16
印　　张：23. 5
字　　数：484 千
版　　次：2012 年 8 月第 1 版
印　　次：2024 年 7 月第 6 次
定　　价：58. 00 元

（暨大版图书如有印装质量问题，请与出版社总编室联系调换）

总　序

　　为贯彻落实《国家中长期教育改革和发展规划纲要（2010—2020）》精神和教育部实施的"卓越教师"培养计划要求，切实做好教师教育培养改革试点工作，切实提高学生教育教学能力，我们启动了"卓越教师"培养计划。"卓越教师"培养计划系列教材是我校综合性创新项目——"文史类师范专业'卓越教师'培养方案的研究与实践"的成果。

　　"卓越教师"培养计划以培养德智体美全面发展，适应基础教育改革与发展需求，具有"新理念、新知识、新技能"教师素养，掌握"会备课、会上课、会当班主任、会研究"教师专业技能，胜任基础教育教学需要的新型师资为培养目标。

　　熟练组织学生合作学习、自主学习、研究性学习，是当今基础教育创新性人才培养的重要途径，也是教师走向卓越必备的专业技能。作为基础教育师资培养的摇篮，高校教师教育在教育理念、教育技能上要与基础教育的改革"无缝对接"，需要有一套体现创新精神的配套教材，以配合新时期基础教育的改革所需。"卓越教师"必须学会研究教学课程，研究教学策略，研究教学对象。同时，还必须成为学生学习的导师，引导学生"学会合作"、"学会学习"、"学会研究"。学会合作，双赢共进，有利于形成取长补短、相携互助的协作氛围。学会学习，与时俱进，养成苦耕不辍、终身学习的习惯。学会研究，让学生成为学习的主体，使学生个性得以充分发挥，培育学生的创新精神。

　　编写系列教材正是落实"卓越教师"培养计划的重要举措。本套教材围绕教育部实施的"卓越教师"培养计划要求，从体例、内容到实践环节上进行了新尝试。围绕自主学习、合作学习、研究性学习来设计课程内容和实践环节，有针对性地解决在课程教学中遇到的问题，方便教学活动的组织，有利于提升教师综合教学能力，对学生自主学习、研究性学习和合作学习的能力训练也提供了一个很好的平台。

　　这套系列教材按课程立卷，各卷实行主编负责制。各卷由主编或特约专家撰写一篇前言，简要评述该教材的内容、体例及特点。

　　"卓越教师"培养计划系列教材编审委员会由李正春、阮堂明、叶文宪、朱全福、师为公、孙虎、沈华组成。阮堂明、师为公、朱全福、孙虎任丛书副主编和分卷主编。

　　这套教材由暨南大学出版社人文编辑室主任杜小陆先生倡议，他对丛书的编辑出版工作多次提出了重要的指导性意见，并一直鼎力支持。丛书总主编李正春教授为这套丛书总体计划的拟订和前期编审工作做了大量工作。各卷主编和编者付出了辛勤劳动。对此，我们深表谢意。

　　限于水平，这套丛书的编、审工作还存在不妥和不足之处，敬请读者不吝指正为感。

卓越教师培养计划系列教材编审委员会

2012 年 6 月

前　言

在现代社会中，应用文与人们日常的生活和工作有着非常密切的关系，是人们在交流思想、处理事务、通报情况、解决实际问题时经常要运用到的一种写作工具。当前，我国正处在社会主义市场经济的初级阶段，各行各业都在以极大的热情呼唤各类应用文写作的专门人才的出现。特别是对当代大学生而言，了解应用文写作的知识、提高应用文写作的能力和水平已经是他们必备的条件之一。叶圣陶先生在 1981 年 8 月同《写作》杂志编辑部人员座谈时指出："大学毕业生不一定要能写小说、诗歌，但一定要能写工作和生活中实用的文章，而且非写得既通顺又扎实不可。"

写作分为文学写作和应用写作两大块。对于许多人而言，也许他可能一辈子都不会去搞文学创作，费尽心机去写作诗歌、小说、散文、戏剧这样的文学作品，但他不可能一辈子不接触、不运用应用文。因为应用文与我们的生活、工作、人际交往的关系实在太密切了。从大的方面来说，我们要了解国家大事，就要通过报刊、广播、电视、网络中播报的大量消息、新闻报道，获取最新的时事动态；依法治国，要颁布各种法律、法规来维持国家的稳定、维护公民的合法权益；召开重要会议，要刊发会议文件和决定，以便贯彻落实会议精神和加强宣传指导；党政机关开展工作、布置任务，要印发大量公文，以利于工作的顺利推进和行之有效。从小的方面来说，一个人的生老病死、衣食住行、吃喝拉撒、升迁调动、婚丧嫁娶等都与应用文息息相关。人出生时报户口要出具准生证，死亡后送火葬场要开具死亡证明；上学了要制订学习计划，工作了要撰写工作总结；得到别人的帮助要写感谢信，亲朋好友晋升要写祝贺信；自己犯错违纪要写检讨书，别人侵犯了你的权益要写起诉书；买房子要签订协议书，租房子也要签订租房合同；走在大街上满眼皆是花花绿绿的广告牌；打开电视，动辄就是电视广告片；当老师的要写教案，做医生的要写病历，研究人员要提交科研项目申请书、发表科研论文。人生最激动、最浪漫的结婚典礼，有很多仪式流程皆是通过应用文的实际参与才能顺利进行的，如司仪妙语连珠的祝福语，主婚人致辞，来宾贺词，家长答谢词，新郎新娘誓词等，缺一不可，而且应用文写作水平的高超对婚礼的喜庆氛围和热烈场面无疑会起到渲染烘托的作用。

总之，办公事要写公务文书，办私事要写私务文书，即使不常写，也会经常接触或使用到应用文，大多数人或多或少这辈子都会与应用文发生千丝万缕的联系。应用文写作已经扩展到我们日常生活、工作的各个方面和领域，市场经济的高速发展、管理工作的科学高效、信息交流的快速迅捷、人际交往的频繁互动，都需要撰写出规范的、高质量的应用文，才能使各方面的工作顺利展开。各行各业也迫切需要具有较高应用文写作技能的专业人才，这是大势所趋，也是对当代大学生走出校门、服务社会、施展才华、展示能力的一种要求和考验。熟练、规范地写作和使用好各类应用文体，可以使自己的工作更有效率、交往更美好、人生更精彩。因此，我们应该认真学习应用文写作的相关理论知识和写作技能，了解各类应用文体的特点和写作要求，不断提高自己应用文写作的实际水平。

本教材共分十一章，前面四章主要是对应用文写作的基础知识（包括基本理论和技能技巧）展开介绍和论述，后面七章是对应用文文体写作知识和写作方法、技巧的论述和阐释。由于应用文的文种发展至今已经有几千种之多，一部教材不可能全部涵括，所以在应用文文体知识的介绍上，本教材以应用文文体为纲，以应用文文种为目，先分成七大文体，即公文文书、事务文书、公关礼仪文书、职场文书、财经应用文书、新闻文书和法律文书，再在每一文体中列出当今最常用、最需熟悉和掌握的一些应用文文种加以阐释。

本教材在体例的编排上，先介绍应用文写作的基本理论和基础知识，以便学生了解和熟悉应用文写作的基本原理和方法、技巧，为应用文的文体写作打下坚实的基础；然后重点介绍七大应用文文体的写作知识和技巧。这部分内容的展开，在编排的形式上是一致的：各章的第一节是某一应用文文体概述，接着是此文体所包含的最常用的应用文文种的阐释，在对某一应用文文种的阐释上，按文种概述、文种的写作要领、文种的写作要求和例文评析这四个部分来展开。同时，为了加强对学生自主学习、合作学习、研究性学习能力的培养，本教材的每一章后面都设置了一定数量的自主学习和延伸学习的练习题，让学生学以致用，以更有效地提高他们的应用文写作水平和能力。

　　本教材的特点主要体现在以下几个方面：一是将应用文的写作理论和应用文的写作实践紧密结合，光说不练或光练不说都不利于学生应用文写作水平的提高，因此本教材在各章节中，在对应用文写作理论进行阐释后，都选用了经典的例文并加以评析，还列出了练习题和思考题，加强对学生写作环节的训练；二是在例文的选用上，突出经典、实用和新鲜。经典是指选用古代优秀的、千古传诵的应用文名篇佳作，实用是指选用指导性强、使用频率高、在日常的工作和生活中不可或缺的应用文；新鲜是指选用近年来尤其是近一两年刚刚新鲜出炉的与人们的工作和生活密切相关的应用文，从中体现出目前应用文写作的最新趋势和动向；三是精练简洁，注重实用，不求面面俱到。无论是应用文文体的选择还是应用文文种的甄别，都以实际工作、生活所需为出发点。不贪多求全，宁缺毋滥。在应用文写作理论、方法技巧的阐释上努力做到简洁明了，突出重点，围绕具体的写作环节要言不烦地加以论述，避免烦琐和旁征博引。四是教材的第五章"公文文书写作"所介绍和阐释的内容，是按照中共中央办公厅、国务院办公厅最新印发的《党政机关公文处理工作条例》来编写的，体现出与时俱进的特色。

　　由于水平有限，本教材在编写过程中还存在许多疏漏和不足，敬请专家及使用本教材的师生、读者给予批评和指正。

目　录

第一章 绪 论

第一节 应用文写作概述

一、应用文的含义

应用文是指国家机关、企事业单位、社会团体、人民群众在日常生活或工作中，为处理公私事务而经常使用的、具有某种惯用格式和直接应用价值的文章，包括公务文书和私务文书两大类，它是完成具体工作或办事的一种工具。这一概念有三个内涵：

一是应用文写作的用途。凡个人与个人之间、机关团体与机关团体之间或个人与机关团体之间，在实际生活、学习和工作中需要交流信息、协调或者指导工作、寻求问题的解决等，就会从事这样一种书面表达活动，即应用文的写作。

二是应用文写作具有规范性，即应用文的文体格式、语言表达，甚至书写位置等均有一定的写作规范要求。每一种应用文体都有相对固定的模式。这种规范，有的是约定俗成的，有的则是明文规定的，是我们在写作应用文时不能随意更改或突破的。

三是应用文写作以书面语言为工具。应用文是以文字为载体的一种书面表达，使用的不是口头化的语言。而且应用文的用语应该更严密、更简洁、更规范。

"应用文"一词，最早出现于宋代。北宋苏轼在《答刘巨济书》中说："向在科场时，不得已作应用文，不幸为人传写，深为羞愧。"苏轼的这篇科场作文，题目为"为政之宽严"，是一篇策论。南宋张侃的《拙轩集·跋陈后山再任教官谢启》一文的开篇，就指出"骈四俪六，特应用文耳"。在历史上确实有过用骈体文写作应用文的现象，但"骈四俪六"并不限于应用文体，其他的文章也可以用骈体文来写，而且应用文并非都是"骈四俪六"的形式。可见，宋代虽然使用过"应用文"这一名称，但并没有把它作为专用的文体概念，也未对其内涵和外延作出科学的界定。

清代刘熙载是最早将"应用文"作为文体概念提出的学者，他在《艺概·文概》中指出："辞命体，推之可为一切应用之文。应用文有上行，有平行，有下行，重其辞乃所以重其实也。"他强调了应用文重实用、讲实效的特点。后来，徐望之在《尺牍通论》中对此作了进一步阐述："有用于周应人事者，若书札、公牍、杂记、序跋、箴铭、颂赞、哀祭等类，我名之曰'应用之文'。"这段话对应用文包含的文种进行了归纳。1931年，陈子展撰写的《应用文作法讲话》出版，该书从社会上经常使用的应用文体中，择出公牍文、电报文、书启文、庆吊文、联语文、契据文、广告文、规章文、题署文九种，"每论一体，于其类别、法式、得失、源流，莫不一一指陈"。其对应用文概念的界定已与我们今天的认识比较接近。

中华人民共和国成立后，"应用文"这一概念被广泛使用，人们也有了比较一致的看法。除了上面我们提到的概念，这里再列举几个比较有代表性的定义。台湾学者张仁青在《应用文》一书中说："凡个人与个人之间，或机关团体与机关团体之间，或个人与机关团体之间，互相往来所使用之特定形式之文字，而为社会大众所遵循、共同使用者，谓之应用文。"香港学者陈耀南在《应用文概说》一书中说："应用文，就是'应'付生活，'用'于实务的'文'章，凡个人、团体、机关相互之间，公私往来，用约定俗成的体裁和术语写作，以资交际信守的文字，都叫应用文。"

了解了应用文的含义，我们就能根据应用文写作的特殊性，快速有效地写作出规范、符合实际需要的应用文。

二、应用文写作

应用文写作，顾名思义，就是关于实际应用的写作。它与文学写作有很大的不同。文学写作又叫文学创作。它是用形象思维的方式，通过塑造人物形象，展现独特的生活场景，抒发情感来打动人、感染人，从而达到鼓舞人、教育人或消遣娱乐的目的。它可以用虚构、想象、夸张等手法，创造典型，不需要与现实生活中的具体人或事一一对应。而应用文写作则不同，它是用逻辑思维的方式，通过质朴的语言，表达作者的意图和主张，告诉人们做什么、怎么做，有一说一，有二说二，不允许虚构、夸张，以取得行文的实用效果。试比较下面两段文字：

第十届全国人民代表大会常务委员会公告（第二十三号）

最近，浙江省人大常委会补选赵洪祝为第十届全国人民代表大会代表。香港特别行政区第十届全国人民代表大会代表出缺1名，根据《中华人民共和国香港特别行政区选举第十届全国人民代表大会代表的办法》的规定，递补何钟泰为第十届全国人民代表大会代表。全国人民代表大会常务委员会同意代表资格审查委员会的审查报告，确认赵洪祝、何钟泰的代表资格有效。

　　黑龙江省人大常委会罢免了孙升昌的第十届全国人民代表大会代表职务，上海市人大常委会罢免了陈良宇的第十届全国人民代表大会代表职务，山东省人大常委会罢免了段义和的第十届全国人民代表大会代表职务，河南省人大常委会罢免了包建民的第十届全国人民代表大会代表职务。依照代表法的有关规定，孙升昌、陈良宇、段义和、包建民的代表资格终止。

　　现在，第十届全国人民代表大会实有代表2969人。

　　特此公告。

全国人民代表大会常务委员会

　　上面这则公告用简洁的文字向人们告知赵洪祝、何钟泰两人被补选为全国人大代表；孙升昌、陈良宇、段义和、包建民四人被罢免全国人大代表职务，终止全国人大代表资格。有一说一，实实在在，没有任何的修饰和夸张，文章的主旨十分明确，完全符合应用文用于实际的写作要求。下面我们再看《水浒传》中"武松打虎"这段文字：

武松打虎

　　这武松提了哨棒，大着步，自过景阳冈来。约行了四五里路，来到了冈子下，见一大树，刮去了皮，一片白，上写两行字。武松也颇识几字。抬头看时，上面写道："近因景阳冈大虫伤人，但有过往客商，可于巳、午、未三个时辰结伙成队过冈。勿请自误。"

　　武松看了，笑道："这是酒家诡诈，惊吓那等客人，便去那厮家里宿歇。你却怕甚么鸟！"横拖着哨棒，便上冈子来。

　　那时已有申牌时分。这轮红日，厌厌地相傍下山。武松乘着酒兴，只管走上冈子来。走不到半里多路，见一个败落的山神庙。行到庙前，见这庙门上贴着一张印信榜文。武松住了脚读时，上面写道："阳谷县示：为这景阳冈上，新有一只大虫，近来伤害人命。见今杖限各乡里正并猎户人等行捕，未获。如有过往客商人等，可于巳、午、未三个时辰结伴过冈。其余时分及单身客人，白日不许过冈。恐被伤害性命不便。各宜知悉。"

　　武松读了印信榜文，方知端的有虎。欲待转身再回酒店里来，寻思道："我回去时，须吃他耻笑，不是好汉，难以转去。"存想了一回，说道："怕甚么鸟！且只顾上去，看怎地！"

　　武松正走，看看酒涌上来，便把毡笠儿背在脊梁上，将哨棒绾在肋下，一步步上那冈子来。回头看这日色时，渐渐地坠下去了。此时正是十月间天气，日短夜长，容易得晚。武松自言自说道："那得甚么大虫？人自怕了，不敢上山。"武松走了一直，酒力发作，焦热起来。一只手提着哨棒，一只手把胸膛前袒开，踉踉跄跄，直奔过乱树林来。见一块光挞挞大青石，把那哨棒倚在一边，放翻身体，却待要睡，只见发起一阵狂风来。看那风时，但见：

> 无形无影透人怀，四季能吹万物开。
>
> 就树撮将黄叶去，入山推出白云来。

原来但凡世上云生从龙，风生从虎。那一阵风过处，只听得乱树背后扑地一声响，跳出一只吊睛白额大虫来。武松见了，叫声："呵呀！"从青石上翻将下来，便拿那条哨棒在手里，闪在青石边。

那个大虫又饥又渴，把两只爪在地下略按一按，和身望上一扑，从半空里蹿将下来。武松被那一惊，酒都做冷汗出了。说时迟，那时快，武松见大虫扑来，只一闪，闪在大虫背后。那大虫背后看人最难，便把前爪搭在地下，把腰胯一掀，掀将起来。武松只一躲，躲在一边。大虫见掀他不着，吼一声，却似半天里起个霹雳，振得那山冈也动。把这铁棒也似虎尾倒竖起来，只一剪，武松却又闪在一边。原来那大虫拿人，只是一扑，一掀，一剪。三般提不着时，气性先自没了一半。

那大虫又剪不着，再吼了一声，一兜，兜将回来，武松见那大虫复翻身回来，双手轮起哨棒，尽平生气力，只一棒，从半空劈将下来。只听得一声响，簌簌地将那树连枝带叶，劈脸打将下来。定睛看时，一棒劈不着大虫，原来打急了，正打在枯树上，把那条哨棒折做两截，只拿得一半在手里。

那大虫咆哮，性发起来，翻身又一扑，扑将来。武松又只一跳，却退了十步远。那大虫恰好把两只前爪搭在武松面前。武松将半截棒丢在一边，两只手就势把大虫顶花皮揪住，一按按将下来。那只大虫急要挣扎，早没了气力。被武松尽气力纳定，那里肯放半点儿松宽。武松把只脚望大虫面门上、眼睛里只顾乱踢。那大虫咆哮起来，把身底下扒起两堆黄泥，做了一个土坑。武松把那大虫嘴直按下黄泥坑里去。那大虫吃武松奈何得没了些气力。武松把左手紧紧地揪住顶花皮，偷出右手来，提起铁锤般大小拳头，尽平生之力，只顾打。打得五七十拳，那大虫眼里、口里、鼻子里、耳朵里，都迸出鲜血来。那武松尽平昔神威，仗胸中武艺，半歇儿把大虫打做一堆，却似躺着一个锦皮袋。有一篇古风，单道景阳冈武松打虎。但见：

> 景阳冈头风正狂，万里阴云霾日光。
>
> 焰焰满川枫叶赤，纷纷遍地草芽黄。
>
> 触目晚霞挂林薮，侵人冷雾满穹苍。
>
> 忽闻一声霹雳响，山腰飞出兽中王。
>
> 昂头勇跃逞牙爪，谷口麋鹿皆奔忙。
>
> 山中狐兔潜踪迹，涧内獐猿惊且慌。

> 卞庄见后魂魄丧，存孝遇时心胆强。
>
> 清河壮士酒未醒，忽在冈头偶相迎。
>
> 上下寻人虎饥渴，撞着狰狞来扑人。
>
> 虎来扑人似山倒，人去迎虎如岩倾。
>
> 臂腕落时坠飞炮，爪牙爬处成泥坑。
>
> 拳头脚尖如雨点，淋漓两手鲜血染。
>
> 秽污腥风满松林，散乱毛须坠山崦。
>
> 近看千钧势未休，远观八面威风敛。
>
> 身横野草锦斑销，紧闭双睛光不闪。

当下景阳冈上那只猛虎，被武松没顿饭之间，一顿拳脚打得那大虫动弹不得，使得口里兀自气喘。武松放了手，来松树边寻那打折的棒橛，拿在手里，只怕大虫不死，把棒橛又打了一回。那大虫气都没了。武松再寻思道："我就地拖得这死大虫下冈子去。"就血泊里双手来提时，那里提得动。原来使尽了气力，手脚都酥软了，动弹不得。

这段文字用文学艺术的手法，通过作家的想象、虚构、夸张，将武松赤手空拳把一只吊睛白额老虎活活打死的前后经过绘声绘色地描写出来，把整个打虎的过程描写得惊心动魄、跌宕起伏，让人看了大呼过瘾。

"谈虎色变"是人们最普遍的心理，而武松却三拳两脚把老虎打死了。这个故事着实神奇，富有浪漫主义色彩。作者描写这个故事采用了环环相扣、层层相逼的手法，使情节逐步紧张起来。人物始终处在动态的画面上。先写虎讯。武松在酒店喝完酒，约走了四五里路，来到冈子下，见一大树，刮去了皮，一片白，上写："近因景阳冈大虫伤人，但有过往客商，可于巳、午、未三个时辰结伙成队过冈。勿请自误。"武松不信，认为是"酒家诡诈，惊吓那等客人，便去那厮家里宿歇"。走上冈子来，不到半里多路，见一个败落的山神庙，庙门上贴着一张印信榜文，写着："阳谷县示：为这景阳冈上，新有一只大虫，近来伤害人命。见今杖限各乡里正并猎户人等行捕，未获。"武松看了榜文才相信真的有虎。接着又写他的心理变化，他"欲待转身再回酒店里来"，却又寻思："我回去时，须吃他耻笑，不是好汉，难以转去。"这样，他才一步步迈上景阳冈。作者描写了武松不信——怀疑——确信的思想过程，这是合情合理的，合乎人们思想发展常规的。从行文上来说，一步一个浪花，浪浪相推，往高潮处发展。

文章三处提到巳、午、未三个时辰才能过冈，这就告诉人们，在别的时辰里，老虎经常上山出没，而武松过冈时，已是"这轮红日，厌厌地相傍下山"，这是既写武松的胆量，也给武松碰上老虎创造了条件，这是第一点。第二点，文章又三次提到，即使在这三个时辰中，过冈客人还须结伙成队而行，而武松却是单身过冈。单身客人而又遇到老虎，自然凶多吉少，不能不使读者替他捏一把汗。文章的紧张气氛自然而然增强了。这个时候，"正是十月间天气，日短夜长，容易得晚"。夜幕降下来，给人一种阴森气氛，给老虎出来吃人又创造了条件。第三点，也正在这个时候，"只见发起一阵狂风来……只听得乱树背后扑地一声响，跳出一只吊睛白额大虫来"。以上三点，一点一个大浪花，三点三个大浪花，把打老虎事件推向了高潮。接着一个波澜壮阔的打虎场面展示出来了。首先写大虫的威力，"那个大虫又饥又渴，把两只爪在地下略按一按，和身望上一扑，从半空里蹿将下来，武松被那一惊，酒都做冷汗出了"。这里把酒作了一个交代。第二步写武松手中唯一的武器——哨棒。作者在哨棒上作了许多文章，从武松"提了哨棒，便走上路"开始，到"提了哨棒，大着步，自过景阳冈来"，"横拖着哨棒，便上冈子来"，"将哨棒绾在肋下"，"一只手提着哨棒，一只手把胸膛前袒开"，"把那哨棒倚在一边，放翻身体"，"便拿那条哨棒在手里，闪在青石边"，"双手轮起哨棒，尽平生气力，只一棒"，"一棒劈不着大虫"，"把那条哨棒折做两截"。作者写"哨棒"的地方有十多处之多，可见哨棒对武松何等重要！这是他护身的唯一武器啊！可是，他却在这性命攸关的最紧迫的时刻失掉了这根哨棒。且看，"武松见那大虫复翻身回来，双手轮起哨棒，尽平生气力，只一棒，从半空劈将下来，只听得一声响，簌簌地将那树连枝带叶，劈脸打将下来，定睛看时，一棒劈不着大虫，原来慌了，正打在枯树上，把那条哨棒折做两截，只拿得一半在手里"。无奈，"武松将半截棒丢在一边"。只剩下赤手空拳，人们不能不再次替他捏一把冷汗。正是在这种重重压力之下，武松三拳两脚，把一只吊睛白额大虫打死，方显出英雄本色。作者用大量的语言写哨棒，显示出哨棒对武松的重要作用，因为武松一时一刻也离不开这件防身武器，妙就妙在最关键的时候，却又失掉了这根哨棒，剩下了赤手空拳。前面写哨棒是虚晃一招，后面写哨棒折为两截是现场实况，一虚写，一实写，有实有虚，有张有弛，文章就是这样进入高潮。这一描写不但充分体现了武松的勇气和惊人的绝技，而且文章波澜起伏，令人拍案叫绝。

作者写真的打虎场面着墨并不多，从"那大虫咆哮，性发起来，翻身又只一扑"到"半歇儿把大虫打做一堆，却似躺着一个锦布袋"。只不过三百多字，却写得逼真逼肖，神采飞扬，引人入胜。高潮之后，写武松"只怕大虫不死，把棒撅又打了一回"，至此，打虎的场面接近尾声。

整段文字多在动作中描写人物，以人物的行为去显示人物的性格，使打虎英雄武松的形象惟妙惟肖、跃然纸上、深入人心。这是文学的写作手法：形象，奇特，想象力丰富，人物形象富于传奇性。显然与应用文讲究实用、简洁朴实的写作手法有天壤之别。

第二节 应用文写作的流变

在人类历史发展的长河中，应用文写作的历史源远流长。而从写作的发展史来看，应用文写作在很长的一段时间里占据了中国写作史的主流，文学创作则是作为应用文写作的陪衬而出现的。

一、应用文的产生

文章的产生，源于实际应用的社会需求。文字产生之前，应用文写作的功能主要是由"结绳记事"所代替的。据《尚书》记载："古者伏羲氏之王天下也，造书契（指文字），以代结绳之政，由是文籍生焉。"这里的"文籍生焉"就是指应用文的产生。关于"结绳记事"，《老子》一书提到，"使民复结绳而用之"；《庄子》一书记载，"昔者……祝融氏、伏羲氏、神农氏，当是时也，民结绳而用之"；郑玄《周易注》指出："结绳为约，事大，大结其绳；事小，小结其绳。"从这些古典文献的记载中我们可以发现，上古时代的部族首领是借助于"结绳记事"的方式来实现社会管理，达到实用目的的。可见，在文字产生之前，人们为了社会管理和生活的需要，创造了"结绳记事"的方法，来辅助记忆、交流思想、处理事物，并起到备忘、征信、凭证的初步作用。

文字的出现为文章的产生准备了物质媒介，思维能力的发展使人们对事物的表述呈现出连贯性和规则性；有了书写工具，文章便具有了物化形态。这些因素组成"合力"，导致文章的产生，应用文也就应运而生。

殷墟甲骨刻辞，是迄今我们所能见到的最早的文章，也是我国最早出现的应用文，距今已有3500多年的历史。从1899年起，考古工作者陆续在河南安阳小屯殷墟遗址中出土的刻有文字的甲骨已超过10万片。甲骨，是龟甲和兽骨的总称，是古人占卜的用具，也是一种书写材料。商代帝王崇尚迷信，无论是祭祀、打仗、出巡，还是畜牧、耕种、灾害、疾病等，都要在神庙前用龟甲、兽骨占卜吉凶，然后将占卜的时间、参与人的姓名、所问事项以及事后结果，都刻在龟甲、兽骨上，存放在宗庙内保存起来，以备事后稽查。其中有的可视为殷商王室的档案或处理国事的文书。甲骨刻辞，最短的只有几个字，最长的有100多字。作为"文章"，这些刻辞显然很不完整，却是在漫长的原始社会的生产、生活、宗教、战争等实践中孕育出来的，是我们所能见到的最早的应用文。如：

　　戊辰卜，及今夕雨？弗及今夕雨？癸卯卜，今日雨。其自西来雨？其自东来雨？其自北来雨？其自南来雨？

——郭沫若《卜辞通纂》

　　以上甲骨卜辞是殷商王室某次祭祀求雨的情况记载，尽管只有几十个字，但内容相对完整，可看作应用文的雏形。

　　钟鼎铭文是继甲骨刻辞之后出现的一种应用文，它们刻在铜器上。据文献记载，我国夏代已能铸造青铜器，商周时代盛行在铜器上铸刻文字，因为大多铸刻在钟鼎上，故称钟鼎文。那时凡有重要文件需要长期保存或有重要事情需要记录，就铸造一件器物，把事情经过刻在上面传给子孙后代。因而青铜器上的铭文，记载着商、周、春秋等时代的重大政治、军事活动以及重要契约、册命、赏赐、诉讼等。铭文的内容大致有帝王的文德武功和征战胜利、统治者的命令、贵族豪门之间的物资交换活动等。这样不但有了公务文书，也有了私人物资交换的契约。周代的铭文比较繁复，有长达 500 字左右的。如毛公鼎全文 498 字，记载了周宣王为中兴周室，革除积弊，册命重臣毛公，要他忠心辅佐周王，以免遭丧国之祸，并赐给他大量物品，毛公为感谢周王，特自铸鼎记其事。

　　我国现存最早、保存最完整的文章总集是《尚书》。它是我国上古的历史文献和部分追述古代事迹的著作汇编，也是我国第一部以应用文为主体的历史文献总集。汉代以后被列为儒家经典之一，称为《书经》。其中记载的大多是虞、夏、商、周等四代帝王所发的文告、誓词等，诸如天子的号令、王公的讲话、君臣间的相告等。《尚书》的体例，分为典、谟、训、诰、誓、命六体。"典"即典常，它是记述上古典章制度的文书，如《尧典》《舜典》；"谟"，是臣下为君主就国家大事进行策划谋议的文件，如《大禹谟》《皋陶谟》；"训"用于教诲、开导，给后人以警示，如《伊训》；"诰"是训诫、勉励的文告，用以告诫、鼓舞民众，如《康诰》；"誓"是用兵征战时将士的誓词，如《汤誓》；"命"是君主的命令，帝王赐给臣子的诏书，如《顾命》。这些文种，相当于现代公文中的命令、布告、纪要等，都是机关应用文。《尚书》的篇章结构已相当完整，且有一定的章法，可视为我国古代应用文形成的标志，对后世影响巨大。

　　从甲骨刻辞到《尚书》，我们可以清楚地看到文章源于实用，最早的文章是应用文，而且其"尚实尚用"的传统从应用文产生之日起就贯穿始终，在后世被不断地发扬光大。

二、应用文的发展

（一）秦汉时期

秦始皇统一六国后，为了加强中央集权，统一了国家行政管理制度，其中就包括文书制度，这对应用文的发展起到了很大的促进作用，奠定了整个封建社会的公文体制基础。这时期文书制度的变化主要有三个方面的内容：一是文种增加，二是文体内涵发生变化，三是行文关系开始有了明显的区别。如改"命"为"制"、改"令"为"诏"；在以前文种的基础上，确定了"制"和"诏"两种下行文；确定了一种称为"奏"的上行文。

汉承秦制，并有所发展，刘勰在《文心雕龙》中指出："汉定礼仪，则有四品：一曰章，二曰奏，三曰表，四曰议。章以谢恩，奏以按劾，表以陈情，议以执异。"不仅文种增加了，而且各类文种的分工和要求也越来越明确，形式也随之越来越完备、固定。在推行公文的同时，民间的契约、书信之类的应用文也随着社会经济和人际交往的发展而发展、完善起来。以后历代文种的沿革都是在秦汉文种的基础上有所增换罢了。

秦汉时期，应用文特别是公务文书的格式、用语发生了很大变化，以反映上下等级森严、职责分明的封建等级制度。首先，区分了行文关系，明确地规定了上行和下行的文种，如在汉代明确皇帝对臣下用诏、制、策、敕，臣下对皇帝用章、奏、表、议。其次，确立了公文的避讳制度和抬头制度，行文中凡遇到皇帝之名，包括其同音字都要回避，凡遇到本朝代名、帝号或与皇帝言行有关的字，如制、旨等，都要换行顶格书写；先秦用印，不论君王与百官，都可称"玺"，秦始皇时"玺"是皇帝印章的专称，百官之印只能称印或章，以后的朝代都继承和发展了这种行文制度。大臣在行文时对皇帝的名字及有关字句都要采取避讳的态度，自称时必须使用谦词；撰写上行文时，文章的开头和结尾一般要有表示谦恭语气的惯用语，如开头称"臣某言"、"臣昧死言"，结尾说"稽首上书谢恩陈某"、"谨奉表以闻，臣某诚惶诚恐"等。

此外，汉代对应用文写作的人才非常重视，把应用文写作列为选拔人才的考试内容。这就使许多有才学的人致力于应用文写作，产生了众多名篇佳作。如贾谊的《陈政事疏》、《论积贮疏》，晁错的《论贵粟疏》，司马相如的《上书谏猎》、《喻巴蜀檄》等，至今仍脍炙人口。法律文书、经济文书，特别是私人应用文在汉代也有较大发展。书信这一文种，到汉代已成为文人学士们极为重要的交流方式，从司马迁的《报任安书》中，可以看出私人书信已形成明显的文体特点。其他还有碑、铭、吊等。"碑志"是用于墓葬的碑文，"碑"指的是墓碑铭，"志"指的是墓志铭。"铭"在公务文书中用来表扬功德，而私人应用文则用来自儆自戒，如崔瑗的《座右铭》。"吊"是借伤悼古人古事而发感慨，贾谊的《吊屈原赋》就是其代表。这些文种的名篇，对后世的应用文写作都产生了很大的影响。

（二）魏晋南北朝时期

魏晋南北朝时期是应用文发展的自觉时期，不仅在写作实践上名家名篇迭出，而且对应用文的写作理论的探索和研究也有重大贡献。这其中曹操父子应是居功至伟。曹操不仅提倡应用文，而且亲自撰写了许多规范、简明的应用文，如《让县自明本志令》、《求贤令》、《求逸才令》、《请增封荀彧表》等，鲜明地表达了自己的政见。曹丕的《与吴质书》，曹植的《与杨德祖书》、《求自试表》等，都是应用文的名篇。其他如诸葛亮的《出师表》、《诫子书》，孔融的《荐祢衡表》，嵇康的《与山巨源绝交书》，陶渊明的《自祭文》，李密的《陈情表》，王羲之的《与桓温笺》，孔稚珪的《北山移文》等，传世佳作，不胜枚举。

这时期应用文写作理论上的成果也十分突出。曹丕的《典论·论文》，将文章的社会作用提高到"经国之大业，不朽之盛事"的高度。他把文章分成四科八体，指出："盖奏议宜雅，书论宜理，铭诔尚实，诗赋欲丽。"对各种文体的写作要求区分非常明显。陆机的《文赋》把曹丕提出的四科八体扩展为十类，涉及碑、箴、颂等更多的应用文体，并对文体的特点和写作规律作了更深入的探索。挚虞的《文章流别论》是我国第一部文体学专论，而且主要是针对应用文体的，只是该书已流失，我们今天仅能看到十余则论述。刘勰的《文心雕龙》是一部体大思精的文学理论巨著，书中评论了 34 种文体，其中绝大部分是应用文体，他对每一种文体的名称、功能、源流、构成要素、写作要求及注意事项都作了阐述，且论述极其精到。

（三）隋唐宋时期

隋唐宋时期，是中国古代应用文发展的高峰期。其特点是名家辈出，名篇如云。隋文帝为强调应用文的实用性，曾下诏令"公私文翰，并宜实录"。李谔撰写《革文华书》一文，批评六朝时期的浮艳文风，要求"屏黜轻浮，遏制华伪"，让应用文回归实用的轨道。唐代韩愈、柳宗元发起的"古文运动"对推进应用文写作的发展和实用文风的出现起到了积极的作用。唐代涌现出一大批应用文写作的名家名作。如魏征的《谏太宗十思疏》，李华的《吊古战场文》，韩愈的《祭十二郎文》、《柳子厚墓志铭》、《平淮西碑》，柳宗元的《段太尉逸事状》，白居易的《与元微之书》，刘禹锡的《陋室铭》等，都是脍炙人口、传诵千古的佳作。

宋代的欧阳修、苏轼等人继承并光大了"古文运动"的成果，使得应用文写作不断地向前推进，并涌现出一大批名家名篇。如范仲淹的《答手诏条陈十事》，欧阳修的《谢致仕表》、《与高司谏书》，王安石的《上仁宗皇帝言事书》、《答司马谏议书》，苏轼的《答谢师民书》等。特别需要指出的是序跋文在宋代得到了较大的发展，并对后世影响很大。其中的名篇有欧阳修的《五代史伶官传序》、李清照的《金石录后序》、文天祥的《指南录后序》等。

唐宋时期公文文种名称也发生了一些变化，下行文有册书、制书、慰劳制书、发敕、敕旨、诰命等；上行文有奏钞、议、表、状、札子等；平行文有移、咨等。此外还有一种君主用以答复臣下奏疏的批，又称批答，后世的批复就是由此发展而来的。唐宋时期，公文的格式逐渐完善并且比较固定，惯用的行文方式已经形成，特别是在这些程式中秦汉时期的等级观念得到了进一步的强化。宋代不仅对公文首末用语、避讳等作了严格的规定，而且对书写文字的大小、每行的字数、年月、件数等细节，都作了详尽的规定。虽然公文格式日趋严格，但行文表达却越来越铺排烦琐。

（四）元明清时期

元明清时期是我国古代应用文的稳定发展时期。创作上虽不及唐宋时期辉煌，但在应用文理论研究方面渐趋深入。明代吴纳的《文章辨体》、徐师曾的《文体明辨》，清代姚鼐的《古文辞类纂》、刘熙载的《艺概·文概》等，都从不同侧面对应用文的写作理论作了探索，其中对公文各种体式的论述尤其详细。这一时期对应用文的分类也更加细化，如明代的上行文就有题、奏、启、表等十几种之多，相当烦琐。清代对传统应用文进行了由繁到简的重大改革，至清末则把下行类应用文合并为"诏"、"令"，上行类统一为"奏"、"折"等。

这一时期同样涌现了一批应用文的佳作。公牍文书，有海瑞的《治安疏》、杨继盛的《弹严嵩书》、林则徐的《钱票无甚关碍宜重禁吃烟以杜弊源片》、康有为的《请废八股试帖楷法试士改用策论折》等，充分体现公牍文书匡时济世的重要作用。私人书信也得到了较大的发展，如宗臣的《报刘一丈书》、顾炎武的多篇《与友人书》、夏完淳的《狱中上母书》、郑燮的《寄舍弟墨弟四书》、林觉民的《与妻书》，书信佳作枚不胜举。

（五）近现代时期

这一时期是应用文由古体到新体的巨大变革时期。孙中山先生领导的辛亥革命推翻了近两千年的封建统治，随着封建制度的瓦解，沿用了几千年的旧式公文体式也被废除。1912 年，南京临时政府颁布了第一个公文程式条例，规定的公文文体类型只有五种，即"令"或"谕"、"咨"、"呈"、"示"、"状"。另外，还明确规定："行用于外国之公文"为"照会"。同时，在用语上也规定不许用"大人"、"老爷"等带封建色彩的称呼，官吏相互称职务，民间相互称"先生"，并要求用白话写作公文，使用新式标点符号。但由于此时正值新旧时代的转变中，因此这一时期的公文大多仍是文白夹杂，标点符号也极少使用。

新中国成立后，在健全国家管理体制的同时，人民政府为建立完善和统一的公文制度做了大量的工作。1951 年，中央人民政府政务院颁布了《公文处理暂行办法》，把国家机关的公文定为 7 类 12 种。1957 年，国务院秘书厅又印发了《关于公文名称和体式的几点意见（稿）》，对公文的制作有了更具体的要求。党的十一届三中全会以后，为适应新形势下社会政治经济改革的需要，1981 年 2 月 27 日，国务院办公厅发布《国家行政机关公文处理暂行办法》，1987 年 2 月 18 日，国务院办公厅正式发布《国家行政机关公文处理办法》，经过 6 年的实践，又于 1993 年对《国家行政机关公文处理办法》进行了修订，并于 1994 年 1 月 1 日起施行。经过 6 年的实践和探索，2000 年 8 月 24 日，国务院办公厅发布了新的《国家行政机关公文处理办法》。2012 年 4 月 6 日，中共中央办公厅和国务院办公厅印发了最新的《党政机关公文处理工作条例》（从 2012 年 7 月 1 日起施行），调整了公文的种类、格式及其适用范围，使之更加明确、规范、科学，有利于提高办事效率和信息的传递。

同时，公文以外的其他各类应用文也得到了迅猛的发展。特别是为适应经济建设和改革开放的需要，专业应用文如科技、经济、法律、军事、外交诸类应用文有了长足的发展。不仅文种增加了，而且内容和形式也都提高到了新的高度，在社会生活的各个领域发挥出越来越大的作用。

从应用文写作的漫长历史来看，历代应用文的写作基本上是在传承、改革前代文体的基础上发展、演变并逐步加以完善的，但万变不离其宗的一点是源于实用这个目的。

三、古代经典应用文选读与剖析

谏逐客书
李斯

臣闻吏议逐客，窃以为过矣。昔穆公求士，西取由余于戎，东得百里奚于宛，迎蹇叔于宋，求丕豹、公孙支于晋。此五子者，不产于秦，而穆公用之，并国二十，遂霸西戎。孝公用商鞅之法，移风易俗，民以殷盛，国以富强，百姓乐用，诸侯亲服。获楚、魏之师，举地千里，至今治强。惠王用张仪之计，拔三川之地，西并巴、蜀，北收上郡，南取汉中，包九夷，制鄢、郢，东据成皋之险，割膏腴之壤，遂散六国之从，使之西面事秦，功施到今。昭王得范雎，废穰侯，逐华阳，强公室，杜私门，蚕食诸侯，使秦成帝业。此四君者，皆以客之功。由此观之，客何负于秦哉！向使四君却客而不内，疏士而不用，是使国无富利之实，而秦无强大之名也。

今陛下致昆山之玉，有随、和之宝，垂明月之珠，服太阿之剑，乘纤离之马，建翠凤之旗，树灵鼍之鼓。此数宝者，秦不生一焉，而陛下说之，何也？必秦国之所生然后可，则是夜光之璧不饰朝廷；犀象之器不为玩好；郑、卫之女，不充后官；而骏良駃騠不实外厩；江南金锡不为用，西蜀丹青不为采。所以饰后宫、充下陈、娱心意、悦耳目者，必出于秦然后可，则是宛珠之簪、傅玑之珥、阿缟之衣、锦绣之饰不进于前；而随俗雅化、佳冶窈窕赵女不立于侧也。夫击瓮叩缶，弹筝搏髀，而歌呼呜呜快耳目者，真秦之声也。《郑》、《卫》、《桑间》、《韶虞》、《武象》者，异国之乐也。今弃击瓮而就《郑》、《卫》，退弹筝而取《韶虞》，若是者何也？快意当前，适观而已矣。今取人则不然，不问可否，不论曲直，非秦者去，为客者逐，然则是所重者在乎色乐珠玉，而所轻者在乎人民也。此非所以跨海内、制诸侯之术也。

臣闻地广者粟多，国大者人众，兵强者士勇。是以泰山不让土壤，故能成其大；河海不择细流，故能就其深；王者不却众庶，故能明其德。是以地无四方，民无异国，四时充美，鬼神降福，此五帝、三王之所以无敌也。今乃弃黔首以资敌国，却宾客以业诸侯，使天下之士退而不敢西向，裹足不入秦，此所谓"藉寇兵而赍盗粮"者也。

夫物不产于秦，可宝者多；士不产于秦，而愿忠者众。今逐客以资敌国，损民以益雠，内自虚而外树怨于诸侯，求国之无危，不可得也。

【例文剖析】

1. 这是一篇经典的上行公文，李斯通过该文的写作圆满地达到了公文的写作目的，即迫使秦王改变了"驱逐客卿"的政策，为秦国制定"吸引人才、积累国力、走向强大、统一六国"的基本国策提供了重要参考，真正体现了应用文写作"经国之大业，不朽之盛事"的价值。

2. "书"，即"上书"，是古代臣子向君主陈述意见的一种公文文体。此文写于秦王嬴政十年（公元前237年），由于当时秦国外来客卿增多，挤占了秦国宗室大臣的权势，他们就借韩人郑国为消耗秦国的财力，来秦担任客卿并劝秦王大力修筑渠道（即郑国渠），使秦无暇东征韩、赵、燕等东方国家的阴谋来说事，进而提出"诸侯人来事秦者，大抵为其主游间于秦耳，请一切驱客"的建议。于是秦王下令逐客。李斯是楚国上蔡人，时任秦国客卿，也在被逐之列。

3. 据史书记载，秦王读了李斯的这篇奏章后，当即收回成命，取消了逐客令，并派人追至骊邑把已经离开咸阳的李斯请了回来，重新委以重任。

这篇奏章写作的成功之处体现在以下两个方面：

一方面，李斯针对秦王急于统一天下的心理，集中陈述"逐客"与统一天下的矛盾，用这种利害关系打动秦王。在上书中，李斯完全抛开个人的去留问题，只从秦之得失立论。立论又全从历史事实、生活事实等出发，不是空讲道理。在此基础上，李斯又在文章中进一步指责秦王逐客之失，用语慷慨激昂；但其指责，又是开诚布公的，甚至是忠心耿耿的。因此，奏书不但为秦王所接受，而且为历代论者所赞赏。

另一方面，李斯针对秦王对外来客卿忠诚度的怀疑与担忧心理，剖析了众多客卿的普遍心迹："夫物不产于秦，可宝者多；士不产于秦，而愿忠者众。"这就大大打消了秦王的顾虑。

4. 该文思路清晰，逻辑严密，说理透彻，并有许多精彩的文句。所举事实典型精当，并大量运用类比、比喻、对比、排比、反问等多种修辞手法，使文章犹如长江大河，一泻千里，有不容置辩的说服力。鲁迅称之为"秦之文章，李斯一人而已"。

陈情表
李密

臣密言：臣以险衅，夙遭闵凶。生孩六月，慈父见背；行年四岁，舅夺母志。祖母刘悯臣孤弱，躬亲抚养。臣少多疾病，九岁不行，零丁孤苦，至于成立。既无叔伯，终鲜兄弟。门衰祚薄，晚有儿息。外无期功强近之亲，内无应门五尺之童。茕茕孑立，形影相吊。而刘夙婴疾病，常在床蓐。臣侍汤药，未尝废离。

逮奉圣朝，沐浴清化。前太守臣逵，察臣孝廉；后刺史臣荣，举臣秀才。臣以供养无主，辞不赴命。诏书特下，拜臣郎中，寻蒙国恩，除臣洗马。猥以微贱，当侍东宫，非臣陨首所能上报。臣具以表闻，辞不就职。诏书切峻，责臣逋慢；郡县逼迫，催臣上道；州司临门，急于星火。臣欲奉诏奔驰，则以刘病日笃，欲苟顺私情，则告诉不许。臣之进退，实为狼狈。

伏惟圣朝以孝治天下，凡在故老，犹蒙矜育，况臣孤苦，特为尤甚。且臣少仕伪朝，历职郎署，本图宦达，不矜名节。今臣亡国贱俘，至微至陋，过蒙拔擢，宠命优渥，岂敢盘桓，有所希冀！但以刘日薄西山，气息奄奄，人命危浅，朝不虑夕。臣无祖母，无以至今日，祖母无臣，无以终余年。母孙二人，更相为命，是以区区不能废远。

臣密今年四十有四，祖母刘今年九十有六，是臣尽节于陛下之日长，报刘之日短也。乌鸟私情，愿乞终养。臣之辛苦，非独蜀之人士及二州牧伯所见明知，皇天后土，实所共鉴。愿陛下矜悯愚诚，听臣微志。庶刘侥幸，保卒余年，臣生当陨首，死当结草。臣不胜犬马怖惧之情，谨拜表以闻。

【例文剖析】

1. 此公文是李密写给晋武帝的奏章，写作目的是为了向晋武帝申明他"辞不就职"的原因和难言之隐。李密原就职蜀汉后主刘禅，司马昭灭蜀后，李密沦为亡国之臣。晋泰始三年（267 年），朝廷采取怀柔政策，极力笼络蜀汉旧臣，征召李密为太子洗马。李密时年 44 岁，他以祖母供养无主为理由，借晋朝"以孝治天下"的政策为挡箭牌，上表晋武帝，要求暂缓赴任就职。

2. 晋武帝为何要重用李密呢？原因有二：第一，当时东吴尚据江左，为减少灭吴阻力，需要笼络东吴士民之心，晋武帝对亡国之臣行怀柔之策，以显示其宽厚之胸怀。第二，李密当时以孝知名于世，而晋武帝也继承了汉代以来"以孝治天下"的治国方略，正大力倡导孝道。晋武帝想借此展示自己的贤能开明，同时以"忠孝"伦理维系君臣关系，保持社会秩序安定。因此，李密屡被征召，只是出于晋武帝的一种政治图谋，而李密不希望成为这一图谋的棋子。

此外，从个人私心来看，李密"辞不就职"大致有三个原因。第一，李密确实有一个祖母需要供养，无法抽身入朝为官；第二，李密是蜀汉旧臣，自然有忠于旧朝的气节；第三，当时晋朝刚刚建立，李密对晋武帝不甚了解，盲目出来做官，安知祸福，他不能没有后顾之忧。但事态的发展，使得李密进退两难。他不想马上出来做官，可晋武帝却催逼甚紧，"诏书切峻，责臣逋慢；郡县逼迫，催臣上道；州司临门，急于星火"——辞不就官，轻慢皇帝，违抗皇命是要杀头的。同时，李密是蜀汉旧臣，"少仕伪朝，历职郎署"，古人云"一仆不事二主"、"忠臣不事二君"；如李密不出来做官，就有"不事二君"的嫌疑，不事二君就意味着李密留恋旧国、不满新朝，那就极其危险了。

3. 写作技巧：李密为了达到既能"辞不就职"，又不拂逆晋武帝的写作目的，在行文的技巧上甚是讲究，他采取了"释疑、示忠、用情"三大写作策略。事实证明，这些写作策略是成功的。据历史记载：晋武帝看了李密的上表，赞叹说"密不空有名也"，感动之际，赐密奴婢二人，并令郡县供给其祖母膳食，密遂得以终养。

释疑：李密首先要打消晋武帝对他"辞不就职"很可能是"矜持名节"、留恋旧国的猜疑。所以，在行文中，李密反复强调自己"不矜名节"、"岂敢盘桓，有所希冀"，不出来做官仅仅是为了供养祖母，尽"孝"。这样一来很好地解释了自己"辞不就职"的原因，二来打出"孝"字招牌，正好符合晋武帝"以孝治天下"的治国方略，以此来赢得晋武帝的谅解乃至赞赏。

示忠：上表光围绕"孝"字做文章还不够，因为这里又产生了一个问题：事父为孝，事君为忠。李密供养祖母是孝，但不接受君主的召唤，不出来做官，就是不忠。古语有"忠孝不能两全"，而李密在表中却巧妙地提出了一个既能尽忠又能尽孝的两全之策：先尽孝、后尽忠，即"是臣尽节于陛下之日长，报刘之日短也"，等把祖母养老送终之后，再出来做官，向你晋武帝尽忠。这就让晋武帝及朝中政敌们无话可说。

用情：李密为了达到自己的写作目的，在上表中除了在"孝"、"忠"两字上大做文章外，还以情来打动晋武帝。表中对祖母的孝情大肆渲染，感人至深，"臣无祖母，无以至今日，祖母无臣，无以终余年。母孙二人，更相为命，是以区区不能废远"。李密在表中反复强调祖母的病情：如第一段的"夙婴疾病，常在床蓐"；第二段的"刘病日笃"；第三段的"刘日薄西山，气息奄奄，人命危浅，朝不虑夕"。这样，李密的孝情就不同于一般的祖孙之情，而是在特定情境中的特殊孝情。可见，李密在努力排除晋武帝怀疑的前提下，穿插抒发自己对祖母的孝情，便能使文章更加真切感人、动人肺腑。

4. 这篇文章是李密向晋武帝司马炎上的表文，主旨是为了奉养祖母而请求让他不出去做官。文中叙述了自己幼年的不幸遭遇，家中的孤苦情况和祖母对自己的辛勤抚养，详尽委婉地说明了自己屡次辞谢晋朝征召的原因，既表达了对晋朝皇帝的感激之情，又申述了终养祖母以尽孝道的决心。文章处处有根据，句句是实情，没有空洞之言，没有浮泛之语，合情合理，感人至深，此文是中国文学史上抒情文的代表作，有"读李密《陈情表》不流泪者不孝"的说法。南宋谢枋得在《文章轨范》中引安子顺语曰："读《出师表》不哭者不忠，读《陈情表》不哭者不孝，读《祭十二郎文》不哭者不慈。"上述三文被并称为中国古代抒情佳作而传诵于世，而它们都是经典的应用文。

第三节　应用文的特点和作用

一、应用文的特点

（一）实用性

文章的产生，本来就是为了实用。应用文更是为了"应"付生活，"用"于实务而写作的。有没有实用性便成了判断应用文写作成败的一个重要标准。如果一篇应用文不能满足实用的需要，不能直接作用于人们的行为实践，即使写得条理清晰、文采斐然，也算不上是好的应用文，甚至不能算是应用文。

因此，应用文写作目的实用，对象具体、明确。比如发一个"会议通知"是为了召集相关人员开会，商量事情，布置工作；撰写一个"计划"，是要对一定时期内所要做的工作或所要完成的特定目标及任务，预先加以书面化、条理化和具体化等。绝大多数应用文的写作动机往往不是源于个人对生活的感触，也不是为了抒发个人的感想情怀，而是由于实际的生活、工作需要或领导的指示、安排等。无论哪种类型的应用文都是针对现实生活中需要解决的问题而制作和使用的。如为了协调人们的行动，就要制定相应的法规；为了请求上级对某个问题的解决给予指示，就要写请示；为了改善企业的经营状况，适应市场需要，寻找对策，就要写经济活动分析报告、市场调查报告、市场预测报告之类的应用文。这就是说，应用文有直接的使用价值。文学作品则不同，它的作用是间接的、潜移默化的。你读了一篇与工作或生活有关的应用文，就知道需要干什么和怎么干，有的还必须照着做；你看了一部精彩的小说作品，很受感动，对你的思想感情触动很大，但你不一定要像小说中的人物那样去具体做什么，采取什么行动，更多的是得到情操的陶冶和审美的享受。

（二）时效性

应用文是为了解决现实生活中存在的问题而写作的，这就要求必须在规定的时间内写成和运转。它有很强的时效性。不同的应用文体，其时效性自然长短不一，不能一概而论。有的文种，如"计划"，它的时效性可能比较长，如五年或者一生。有的文种，如对交通管制时间的"通告"，时间一过，这一管制通告就自然失效。还有的文种，对时效作了特别的约定，如签订租房合同，租一年、两年还是五年，出租方和承租方都要在租房合同上约定写明，以免事后造成纠纷。这就要求应用文的写作，不能拖拖拉拉，否则时过境迁，你写出的应用文就毫无用途，甚至连阅读的必要都没有。而文学创作就没有时间的限制，只要反映的内容富有时代感，其文学效用就可能超越时空，就会越有价值。经典就是这样产生的。如 19 世纪法国著名的文学大师巴尔扎克，他创作的《人间喜剧》最大的价值是为后来的人们提供了详细了解 19 世纪法国和巴黎的全景图，特别是关于巴黎政治、经济、文化和社会的场景图，他提供的信息比法国当时的历史学家们提供的还多。同样，我国的先秦诸子散文和历史散文、汉赋、唐诗、宋词、元曲、明清小说，距今已有几百年乃至几千年之久，但它们超越时空，依然在滋养着我们的精神生活，发挥着巨大的文学效应和审美作用。

（三）规范性

应用文在漫长的发展和使用过程中，逐步形成了相对固定的体例和模式。从标题、开头到结尾，都有一定的规范要求。文学作品讲究独创性，力图摆脱模式的束缚，标新立异，以适应不同读者的审美需要，而应用文则为实现其处理公私事务的目的，便要求按照一定的体例来制作。这样，作者写起来简便、快捷，读者看起来一目了然，便于迅速作出判断和反应。可见，这种规范性是应用文实用性在形式上的体现。

应用文体例上的规范性，对有的文种而言是"约定俗成"的，即在民间代代相传，互相仿效，习惯成自然，得到了社会的公认，如书信、条据等日常应用文。写一封平常的书信，固然可以根据所表达的内容畅所欲言，但在外在形式上仍要按照书信的通常格式来写作，要有称谓、问候语、正文、祝语、尾签、日期六个部分，要考虑收信人的身份、年龄、性别及与自己的亲疏程度，还要掌握书信的惯用词语。不这样做，就会显得"不得体"，甚至会闹出笑话。有的文种，特别是行政公文、司法文书中的文种，则是"法定使成"，是由权力机关以法规形式对文种格式加以认定，并在其管辖范围内普遍遵照执行。如行政公文，国务院办公厅发布的《国家行政机关公文处理办法》对13种公文的格式，在标题、编号、正文、用印、发文日期、书写格式、用纸大小等七个方面都作了明确的规定。

应用文的规范性还包括对文种选择的规范，即每个文种有其适用范围的要求。不同的应用文体有不同的功用，反映不同的行文目的和要求，有的还反映了收发双方之间不同的身份关系。如向非上下隶属关系的有关部门请求批准，就选用"函"而不能用"请示"这样的文种，又如办学招生可用"启事"、"广告"，而不能用"通告"。

（四）真实性

应用文是直接诉诸接受对象采取行动的，因此其内容必须真实可靠，有什么事情就说什么事情，不需要渲染气氛，也不必凑篇幅，凑结尾，凑"三大段"、"四大块"，要做到实而不空。行文时不允许有任何虚构、夸张或"想当然"，更不能像文学创作那样"天马行空"或"云山雾罩"，否则人们难以辨别其真伪，也就失去了其实用的价值。

应用文写作的真实性主要是指客观对象的真实性，包括事实的真实和生活的真实。应用文中所使用的数据、材料等要真实、准确；所发布、传达的上级指示精神要确切。如简报，里面涉及的人和事都必须是有名有姓、确有其事的，写作者不能任意虚构事实、主观臆断，否则就会成为无稽之谈，非但达不到写作沟通信息、交流经验、反映情况、指导工作的目的，甚至还会造成严重的后果，作者也许还将承担一定的行政和法律责任。可以说，真实性是应用文最重要和最本质的要素。

二、应用文的作用

在长期的发展过程中，应用文体现出自己独特的功用，对推动社会的进步起到了不可替代的作用。在当今的社会中，应用文的使用已十分广泛，涉及社会生活的各个领域，其作用也越来越大。其最基本的社会功用，可概括为以下五个方面：

（一）规范约束作用

应用文中的公务文书，有相当一部分是用于公布法律和行政法规的，如《宪法》

和依据《宪法》制定的《刑法》、《民法》、《刑事诉讼法》等国家基本法律，公文中的条例、规定、通则等，一经有关权力机关通过并发布施行，就具有法律约束力，在它所涉及的范围内，对任何单位和个人都具有规范和限定的作用，任何人不得违反。此外，领导机关所制发的命令、决定、决议、意见、批复、公告、通告、通知等，是要求下级机关和有关人员遵照执行的，虽然它们多数不属于法规性公文，但同样具有法定的权威性，具有规范和约束的作用。并且，经济活动中的各项技术标准、技术安全规程、民间的乡规民约，都对相关人员的思想和行为起到一定的规范和约束作用。

（二）指挥管理作用

自古以来，应用文就是对社会进行管理的有效工具。今天，日趋现代化、高效率的管理工作，对现代应用文提出了更高的要求。行政管理的重要内容就是指导工作，发挥其指挥管理效用。在党政机关、企事业单位、群众团体的公务活动中，上级机关对下级机关发布的公文，如决定、指示、批复等，都起着指挥作用，下级机关必须"遵照执行"或"参照执行"。这样，党和政府的方针、政策才能逐层下达，使人们在工作中责任明确，有章可循，知道下一步该做什么、怎么做。下级机关通过请示、报告、总结、简报等形式向上级反映情况，也为党和政府制定方针、政策，及时指导工作提供依据。这些应用文，是管理工作中不可或缺的有机组成部分。还有公务文书的起草、定稿、发布，是与管理行为同步发生的。离开机关应用文写作，各方面的管理工作就无法进行，甚或陷于混乱无序状态。

应用文写作的管理作用还表现在经济领域和商业活动中。美国广告人大卫·奥格威曾经说过，这个世界是由空气、水和广告组成的。他用幽默的语言道出了现代生活与广告的关系。20 世纪 90 年代，有人做过统计，平均每人每天要接触 10 条左右的广告，到今天，这个数字自然远不止于此。广告为什么铺天盖地而来？为什么广告与人类的生活如此密切？是因为在实现经济管理目标中，广告发挥的作用越来越突出。正因为如此，很多企业都独具匠心地设计广告，不惜巨资投资广告。

（三）协调沟通作用

现代社会人们的活动范围更加广泛，社会分工越来越细，交际越来越频繁，不管是整个社会还是一个单位和个人，为了有效地开展活动，都需要加强联系，互通信息，做好协调工作。应用文是协调、沟通的最佳工具之一。机关公文在交流信息、沟通上下左右关系，以求相互协作完成任务方面的作用，已为人们所熟知。召开会议，发个通知，有关人员就能知道；联系业务，可用公函来往。而个人与个人之间、个人与群体之间，也需要相互了解，联络感情，商量事情，协调行动。如礼仪类文书，在联络感情、促进协调方面的作用，越来越受到人们的关注。至于协议书、合同等文书在经济活动中的协调作用，更是在市场经济条件下得到了充分的发挥。

可以说，应用文像纽带一样，将人们彼此联系在一起，为加强人际往来、提高工作效率、促进经济发展起到积极的作用。

（四）宣传教育作用

任何文章都有宣传教育作用，应用文也不例外。应用文是用来处理公私事务的，但要处理好公私事务，就必须让人们知道应该做什么、为什么要做、怎样去做。这就需要摆清事实，讲透道理，实际上是在进行宣传、教育。行政公文、法律法规向全社会发布，如公报、公告、通告、通知等，更是在向社会传达党和政府的路线、方针和政策，让人们去学习、理解、贯彻和执行。为了更有效地开展宣传教育工作，机关部门之间还经常采用专文的形式，如奖惩决定、通报等，交流经验，总结教训，表彰惩处，扬正抑邪，力图使干部群众在学习和工作中明辨是非，统一认识，以推动工作的顺利开展。此外，众多企事业单位还运用应用文这一宣传工具，宣传企业形象，传播企业信息，以期扩大自身影响，提高自身的知名度和美誉度。

（五）凭证依据作用

"口说无凭，有书为证"，应用文作为一种以记录事实为主的书面文体，在记载事物发展状况和反映客观现实的同时，对已有事实的存在和肯定的事情起到一定的实证作用，为日后查考提供依据。

应用文中的不同文种，其凭证依据作用在实际使用中有不同程度的表现。机关公文，每份公文都反映着制发机关的意图。上级的文件自然是下属各部门的行动准则；下级机关的文书，可以为上级制定政策、作出决定提供重要参考；平行机关在商洽工作、协作共事时，也可以把对方的文件作为凭证。契据文书，其凭证作用更为明显，如协议、合同等作为双方彼此确定的权利和义务的依据，凭证双方都要信守，任何一方违约都会因此被追究责任。其他如会议记录、介绍信、证明信、护照，甚至书信、日记，都可以作为凭证。应用文是用来办事的，有时效性，某件事办完了，其作用也随之消失。但是某些应用文，作为真实的历史记录，在完成其现实作用后，将被立卷归档，作为文献资料留给后人查考，则也起着凭证作用。

应用文以上五个方面的作用是互相联系的，要把它们作为一个整体去理解。有时候，一篇应用文往往同时发挥着几个方面的作用，其功能不是单一的。

第四节 应用文的分类

应用文的种类繁多，从不同的角度出发，用不同的标准划分，可以分成不同的类别。

一、分类原则

我国的应用文写作已有 3000 多年的历史，应用文种类繁多，分类复杂，目前常用的应用文至少也有 200 种，要对这一庞大的体系进行分类实非易事。应用写作界至今还没有找到权威的分类方法，有的按行文关系进行分类，有的按文体功用进行分类，标准不一，类别相殊。从理论上说，科学的分类首先要确定分类原则。对应用文的分类，我们大致应该遵循以下三个原则：

一是穷尽性原则。穷尽性原则即子项之和必须等于母项。这条原则要求分类必须穷尽，即要避免几个子项的总和小于母项的全体的分类过窄的情况。例如，从内容、作用上将应用文分为行政类、宣传类、交际类三大类，就显得分类过窄，因为它没有包括事务类文书。同样，以表达方式为标准，将应用文分为叙述类、议论类、说明类、图文类等，就显得分类过宽，因为图文类从本质上属于说明类这种表达方式，此处犯了重叠的错误。

二是层次性原则。层次性原则即将分类对象区分为具有一定从属关系的不同层次的大小类别，形成各种概念系统，反映客体对象各层次的区别和联系。由于分类是多层次的，因此必须先总后分，从大到小，由粗到细，先一般后特殊。划分时恪守从属关系，逐层划分，务求使母项和子项处于相邻的两个层次，不能在母项和子项之间跨越几个层次。如直接将应用文分为报告、介绍信、祝酒词等，就跨越了几个层次，模糊了种属关系。

三是排他性原则。排他性原则即母项划分后，各子项应互相排斥，不能相互包容。如有的应用文教材，将应用文分成常用公务文书、常用事务文书、经济文书等系列，就没有遵循排他性原则，造成子项的交叉。因为公务文书里有事务文书，也有经济文书。

总之，任何分类，都不是为了分类而分类，分类是为了反映客观世界中事物间的区别和联系，有助于规律的发现，更要适合实际使用。

二、应用文的类型

根据以上分类原则，我们对现行应用文作如下分类：

首先，依据应用文的功能、特性将之分成公务文书和私务文书两大类，这是排他性分类原则的体现。其次，按照层次性的分类原则，将公务文书分成通用文书和专用文书，将私务文书分成记录性文书和交流性文书等类别。最后，按照穷尽性原则，在通用文书和专用文书、记录性文书和交流性文书中再分出各个子类。

分类是必须的，但分类又是困难的。分类总是相对的、有条件的，常常是种类之间实际界限的某种模糊化和粗糙化的结果，所以在某种程度上可以说，分类是妥协、折中的产物，应用文的分类亦不例外。

应用文的具体分类情况如下：

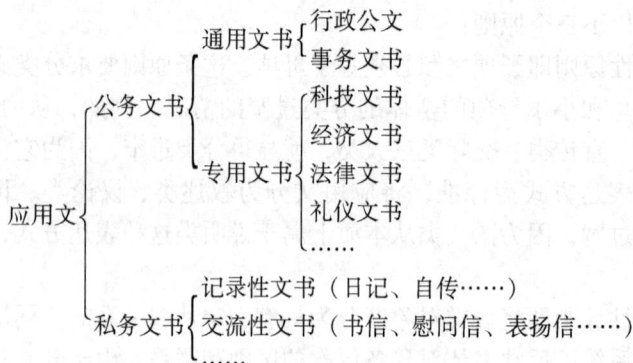

```
                      通用文书 ┌ 行政公文
                              └ 事务文书
            公务文书 ┤              ┌ 科技文书
                      │              │ 经济文书
应用文 ┤              专用文书 ┤ 法律文书
        │                      │ 礼仪文书
        │                      └ ……
        │
        │            记录性文书（日记、自传……）
        私务文书 ┤ 交流性文书（书信、慰问信、表扬信……）
                  └ ……
```

——参见裴显生、王殿松主编的《应用写作》，第 22 页

自主学习

1. 应用文的含义是什么，它与文学作品有怎样的不同？
2. 应用文写作与文学写作有怎样的联系和区别？
3. 我国古代的应用文写作产生了哪些名篇佳作？请你选择各个时期涌现出的一两篇应用文名作进行认真的阅读和欣赏。
4. 应用文的特点有哪些？应用文的作用体现在哪几个方面？
5. 应用文的分类原则是什么？应用文可分成哪些类型？

延伸学习

1. 以小组讨论的形式展开研讨，谈谈历史文化、风俗习惯、思维方式、道德价值观等对应用文写作的影响。

2. 目前应用写作界对应用文的分类并没有形成一个统一的标准，请选择五种左右的应用文写作教材，对各教材的应用文分类情况予以了解、比较后，尝试着以自己确立的分类标准对应用文的文体进行重新分类。

3. 阅读以下这篇应用文名作，思考并归纳此文体现出了应用文写作的哪些特点和值得学习、借鉴的写作技巧。

祭十二郎文
韩愈

年月日，季父愈闻汝丧之七日，乃能衔哀致诚，使建中远具时羞之奠，告汝十二郎之灵：

呜呼！吾少孤，及长，不省所怙，惟兄嫂是依。中年，兄殁南方，吾与汝俱幼，从嫂归葬河阳。既又与汝就食江南。零丁孤苦，未尝一日相离也。吾上有三兄，皆不幸早世。承先人后者，在孙惟汝，在子惟吾。两世一身，形单影只。嫂尝抚汝指吾而言曰："韩氏两世，惟此而已！"汝时尤小，当不复记忆。吾时虽能记忆，亦未知其言之悲也。

吾年十九，始来京城。其后四年，而归视汝。又四年，吾往河阳省坟墓，遇汝从嫂丧来葬。又二年，吾佐董丞相于汴州，汝来省吾。止一岁，请归取其孥。明年，丞相薨。吾去汴州，汝不果来。是年，吾佐戎徐州，使取汝者始行，吾又罢去，汝又不果来。吾念汝从于东，东亦客也，不可以久。图久远者，莫如西归，将成家而致汝。呜呼！孰谓汝遽去吾而殁乎！吾与汝俱少年，以为虽暂相别，终当久相与处，故舍汝而旅食京师，以求斗斛之禄。诚知其如此，虽万乘之公相，吾不以一日辍汝而就也。

去年，孟东野往。吾书与汝曰："吾年未四十，而视茫茫，而发苍苍，而齿牙动摇。念诸父与诸兄，皆康强而早世。如吾之衰者，其能久存乎？吾不可去，汝不肯来，恐旦暮死，而汝抱无涯之戚也！"孰谓少者殁而长者存，强者夭而病者全乎！呜呼！其信然邪？其梦邪？其传之非其真邪？信也，吾兄之盛德而夭其嗣乎？汝之纯明而不克蒙其泽乎？少者、强者而夭殁，长者、衰者而存全乎？未可以为信也。梦也，传之非其真也，东野之书，耿兰之报，何为而在吾侧也？呜呼！其信然矣！吾兄之盛德而夭其嗣矣！汝之纯明宜业其家者，不克蒙其泽矣！所谓天者诚难测，而神者诚难明矣！所谓理者不可推，而寿者不可知矣！虽然，吾自今年来，苍苍者或化而为白矣，动摇者或脱而落矣。毛血日益衰，志气日益微，几何不从汝而死也。死而有知，其几何离；其无知，悲不几时，而不悲者无穷期矣。汝之子始十岁，吾之子始五岁。少而强者不可保，如此孩提者，又可冀其成立邪！呜呼哀哉！呜呼哀哉！

汝去年书云："比得软脚病，往往而剧。"吾曰："是疾也，江南之人，常常有之。"未始以为忧也。呜呼！其竟以此而殒其生乎？抑别有疾而至斯乎？汝之书，六月十七日也。东野云，汝殁以六月二日；耿兰之报无月日。盖东野之使者，不知问家人以月日；如耿兰之报，不知当言月日。东野与吾书，乃问使者，使者妄称以应之耳。其然乎？其不然乎？

今吾使建中祭汝，吊汝之孤与汝之乳母。彼有食，可守以待终丧，则待终丧而取以来；如不能守以终丧，则遂取以来。其余奴婢，并令守汝丧。吾力能改葬，终葬汝于先人之兆，然后惟其所愿。

呜呼！汝病吾不知时，汝殁吾不知日，生不能相养于共居，殁不能抚汝以尽哀，敛不凭其棺，窆不临其穴。吾行负神明，而使汝夭；不孝不慈，而不能与汝相养以生，相守以死。一在天之涯，一在地之角，生而影不与吾形相依，死而魂不与吾梦相接。吾实为之，其又何尤！彼苍者天，曷其有极！自今已往，吾其无意于人世矣！当求数顷之田于伊颍之上，以待余年，教吾子与汝子，幸其成；长吾女与汝女，待其嫁，如此而已。呜呼！言有穷而情不可终，汝其知也邪！其不知也邪！呜呼哀哉！尚飨。

第二章 应用文的作者和读者

第一节 应用文的作者

一、应用文作者的构成

应用文的作者就是应用文写作活动的主体。既然应用文写作与文学写作有着本质的区别，那么应用文的作者必然与文学创作的作者也有很大的差异。

应用文的作者首先在主体构成上与文学创作的作者有区别。文学写作是个体性的创作活动，每篇文学作品都是作者个人化情感、思想、经历的凝聚，鲜明地打上作者个人的印记。而应用文作者在写作过程中用政治意识、社会意识、职业意识、法律意识来规范自己的写作活动，承担着一定的社会角色的功能。应用文作者的构成比较复杂，有群体作者、个人作者、法定作者、代言作者等多种类型。

（一）群体作者

群体作者是由两个及两个以上的作者基于某一实际的"需要"，共同研究写作意图、进行调查研究、经过商讨共同完成写作任务的一种作者类型。在完成较重要且繁复的写作任务时，常由几个作者分工合作，或每个人完成一个部分，或每个人分别写成内容大体相当的文章，然后讨论综合，取长补短，将分别写成的几篇文章合为一体。例如，一个单位撰写年度工作总结，往往先由各个部门写出部门总结，然后，在部门总结的基础上，由某个人或几个人经过加工、剪裁，再写成单位总结；写作调查报告也常常由几个作者一起调查，收集材料，提炼主题，集思广益，最后由一人执笔，撰写完稿。群体作者是以合作的方式参与写作的，每个参与者都要明确自己的写作任务，并围绕写作目标定向收集材料，在分工的基础上加以综合时，也都要服从总体写作目标的需要，尽量保持文体风格的统一，切忌杂乱无章。

（二）个人作者

个人作者是指从写作意图的确定到最后的成文都是由个人独立完成的作者类型。

日常应用文和私务文书的作者大多是个人作者。如撰写私人书信、日记，制作结婚请柬，写作个人工作总结等，通常是由某一个人独立完成的。个人作者在写作应用文时，可以自主选材，使用个性化的语言去表达个人的意愿。但在写作中也不能像文学写作那样任意地发挥自己的想象力，天马行空，完全审美化地表达，而要考虑文体规范和读者的心理、接受水平等。

（三）法定作者

法定作者指写作主体是那些依法成立并具有法人资格的组织中制作行政公文和事务文书的作者。法定作者，必须是依法成立的能以自己的名义发出公文并能行使相应的权利、承担相应的义务的机关和法人代表。法定作者是指公文的署名者，而不一定是撰写公文的写作者。法定作者制作的公文，其内容代表某一级法人的意志，具有权威性和合法性，能产生法定的行政效力。虽然，这类文章也常常由代言作者代笔，但在文章内容上要不折不扣地体现"法定作者"的意图，在形式上要严格按照规范的行文格式写作，代言者不能自行其是。

（四）代言作者

代言作者实际上是以撰稿人的身份参与写作活动的人。代言人与被代言人之间往往存在着两种关系，一是被代言人指定代言人以助手的身份参与写作。如秘书代法定作者拟写公文、代领导写作讲话稿等。这就要求代言人必须熟知被代言人的写作意图，熟悉与其工作相关的各个方面的情况，并在调查研究过程中，帮助被代言人验证写作意图的正确性；还要熟练地掌握公文写作格式，准确无误地传达法定作者的写作意图，把法定作者的决策和意图形成文字。同时，写成的公文的署名只能是被代言人或被代言组织，代言人不能署名。二是代言人以执笔者的身份帮助他人完成写作任务。他要根据帮助对象的要求，记录其口述内容。如代他人写作合同、起诉书、书信等。这种代言，同样要熟知被代言人的写作意图，这类代言作者不仅要在写作内容上出谋划策，还要在遣词造句上发挥自己的参谋作用。代言人所扮演的角色成功与否，取决于其对被代言人写作意图和提供的材料是否能准确地把握，并加以不折不扣地表达。

因此，在写作应用文时，作者首先要明确自己的写作角色，并了解各个角色间的差别，充分发挥自己的主观能动性，认真写好每篇应用文。

——参见裴显生、王殿松主编的《应用写作》，第 16～17 页

二、应用文作者的修养和能力

应用写作与其他技能一样，并不是一朝一夕就能学好并提高水平的，而是要有长期积累、磨炼的过程。特别是应用写作实用性强，其构思、起草时间一般很短，在有限的时间里，既要保证写作的时效，又要确保文稿的质量。没有较高的素养和能力，没有广泛深厚的积累是不行的。一个没有思想见解、没有良好的表达能力的人是断然写不好应用文的。

（一）应用文作者的修养

1. 政策理论修养

政策理论修养是作者对客观世界的认知水平和政策理论水平的综合体现。政策理论主要是指马克思列宁主义、毛泽东思想、邓小平理论、"三个代表"重要思想以及科学发展观理论等，这是我们党和国家的指导思想，是党和国家制定各项方针、政策的理论依据。我们应不断提高自身的政治理论修养，学会用马克思主义的立场、观点、方法去观察、分析问题，透过现象看本质，避免在构思写作、使用材料时表面化、片面化、绝对化。同时，不管我们写作哪种应用文，都会涉及党的方针、政策和现行的政令、法规，如果平时不注意学习或者法制观念淡薄，不注意、不知晓工作中出现的新问题、新情况，在认识不清、思想混乱的情况下，仓促成文，必将贻误工作，造成不良的影响，甚至给工作带来巨大的损失。

2. 业务知识修养

应用文是处理日常事务的工具，要使用好这一工具，就必须以熟悉各行各业的业务知识为前提。在写作时，如果缺乏专业训练，不懂业务知识，就很难深入实际，写好一篇专业应用文。例如，从事经济文书写作的作者应该懂一些商品生产、市场规律、流通环节和经营管理方面的知识；从事外贸事务写作的作者还要掌握一定的对外贸易方面的专业理论和实务知识，否则，写作时就会捉襟见肘，难称其职；写作法律文书，如果不熟悉《刑法》、《民法》以及诉讼程序等方面的专业知识，就很难写得规范准确，也很难发挥法律文书应有的社会功能。业务知识最基本的包括行业术语、行业规范、行业专门知识等内容。

3. 写作知识修养

写作知识修养包括两方面的内容。一是一般的语言文字知识和写作能力，包括语言、修辞、逻辑等方面的知识，必要的逻辑思维训练、语言表达和修辞知识，可以提高作者的写作修养。规范地运用语言，准确地传情达意、阐述问题，做到文从字顺，提高语言表达的效果。二是要掌握必要的写作规律，提高写作技能。应用文作者除了掌握词的表达规范外，还必须掌握文章的写作规范，培养文体感，熟悉各种应用文法定的或约定俗成的体式，只有这样才能适应应用文"应时"、"应事"而作的要求，快速成章。当然，各类应用文体写作规律的把握，不只学教条，而应结合文章的分析阅读，从中体会领悟。平时我们应该广泛阅读各类应用文体，并注意从写作的角度学习、模仿其结构模式和用语技巧，熟能生巧，使自己的应用文写作水平不断得到提高。

（二）作者的写作能力

1. 调查能力

调查能力是应用文作者必须具备的一种重要能力。它要求作者能够根据写作需要和写作对象的具体情况，选用恰当的调查方法，有效、快速地获取写作材料，了解事实真相。通过调查研究，从获得的材料中透过纷繁的表象，揭示事物的本质，给人以启发和感悟。

2. 信息处理能力

信息处理能力是指应用文作者利用信息工具获取信息、加工信息、处理信息、传递信息、应用信息的能力。当今社会是信息社会，每天都有各式各样的信息在社会上广泛传播。对信息的有效收集、利用是应用文作者写作能力的一种体现。要写成一篇高质量的应用文，必须要对大量信息进行处理，包括对材料进行分析和综合，对数据进行加工整理。随着信息技术的发展，作者除了要不断培养良好的思维习惯外，还要掌握电脑操作技巧。作者可以选用一些适合自己使用的文字处理软件，学会用电脑迅捷地处理信息。

3. 辞章建构能力

应用文作者的语言运用能力和篇章结构能力也是写好应用文的前提和基础。语言运用能力不强、篇章结构杂乱无章，就不能快速、完美、合体地表达写作内容，也影响文章的阅读效果和为实用的目的。因此，应用文作者要多阅读一些经典的应用文范文，培养应用文的语体感，学会条理清晰地表达思想，力求"辞能达意"；要掌握常用的文体模式，熟记文体要素排列组合方式，熟练地写作应用文。

4. 把握读者的心理能力

在应用文写作中，读者的地位非常突出，应用文是通过语言文字等方式的表达要求人们去办事、去落实措施、去采取行动，这就要求必须明确阅读对象。你的阅读对象是谁，你的读者会以怎样的心态来看待、领会你写的应用文，并加以贯彻、执行，这些都非常重要。读者的需求与作者的写作目的之间的关系十分密切。因此，应用文作者要有把握读者阅读和接受心理的能力，要有强烈的读者意识，在写作中要设想读者会如何阅读，明确文章会产生什么样的阅读效果，并以此来调整自己的写作思路。写作应用文不看对象，不了解读者特定的阅读心理，即使文章写成了也难以获得预期的效果。

第二节　应用文的读者

应用文的读者是指阅读应用文文本的人，是应用文写作行为要达到的"应"付生活，"用"于实务目的的最后完成者。应用文写作和其他任何类别的写作一样，读者是写作链中的一个组成环节，只有读者和作者共同努力，应用写作的功用性目的才能得以实现。应用文的读者有其特殊性，作者要认清读者类型，强化"读者意识"，并根据读者的阅读特点、接受状态决定自己的写作方式，以便更好地发挥应用文为实际生活服务的功能。

一、应用文读者的类型

应用文文本的读者相对比较复杂，其读者类型可以从读者身份和接受状态两个层面来划分。

（一）按读者身份划分

按照身份，应用文的读者可分为法定读者、普通读者和专业读者三类。

1. 法定读者

法定读者是指能代表一级组织的领导，他们是法定行政公文、某些事务文书和一部分专用文书的阅读者。他们或通过阅读文本知晓上级机关的方针、政策，或通过阅读文本了解基层单位的工作情况。他们以法人代表的身份作为阅读者，所以文本信息对其决策和指挥有着非常重要的作用。这类读者在接受文本信息时，要抑制个人的阅读偏好，公正地、认真地接受信息，并对所获信息予以及时处理。这类读者由于工作任务繁重，平时阅读的文件较多，因此，喜欢阅读那些表达简明、说理清晰的文章。这就要求作者在写作公文时要尽可能简明扼要、重点突出，否则就会影响接受效果。

2. 普通读者

普通读者是根据本人需要阅读某些应用文的读者。普通读者阅读应用文，主要是为了了解信息，有时是出于某种特定实务的需要，比如为了处理某个事情、了解某些活动进展，去翻看某一件公文、阅读一份简报或一篇调查报告等。他们阅读时以自身的需要来选择应用文文本，并且不一定按照文本的要求去办事，往往只是接受、了解文本的内容和信息。

3. 专业读者

专业读者是指那些阅读专用文书的读者。专业读者对某一行业的应用文的文体和内容比较熟悉，有较高的文化水平和某一方面的专业知识，他们往往是出于实际业务工作的需要来阅读与之相关的应用文。他们熟悉行业用语，了解行业规范，因而专用文书在使用行业术语时不必解释得过细。另外，专业读者对专业知识是非常熟悉和精通的，所以，他们往往比较在意应用文体的规范性和使用术语的科学性，写作时千万不能不懂装懂，说外行话，颐指气使。

（二）按接受状态划分

按照接受状态，应用文读者可分为指定性读者和指向性读者两大类。

1. 指定性读者

指定性读者是指被指定必须阅读某一应用文的读者。作者在写作某篇应用文时就已经知道他的读者对象，其写作内容带有明确的指向性和针对性，常常要求读者无条件地执行或有条件地接受。这类读者一般处于被动接受的状态，阅读时不允许作任何选择。指定性读者的范围有大有小，可以是一个人，也可以是一群人，如向单位部门发会议通知、向专家学者述职，其读者范围就较大；如向好友发结婚请柬、给家人写信，其读者范围就很小。总之，只要作者为特定的读者去撰文，这类读者就都属于指定性读者的范畴。

2. 指向性读者

应用文中的有些文种，写成后不是给指定的读者阅读的，其阅读对象不是十分明确，但还是有一个大致的范围，如通告、公告、规章、条例等。这些文种的读者阅读时往往采用浏览的方式，对与自己关系密切的内容会多留意，甚至会认真、仔细地阅读；对与自己无关紧要的内容就一览而过。也就是说，指向性读者在阅读时带有很大的选择性，接受状态也相对自由，其接受效果在很大程度上取决于读者参与的态度。

——参见裴显生、王殿松主编的《应用写作》，第 25～26 页

二、应用文读者的特殊性

应用文的阅读是一种功用性的阅读，阅读本身不是目的，读者阅读文本或是想获得某种实用的信息，了解情况；或是接受某一指令，并付诸实践。因而，应用文读者

有其相应的特殊性。

（一）制约性

应用文是为"用"而写的文章，写作对象相对而言比较明确，有特定的受众，有指向性的读者或读者群。例如，"请示"、"报告"的读者就是单位的直接上级；部门"规章"的读者就是部门的全体员工；商品"说明书"的读者就是商品的使用者；"广告"，虽然其读者对象广泛，但也是具体明确的，即商品广告的读者就是其商品潜在的消费者，公益广告的读者则是广大的人民群众。因为"心中有明晰的读者"，而且这个读者的喜好、认可、接受度直接影响、关系到甚至决定文章之"用"的效果，这就形成应用文所谓的读者制约性。这种制约性体现在应用文的作者从文种的选择、选材、结构、表达方式一直到措辞用语等行文方式的各个方面。例如，写给不相隶属单位的有关事项请求，文种应选择"函"，而不是"请示"，内容要简洁、明确，行文用语要诚恳、平等，带有商榷的口吻；而读者是下级的"批复"、"指示"等，内容就必须有指导性、决断性和权威性。再如，体现在结构上的制约，"批复"一般先要回应对方的请示，然后给出意见，再说明理由。如果不首先回应对方的请示，可能下级单位都不知道是为了何事上级突然来个批复。给出意见，是因为下级"请示"的目的就是希望得到上级的同意或答复。说明理由放在行文的最后，是让下级对上级批复有一个原则性、方向性的了解。"批复"的这种行文结构，实际上是从读者的需要出发的，因此，其结构就有一定的制约性。有时，即便是同一应用文文种，也会因目的、场合、对象的不同而受到不同的制约。例如，领导在老干部新年团拜会上的讲话和在开学典礼上的讲话，其"讲话稿"的写作在行文和语态的表达上是大不相同的。

总之，应用文读者对应用文写作的制约作用适用于所有的应用文，而且贯穿于应用文写作活动的始终。

（二）反馈性

应用文的读者不仅对应用文写作具有制约作用，还具有反馈作用。这主要体现在先期的阅读反馈和文章实施效果的后期反馈两个方面。具体而言是指应用文的读者有对写作信息进行修正、补充、完善的权利和义务。

例如，一个会议的"日程安排"，作者根据会议的参与者阅读后的反应会作相应的调整，使时间安排更合理、会议日程更紧凑等。针对下级一份"请示"的"批复"可以是不同意，也可以是在原则同意的前提下提出一些意见和建议。再如，2007 年11 月 9 日，国家发改委在其官方网站上刊登了拟将清明、端午、中秋等传统节日增设为法定节日的调整方案，并就此开展了问卷调查，最后顺应民意，将清明、端午、中秋等传统节日增设为法定节日。这是读者信息作用于作者，帮助、促使其完善文章写作的反馈作用的一种体现。否则，文章的效果作用会受到影响，有时或许根本不能实施，无法达到写作目的。从这个意义上说，应用文的读者也是文章写作的共同参与者。

（三）功用性

应用文作者因"需要"而写作，应用文读者也因"需要"而阅读。应用文读者是带着一定的功用目的去阅读文本的，有的是为了办事的需要，有的是为了了解信息的需要。因此，应用文读者阅读的功用性是与应用文本身的功用性相一致的。相对而言，应用文读者阅读公务文书的功用性要强一些，其阅读目的非常明确，阅读效果是可以预期的。所以，应用文作者在行文时往往先写明要读者去处理和办理某事的理由，说服读者去执行。行政公文中的下行文还以指令式的口气要求读者如何做、怎样做。日常应用文的阅读功用性相对较弱，读者按需要进行选择性的阅读，如果文本写得简洁明了、说服力强，文章的接受效果会更显著。

从应用文读者特殊性几个方面的表现可以让我们清楚地知道：在写作应用文时，应用文的作者要充分考虑到读者的阅读特点，顺应读者的需要和接受水平，心中要有强烈的"读者意识"，既要使读者有所知、有所思，又要使读者心悦诚服，按照文章所要求的去操作、实施，获得最佳阅读效果。

自主学习

1. 应用文的作者有哪几种类型？各类型的作者间有怎样的区别？
2. 应用文的作者应具备哪些修养和能力？
3. 应用文的读者有哪几种类型？各类型的读者间有怎样的区别？
4. 应用文的读者与文学作品的读者相比有哪些特殊性？

延伸学习

1. 如果你是代言作者，请你根据下面提供的写作素材，替一位不识字的乡下老奶奶写一封书信给她在外地打工的儿子。

写作素材：近日接到村里的通知，老奶奶自家居住的房屋马上要面临拆迁，村干部下发了相关的拆迁文件，这上面规定了拆迁的期限和补偿政策，老奶奶又看不明白，不知如何是好，所以让儿子赶快回家协商、处理这件事。

2. 应用文的作者在写作过程中为什么要有强烈的"读者意识"？你可以通过撰写一则"大学生就业情况通报"，对此问题予以体会，并以此来衡量文章的写作效果。

第三章　应用文写作生成论

从"客观需要"到最后"写作成文"，就是我们通常所说的应用文的"写作过程"。应用文写作是作者运用自然语言和人工语言为制作具有管理效用的文章和日常应用文章而进行的一种写作活动。这种活动的过程有其特殊性。

应用文写作过程的特殊性首先表现在其写作有特殊的动因。写作动因是推动写作活动启动、维持的动力。文学创作的动因是作者在对生活进行深入观察、思考之后所激发的一种创作欲望，是一种不吐不快的强烈心理冲动；而应用文写作的动因则是来自工作和生活中处理具体事务的实际需要。

应用文写作过程的特殊性还表现在材料选择、结构布局、起草表达、修改等几个方面。应用写作的材料必须完全真实，不能像文学创作那样任意虚构和想象。应用文体是一种格式化、模式化的文体，因此在对其结构进行安排时也不能像文学作品那样标新立异，而是根据行文要求在已有的诸多写作模式中选择合适的一种来"套用"。文学作品的起草和修改多数情况下是由作者个人独立完成的，而应用文体的起草和修改常常依靠集体的力量和智慧，经过相对复杂的程序，才能使之完善，这一特点在行政公文的写作上表现得格外突出。

根据上面的分析，我们可以将应用文写作的整个流程概括为：工作或生活中的种种实际需要，转化为某一应用写作任务，根据写作任务的要求，确立文章的主旨，围绕文章主旨去搜集写作材料，选择合适的写作模式将材料聚拢，运用语言文字起草文章，最后修改定稿。

第一节　客观需要是应用文写作的起因

应用文写作是为了满足某种实际需要而进行写作的一种功用性活动，这种活动又因不同的"需要"，形成了作者不同的写作目的、读者不同的阅读心态以及作品不同的社会功能。应用文写作主要适应以下几种需要：

（一）行政管理的需要
应用文写作的功用性最为鲜明地体现在它是作为行政机关实施管理的一种有效的

工具。行政公文是以满足某一行政管理"目的"的"需要"而制作的，它是行政机关在行政管理过程中所形成的具有法定效力和规范体式的公务文书，是依法行政和进行公务活动的重要工具。因此，应用文中的行政公文都是因"行政管理"的需要而引发作者的写作动因，为依法行政和公务活动的顺利开展而进行的写作活动。

（二）处理事务的需要

在社会生活中，人们经常需要解决一些实际问题或处理一些行政和日常事务，为满足这方面的"需要"，常常需要写作一些事务文书，如为了对过去的工作进行回顾和总结，就需要写"工作总结"；为了对未来的生活和工作进行规划和展望，就需要写"计划"；为了将一个地区、一个单位的成功经验进行全面总结、推广介绍，找出其中带有规律性的东西，供有关方面学习借鉴，就需要写"典型经验调查报告"；为了晋升职务或职称，就需要向有关组织机构"述职"，便要写"述职报告"；开会要"讲话"，就需要写"讲话稿"，等等。处理这些事务，就要去写作相应的应用文。

（三）人际交流的需要

著名心理学家马斯洛在"动机论"中，具体分析和研究了人的需要层次，并指出在人的生理需要、安全需要得到满足后，就有社交的需要，而社交的需要可以有多种方式去实现和满足。日常应用文中的一部分文种，如请柬、贺信、书信乃至手机短信等，都是因人们社会交往的需要而制作的。

（四）专门业务的需要

在现代社会中，随着社会分工越来越细，几乎每个行业都需要运用专用应用文来处理、解决一些实际事务。例如，原告向法院提起诉讼，就需要写作起诉状；被告针对原告在诉讼中提出的诉讼理由进行答辩，就需要写作答辩状；从事经济贸易活动，就需要签订经济合同；进行大宗商品交易和进行大型工程建设，就需要制作招标书和投标书；搞科学研究，需要撰写科研报告和科研立项书等。总之，在处理许多专门业务时，都需要写作相应的应用文书，才能有效地开展工作。

第二节 应用文写作的主旨提炼

一、应用文主旨的含义、特点

应用文的主旨是指贯穿于应用文行文的主要意图和目的，是作者对文中所涉及事件表明的观点、态度或解决问题所要采取的措施或方案。由于写作目的、文种特性的不同，应用文的主旨有多种表现，它可能是一种指令，如批复、指示、决定等下行文；可能是一种愿望和请求，如请示、报告等上行文和诉讼类文书；可能是一种需要周知的事项，如知照性通知、通告等；可能是一种经验的概括，如总结、调查报告等；可能是一种共同遵守的约定，如协议、合同等。

与文学作品相比，应用文主旨的形成讲究"意在笔先"，在动笔之前就已经产生，并且在写作过程中不能更改变动，具有明确性和稳定性；应用文的主旨提炼主要根据客观工作的需要，而不能是作者个人情感的抒发和观点的表达，具有客观性和指向性；应用文主旨的提炼往往是领导者、作者群体智慧的结果，而不一定是作者个人的思维成果，具有群体性。

主旨在应用文写作中是贯穿首尾、支配一切的中心。意在笔先、主旨先行。写作时，主旨确立了，然后取材、谋篇布局、遣词造句才能顺理成章，形成一个整体。应用文发文主旨即行文的目的和意图不确定，就无法下笔成文。

二、应用文主旨的要求

应用文主旨的要求可概括为正确、新颖、鲜明、集中四点。

（一）正确

1. 思想正确

各类应用文都是党和国家制定的方针、政策、法规的具体化，是各级行政机关开展各项工作的依据。因此在写作中首先要在文章的观点和内容上与党和政府保持政治上和政策上的绝对一致，不能有任何违背的观点。需要说明的是，正确不等同于准确，由于观念、水平、认识的不同，对于同一件事、同一个问题的理解，也有可能会产生截然不同的观点和看法。而有些观点和看法虽不符合科学、不够准确，但在政治上、政策上并没有错误，所以不能说它是不正确的。因理解的不准确而导致不正确的例子也是有的。比如，多年前曾发生过这样一件事：各单位组织干部观看电影《七品芝麻官》，其教育意图、目的明确，要求领导干部为民服务、为民做主。但有人就对这一意图表示质疑，认为正确的主题应是"以民为主"，而不是"为民做主"。一字之差，反映的是对党的方针政策理解不够准确。封建时代的老百姓才要求官吏为民做主，而新中国的老百姓本来就是国家的主人，领导干部是人民的公仆，所以，应该是"以民为主"，而不是"为民做主"。

因此，思想正确的应用文对于维护正常的社会秩序、保障人民的合法权益有极其重要的作用。正确的主旨，除了与党和政府保持政治上与政策上的一致性，还应用科学发展观予以指导，要符合科学规律和客观实际，从客观存在的事实出发，确定我们的方针政策、计划方案等，同时让这些政策、措施符合人们日常生活的常情常理，符合为人处世的基本准则。

2. 意图明确

大多数的应用文，尤其是公文，都是机关、组织进行日常工作管理的工具，具有指导作用。执笔人是代领导撰文、立言。这种代言人的身份，具体说起来还有一些差别。有的代言人是被代言人的助手，譬如，秘书代领导写作；有的代言人是被代言人的下属机构，例如省政府关于税务税收的有关公文，很可能是省政府下属的税务部门起草的；有的是由政府领导签发，以政府的名义发布的；还有的作者本身就是主管领导本人，这时他是否属于代言呢？应该说他还是一个代言者，因为他撰写的文章，仍然是以党和国家的方针政策为依据，反映一个领导机构或业务部门的思想、政策水平和工作作风，包括领导能力。所以必须体现、传达领导的意图，个人的任何意见、倾向、风格是必须隐去的。当然，领会领导的意图也有一个正确和实事求是的问题。脱离实际、虚报、谎报的文章始终是应该摒弃的，这是一个原则性的问题。

（二）新颖

一篇应用文光观点正确还是不够的，如果是老生常谈，人云亦云，就起不到应用文应有的交流经验作用，应总结教训，扬正抑邪，使干部群众在学习和工作中明辨是非、统一认识，推动工作顺利开展。所以应用文的主旨要新颖、有新意，也就是在正确的基础上有所发现、有所创造、有所突破，要能够针对时代的发展、变化，提出新思路、新见解，拿出新方案、新建议，出台新政策、新措施，给人以耳目一新之感，从而更好地推动生产和工作迈上一个新台阶。

（三）鲜明

应用文是要别人按文办事、处理事务、解决问题的，其主旨必须鲜明，"一语道破真实情况"，要概念清楚、态度毫不含糊，而不能首鼠两端，主旨不明确、缺乏针对性、不敢面对现实、绕着问题走，或者不能"对症下药"、不能解决实际问题。

具体而言，应用文的主旨应该观点、态度、立场明确，同意与否、反对与否应一目了然。与文学作品的主旨含而不露，往往以暗示、象征、隐晦的手法来揭示有很大的不同。例如，某二级学院分工会为组织教职工春游活动向校工会申请活动经费所写的一份《关于组织春游活动的请示》，文中详细地说明了组织该项活动的目的、时间、地点、活动的具体内容、经费开支等情况，却没有明确提出"拨款多少"的要求，而公文标题也没有反映出申请经费的意思，这就使收文者看不出发文者是在申请经费、要求拨款，反而理解为发文者已有这笔费用，只是行文请求批准他们组织该项活动。像这样的应用文，其主旨是不明确的。因为应用文是为"用"而写作的，如果主旨含糊、模棱两可、似是而非，就会让人无所适从，其写作目的自然也就落空。

（四）集中

应用文主旨集中是指文章中心要突出、主旨单一，把那些与主旨相去较远的意思排除，不要有"副产品"或"搭车的"。《国家行政机关公文处理办法》明确规定：除个别文种外，所有公文都必须遵循"一文一事"的写作原则。这一原则不仅适用于行政公文，同样适用于其他类别的应用文体。应用文的主旨要做到"一文一旨"，围绕文章的主旨集中笔墨把意思讲明白、说清楚，做到主次分明，避免面面俱到、平均用力，以便阅文者针对重点作出回应或及时处理交办的具体事项。

第三节　应用文写作的材料选用

一、应用文写作材料的含义和特点

材料是一切文章写作的基础，写文章必须详尽地占有材料。应用文写作的材料是指作者用以表现文章主旨的事实、理论和事项。材料的种类可以从不同角度进行区分：从获取的途径看，可分为直接材料和间接材料；从形成的时间看，可分为历史材料和现实材料；从性质看，可分为正面材料和反面材料；从认识价值看，可分为典型材料和一般材料。

应用文写作的材料与文学作品的写作材料相比，有其明显的特点。

首先，就性质而言，应用文写作的材料必须绝对真实、客观、理性。真实是应用文写作的生命，应用文中使用的任何材料，包括数字、数据等都要确切，与客观实际相吻合，不能有丝毫偏差，也不能夹杂主观臆测、个人偏见，更不能弄虚作假。主旨的正确性是建立在材料真实的基础上的，材料不真实可靠，立意犹如空中楼阁，是没有说服力的。试想，如果一篇经济预测报告的材料有偏差，其数字有水分，那么它的结论必然有问题，依此作出的决策会产生何种后果也就可想而知。

其次，在文章材料的呈现形态上，应用文写作的材料有时和文章主体部分相融合。如条例、通知等文体，其正文一般由缘由、事项、结尾三部分构成，而重点是事项，这些事项常常只是一些条款，没有事实性材料或理论性材料，这时只能把这些事项当作材料，否则文章就没有材料了，而没有材料的文章是不存在的。

二、应用文写作材料的要求

对应用文写作而言，材料的基本要求是真实、确凿、典型和新鲜。其中，真实是最关键的。

（一）真实

真实是材料的生命。应用文写作的材料要绝对真实，虚假、杜撰的材料会导致事实的变形，会误导人们的认识，产生错误的判断，从而作出错误的决策，这样的文章不仅不能解决实际问题，还会造成工作失误。

应用文写作材料的真实性可以从三个方面来理解：一是事实内容必须真实，经得起核实、检验。这不仅指文中各种意见、措施的提出，要实事求是，便于执行，还指文中的背景、经过也要完全真实，每种材料和数据都确有其事，经得起推敲。二是对事实的概括必须真实，事实发生的原因、结果及过程、细节各种因素都必须与事实的本来面目相符合，不能合理想象、移花接木，更不能主观杜撰。应用文中的有些事实材料尽管是以观念形态出现的，但绝不是主观意识的"外部表现"，而是客观现实的反映。三是材料要能反映事物的本质和主流，这些材料不仅具体事实是真实的，而且这些事实与整体面貌也要相吻合，不能以偏概全，不能用偶然、个别代替必然和整体。

（二）确凿

确凿是指材料的准确无误、精确具体、毋庸置疑。应用文中使用的材料有时会涉及一些量化的数据，有时会引用他人的观点和话语，因此必须是确凿无疑的。如《关于上海金茂大厦落成营业的报告》一文，文中写道："上海金茂大厦于 1992 年 12 月 17 日被批准立项，1994 年 5 月 10 日动工，1997 年 8 月 28 日结构封顶，至 1999 年 3 月 18 日开张营业，当年 8 月 28 日全面营业。金茂大厦占地 2.3 公顷，塔楼高 420.5 米，总建筑面积 29 万平方米。"确凿的数字，可以明确地表示所要说明的事物的状态，加深人们对这一宏伟建筑的认识。再如写经费下拨的"请示"或经济类、报告类的文章，文中涉及的经费、收入、预算等都是以数字作为材料的，如果其中的数据模糊，那么整篇文章的价值就会大大降低，既不能反映问题也不能解决问题。

应用文写作还涉及"引语"的使用。引语有直接和间接之分。直接引述他人的原话为直接引语；用自己的话转述他人的话为间接引语。引语的真实是指文章中任何地方引用任何人的话语必须是完整的，不能断章取义，更不能无中生有。如"新闻报道"、"通讯"中常通篇采用引语来报道某某领导人在重大会议以及外事会见活动中的重要讲话，以利于增强新闻的真实性。路透社曾有篇报道前南斯拉夫总统米洛舍维奇在海牙国际法庭受审的新闻，其中有一部分是这样写的，米洛舍维奇对法官说："就请您按照您接到的指示宣读判词吧，您不必让我把一份用七岁孩子的智力写成的判决从头听到尾。"这位六十岁的前南斯拉夫总统还说："请允许我自我纠正一下：那个七岁孩子是个七岁弱智孩子。"上述报道的直接引语集中并淋漓尽致地刻画出米氏傲然法庭、誓不妥协、语言犀利的性格特征。再比如，"批复"的开头通常要引述来文作为批复的依据，有结合"请示"的日期引述的，如"×年×月×日来文收悉"；有结合来文的日期和文号引述的，如"×年×月×日×号来文收悉"；还有引来文日期和来文名称的，如"×年×月×日《关于……的请示》收悉"等，都必须准确、真实。

（三）典型

应用文写作的材料要典型。典型材料是指最有代表性、对主旨表现最有力的材料。典型材料并不都是指大事情，即便是个别、个案的事情，只要能体现普遍意义，有以一当十的功效，能够反映事物的本质和规律，照样是典型材料。只有筛选出典型材料，才能使文章的观点鲜明，主旨突出，增强说服力。所以，筛选典型材料对于应用文的构思十分重要，它为写出高质量的文章打下坚实的基础。典型材料可以起到支撑文章观点的作用。如关于表彰先进单位或个人的通报、关于事故或坏人坏事的通报，都要用具有代表性的典型材料，才能发挥其鼓舞或警戒的效用。

（四）新鲜

应用文写作的材料要新鲜。材料新鲜是指在真实、确凿、典型的基础上尽可能选用新颖、生动、充满时代气息的新鲜材料，包括最新的数据等。新鲜的材料一般是人们尚未了解的、能给人以新的启示的材料。它不仅是新出现的和人们还不熟悉的材料，而且材料本身特点鲜明，人们能够从中发现问题，获得启迪。材料只有新鲜，才能为文章的主旨和观点提供新的依据，才能具有说服力。当然，应用文写作材料的新鲜绝不是脱离真实性、脱离主旨要求和工作需要的一味猎奇，而是在保证真实、切合题旨的前提下尽量使用那些别人没有用过的材料。

三、应用文写作材料的搜集、鉴别和选择

（一）搜集

应用文写作的材料来源于社会实践。源头是客观存在的事物和人们对它的认识。要

占有丰富的写作材料，必须充分重视材料的搜集工作。搜集材料时要注意以下两点：

1. 重视调查研究

应用文作者接受写作任务后，如果手里已掌握的写作材料还不能满足写作需要，就应该进行深入的调查研究，搜集所需要的第一手材料。调查前，要根据写作需要确定调查的范围和对象，拟定调查提纲，选择恰当的调查方法和程序，然后有目的有计划地进行调查。在这过程中，要对调查对象作深入细致的了解，对所搜集的材料进行分析研究，从中找出带有启发性、规律性的结论。因此，调查是搜集、积累、整理材料的一个重要环节，是获取写作材料的重要途径。

作者调查的内容包括事实材料、政策材料和情报资料三个方面。为了使调查能够收到事半功倍的效果，还应选用合适的调查方法和方式。调查方法有普遍调查、典型调查、重点调查、抽样调查等；调查方式有实地调查、文献调查、问卷调查等。

2. 认真查阅资料

通过观察体验、调查研究获取大量的第一手材料固然重要，但作者不可能事事都亲自去调查研究，因此查阅资料就显得十分必要。查阅资料可以突破时空的限制，利用他人成果，但一定要保证资料的真实可靠，对查阅的资料要进行认真审核，确保准确无误。

（二）鉴别和选择

无论是哪种类型的材料，并不都是有用的，因此要对材料进行鉴别和选择后才能在文章中运用。

对材料鉴别的方法有两种：一是看材料的真伪，二是看材料是否符合政策法规。因为只有根据真实材料得出的结论才可靠、可信。相反，虚假浮夸的材料会影响人们对事物作出正确的判断，导致错误的结论；不符合党和国家政策法规的材料，如果被正面引用，会扰乱视听，造成不良后果。材料经过鉴别、大量占有后，还应根据文章主旨的需要，对材料进行筛选和使用。写作时，如果贪多求全，不加选择地把材料写进文章中，良莠不分，精粗并存，文章的主旨是难以准确表达的。

材料选择的原则有：

1. 围绕主旨，适合文种

材料的选择必须围绕主旨，按主旨的需要来取舍材料。与主旨有关，且能说明主旨的材料就取，与主旨无关或关系不大的则舍。材料的取、舍，与文种的关系很大。如报告、请示、调查报告、情况通报等选用的材料就要详尽些，通知、通告选用的材料就应简略些。

2. 典型事例，真实可靠

典型材料就是具有代表性的，能反映应用文主旨的本质和事物规律的材料。社会生活是复杂多变的，事物的表现形式是多种多样的，材料也是丰富多彩的，如果不加思考，随便选用几个事例来说明某个问题或某种观点，不仅无助于应用文主旨的表述，而且会影响应用文的效能与权威。

3. 合理加工，巧妙使用

在选用材料时，不仅要注意材料本身的质量，注意处理好材料与主旨的关系，还要注意组织好材料与材料之间的联系，注意材料之间的配合。材料配合得当，运用适度，对于深化和表现主旨，增强文章的说服力，具有很重要的意义。材料运用的方法主要有点面结合、列举法、参照对比法、主体材料与背景材料结合法、情况与数据结合法等。作者写作时可以使用这些方法，对材料进行合理组配，发挥最大效能。

第四节 应用文写作的模式选择

一、应用文写作模式的含义和特征

"模式"是"某种事物的标准形式或使人可以仿效的标准样式"，也就是说模式是一个相对固定的范本，这个范本可供人效仿。应用文写作是一种以"办事"为目的的规范化写作，具有明显的模式化特征。应用文写作的模式是指写作过程中可供借鉴的标准样式和需要遵循的规则要求，它是对应用文写作规律的精练概括。

应用文写作的模式化特征是由其工具性决定的。应用文写作和文学写作有很大的不同，文学写作以"人"为中心，讲究独创性和个性化，力求突破条条框框的束缚，在文章的结构上追求新颖、独特，别具一格，以此来满足不同审美需求读者的欣赏口味；而应用文写作是一种规范化写作，以"事"为中心，以解决公私事务为目的，追求写作的功能性和实用性。采用相对固定的写作模式有利于应用文的制作、阅读和办理，有利于明白无误地表达应用文的写作意图，有利于最大化地发挥应用文的工具作用。

应用文写作的时效性也是影响写作模式化的重要因素。应用文的制作就是为了解决社会生活中出现的各种新情况、新问题，而处理这些事务是有时间要求的，采用模式化的写作方法有助于加快事情的处理、任务的完成。

应用文写作的模式化也是应用文管理和检索的需要。21世纪是信息高度发达的时代，随着计算机、互联网、多媒体技术等高科技的推广和普及，办公自动化已成为一种趋势，实现应用文写作的规范化和模式化有助于应用文的归档管理和自动检索。

二、应用文写作的结构模式

应用文的结构模式具体分为两类。第一类，是由某一权威机构颁发的对文本格式有严格规定的法定模式，如法定行政公文、专用文书中的起诉状、答辩状、协议书等。法定模式是一种权威性的必须遵从的模式，人们在写作中必须按照文本的格式要求写作。第二类，是人们在长期的写作实践中自发仿照、约定俗成的习惯性模式，如书信等。习惯性模式是一种自我约束的模式。

应用文的文本模式由"凭"、"事"、"断"、"析"等要素组成。"凭"是行文的"根据"或"述事"的"缘由"；"事"是报告、公布、陈述的"事项"或"事实"；"断"是某种"结论"或"要求"；"析"是对"事"和"断"的分析与解释。应用文常用的结构模式主要有以下几种：

（一）"凭"—"事"—"断"式

"凭"—"事"—"断"这种模式是应用文写作中使用频率最高、最为通用的模式。应用文中的行政公文、事务文书如计划、总结等文体，一般采用这种模式。"凭"是作为"事"的根据和目的而发挥其要素功能。"凭"如果是公认的法规、法令和政策性的理论，常用"根据……特作如下……"来引导；"凭"如果是行文的目的，一般用"为了……特作如下……"来引导。"凭"为"事"提供依据，以使"事"增强不可动摇的严肃性和法定性。它在传达"事"这一要素前，先陈述公认的法定的政策和理论，使读者建立起可信可从的印象，从而引导读者的心态，迫使读者接受"事"的全部信息。例如，在写作"通知"时，首段一般先写通知的缘由；撰写"计划"时，一般先写制订计划的根据，再写具体事项。"事"在行政公文中主要指具体的"事项"或"事实"，这种模式中的"事"一般以并列的顺序展开，围绕着中心内容，分成若干问题、若干事项来加以叙述；在外在结构上，用序码和过渡词衔接。"断"是在"述事"的基础上提出"希望"和"要求"，与"事"不构成论证性的逻辑关系。

（二）"断"—"事"—"析"式

"断"—"事"—"析"这种模式是诉状文书使用的一种结构模式。这一模式中的"断"是根据有关事实和法律依据引出的思维终端。"断"的前置，起到强调而引起读者注意的作用。法律文书中的起诉状，一般先将根据事实得出的诉讼请求和结论写在前面，即"断"；在"断"提出后，接着写"事"。这一模式中的"事"是"事实"，往往以事情本身的过程顺序而展开，典型的有说服力的"事"对"断"起到论证作用。在这一模式中的"析"往往以某种法律条文为依据，对所述"事实"作透彻的分析，从而证明"断"的正确性。

（三）"事"—"析"—"断"式

"事"—"析"—"断"这种模式是调查报告、经济活动分析报告等文体的结构模式，是叙述和论证相结合的模式。这种模式是把"事"的原委、过程叙述出来，作为"析"的对象和"断"的依据。这一模式中的"事"一般不写具体的"事项"，而是将情况进行综述性叙述，而"析"则是针对"事"作原因分析，不一定有完备的论证过程，也不作理论延伸。"断"不是在"事"的基础上作出结论，而是针对"事"和"析"的结果，提出某些建议。例如，经济活动分析报告一般先写经济活动情况，然后针对情况进行分析，最后提出建议。

应用文的结构模式是相对稳定的，掌握好其写作模式，从某种程度上说，就是学会了应用文写作的规矩，写起应用文来就能方便、快捷。但应用文的写作模式并不是静止不变的，讲"模式"不等于无须发挥作者个人的创造性。作者既要选择好写作模式，又要灵活地使用它。

——参见裴显生、王殿松主编的《应用写作》，第 38~39 页

第五节　应用文写作的撰写与修改

应用文写作经过上面的写作成因、主旨提炼、材料选择、结构模式这几个操作步骤，构思工作已经完成，接下来的事情就是将构思成熟的文稿用文字表达出来，并对写出的初稿进行修改。

一、撰写

1. 标题

标题是一篇文章给人的第一个印象，好的标题犹如画龙点睛，既能显示应用文的主旨或包含的主要内容，又具有提示作用，引发读者的兴趣。标题有时一开始就拟好，有时写好之后再加上。

（1）标题要准确、醒目、精练、规范。

准确是指标题能对应用文的内容作集中概括，抓住文章的要点加以提炼，做到题文一致。标题过长或过短、文不对题，都会影响文章思想内容的表达和整体风格的和谐统一。

醒目是指标题在揭示主旨时要鲜明突出，避虚就实，尽可能避免抽象化、一般化，同时在形式上要巧妙安排，增强吸引力。

精练是指标题在概括表达文章主旨和内容时，要言简意赅、易于理解、便于记忆。

规范是指什么样的应用文要用什么类型的文种标题，尤其是公文的标题必须使用规范的格式，完整地体现发文机关名称、文件内容和文件种类等。

（2）应用文标题的基本形式。

应用文标题大致有三种形式：

一种是公文式标题：一般由发文单位名称、事由、文种三部分组成，其中事由常用介词"关于"引出，如《国务院关于进一步精简会议和文件的通知》。这种类型的标题，主旨鲜明、表达准确、程式性较强，是应用文中最常见的标题形式。

一种是新闻式标题，包括三行题、双行题和单行题三种形式。应用文中常见的是双行题和单行题两种形式，双行题有引题加正题或正题加副题两种情形，单行题只有一个正题。如双行标题《适应市场求发展、与时俱进写新篇——××民办学院办学情况调查》，标题虚实结合、层次分明。

还有一种是基本式标题，也就是与一般文章拟定标题的方式相似，或直陈，或引用，或对举，或提问，形式活泼、巧妙新颖。

2. 开头

一篇文章的开头在全文中起着"定调"的作用。"调"定好了，全文就会顺利展开并引起读者的兴趣；反之，就会文不达意，让人无法理解事情的脉络，人们也就不爱阅读了。

不同的应用文因内容的差异其开头是不尽相同的，但总体来说，应用文的开头要开门见山，单刀直入，应尽量避免文学作品那样"曲径通幽"。归纳起来应用文的开头有以下几种：

（1）目的式。

文章的开头即表明行文的目的、背景、意义，常用"为"、"为了"等词语。这种开头多用于通知、通告、决定、条例、规则等文种。如《上海市人民政府关于加强本市流动户外广告管理的通告》的开头：

为确保 2010 年上海世博会顺利举行，根据《上海市人民代表大会常务委员会关于本市促进和保障世博会筹备和举办工作的决定》的规定，市政府决定，在 2010 年上海世博会筹备和举办期间对本市流动户外广告采取如下管理措施……

"为确保 2010 年上海世博会顺利举行"此句就是这篇通告的写作目的。

（2）引述式。

文章的开头援引有关法律法规、上级指示精神或有关单位来文，常用"根据"、"按照"等词语。一般使用这种开头的应用文有批复、函、通告、转发通知等文种。如《国务院关于同意将安徽省绩溪县列为国家历史文化名城的批复》的开头：

安徽省人民政府：你省《关于将绩溪县列为国家历史文化名城的请示》（皖政〔2006〕51 号）收悉。现批复如下：

（3）概述式。

文章的开头先写出基本情况、基本问题或工作的大致进程及结论，为正文的展开打下基础。这种开头多用于报告、总结、决定、决议等文种。如《云南省学校体育工作总结》的开头：

云南省地处我国西南边陲，全省总面积 39.41 万平方公里，山区面积占土地总面积的 94%，是一个多民族聚居的贫困山区省份。全省行政区划辖 16 州（市），129 个县，其中贫困县 73 个。地理位置及经济条件在一定程度上制约了学校教育的发展，同时也影响了学校体育教育工作的开展。

随着改革开放社会主义各项事业的不断深化，特别是"十五"期间，全省各级教育行政部门全面贯彻党的教育方针，认真落实《学校体育工作条例》和《学生体质健康标准》，以"普九"为契机，在全面推进素质教育的进程中，重视发展学校体育工作，全省学校体育教育工作随着教育事业的发展而蓬勃发展。

（4）寒暄式。

文章开头先采用问候、祝贺、传情达意的方式，然后转入正题。这种开头常见于信函、祝酒词等文种。如《周恩来总理在田中首相举行的答谢宴会上的祝酒词》的开头：

尊敬的田中角荣首相阁下：

各位日本贵宾们：

朋友们，同志们：

今天晚上，田中首相阁下举行宴会，盛情款待我们。请允许我代表在座的中国同事们并以我个人的名义，向首相阁下和各位日本贵宾，表示深切的谢意。

3. 主体部分

主体部分是文章的核心部分，是应用文写作的重点。应用文写作一般在开头部分提出问题，阐明观点；接着在主体部分运用材料对所提出的问题和观点进行阐述和分析。这部分的写作要注意层次——段落的安排以及文章各部分内容的过渡和照应。过渡和照应是文章承前启后、前后呼应、脉络清楚、文气贯通的一种重要手段。

（1）过渡。

过渡指的是层次之间、段落之间的转换、衔接，起承上启下的作用。应用文写作在论述问题"由总到分"或"由分到总"，或者从一层意思转换为另一层意思时都要过渡一下，使上下文连贯起来。没有过渡，有些段落之间的联系就不紧密，意思跳跃太大，使人感到突然。应用文的许多文种在过渡的格式上都有约定俗成的规范，视行文需要可分别使用过渡段、过渡句、过渡词等。

过渡段，一般用在较长的应用文中，标志前后两段的内容有较大的转换。

过渡句，如"现将情况报告如下"、"下面分三个方面来说明"等。

过渡词，如总之、因此、为此、鉴于、有鉴于此、综上所述等。

（2）照应。

照应指的是首尾呼应。应用文的内容前后要关照和呼应，前面提到的问题后面要有着落；后面表述的内容，前面要有所提示，这样文章才能浑然一体。应用文常用的照应方法有三种：

一是题文照应。应用文的开头，要照应标题；标题则要照应主要内容。如"通告"，在正文中就会出现同样的词语，与标题相呼应；而"通知"也会在正文中明确提出通知一词，以引起注意。批复、请示、报告这类公文的标题，是要直接标出公文的核心内容的，不仅是照应，而且要对应。要做到题文照应，关键是要拟好文章标题，使题文一致。

二是首尾照应。应用文的开头和结尾关系密切，有什么样的开头就应有什么样的结尾。如开头写"特通告如下"，结尾就应写"特此通告"。

三是前后照应。应用文后面的内容要与前面的内容相照应，如果前面提到的问题后面无影无踪了，文章就显得不严密。前后照应，可以用相同的词语，也可以采用重复提及的一些事实、细节或者观点来加以照应。

4. 结尾

结尾是全文的归结和收束。结尾部分写得好，能给人以完整的印象。大多数应用文的结尾都有固定的格式。应用文结尾的要求是干脆利落，句完意足，尽量避免"耐人寻味"。常用的结尾方式有：

（1）总结式。

概括全文，点明主题，以加深印象。像"通报"、"调查报告"和"总结"这类文种经常采用这种结尾方式。如《陕西省人民政府办公厅关于对省林业厅违反政府新闻发布制度问题的通报》的结尾：

省林业厅的做法尽管是个别的，但反映出的作风漂浮、纪律涣散等问题，在其他地方、其他部门也不同程度存在。各地、各部门都要以此为戒，在处理各类重大问题、敏感问题时，一定要以对党和人民事业高度负责的态度，认真调研，审慎决策。要坚持政务公开，不断完善各类公开办事制度，努力提高政府工作的透明度和公信力，要进一步加强作风建设，严肃纪律，提高效率，狠抓落实，为加快建设西部强省作出应有的贡献。

（2）号召式。

发出号召，表达祝愿，表示信心，以唤起热情。这种结尾多用于"总结"、"决定"、"会议报告"、"讲话稿"、"慰问信"、"倡议书"等文种。如《总理温家宝发表讲话祝贺神六发射成功》的结尾：

希望同志们继续努力，毫不松懈，精心组织，精心指挥，全力做好飞船测控、空间实验等工作，全面实现飞船成功发射、正常运行、安全返回，航天员健康出舱的既定目标。预祝神舟六号载人航天飞行圆满成功！

（3）请求式。

一般用固定的请求格式用语结束全文。常用于上行文，如"请示"、"报告"，也见于联系、商洽工作的函件等。这种结尾经常使用如"请批复"、"当否，请指示"、"以上报告如无不妥，请批转各地或相关部门依照执行"、"请予接洽"、"请函复"等结束用语。

（4）要求式。

指出方向，提出要求。一般用固定的期望格式用语结束全文。这种结尾多用于下行文中的"批复"、"指示"、"会议纪要"、"通报"、"通告"等文种。常见的结束用语有"希遵照执行"、"希参照执行"、"望认真执行"等。

（5）祝愿式。

结尾处表示祝愿、祝贺或慰问，这种结尾方式常见于信函、唁电、祝酒词等公关礼仪文书中。如"让我们为本次活动的圆满成功，为各位的蒸蒸日上、生意兴隆、健康幸福，干杯"就属于典型的"祝酒词"结尾。

二、修改

修改，是应用文写作不可或缺的一道工序。它是作者认识不断深化的反映，也是使表达的形式不断周密、完善，提高文章质量的重要手段之一。

应用文之所以要修改，而且要反复多次的修改，是因为它是客观事物的反映，而要将客观事物反映得正确、恰当，就必须进行反复斟酌、修改，使之由浅入深，逐步深化，以切合实际。应用文，尤其是公文，是党和政府的方针、政策以及单位、部门意志的直接体现，其表述稍有不慎就会造成工作失误，带来严重损失。这就需要写作时对文稿反复推敲，精益求精。一般而言，文章要经过反复修改才能达到一个新的高度，因此就有"文章不厌百回改"、"好的文章是改出来的"的说法。曹雪芹创作《红楼梦》，曾"批阅十载，增删五次"，才最终成为世界名著；党的第十一届六中全会通过的《关于建国以来若干历史问题的决议》经过数十次的修改才定稿。这些都说明修改对文章的写作具有极其重要的意义。

（一）应用文写作修改的主要方面

1. 办文程序方面

一看报批程序、行文方式是否符合规定；二看是否确需行文；三看涉及有关部门业务的事项是否经过协调并取得一致意见；四看所提出的措施和办法是否切实可行。

2. 语言表达方面

对文章的修改要按照由大到小、先重要后次要的顺序，先检查应用文的主旨材料、篇章结构是否妥当，然后再对段、句、词、字逐一进行检查修改。

首先是对主旨的检查、修改。主旨是关乎全局的关键，修改文章时，要看它是否符合党的路线、方针、政策和国家的法律、法规及上级机关的指示精神，是否完整、准确地体现发文机关的意图；要看它是否正确，立场观点有没有问题，看法有没有偏差。同时要看它有没有新意，是否深刻，是否有独到之处。

其次是对材料的取舍。应用文写作应该做到观点和材料的统一，按照这一要求，修改文章时要检查材料是否真实，使用是否得当；要检查材料是否典型，能否服务于主旨，有没有互相抵触的现象。

再次是对结构的调整。结构是文章的骨架，结构不合理，就不能准确严谨地表达应用文的主旨。因此，修改时要看应用文的各个部分是否围绕主旨构成一个整体，各层次、段落之间是否合乎逻辑，安排是否合理，开头结尾是否前呼后应，过渡是否自然、顺畅。

最后是对文字的推敲。应用文的内容是靠文字表达的。检查修改时，一要做到文字表达准确规范，没有错字、病句；二要做到文字表达精练，将可有可无的字、句、段删去；三要做到格式规范、标点符号正确。对公文来说，还要注意人名、地名、时间、数字、引文和密级、印发传达范围、主题词是否准确、恰当，汉字、标点符号、计量单位、数字的用法及文种使用、公文格式是否符合国家规定。

因此，文章只有经过多次修改才能"百炼钢化为绕指柔"。

（二）应用文修改的方式

应用文修改的方法很多，往往因人而异、因文而异，通常有以下两种方式。

一是自己修改。这是最常用也是最方便的方式。这种方式的最大好处是写作者对领导机关的意图了解得较他人透彻，且熟悉本部门的工作、业务情况，在写作时其对文章的主旨、结构均做过认真斟酌。不足的是，自己写的文章即使考虑得不周，但木已成舟，往往不易发现或有所突破。

二是请他人修改。这是因为旁观者清，容易替写作者发现文章的毛病，并提出有见地的意见、建议。党和政府的许多重要文件、决议，往往是经过几千人讨论、修改才出台、公布的；各单位的重要公文一般也要经过大家的讨论和修改，群策群力才最终完成。当然，请他人修改也要有所选择，要请机关部门中文字水平较高、政策业务水平较强的同志修改，才能真正达到修改的目的。

自主学习

1. 应用文的写作究竟源于哪些客观需要？
2. 应用文的主旨有什么特点？应用文的主旨在确立时有哪些要求？
3. 应用文的写作材料有什么特点？选用材料时有哪些要求？
4. 应用文的写作模式有哪几种类型？几种模式的区别在哪儿？
5. 应用文写作为什么强调修改的重要性？修改时的侧重点在哪儿，方法有哪些？

延伸学习

1. 请你根据所在学校学生的消费情况，确立一个写作主旨，然后围绕主旨调查、收集相关的写作材料，写一篇题为"我校学生消费情况调查报告"。

2. 下面一篇应用文无论在内容上，还是在外在形式上都存在着一些错误，请你认真阅读后，对文章进行修改，使之符合规范。

感谢信

×××客运公司：

  3月8日上午，我校女职工×××乘坐贵公司"××××××"号大客车前往市中心参加庆祝三八妇女节活动途中，不慎将皮包遗忘在客车上，内有身份证、工作证、银行卡、手机及现金等多种贵重物品。×××到达会场后才发现自己的皮包已遗失，正当本人焦急万分之际，贵公司司机×××送完客后，主动将捡到的皮包按工作证上的单位名称送还给我校保卫科，避免了×××财产的重大损失。为此，我们再三表示感谢并拿出500元作为酬谢，×××司机却说："这是我应当做的，不用谢！"在此我们特致函贵公司，深表谢意。

×××学校

2012. 3. 10

第四章 应用文写作表达论

表达是指作者在反映客观事物和表达感情或观点时所使用的语言文字的组合手段。表达是应用文写作过程中关键的一环，是化"思维"为具体"文章"的过程。写文章，一旦准备了充分的写作材料，确定了文章的写作思路和体裁样式，接下来所面临的就是如何运用语言文字符号表达文章内容的问题。而用语言文字表达文章内容，必然会涉及应用文写作的语言技巧、表达方式、语言要求和语体风格等写作知识。

第一节 应用文写作的语言技巧

一、有意强化语言的表意功能

语言作为文章的物质材料，它鲜明的特征就是具有表意性。孤立的字词一般都有其固定的所指和能指。文学作品和应用文体，虽然都是通过语言所指称的意义来表情达意、传递信息，但由于它们所承载的文章功能、阅读需求各不相同，因此，表意功能也各不相同。文学作品常常有意弱化语言的表意功能，依照一定的审美情趣加工语言，颠倒常规语序，打破语法规范，大量运用修饰语和修辞格，有意拉长语言和意旨的距离，追求语言的含蓄、朦胧，刺激读者在语言的再创造中获得审美的快乐。而应用文以客观、真实、明了地传递信息，满足实务的需要为其追求，因而它尽量利用语言本身的表意特征，使用符合规范的书面语，缩短语言所要表达的内容的距离，有意强化语言的表意功能，使语言符号与指称对象相吻合。

应用文强化语言的表意功能，主要表现在以下两个方面。

首先是准确用词。汉语中有许多意义相同或相近的同义词和近义词，还有一词多义的情况，但在特定的语境中，表达某一概念时往往只有一个词是最贴切的。例如，"爱人"和"妻子"、"老婆"、"太太"这几个词，在日常语言环境中是可以相互替代的，但在法律专用文书中，在表述"某一男性的合法配偶"时，一般只能用"妻子"，而不能用"爱人"或"老婆"、"太太"。因此，在应用文写作中，为了强化语言的表意功能，就要辨析词义，多使用工具书，明确词义所表达的概念的内涵，精选妥帖的词语，尽量使语言表达准确。

其次是规范句式。句式是根据句子的不同特点归并出来的句子类型。例如，按字数的多少，可分为长句和短句；按语序，可分为常式句和变式句；按判断形式，可分为肯定句和否定句。一般而言，为了强化语言的表意功能，在应用文写作中应选用短句、肯定句、常式句来表达。这样，在严格的语法规范下，可以避免产生歧义。

二、运用书面辅助语言

在应用文写作语言体系中，人们经常运用书面人工语言来代替或补充自然语言。语言学界一般把人类在历史发展进程中自然形成的语言称为"自然语言"，把为了特定的需要人为创造的语言称为"人工语言"，在"人工语言"中又分为有声的人工语言和无声的人工语言。"世界语"就属于有声的人工语言，而由图形、表格以及各种符号组成的语言系统则是无声的人工语言。它们是自然书面语言的辅助工具，因而，又可以称作"书面辅助语言"。在应用文写作中，两种语言经常混用，使得应用文的语言表述更为直观、简明。

复杂的过程、抽象的事理常可用图形、表格、符号简洁、明快地表达出来，这样可缩短语义和旨意的距离。

在应用文写作中，运用最多的人工语言是表格和图形。表格和图形的制作要遵循一定的规则。

表格，是按设定的项目，用行列形式建立的信息表，是揭示和反映客观事物或过程的某些规律性的书面材料。根据资料的性质，表格可以分为数字表、文字表、符号表、图像表四种。在应用文写作中，运用频率最高的是数字表和文字表。

表格的性质不同，格式也有所不同，但表格也有基本形式。数字表格一般由表题、表正文、表备注三部分组成。表题，又称表名，或概括表的主题，或写明填报单位、时间等。表正文部分由表头和行题、列题、表格线组成。表头是表的首行首列，也叫总题。行题，位于表头的左下方，是表格主要研究的对象。行题如果包含子项目，可设计副行题，位于行题右侧。列题位于表头的平行右侧，如果包含子项目，同样可设计副列题，位于列题的下方。表线分为横线、竖线、斜线。设计时要善于运用线条来编制清晰美观的表格。表格的外框一般用粗线，表中线用细线，表线的使用原则是少而清。表备注，又称脚注，位于表正文下方，紧贴框线，从左向右书写，供说明、注释用。有的表格将正文最后的一栏用作备注。数字表的制作关键是行和列的设计，行和列应体现出对应关系，在排列顺序上要体现出信息的内部联系；要使资料很容易被填入。表内的数字用阿拉伯数字，纵行数字从个位对齐；如全表数字为统一单位，可在表题下方右侧用括号注明（单位：××）；凡无数字的空格，须用短线"—"填补。

　　文字表的制作样式相对灵活。表正文部分可按表格的标准样式画制，也可由作者根据所表现的内容自由设计栏目，但必须坚持以下原则：一是一表描述一个主题，不能把各种信息塞入一张表中；二是内容要与标目相符合，标目是内容的概括；三是表格作为人工语言虽然不受自然语言语法规则的限制，但在文章写作中，两种语言混用时，接口要周严，可用"例表×"或"上表说明"来衔接。

　　现在，应用文表格的制作一般都能利用电脑技术来完成。各种表格的制作都有相应的电脑绘制方法和技巧。现代化的办公条件和设备，高素质的文秘人员，都能胜任这项业务。请看下表：

2011 年中国大学排行榜前 20 强

名次	学校名称	所在省市	类型	总分	科学研究	人才培养	综合声誉
1	北京大学	北京	综合	100	95.61	100	98.32
2	清华大学	北京	理工	96.18	100	86.55	100
3	浙江大学	浙江	综合	56.1	53.46	52.4	74.86
4	复旦大学	上海	综合	55.57	53.6	55.69	51.54
5	南京大学	江苏	综合	42.9	40.67	42.63	45.36
6	上海交通大学	上海	综合	42.52	48.01	35.59	37.39
7	武汉大学	湖北	综合	39.37	41.14	35.53	39.41
8	中国人民大学	北京	综合	36.61	28.11	36.52	73.38
9	华中科技大学	湖北	理工	34.56	37.57	29.47	35.49
10	中山大学	广东	综合	33.77	34.47	29.6	42.61
11	吉林大学	吉林	综合	33.68	32.57	33.82	30.43
12	四川大学	四川	综合	32.23	33.82	28.57	34.11
13	北京师范大学	北京	师范	27.95	28.32	23.87	39.58
14	南开大学	天津	综合	27.84	28.17	24.6	35.45
15	中南大学	湖南	综合	27.62	27.9	24.66	34.14
16	山东大学	山东	综合	27.49	26.07	26.77	31.81

（续上表）

名次	学校名称	所在省市	类型	总分	科学研究	人才培养	综合声誉
17	哈尔滨工业大学	黑龙江	理工	27.27	26.27	26.43	29.94
18	中国科技大学	安徽	理工	27.2	27.87	24.53	30.26
19	西安交通大学	陕西	综合	26.43	25.65	25.06	30.83
20	厦门大学	福建	综合	25.42	24.34	22.69	38.54

图是用空间造型符号直观地反映事物属性、抽象的事理、事物的结构和关系的人工语言。在应用写作中，人们往往借助图这一形象化的方法，一目了然地揭示事物的本质和规律。应用文中经常使用的图主要是各种类型的抽象图，如方框图、曲线图、圆形图等。各种图的制作方法不尽相同，但基本原则是一致的，即处理好图形和意义的关系，用最简洁的、读者易于理解的图，最大效果地达到作者的目的。请看下图：

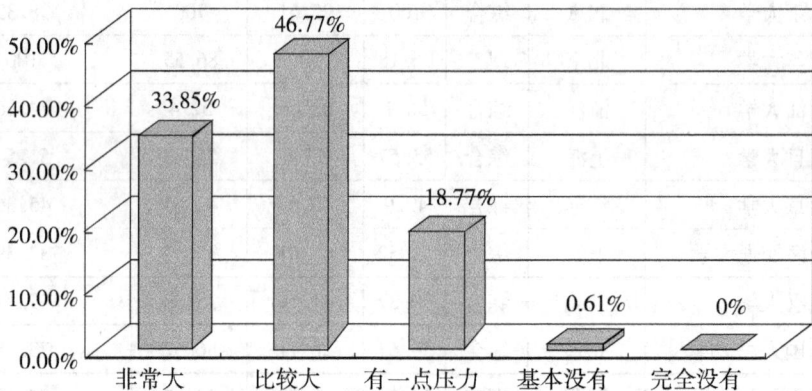

苏州市中学教师职业压力状况图

第二节　应用文写作的表达方式

文章的表达方式一般分为五种，即叙述、描写、抒情、议论和说明。由于应用文表现的对象、内容、目的不同于一般的文学作品，所以其选用的表达方式更多涉及叙述、议论、说明三种，描写和抒情在应用文中极少使用到。例如，抒情仅限于部分书信和演讲、广告等文种；而描写则限于书信和通讯等文种。

一、叙述

（一）叙述的含义

叙述就是对事物的发展、人物的经历以及环境的变迁所作的交代，是偏重于对人物、事件作动态反映的一种表达方式。

应用文写作反映现实，传递信息，解决问题，一般靠叙述来表达。有的以叙述事实作为立论的依据，如"通报"、"经济活动分析报告"和"市场调查报告"等文体；有的以叙述事实为依据进行决策和预测，如"经济预测报告"、"可行性论证报告"等文体；有的对事实作如实反映和记载，如"会议纪要"、"合同"、诉讼类文书等。

（二）叙述的要求

应用文对叙述的要求，根据文体的不同而各有差异，但最基本的要求是大致相同的。

其一是交代明白。所谓明白，是指叙述涉及的基本要素，即时间、地点和事件，应该清楚完整而不遗漏。应用文注重实用，叙事时只要交代清楚即可，一般不使用过多的笔墨和艺术技巧去表现相关情节的复杂性、曲折性，不需要委婉、生动，不纠缠于细节描写和心理描写，而要求以平实、简洁、概括的语言，交代清楚事情、事件的简要过程。

其二是线索贯通。叙述若主要是交代人、事的变化，在叙述这一变化时，其基本的线索应该贯通，事情的原因——发展——结果，过程顺序要交代清楚，使读者对其来龙去脉有清晰的了解。不能出现中断甚至前后颠倒的状况。而且，应用文的叙述一般不采用逆向叙述的方法，提倡使用顺叙，将人物或事件的前因后果交代清楚即可。如果偶尔在类似"简报"、"新闻"这类文体中用到倒叙等手法，在转接处都要用过渡性文字来加以衔接，使叙述的线索得以畅通。

其三是详略得当。应用文写作要根据写作意图、文章主旨的需要，来处理详述和略述的差异问题，从而使叙述做到既突出主旨，又简洁明了。一般的应用文写作是通过叙述为文章得出正确结论作依据。如"通报"中的叙述是为后面阐述事实的性质，达到为这一事件学习、鉴戒或引起注意的目的而服务的。叙述本身不是文章的核心和重点所在，因而应用文写作的叙述大多采用简明扼要的概括性叙述。

其四是客观的叙述人称。文章的人称共有三种：第一人称——我（我们）；第二人称——你（你们）；第三人称——他（他们）。在应用文写作中用第一、第三人称居多。应用文写作中叙述所指代的人是真实的，应用文的叙述者或者是以个人身份出现的写作者自己，或者是群体作者，或者是代表社会组织的法定作者。作者的观点是真实的，建立在亲身经历和亲眼观察的基础上，要客观、冷静地叙述事实。

以下是国务院办公厅《关于四川山东两省部分市（县）乱集资乱收费问题的通报》中使用叙述方式的一段文字：

1995 年 8 月和 10 月，四川省德阳市政府为承办 1998 年省第四届青少年运动会，解决修建体育场馆资金不足，先后两次发文，对全市办理工商执照年检和机动车辆年检的机关、单位和个人，进行强制性无息集资，集资期限为三年。截至 1996 年 8 月 26 日，已集资 855 万元，其中拨付体育场馆建设 790 万元。

这段文字叙述时客观、冷静，文实相符；不涉及细节展开，只写大致经过，但保留叙述的基本要素，如时间（1995 年 8 月和 10 月）、地点（四川省德阳市）、事件（乱集资），都交代得完整、明确；语言简洁明了，使用了一些专业术语（如"承办"、"发文"、"截至"、"拨付"等）以增强叙述的概括力。使用的人称为第三人称——德阳市政府，让人看后对整个事情一目了然，清楚明白。

二、议论

（一）议论的含义

议论就是对某种现象、某个话题发表观点和看法，是通过摆事实、讲道理来判明是非、阐明作者观点和主张的一种表达方式。议论在日常生活中被广泛地运用。议论可以正面提出自己的看法和判断，也可以反驳已有的观点。前者被称为立论，后者被称为驳论。议论的主要目的是通过理论、事实的材料来证明、推理，最终表明自己的观点和态度。议论在应用文写作中的使用频率远大于文学写作。

（二）议论的三要素

议论的表达，往往由三部分组成，即议论的三个要素：论点、论据和论证。

1. 论点

论点就是作者的观点和主张，是文章的统帅。应用文体的论点大多体现文章的主旨和实用性，往往直接回答或解决"怎样评价"、"怎么办"、"如何处理"这类问题。写文章，第一步就是确定中心论点，有时文章的题目就是中心论点。第二步是确定分论点，这是比较重要的步骤，也是一项有难度的工作。一般围绕中心论点，可再分出两至三个分论点，每个分论点可自成一段。一般而言，短小的应用文只有一个中心论点，没有分论点。篇幅较长、内容较多的报告、论证等，常常会设分论点来分层论述，以支撑总论点。应用文中的论点，其基本要求是鲜明和正确。所谓鲜明，不但指提出的论点要明确不含糊，而且要尽可能杜绝歧义的、多方面理解的可能。而所谓正确，不但是指自己对现实生活的一种理解，也意味着对政府法律、法规、政策的透彻理解。在做到这两点的前提下，在涉及部分应用文体时，我们才可以提出进一步的要求，如新颖、深刻等。

2. 论据

论据就是使论点得以成立的依据性材料。应用文中的论据大致分为事实性论据、理论性论据和法理性论据三大类。

事实性论据是指现实的、历史的客观事实和可靠的统计数字，是对客观事物的真实的描绘或概括。在论证过程中，如运用两个事实论据，可以安排一个历史事例、一个现实事例；或者一个正面的事例、一个反面的事例，这样说服力更强。在写法上可采用一详一略的方法。事实论据要真实、典型、确凿、概括。

理论性论据是指那些来源于实践，并被长期实践证明和检验为正确的观点、理论。主要有马克思主义原理，经典著作的论述；还有科学的原理、定理、公理、定律、名人名言、谚语、俗语等。理论性论据可以使文章具有深度，提高文章以理服人的效果。理论论据的引用必须符合原意，不能断章取义，包括两层含义：一是不能割裂原话的完整性，二是要注意原话的语言环境。

法理性论据是指宪法、法律或相关的规章制度的条文，以及由宪法、法律或相关的规章制度赋予文章作者的管理权、管辖权、裁判权、审定权、决定权等。

应用文要依理办事，以理服人，就离不开过硬的论据。当然，论据的取舍要与文章主旨的阐述相结合，与中心论点无关的内容，再精彩的论据也要舍去。

3. 论证

论证就是把论据和论点联系起来的方法，是使用论据证明论点的方法。应用文写作中的议论，一般不进行严密论证和详细分析。例如上文所举的国务院办公厅的通报中对通报对象的行为是这样认定的：

四川省德阳市的上述做法，严重违反了国家有关坚决制止乱集资、乱收费的规定和有关金融法规，加重了企事业单位和群众的负担，扰乱了当地的金融秩序，错误是严重的。为维护国家法律、法规和政令的统一，严肃纪律，保护企事业单位和人民群众的合法权益，国务院决定：

一、对四川省德阳市政府……给予通报批评。

二、四川和山东两省政府要责令上述市（县）立即纠正违纪行为，限期将非法筹集和收取的资金全部退还有关单位和个人。同时，要追究主要负责人和直接责任人的责任。

上述文字对乱集资、乱收费所造成的危害以及错误的性质作了一针见血、直截了当的简要判定，并以此为据，作出相关的处理决定。

应用文写作的议论方法主要有归纳法和演绎法。

（1）归纳法。

归纳法是选取典型事实作为论据举例，由个别到普遍，通过归纳推理来证明论点的一种论证方法。应用文强调用事实说话，因此，归纳法使用事实论据居多。如《陕西省人民政府办公厅关于对省林业厅违反政府新闻发布制度问题的通报》写道：

2007年10月5日，镇坪县林业局向省林业厅报告称：镇坪县农民周正龙10月3日在该县神州湾一处山崖旁，用数码和普通胶片相机拍摄到华南虎照片71张，其中数码照片40张、胶片负片31张。省林业厅委托镇坪县林业局进行核实后，在没有派员进行实地调查的情况下，仅由本厅技术力量和省内有关专家对照片进行了鉴别，就于10月12日召开新闻发布会，宣布"镇坪县发现野生华南虎"，公布了周正龙拍摄的两张华南虎照片，并向其颁发奖金2万元。此后，新闻发布会上公布的两张照片引起了媒体和公众的质疑，导致政府公信力成为社会舆论的热门话题。

……

省林业厅的做法尽管是个别的，但反映出的作风漂浮、纪律涣散等问题，在其他地方、其他部门也不同程度存在。各地、各部门都要以此为戒，在处理各类重大问题、敏感问题时，一定要以对党和人民事业高度负责的态度，认真调研，审慎决策。

此则"通报"的开头简要介绍了"华南虎照片事件"弄虚作假的经过，在此基础上提出了警戒和希望，篇幅不长，却是在用事实说话。

（2）演绎法。

演绎法是用人们已知的事理、公认的原理作为论据来证明个别性结论的一种论证方法。在应用文写作中多表现为引用或交代相关的政策、法令、法规等，使之成为立论的依据，再针对相关情况或问题，得出相关的结论和提出解决问题的对策。如《全国旅游景区质量等级评定委员会公告》写道：

依照中华人民共和国国家标准《旅游景区质量等级的划分与评定》与《旅游景区质量等级评定管理办法》，经有关省、自治区、直辖市旅游景区质量等级评定委员会推荐和辅导创建，全国旅游景区质量等级评定委员会组织评定，以下66家试点景区达到国家 5A 级旅游景区标准的要求，批准为国家 5A 级旅游景区，现予公告。

全文分两个层次，第一层次先陈述相关规定；第二层次公布公告决定，其严肃性和权威性不容置疑。

此外，还有一些辅助性的论证方法，如对比论证、类比论证、比喻论证等。这些辅助性论证，往往是为了增加论证的鲜明性和形象性，并不具有本质的意义。

需要说明的是，应用文的议论常与说明、叙述等方式结合使用，夹叙夹议、说议结合，是应用文中的议论特点。应用文写作的特点是强调实际的"用"，所以，文章往往不单独进行完整的议论，议论依赖于所叙述的事实和说明的现象，在事实和现象的基础上进行议论。如《手机市场调查报告》的行文是这样展开的：

该次调查在北京、深圳两地展开，历时月余。报告数据显示，未来购买手机第一选择为欧美手机占 54.9%，超过样本使用欧美手机 42.8% 的比例，预计未来欧美手机仍是手机市场的主角。诺基亚的表现突出，有 31.3% 的消费者将其列为未来购机第一选择。未来购买手机第一选择为日韩手机的则占 31.9%，超过样本使用日韩手机 22.9% 的比例。日韩手机在中国正处于稳步发展中。三星的表现一枝独秀，有 26.5% 的消费者将其列为未来购机的第一选择。据此，业内人士指出，消费者从购买国外手机的消费习惯中走出来购买国产手机是国产手机的一大胜利，但是如果国产手机忽视质量，消费者将转而再去购买国外品牌，这时企业要将消费者重新拉回来将付出更多的成本。因此，目前国产手机企业处于发展的关键时刻。

这段文字采用夹叙夹议方法，材料具体，剖析深入。

三、说明

（一）说明的含义

说明是对某种事物或事理进行客观、科学、平实的解释、介绍的一种表达方式。其主要目的是给人以知、教人以用。从思考类型来说，说明要回答"是什么"、"有什么"这类问题。说明在应用文的大部分文种中都有着比较充分的运用。"说明书"则通篇使用说明这一表达方式。

（二）说明的方法

说明的方法多种多样，主要有定义说明、比较说明、举例说明、数字说明、分类说明、图表说明、引用说明等。这些方法，在中学阶段或"基础写作"课上已教授过，不再赘述。

（三）说明的要求

一个说明对象的可说明之处很多，在说明前必须明确要说明对象的什么方面，或者说必须明确说明的重点是什么，这样才能正确地把握对象，回答疑问之点。为此，要做到以下两点：

1. 区分种属，显示差异

说明依靠把握对象的特点、本质、规律，作客观、冷静、科学的解释、介绍，因此必须符合客观实际，做到概念准确，判断恰当，分类清楚，种属分明，不至于与其他的事物或类似的事物相混淆。如《中华人民共和国保守国家秘密法》关于秘密等级是这样规定的：

"绝密"是最重要的国家秘密，泄露会使国家的安全和利益遭受特别严重的损害；
"机密"是重要的国家秘密，泄露会使国家的安全和利益遭受严重的损害；
"秘密"是一般的国家秘密，泄露会使国家的安全和利益遭受损害。

可以看出，上文是按"最重要"、"重要"、"一般"的级差和可能遭受的损害程度的轻重的不同，对"秘密等级"作出界定，差异非常明显。

2. 把握关系，言而有序

说明需要准确把握物与物之间的关系（如并列关系、先后关系、主次关系、总分关系、表里关系等），这些关系，有分有合，分则相对独立，合则相互联系，形成有机的统一体。要把握好这些关系，并按照所说明的对象的特征和规律性，以严格的顺序进行说明。以下是《苏州市统计局关于召开全市统计工作会议的通知》的正文：

各区、县统计局：

为贯彻中央统计工作会议精神，布置我市明年统计工作，决定召开全市统计工作年会，现将有关事项通知如下：

一、会议时间：12月15日、16日，会期两天。

二、会议地点：市政府会议中心（××路××号）2号楼会议厅。

三、参加会议人员：各区、县统计局正副局长及科级以上干部。

四、与会者的食宿由会议统一安排。

五、报到时间：12月14日下午；报到地点：市政府会议中心副楼108房间。

特此通知。

此"通知"按照会议名称—会议时间—会议地点—参加者—相关事项—报到时间、地点的顺序有条理地加以说明，这样的顺序安排符合读者接受和理解相关信息的思维逻辑，言而有序。

自主学习

1. 应用文写作的语言技巧主要表现在哪几个方面？
2. 应用文写作主要运用哪几种书面辅助语言？使用书面辅助语言对应用文写作有怎样的好处？
3. 应用文写作的叙述有什么特点？它与文学写作的叙述有什么不同？
4. 应用文写作的议论有什么特点？如何在应用文中正确地使用议论？
5. 应用文写作的说明有什么特点？如何在应用文中正确地使用说明？

延伸学习

1. 请你对所在学校同学的课外活动情况作一个调查，按参加文艺活动、体育活动、社团活动、勤工助学活动、志愿者活动、旅游活动等栏目，从人数、百分比、活动如何开展、成效等方面，制作一个图或表，加以直观的反映。
2. 以下是《三国演义》第二十一回"曹操煮酒论英雄"中的一个片段，请你按照应用文写作的叙述要求，删除其中的细节和对话，用简洁的文字加以叙述，并对改写情况用说明这一表达方式加以表述。

曹操煮酒论英雄

一日，关、张不在，玄德正在后园浇菜，许褚、张辽引数十人入园中曰："丞相有命，请使君便行。"玄德惊问曰："有甚紧事？"许褚曰："不知。只教我来相请。"玄德只得随二人入府见操。操笑曰："在家做得好大事！"唬得玄德面如土色。操执玄德手，直至后园，曰："玄德学圃不易！"玄德方才放心，答曰："无事消遣耳。"操曰："适见枝头梅子青青，忽感去年征张绣时，道上缺水，将士皆渴；吾心生一计，以鞭虚指曰：'前面有梅林。'军士闻之，口皆生唾，由是不渴。今见此梅，不可不赏。又值煮酒正熟，故邀使君小亭一会。"玄德心神方定。随至小亭，已设樽俎：盘置青梅，一樽煮酒。二人对坐，开怀畅饮。酒至半酣，忽阴云漠漠，聚雨将至。从人遥指天外龙挂，操与玄德凭栏观之。操曰："使君知龙之变化否？"玄德曰：

"未知其详。"操曰："龙能大能小，能升能隐；大则兴云吐雾，小则隐介藏形；升则飞腾于宇宙之间，隐则潜伏于波涛之内。方今春深，龙乘时变化，犹人得志而纵横四海。龙之为物，可比世之英雄。玄德久历四方，必知当世英雄。请试指言之。"玄德曰："备肉眼安识英雄？"操曰："休得过谦。"玄德曰："备叨恩庇，得仕于朝。天下英雄，实有未知。"操曰："既不识其面，亦闻其名。"玄德曰："淮南袁术，兵粮足备，可为英雄？"操笑曰："冢中枯骨，吾早晚必擒之！"玄德曰："河北袁绍，四世三公，门多故吏；今虎踞冀州之地，部下能事者极多，可为英雄？"操笑曰："袁绍色厉胆薄，好谋无断；干大事而惜身，见小利而忘命：非英雄也。"玄德曰："有一人名称八俊，威镇九州：刘景升可为英雄？"操曰："刘表虚名无实，非英雄也。"玄德曰："有一人血气方刚，江东领袖——孙伯符乃英雄也？"操曰："孙策藉父之名，非英雄也。"玄德曰："益州刘季玉，可为英雄乎？"操曰："刘璋虽系宗室，乃守户之犬耳，何足为英雄！"玄德曰："如张绣、张鲁、韩遂等辈皆何如？"操鼓掌大笑曰："此等碌碌小人，何足齿！"玄德曰："舍此之外，备实不知。"操曰："夫英雄者，胸怀大志，腹有良谋，有包藏宇宙之机，吞吐天地之志者也。"玄德曰："谁能当之？"操以手指玄德，后自指，曰："今天下英雄，惟使君与操耳！"玄德闻言，吃了一惊，手中所执匙箸，不觉落于地下。时正值天雨将至，雷声大作。玄德乃从容俯首拾箸曰："一震之威，乃至于此。"操笑曰："丈夫亦畏雷乎？"玄德曰："圣人迅雷风烈必变，安得不畏？"将闻言失箸缘故，轻轻掩饰过了。操遂不疑玄德。

第五章　公文文书写作

第一节　公文文书概述

一、公文文书的含义

公文文书（以下简称"公文"），根据中共中央办公厅和国务院办公厅 2012 年 4 月 6 日印发（从 2012 年 7 月 1 日起施行）的《党政机关公文处理工作条例》（以下简称《条例》）规定："党政机关公文是党政机关实施领导、履行职能、处理公务的具有特定效力和规范体式的文书，是传达贯彻党和国家的方针政策，公布法规和规章，指导、布置和商洽工作，请示和答复问题，报告、通报和交流情况等的重要工具。"

《条例》规定：公文种类主要有决议、决定、命令（令）、公报、公告、通告、意见、通知、通报、报告、请示、批复、议案、函和纪要 15 种。而 2000 年国务院印发的《国家行政机关公文处理办法》（以下简称《办法》）规定公文种类只有 13 种。现行公文种类比《办法》多出了"决议"和"公报"，同时将原来的"会议纪要"文种改名为"纪要"。

二、公文文书的特点

公文，是在公务活动中形成并使用的一种实用性很强的文体。其特点主要有法定性、政治性、规范性和时效性。

（一）法定性

公文是法定的组织，按照法定的程序与格式制发并产生的具有法定权威和效力的文件。一是有法定的作者，即依据法律、法令、法规成立的并能以自己的名义行使权力和承担义务的组织及其负责人。二是有法定的权威和效力，发布之后就具有强制性和约束力，必须遵照执行。三是公文的形成和发布必须符合法定的职权范围和规定程序。

（二）政治性

公文，是各级机关传达与贯彻党和国家的方针、政策、路线，指导公务活动的重要工具，体现了国家、政府和人民群众的根本利益，具有极强的政治性。

（三）规范性

公文是国家发挥管理职能的书面工具，必须遵照规定的格式和行文程序。行政公文的格式必须以 2012 年 7 月 1 日起施行的《条例》为标准，要严格遵照对公文的秘密等级、保密期限、紧急程度、发文机关标识、发文字号、签发人、标题、正文、成文日期、印章和附件等的规定，不能随意变动。

（四）时效性

公文是国家各机关因实际工作需要而形成和发布的，时效性很强。首先是及时性，写、发、办都必须及时。其次是时限性，必须在一定时限内贯彻执行，否则影响效用。最后是时代性，公文必须紧密联系社会现实和形势变化，符合时代要求。

三、公文文书的作用

公文的作用，主要有法规约束作用、领导指导作用、凭证依据作用、联系沟通作用和宣传教育作用。

（一）法规约束作用

我国的各种法律、条例、规定等，都是以公文的形式制定和发布的，以规范公务活动以及各社会组织和个人的言行。一经发布，人们必须贯彻执行，具有很强的规范性和约束力。

（二）领导指导作用

上级领导机关对下级机关进行领导和指导，主要通过公文来传达。上级领导机关把党和国家的各项方针、政策和路线，经由不同类型的公文，传达给下级机关；而下级机关则通力配合，认真贯彻执行，保证各项决策的落实。

（三）凭证依据作用

公文，以书面语言记录了公务的内容，以及处理的经过和结果，最后都要立卷归档，以备查考。公文分为上行文、平行文和下行文。上行文是上级指示、批复和决策的重要依据，下行文是下级贯彻执行工作的重要凭证，而平行文是平行部门机关和不相隶属机关之间相互知照、商洽工作的根据。

（四）联系沟通作用

公文，是国家各部门、机关间发布传达信息、协调处理事务的重要工具。上级向下级发布命令和通知、下级向上级报告和请示、平级之间联系交流与请托配合，都要借助公文来完成。

（五）宣传教育作用

国家的各项法律、政策、规定，经由公文发布给各机关部门，再传至广大人民群众，宣传作用不言而喻。公文还负有表彰优秀、批评错误、激励鞭策的使命，可以教育群众，上下一心，协力完成国家的各项任务。

四、公文文书的分类

我国现行的党政机关公文种类，据《条例》规定有 15 种。本书相关章节主要涉及通知、通报、报告、请示、批复、函和纪要 7 种使用频率较高的文种。

根据公文的行文方向，可分为上行、平行、下行三类：上行文是指下级机关向上级机关报送的公文，主要有报告、请示，有时也用部分意见。平行文是指平级机关或不相隶属机关之间传递的公文，主要有函、部分通知、部分意见和纪要。下行文是上级机关向所属的下级机关发送的公文，主要有命令、决定、意见、公告、指示、通知、通报、批复、纪要。

根据公文的保密程度，可分为绝密件、机密件、秘密件和普通件。

根据公文的办理时间，可分为特急件、急件、平件（常规公文）。

五、公文文书的格式

《条例》规定："公文一般由份号、密级和保密期限、紧急程度、发文机关标志、发文字号、签发人、标题、主送机关、正文、附件说明、发文机关署名、成文日期、印章、附注、附件、抄送机关、印发机关和印发日期、页码等组成。"从格式要素看，较之 2000 年的《办法》增加了"份号"、"发文机关署名"和"页码"，减少了"主题词"。

下面分文头、行文、文尾三部分作简要说明。

（一）文头部分

行政公文首页第一条横隔线（又称版头栏）以上的部分为文头，也叫眉首或版头，由发文机关标志、发文字号、秘密等级、紧急程度、签发人、份号等组成。

（1）发文机关标志：指公文的制发机关名称，应当使用该机关全称或规范化简称。下行文在发文机关名称后加上"文件"字样，上行文则不加。多个机关部门联合行文时，主办机关排列在前，或可单独使用主办机关名称。

（2）发文字号：又称文号，是发文机关编排的公文代号，包括机关代字、年份和序号。机关代字是机关名称的极度简缩，如国务院发文的机关代字是"国发"。之后是年份，年份即发文的年度，用阿拉伯数字写，外加六角括号。序号是发文的顺序号，多为发文机关发文的流水号，除"命令"之外，都不必加"第"字。

（3）秘密等级：是公文内容保密程度等级的标志，标注在公文版头右上角。保密程度按等级递增可分为"秘密"、"机密"、"绝密"。

（4）紧急程度：是对公文送达和处理的时限要求，在秘密等级的下方标注"特急"或"加急"字样。

（5）签发人：指代表机关核准并签发公文文稿意见的领导人姓名。在上行文中必须在发文字号同一行注明签发人、会签人的姓名，必要时在附注处注明联系人的姓名和电话。

（6）份号：涉密公文应当标注份号。份号是一份公文总印数的流水编号，便于发文时逐份登记和清退时对号注销。用阿拉伯数字标注在版头左上方。

（二）行文部分

行文部分是从第一条横隔线即版头栏起，到第二条横隔线即抄送栏止的中间部分。这是公文的主体部分，包括标题、主送机关、正文、附件名称、发文机关署名、成文日期、印章等。

（1）标题：一般由发文机关名称、事项和公文种类三要素构成。《条例》明确规定标题中必须标注发文机关。标题中除法规、规章名称加书名号以外，一般不使用标点符号。

（2）主送机关：指公文的主要受理机关，也称"上款"、"抬头"，应当使用全称或规范化简称。上行文的主送机关只能有一个，下行文根据需要可以有多个。

（3）正文：是公文主题的具体体现，可分为开头、主体和结尾三部分。开头多表明凭据，即制发公文的依据或理由。主体部分是事项，标明有什么事情或事项。结尾部分是论断或判断，多数为提出要求、措施等。有些公文有规范的结束语，如"特此通知"、"特此报告"、"此复"、"妥否，请批示"等。

（4）附件名称：附件是附属正文的印证性、说明性或附带性材料，应当在正文之后、制发机关和成文日期之上的左侧标注出附件的顺序和名称。

（5）发文机关署名：也称"下款"、"落款"或"署名"，标明公文的法定作者，在正文下方空 3~5 行的右侧位置标示。有时机关公章可替代发文机关名称。

（6）成文日期：在落款处下一行的位置标示。成文日期应用汉字标注年、月、日，零写成汉字"〇"即可。

（7）印章：正文之后，成文日期上应加盖机关公章。公章要上不压正文，下压成文日期的中间部分，多数压 6 个字左右，要求盖得端正，以显示职权的严肃和庄重。有特定发文机关标志的普发性公文可以不加盖印章。

（三）文尾部分

文尾部分，也称"版记"，包括抄送机关和印发标识。

（1）抄送机关：指除主送机关以外的其他受文机关，应使用全称或规范化简称。如有多个抄送机关，应按照级别高低分行标明：级别比制发机关高的应放在第一行，平级、下级或不相隶属的机关应放在第二行。第一行写不完的可转至第二行，但制发机关的上级机关不应与平级、下级、不相隶属的机关放在同一行。抄送机关的名称不管占几行，都不得向左越过冒号。

（2）印发标识：一是印发该公文的机关部门，常为机关的办公室（厅），在印发标识栏的左端；二是印发日期，写成"×年×月×日印发"，在印发机关部门的右侧；三是"共印××份"，在结尾栏下的右侧，印发日期的下面。

下面是一份下行公文格式示意图，一般采用国际标准 A4 用纸：

No. ××××   机密★××年
                                                   特　急

××市人民政府文件

×政发〔××××〕××号

××市人民政府关于
××××××××××的通知

各区、县人民政府，市政府各委、办、局，各市属机构：

　　×××。×××。

附件：××××××××××

××市人民政府（印）
××××年×月×日

抄送：×××××××××，×××××××××，×××××××××，××××××
　　　×××××，×××××××××，×××××××××

××市人民政府办公厅　　　　　　　　　　××××年×月×日印发

共印××份

六、公文文书的写作要求

（1）要符合党和政府的方针、政策、法律、法规、规章及有关规定。

（2）要观点明确、有理有据，条理清晰、结构严谨，简明扼要、表述准确。

（3）要准确使用人名、地名、数字和引文。

（4）用词、用字要准确，格式要规范。

自主学习

1. 公文文书有什么特点？
2. 公文文书有哪些写作要求？
3. 公文文书一般如何分类？
4. 公文文书有哪些作用？
5. 公文文书"文头"的格式是怎样的？公文的印章如何盖才符合规范？

第二节 通知和通报

一、通知

（一）通知概述

1. 通知的含义

通知，主要是一种传达性、告知性下行文，有时也可用于平行。《条例》规定，通知适用于"发布、传达要求下级机关执行和有关单位周知或者执行的事项，批转、转发公文"。主要包括：批转下级机关的公文；转发上级机关和不相隶属机关的公文；传达要求下级机关办理和需要有关单位周知或者共同执行的事项；任免和聘用干部。

2. 通知的特点

（1）适用范围广。

各级各类国家机关、社会团体和企事业单位之间公务往来，下行和平行都可使用通知。

（2）使用频率高。

通知是公文中使用频率最高的文种，上至国家大事、政府工作，下至社会生活的各个方面，甚至要求个别人参加会议，都可适用。

（3）效用时效强。

通知的产生、发布和执行，都有很强的时效性。上级机关常用通知布置工作或职务任免，下级机关应及时知晓、立即执行，否则就会贻误公文效用。

（4）指导执行快。

多数通知具有很强的指导性，国家各机关多用通知来发布规章、布置工作、传达指示、转发文件，指导下级机关的工作。而下级机关应认真领会、积极准备，在规定的时限内快速完成任务。

3. 通知的分类

通知的分类方法很多，比较常用的有以下四类：

（1）指示性通知。

指示性通知，是上级机关对下级机关下达任务、作出指示和安排，对某一事项作出明确规定、阐明细则，要求下级机关认真贯彻执行，具有较强的行政效力，如《国家计委办公厅关于抓紧做好建设环境稽查中发现的乱收费问题处理工作的通知》。

（2）颁转性通知。

颁转性通知，特指用来颁布、转发和批转公文的通知，又可分为颁布型、转发型和批转型三类。颁布型通知，用于颁布法律法规或印发相关文件资料。转发型通知，用于转发上级、平级和不相隶属机关的公文。批转型通知，用于对下级机关的公文进行批示和转发。例如《人事部关于发布〈国家公务员辞职、辞退暂行规定〉的通知》、《沧浪区人民政府关于转发〈苏州市人民政府加强反腐倡廉工作办法〉的通知》、《国务院办公厅批转经贸部关于加强对丝绸出口管理的报告的通知》，分属上述三类。

（3）事务性通知。

事务性通知，多用于向有关方面告知某些事项、情况，要求对方执行和办理，如机构成立或撤销、更换印章或召开会议等，如《南京市人民政府关于召开安全生产工作会议的通知》。

（4）任免性通知。

任免性通知，用于上级机关宣布对有关人员职务的任命和免职，如《北京市人民政府关于任命×××工作职务的通知》。

（二）通知的写作要领

通知，一般由标题、发文字号、主送机关、正文、发文机关与成文时间等部分组成。

1. 标题和发文字号

标题，由发文机关＋事由＋文种组成，如《国土资源部关于贯彻落实〈国务院关于促进稀土行业持续健康发展的若干意见〉的通知》。由于通知的种类不同，标题的写法也不同。

（1）指示性通知的标题，在事由部分一般用"加强"、"开展"、"禁止"等指示性动词，如《××省人民政府关于加强安全生产的通知》。

（2）颁转性通知的标题，分为三类。颁布型通知的标题应在"发布"或"颁布"

前加上"关于"，被发文件为规章、制度、处理办法等时，应加书名号，如《×××关于发布〈党政机关公文处理工作条例〉的通知》。转发型或批转型通知的标题，在"转发"或"批转"前省略"关于"，除规范性公文如意见、决定、办法等，被转公文不加书名号，如《××省转发国务院关于做好抗震救灾工作的建议的通知》。

（3）事务性通知的标题，常常由发文机关＋事由＋文种组成，如《××市人民政府关于召开××会议的通知》。

（4）任免性通知的标题，一般由发文机关＋职务任免人员姓名＋文种组成，如《××市人民政府关于×××同志职务任免的通知》。

发文字号，一般由机关代字、年份和序号组成。如《民政部关于×××的通知》的发文字号为"民政发〔2012〕5号"。

2. 主送机关

主送机关用全称或规范化简称，顶格书写，后加冒号。主送机关之间如不平级，应按级别从高到低排列；若为平级，应用顿号隔开；若机关类别不同，应用逗号隔开；若是同类别的单位，用"各"字概括，如"各省、自治区、直辖市人民政府，国务院各有关部委、直属机构，有关中央企业"。

3. 正文

通知的正文，一般由缘由、事项、执行要求或结束语三部分组成。正文的写法，因通知的种类不同而不同。

（1）指示性通知的正文，在缘由部分多阐明发文的依据、原因、目的和意义，在事项部分多详细写出工作任务、方法措施或注意事项等，结尾部分则提出执行要求，多以"望遵照执行"、"请认真贯彻执行"等作为结束语。

（2）颁转性通知的正文，常由通知本文和被颁转的文书两部分组成，此为复合体公文，一般先表明颁转意图，然后提出执行要求。不过，被颁转的文书应全文实录于颁转性通知的成文日期之后，不能作为附件。

（3）事务性通知的正文，由通知缘由和具体事项两部分组成，有时也有执行要求，结尾多用"特此通知"等惯用语。如果是会议性通知，应该先交代开会缘由、依据、会议名称，再写明有关事项如开会时间、地点、参加者及其条件、会议内容、准备事项（如经费、食宿、交通等），最后对参会者提出要求（邮寄回执、电话确认或电子邮件回复等），提供具体的联系方式。

（4）任免性通知的正文，结构上，多先说明决定任免的时间、机关、会议和依据文件等，再标明任免人员的姓名和职务，最后以"特此通知"作结。如同时任职免职，应遵循先任后免的原则；若多人任职或免职，应按级别高低，一人一行，依次排列。

4. 发文机关与成文时间

发文机关与成文时间，排在正文之后的右下方。成文时间用汉字标出年月日，右空4个字。

（三）通知的写作要领

1. 职权明确，针对性强

发布通知之前，应该先根据部门机关的权限选择种类。指示性通知只能用于上级机关对下级机关；颁转性通知中颁布型通知和批转型通知也只能用于上级对下级，而转发型通知可用于下级转发上级的文件，也可用于转发平级或不相隶属机关来文。在写颁转意见和执行要求时，用语要注意分寸，不得越权。

2. 逻辑严密，规定具体

通知内容应该逻辑严密、层次分明。在撰写事项部分时应该分清主次、按照轻重缓急理清条理。在提出各项规定时，应该详细具体，便于受文者遵照执行。

3. 态度严肃，语气坚决

通知有较强的权威性、规范性和指导性，所以态度要严肃认真、语气要坚决果断。

（四）例文评析

国务院关于开展高速铁路安全大检查的通知

国办发〔2011〕28号

各有关省、自治区、直辖市人民政府，国务院各有关部委、直属机构，有关中央企业：

为深刻汲取"7·23"甬温线特别重大铁路交通事故教训，进一步加强铁路安全生产工作，着力促进高速铁路安全发展，国务院决定开展高速铁路安全大检查。现就有关要求通知如下：

一、检查目的

通过高速铁路安全大检查，全面系统排查和彻底整治高速铁路安全隐患，增强铁路系统干部职工安全责任意识，促进高速铁路安全管理的制度建设和机制完善，进一步做好高速铁路建设、运营、管理等方面的安全工作，有效防范和坚决遏制重特大铁路交通事故发生，为高速铁路事业和经济社会发展创造良好条件。

二、检查的重点内容

（一）安全生产责任制落实情况。重点检查各相关单位、各级各类人员是否把安全生产方针作为第一前提，安全生产责任体系建设和落实情况，各级干部深入一线、到岗到位，落实安全包保制度情况；关键作业的卡控情况，职工执行作业纪律、劳动纪律和标准化情况；对安全问题进行整改，对责任进行追究、考核等情况。

（二）铁路运营安全保障情况。全面检查高铁线路、通信信号、牵引供电、动车组等设备的检测监测和养护维修等情况；新开通高铁的运营管理和安全保障措施落实、运输组织指挥等情况，特别是新技术、新设备、新工艺在运用中暴露出问题的分析和整治措施落实情况等；职工作业控制，风雪雨雾、雷电等恶劣天气和设备发生故障等非正常情况行车组织、安全应急保障情况等；营业线施工组织和安全制度措施落实情况；季节性防洪安全措施、降雨检查巡视、重点处所看护等制度的落实情况，防暑降温和高温条件下线路变化的防范情况，防雷防风措施落实情况等。

（三）铁路设备质量保证情况。重点检查高速铁路的动车组、牵引供电系统、轨道、桥隧、信号系统、通信系统、防灾系统等设备的设计规范是否满足高铁运行安全要求，是否具备设备故障导向安全的功能，是否具备高铁产品准入资格等；各企业对关键工序和特殊过程的识别和控制情况，"三检制"（自检、互检、专检）的落实情况等；各企业均衡生产情况，安全、质量分析会议执行及提案落实情况等；售后服务是否满足运营需求，是否建立并实施质量信息反馈、分析及追踪制度，产品源头质量是否得到可靠控制等；现场工艺、定置管理及实物（产品）质量状况。

（四）铁路建设施工安全情况。重点检查长大隧道和不良地质隧道施工质量安全管理及隐患排查情况；深水桥梁、大跨高墩桥梁、路基、无砟轨道、轨道、公路跨越铁路和铁路跨越公路桥梁、大型车站等施工质量安全管理和隐患排查情况；施工计划、施工方案审批和落实、安全协议签订和现场安全盯控、路料和施工机械安全管理、线路开通放行确认以及影响工程质量安全的因素及隐患情况；风险管理及高风险隧道施工单位领导带班和建设单位领导包保责任落实情况，火工品及爆破器材管理情况；季节性安全防范措施落实情况。

（五）高速铁路环境治理情况。重点检查开展铁路沿线打击各种危及铁路安全的非法违法生产经营建设行为情况；高铁沿线环境存在的安全隐患排查和整治情况；站车防火防爆、查危防爆措施落实情况，较大客站特别是高铁车站落实全覆盖安检制度情况；旅客列车、候车室、售票厅等公众聚集场所和关键设备防火防爆措施落实情况，以及治安维护情况等。

（六）建立健全和落实规章制度情况。重点检查各专业、各岗位规章制度、作业标准、作业指导书建立健全情况；现行质量安全规章制度的有效性、完整性以及执行落实情况；机车车辆制造、修理单位是否对基本规章、专业规章分层次、按专业进行了细化，形成了专业技术文件；验收把关质量控制情况等。

（七）企业安全教育培训情况。主要检查铁路系统安全生产监管部门各级领导和执法人员安全生产教育培训情况，企业主要负责人和安全生产管理人员、特殊工种人员按有关规定持证上岗情况；职业教育培训、全员培训、专业技能培训和岗前培训、班前培训，以及职工培训合格上岗情况。

三、检查的范围、对象和时间安排

（一）检查的范围：速度为200公里/小时及以上正在运营的高速铁路和在建项目（包括客运专线）。

（二）检查的对象：北京、沈阳、郑州、武汉、西安、济南、上海、南昌、广州、成都10个铁路局和中国南车集团公司、中国北方机车车辆工业集团公司、中国铁路通信信号集团公司等设备生产厂家；认真排查技术装备、设计施工、安全管理等方面存在的薄弱环节和隐患，并督促落实整改措施。

（三）时间安排。8月中旬至9月中旬，具体行程由各检查组自行确定。

四、检查组组成

经国务院常务会议研究决定，此次高速铁路安全大检查由发展改革委、科技部、工业和信息化部、人力资源社会保障部、国土资源部、住房城乡建设部、交通运输部、水利部、国资委、质检总局、安全监管总局、电监会的同志和有关技术专家参加，共组织12个检查组，分别由上述部门负责同志带队。国务院办公厅负责协调指导。

五、检查方式

各检查组要采取明查与暗访、抽查与普查、查阅资料与现场检测等方式，深入基层站段、车间、班组，对技术装备、设计施工、安全管理等方面存在的薄弱环节和隐患进行认真排查。要与各相关铁路局等单位代表进行座谈，了解高速铁路建设、运营、管理的成效和存在的问题，听取有关意见和建议。检查结束时，要向各相关铁路局等单位负责同志反馈意见，对进一步做好铁路安全工作提出整改、完善和提高的指导意见。

六、有关要求

（一）加强组织领导。各有关地区、部门和单位要高度重视，切实加强组织领导，对检查工作作出周密安排部署。铁道部要在深入开展安全生产隐患自查整改的基础上，积极主动配合国务院检查组做好检查工作。相关地方各级人民政府要切实落实属地监管责任，加强对有关企业和建设项目的安全监管，配合开展高速铁路安全大检查。

（二）强化隐患整改。各检查组要深入基层一线开展检查，及时发现和解决实际问题。对检查发现的隐患和问题，要督促责任单位，限期整改到位，并制定落实监控措施；对存在严重威胁安全重大隐患的项目，要责令立即停止运营或生产建设。

（三）严肃作风纪律。各检查组要轻车简从，廉洁自律，严格执行党风廉政建设和保密等相关规定。检查工作要客观全面，严肃认真，务求实效。大检查开始前，各检查组要制定检查工作实施方案。

（四）认真总结报告。各检查组对检查过程中掌握的情况、发现的问题以及提出的意见和建议进行整理汇总，在实地检查结束后一周内提交检查报告报国务院。

国务院办公厅
二〇一一年八月十二日

【例文剖析】

这是一则由国务院办公厅制作发布的《国务院关于开展高速铁路安全大检查的通知》。此通知在结构和内容上具有以下特点：

结构上，全文由标题、发文字号、主送机关、正文、发文机关与成文时间组成。标题，是指示性通知，由事由"国务院关于开展高速铁路安全大检查"和文种"通知"两部分组成，使通知的主要内容一目了然。发文字号为"国办发〔2011〕28号"。主送机关是"各有关省、自治区、直辖市人民政府，国务院各有关部委、直属机构，有关中央企业"，平级之间用顿号隔开，不同类别的机关用逗号隔开，同类别的单位，用"各"字概括。符号规范，层次分明。正文，在缘由部分阐明了发文目的和原因，即"为深刻汲取'7·23'甬温线特别重大铁路交通事故教训，进一步加强铁路安全生产工作，着力促进高速铁路安全发展"；在事项部分详细写出了检查内容，检查的范围、对象和时间安排，以及检查组的组成和检查方式等；结尾部分则提出执行要求。发文机关为国务院办公厅，成文时间为二〇一一年八月十二日。

内容上，此则通知属于下行文，是国务院办公厅发给下级机关的指示性通知。主要从生产、运营、设备、施工、环境治理、健全制度、教育培训七个方面强调安全大检查，内容翔实而具体，条理非常清晰。在检查的范围、对象和时间安排上叙述简洁、明确，检查方式多种多样，着力全方位地了解、排查和避免重大安全问题。在提出相关要求时，态度严肃果决、语言简洁凝练。

二、通报

（一）通报概述

1. 通报的含义

通报，适用于"表彰先进，批评错误，传达重要精神和告知重要情况"，为下行文。作用多为沟通消息、互通情况。

2. 通报的特点

（1）典型性。

通报的人、事或信息，既要真实更要典型，具有较强的代表性。正面的典型可以起到激励感召作用，反面的典型则可起到警示告诫作用。

（2）教育性。

通报的主要内容是表彰、批评和传达，都可教育和启示下级学习先进、预防错误和接受重要信息。

（3）时效性。

通报有通知、报道的作用，应该让下级机关知道的情况和问题，无论是正面的还是负面的，都应该快速、及时地告知，这样才可起到指导工作和防范失误的作用。

3. 通报的分类

（1）表彰性通报。

表彰性通报，用来表彰先进单位或个人，介绍其先进事迹、总结先进经验，树立榜样，号召大家向他们学习，如《国务院办公厅关于表彰奖励中国女子足球队的通报》。

（2）批评性通报。

批评性通报，用于批评犯错误的单位或个人，通过对错误原因、性质和危害的揭露和分析，要求下级机关和个人引以为戒、吸取教训，防止错误再犯和事故再发生，如《关于批评北京奇虎科技有限公司和深圳市腾讯计算机系统有限公司的通报》。

（3）情况通报。

情况通报，主要用于上级向下级传达重要精神或情况，以指导下级工作为目的。此类通报，有时传达上级指示或会议精神，有时介绍先进经验或提出工作要求，有时反馈信息以推进工作，如《卫生部办公厅关于 2011 年第二季度全国食物中毒事件情况的通报》。

（二）通报的写作要领

通报，一般由标题、主送机关、正文、发文机关与成文日期五个部分组成。

1. 标题

通报多用完整性标题，即发文机关＋事由＋文种，如《关于××省近期几起重大交通事故的通报》。

2. 主送机关

通报大都有主送机关，少数普发性的或在本单位内部公开张贴的通报，可不写主送机关。但指定下发单位的通报，应该标明主送机关。

3. 正文

（1）表彰性通报。

表彰性通报正文一般由三部分组成：首先概括先进事迹、表明表彰缘由并对事迹进行简要分析，突出其典型意义；其次作出表彰决定；最后号召大家向先进人物或机关学习。例如《关于表彰青岛市"千名孝星"的通报》。

（2）批评性通报。

批评性通报正文常由以下各部分组成：开头交代事故发生情况、发生的原因以及后果，突出其严重的负面影响；其次作出处理、惩罚决定；最后提出防范措施或要求，以警戒受文机关或个人。例如《××市纪委××市监察局关于处理李××挪用公款的通报》。

（3）情况通报。

情况通报正文一般由情况部分和意见部分组成：首先介绍工作基本情况，接着介绍做法、进展、经验或者存在的问题；然后发表评论、提出意见或要求。例如《关于对少数地方和单位违反国家规定集资问题的通报》。

4. 发文机关与成文日期

在正文右下方标明发文机关和成文日期。如果标题中已标明发文机关，正文结束后只标明成文日期即可。

（三）通报的写作要求

1. 事实、情况要典型

通报所涉及的人物、事件、精神或情况，应该真实而典型，必须是真人真事，让人觉得值得学习或引以为戒。

2. 分析、评价要中肯

表彰性或批评性通报，一定要注意实事求是，切忌以偏概全，分析、评价时要客观、中肯，恰如其分。

3. 措施、处理要得当

通报在介绍先进事迹或错误、事故后，一般需要发文机关作出表彰或惩罚的决定，有时还需要提出一定的意见和要求，这些措施都应该合适、得当。

4. 行文、发布要及时

通报有很强的时效性，及时表彰鼓励先进、批评处罚错误，使通报的教育性更为增强；及时通报上级精神和重要情况，能立即起到推动工作的作用。

（四）例文评析

卫生部办公厅关于 2011 年第二季度全国食物中毒事件情况的通报

各省、自治区、直辖市卫生厅局，新疆生产建设兵团卫生局，中国疾病预防控制中心、卫生部卫生监督中心：

2011 年第二季度，我部通过中国疾病预防控制中心网络直报系统共收到全国食物中毒类突发公共卫生事件（以下简称食物中毒事件）报告57 起，中毒2658 人，其中死亡29 人。与2010 年同期相比，报告起数减少1 起，中毒人数增加36.7%，死亡人数减少50.0%。现将有关情况通报如下：

一、食物中毒事件报告情况

（一）按月报告情况

月份	报告起数	中毒人数	死亡人数
4	15	642	8
5	26	1366	13
6	16	650	8
合计	57	2658	29

第二季度，5 月份报告的食物中毒事件起数、中毒人数和死亡人数最多，分别占总报告起数、中毒人数和死亡人数的45.6%、51.4%和44.8%。

（二）按食物中毒原因分类情况

中毒原因	报告起数	中毒人数	死亡人数
微生物性	27	1744	9
化学性	7	254	6
有毒动植物及毒蘑菇	13	430	9
不明原因或尚未查明原因	10	230	5
合计	57	2658	29

　　第二季度，微生物性食物中毒事件的报告起数和中毒人数最多，分别占总报告起数和中毒人数的47.4%和65.6%；微生物性和有毒动植物及毒蘑菇引起的食物中毒的死亡人数最多，各占总死亡人数的31.0%。

　　与2010年同期相比，微生物性食物中毒事件的报告起数、中毒人数和死亡人数分别增加28.6%、49.4%和60.0%；化学性食物中毒事件的报告起数和死亡人数分别减少36.4%和64.7%，中毒人数增加72.8%；有毒动植物及毒蘑菇引起的食物中毒事件起数和死亡人数分别减少27.8%和72.7%，中毒人数增加46.8%。

　　（三）按食物中毒场所分类情况

中毒场所	报告起数	中毒人数	死亡人数
集体食堂	11	615	0
家庭	23	861	22
饮食服务单位	11	631	2
其他场所	12	551	5
合计	57	2658	29

　　第二季度，发生在家庭的食物中毒事件的报告起数、中毒人数和死亡人数最多，分别占总报告起数、中毒人数和死亡人数的40.4%、32.4%和75.9%。

　　（四）学生食物中毒事件报告情况

中毒原因	报告起数	中毒人数	死亡人数
微生物性	4	319	0
有毒动植物及毒蘑菇	3	159	0
化学性	1	76	0
不明原因或尚未查明原因	2	101	0
合计	10	655	0

　　第二季度，报告学生食物中毒事件10起，中毒655人，无死亡。其中，微生物性食物中毒事件报告起数、中毒人数最多，分别占总报告起数、中毒人数的40.0%和48.7%。10起事件中，有8起发生在集体食堂，另2起分别为学生自采蒝麻子造成的36人中毒以及因误食亚硝酸盐污染食品造成的76人中毒。

　　与2010年同期相比，学生食物中毒事件的报告起数减少1起，中毒人数增加35

人，均无死亡。

（五）剧毒鼠药中毒事件报告情况

第二季度，全国报告剧毒鼠药中毒事件2起，中毒9人，3人死亡。剧毒鼠药食物中毒事件的报告起数、中毒人数和死亡人数分别占化学性食物中毒事件总报告起数、中毒人数和死亡人数的28.6%、3.5%和50.0%。

与2010年同期相比，剧毒鼠药中毒事件报告起数减少1起，中毒人数减少1人，死亡人数减少4人。

二、食物中毒事件原因分析

（一）第二季度，微生物性食物中毒事件的中毒人数最多，达1744人，占总中毒人数的65.6%，与2010年同期相比增加49.4%。中毒主要由沙门氏菌、金黄色葡萄球菌、副溶血性弧菌和肉毒杆菌等细菌引起。夏季气温高，适合各种细菌生长繁殖，食品易于腐败变质，一旦食物储存、加工、食用不当，极易引起微生物性食物中毒。

（二）第二季度，发生在家庭的食物中毒事件的报告起数、中毒人数和死亡人数最多，分别占总报告起数、中毒人数和死亡人数的40.3%、32.4%和75.9%。中毒原因主要是食物污染或变质引起的微生物性中毒和四季豆烹制不当以及误食有毒动植物或毒蘑菇引起。此类食物中毒多发生在农村，主要由于农村群众缺乏基本的食品卫生知识和良好的卫生习惯，医疗救治条件较差所致。

三、下一步工作要求

（一）各地要针对夏季食品容易发生污染和变质引起微生物性食物中毒的情况，切实加强对集体食堂和饮食服务单位的食品安全监管工作，同时采取多种形式开展食品安全知识宣传和健康教育工作，引导公众养成良好的饮食习惯、掌握正确的食品加工和储存方法。

（二）有关地区要根据当地居民采食野生植物和蘑菇的习惯，有针对性地开展健康教育宣传，告知不随意采食不能食用的及不认识的野生植物和蘑菇，并大力宣传食物中毒自救措施，有效预防此类食物中毒的发生，切实降低病死率。

（三）各级卫生部门要针对夏季农药使用增加容易发生农药中毒的情况，加强对基层医疗卫生人员的培训和技术指导，使其掌握常见类别农药中毒的诊断和救治方法，能够及时、有效救治中毒人员，减少和避免死亡。

（四）6月份以来，我国部分地区发生洪涝、泥石流等灾害。各灾区卫生部门要高度重视食品和饮用水卫生安全监督监测工作，加强食品安全综合协调工作和预防食物中毒的宣传教育，指导做好饮用水源保护和饮用水消毒工作，确保灾区的食品和饮用水卫生安全，有效预防灾区食物中毒事件的发生。

中华人民共和国卫生部办公厅

二〇一一年七月十四日

【例文剖析】

这是由卫生部办公厅发布的一则情况通报，在结构和内容上有以下特点：

结构上，全文由标题、主送机关、正文、成文时间组成。标题，由发文机关"卫生部办公厅"、事由"2011年第二季度全国食物中毒事件情况"和文种"通报"三部分组成。主送机关是"各省、自治区、直辖市卫生厅局，新疆生产建设兵团卫生局，中国疾病预防控制中心、卫生部卫生监督中心"，与通知一样，平级之间用顿号隔开，不同类别的机关用逗号隔开，同类别的单位，用"各"字概括。符号规范，层次分明。正文，在情况介绍部分，介绍了2011年第二季度全国食物中毒情况，分析了原因，并提出了下一步的工作要求。成文时间为"二〇一一年七月十四日"。

内容上，此则通报属于下行文，是卫生部办公厅发给下级机关的情况通报。这则通报先运用了大量的数据和表格，从按月收到的中毒报告情况、食物中毒原因分类情况、食物中毒场所分类情况、学生食物中毒事件报告情况、剧毒鼠药中毒事件报告情况五个方面，来概述2011年第二季度全国食物中毒事件情况，事实清楚，论据充分。然后进行食物中毒事件原因分析，评价客观、中肯。最后提出工作要求，具体详细且具有可行性。

自主学习

1. 通知和通报分别有哪些特点？它们之间有怎样的区别？
2. 通知和通报如何分类？
3. 通知和通报的写作要领分别是什么？
4. 通知和通报分别有哪些写作要求？

第三节　报告、请示和批复

一、报告

（一）报告概述

1. 报告的含义

《条例》规定，报告"适用于向上级机关汇报工作，反映情况，回复上级机关的询问"。一般报告向直接上级发出，不越级报告。若特殊情况下越级报告，必须同时或事后向直接上级报告。

2. 报告的特点

（1）单向性。

报告是上行文，其中不得夹带请示事项，旨在为上级机关提供情况，一般不需要受文机关批复。

（2）陈述性。

报告在汇报工作、反映情况时，内容和语言都是陈述性的，应把时间、地点、人物、事件、原因和结果陈述清晰，向上级机关提供详细、准确的信息，并简要表明汇报者的意见。

（3）汇报性。

报告是下级对上级汇报工作时所用的文书。通过汇报，起到为上级提供信息、辅助决策、反馈结果的作用。

3. 报告的分类

（1）按报告的范围与性质，可分为综合性报告和专题性报告。

综合性报告，是反映一个地区、一个部门多方面工作情况的报告，其内容具有全面性和综合性，如国务院总理温家宝在 2011 年 3 月 5 日第 11 届人民代表大会第 4 次会议上所做的《政府工作报告》。专题性报告，是反映某项工作或某方面事情的报告，其内容具有单一性和专门性，如《关于 2011 年度政府信息公开工作情况的报告》。

（2）按报告的内容与用途，可分为工作报告、情况报告、答复报告和报送报告。

工作报告，以汇报工作情况为目的，往往带有总结的性质，如《××省人民政府关于工业生产的报告》。

情况报告，重在反映情况，反映本单位出现的新问题、新动态、新风气和新事物等，做到"下情上达"，以便上级及时了解情况，快速处理，如《××公司关于仓库发生火灾事故的报告》。

答复报告，是用来答复上级机关询问的报告，是被动行文，上级询问什么，就答复什么，切忌答非所问。答复报告首先应简要说明上级机关询问的事项或交办的任务，然后介绍处理的办法及过程，最后阐述处理结果。

报送报告，是向上级说明所报送文件或物件情况时使用的报告。

（二）报告的写作要领

报告一般由标题、发文字号、主送机关、正文、发文机关与成文日期等部分组成。

1. 标题和发文字号

标题，一般由发文机关＋事由＋文种组成，如《××市人民政府关于治理河道水质污染问题的报告》。

发文字号，一般由机关代字、文种简称、年份和序号组成。

2. 主送机关

主送机关写在标题左下方。左起顶格写上受文单位名称，一般只写一个主送单位，即直接上级单位。《条例》规定，向上级机关行文，原则上应主送一个机关；如需其他相关的上级机关阅知，可以抄送。

3. 正文

报告的正文通常由开头、主体和结束语三部份组成。

开头，主要交代缘由，说明报告的目的、意义或根据，然后用"现将××情况报告如下"转入正文的主体。

主体，用来陈述、说明报告事项。一般先陈述工作的基本情况或概述反映的问题，然后介绍做法和成绩，或者分析产生问题的原因并提出解决问题的意见。

结束语，根据报告种类的不同而不同。一般而言，工作报告和情况报告的结束语用"特此报告"；建议报告用"以上报告，如无不妥，请批转各地执行"；答复报告多用"专此报告"；报送报告用"请审阅"或"请收阅"等。

4. 发文机关与成文日期

若发文机关在标题中已标明，则正文后可省略。在正文右下方写上成文日期，右空 4 个字，加盖印章。

（三）报告的写作要求

1. 真实具体

向上级汇报工作、反映情况或答复询问时，一定要实事求是，不夸大，不缩小。所运用的材料应真实可信，具有典型的具体事例。

2. 正确鲜明

下级的报告是上级了解情况、指导工作的依据，所以报告的写作一定要本着负责任的态度，观点正确，主旨鲜明，重点突出，层次清晰，详略得当。

（四）例文评析

关于 2011 年度政府信息公开工作情况的报告
陕环〔2011〕219 号

省电子政务办公室：

过去的一年里，在省委、省政府的坚强领导下，省环保厅认真贯彻《中华人民共和国政府信息公开条例》，扎实推进本单位政府信息公开工作，信息公开队伍得到加强，公开渠道进一步扩展，公开内容不断丰富，公开制度逐步规范，政府信息公开工作取得了较好效果。现将一年来的工作情况汇报如下：

一、基本工作情况

（一）积极开展政府信息公开宣传及培训工作

我厅在推行政府信息公开过程中，举办了全省环保网站建设和应用研讨班及培训班；各市、县区环保部门工作人员和信息中心技术骨干共计 400 多人参加了培训及研讨。同时，我们还通过会议、网上征求意见等方式广泛征求环保系统、服务对象（企业）、社会公众对我厅网站建设和应用的意见和建议，并就做好政府环保信息公开工作提出了具体要求，极大地增强了干部职工推行政务公开和信息公开的主动性、自觉性。

（二）进一步完善了信息公开制度

2010 年，我厅在巩固原来政府信息公开内容的基础上，重新对《陕西省环保厅政府信息公开指南》和《陕西省环保厅政府信息公开目录》进行了梳理和更新，进一步明确主动公开和依申请公开政府信息的范围、形式、程序，同时，下发了《关于进一步加强信息报送工作的通知》，利用环保宣教部门的工作优势，建立了政务公开信息员制度，保证了政府信息公开来源的制度化、常态化。

（三）拓展政府信息公开范围

按照"以公开为原则、以不公开为例外"的总体要求，我厅尽最大限度地把环境保护管理方面的政策、法规、新闻动态以及环保审批情况及时对外公布。

二、主动公开政府信息情况

（一）公开的主要内容

为方便公众环保信息查询，我厅编制了《陕西省环保厅政务公开目录》，公开事项有 82 项，其中部门行政管理、行政执法依据 44 项，部门职能类 19 项，财物管理类 3 项，规划、计划类 3 项，行政许可类 12 项，其他类 1 项，不但包括文明行业创建、环保简讯、廉政建设、环境教育、放射源管理、限期治理情况、绿色社区创建情况、空气质量日报等专项信息，还包括重大事项的决策原因、决策依据、决策执行过程和结果等决策公开信息。

（二）公开形式

1. 门户网站

2010年，我厅深化"陕西省环保厅网站"建设，强化"信息公开、在线服务、政民互动"的功能定位，从网站的信息公开、政民互动、在线办事、网页设计、制度建设等方面进行全面改进和优化，并于11月正式上线运行。网站现设有信息公开、政民互动、在线办事、环境管理、特色服务、便民服务等板块。同时，专门设置了"依申请公开"栏目，为公众提供了网上填写、提交申请表或下载申请表的功能、信息公开受理情况查询的功能。截至目前，我厅在网站主动发布政务信息近6000条，制作新闻图片1750张，公示公告82条，公众通过网上咨询107条，回复107条，收到各类留言、建言、咨询、投诉等信件27件，均按照规定办理和回复；共收到有效投诉369条，全部按照流程及时处理。公布环境监理项目58项，公布开展环境工程评估项目139项，公布获批准的建设项目173个，建设项目竣工环境保护验收合格项目60个。

同时，我厅还按照《政府信息公开目录系统实施指引》（试行）的要求，从厅公文入手，进行了网站信息公开目录系统的规范化建设，进行了索引号编码等的设计，在原网站后台管理系统上，增加了政府信息公开目录信息的发布功能，对每条公文信息增加了索引号、主题分类等便于检索和查询的内容。

2. 行政许可受理统一窗口

本着集中、透明、便民、高效的原则，去年，我厅设立了行政许可受理统一窗口，启动了12类行政许可事项和1类备案事项的受理，并依据相关法律法规完成了每类许可事项《办事指南》等标准化材料的编制。窗口同时还承担了环保政策咨询服务，接受有关企业和个人业务办理政策咨询。"统一窗口"的设立，不仅为办事人员提供了高效、便利、服务细致的场所，而且成为推进政务公开的一个重要载体。据统计，去年我厅共收到行政许可申请432件，以上审批都在规定时间内办结，对于不涉密的环保审批情况，我们都及时在门户网站上进行了发布，确保行政审批公开透明。

3. 新闻媒体

去年我厅通过省政府新闻发布平台召开新闻发布会3次，自主召开新闻发布会1次，共发布各类消息108条（次）；在中省媒体刊发、播出环保工作的消息、通讯、评论等报道1600余条，其中头版头条报道达9条；通过世界环境保护日、国际生物多样性日等期间组织的环保专题活动以及《秦风热线》和各大网站的专访栏目，厅领导回答公众关心的环保问题，接受媒体集中采访数十次。

4. 其他方式

通过我厅 12369 环保举报投诉服务中心，及时受理群众的咨询和投诉 21748 件，至 2010 年年底已办结 21722 起，办结率 99.9%。对外发布环境质量双月报、季报、半年报 12 期，提供档案查询 58 次。

三、依申请公开政府信息情况

2010 年厅机关共受理政府信息公开申请 1 件，涉及环保业务支出情况。我厅在规定时限内进行了答复。

四、工作人员和政府支出情况

（一）工作人员情况

我厅从事政府信息公开工作的人员为 3 人，兼职人员为 32 人。其中每个处室都设有从事政府信息公开工作的兼职人员 1 人。

（二）对公民、法人和其他组织的收费情况

我厅政府环保信息公开实行免费，同时也坚持免费公开政府环保信息和免费提供各类应当公开的政府环保信息的作法，为环保管理相对人服务。

五、行政复议和行政诉讼情况

2010 年，我厅没有 1 起因信息公开而被提起的行政复议和行政诉讼。

六、主要问题和改进措施

2010 年，我厅严格按照《条例》及省政府的相关要求，对政府信息实行了及时、有效的公开，但还存在着公开时不规范、内容不健全、公开不及时等问题。

针对不足，我厅将进一步建立健全工作制度，强化措施，重点抓好以下几项工作：一是进一步加强宣传教育，提高全厅对政府信息公开工作重要性和必要性的认识，自觉支持、参与推进政府信息公开工作；二是狠抓工作落实，增强实效，构建厅领导负总责，一级抓一级，层层抓落实的工作机制，保障信息公开内容的及时充实和更新；三是通过互联网平台组织开展多种形式的公众活动，广泛征集民众的意见和建议，信息及时处理、及时反馈；四是强化督促检查，建立政府信息公开监督考核办法，加强对各单位信息公开工作的督促考核，确保政府信息及时全面的公开。

陕西省环境保护厅

二〇一一年三月二十九日

【例文剖析】

这是由陕西省环境保护厅发布的一则工作报告，在结构和内容上有以下特点：结构上，全文由标题、发文字号、主送机关、正文、成文时间组成。标题，由事由"2011 年度政府信息公开工作情况"和文种"报告"两部分组成。发文字号是"陕环〔2011〕219号"。主送机关是"省电子政务办公室"。正文部分，先进行情况介绍，然后说明仍存在的问题，并提出未来工作的改进措施。成文时间为"二〇一一年三月二十九日"。

内容上，此报告属上行文中工作报告，是专题报告。这则报告先详细陈述政府基本的工作情况、主动公开政府信息情况、依照申请公开政府信息情况、工作人员和政府支出情况；再通过介绍行政复议和行政诉讼情况，阐明政府在信息公开工作方面的成绩；最后总结仍然存在的不足与问题，并提出解决的措施。此报告层次分明、条理清晰、重点突出；涉及的数据和材料真实、具体；观点正确，写作态度诚恳；提出的措施颇具可行性。

二、请示

（一）请示概述

1. 请示的含义

《条例》规定：请示"适用于向上级机关请求指示、批准"，是上行文。

2. 请示的特点

（1）成文的条件性。

请示是在下级机关遇到其职权范围内无权、无法或无力解决的问题，需要上级给予指示、批准或帮助时所使用的公文。下级机关可以在职权范围内自行解决和处理的问题，则不必请示。

（2）行文的单一性。

请示，只能是下级机关就某一件事情向上级机关请示，一文一事，一般只写一个主送机关。

（3）内容的呈请性。

请示是下级机关呈报事情、请求批准的公文，行文语气带有诚恳的祈请性。

（4）时间的超前性。

请示，应该在付诸实际行动之前，向上级呈报请求指示或批准，上级批复后才能实施。

3. 请示的分类

通常，依据请示的目的，可分为请求批准性请示、请求指示性请示和请求批转性请示。

（1）请求批准性请示。

这类请示多用于人事安排、机构增设、项目上马、申请经费、购置设备等请求上级帮助方面。还有，遇到超出机关职权范围和能力之外的问题、作出重大决策前等，都需要上级的批准，如《关于要求批准并公布实施 2011 年国有建设用地供应计划的请示》。

（2）请求指示性请示。

下级机关在工作中遇到新问题、新情况，或对上级机关的政策法规不甚理解、有疑问，需要上级机关给予明示、解释的，都可用请求指示性请示，如《××市关于试办××购物中心的请示》。

（3）请求批转性请示。

请求批转性请示中请示的问题一般带有普遍性和全局性，涉及其他多个部门，需要上级机关批转以协调与其他部门、机关的关系，以妥善解决问题。

（二）请示的写作要领

请示一般由标题、主送机关、正文、发文机关和成文日期组成。

1. 标题

请示的标题，由发文机关 + 事由 + 文种组成，如《××市税务局关于重建税务所办公楼的请示》。

2. 主送机关

每则请示只能写一个主送机关，如请示机关受双重领导，只能将请示抄送一份送给另一个上级机关，由主送机关负责答复。另外，请示不能越级，遇特殊情况需要越级的，应同时抄送所隶属的直接上级机关。

3. 正文

请示的正文一般由请示缘由、请示事项和结束语组成。

（1）请示缘由。

请示缘由，包括请示的理由、依据、目的或背景，有时还阐明请示的必要性、紧迫性和可行性。缘由应该正确、充分、清楚，有说服力。

（2）请示事项。

请示事项不应杂多，应一事一请，表述要具体、明确。请求批准性请示，应写明事项的必要性、紧迫性、可行性和主要内容；请求指示性请示，一般先陈述工作中出现的新问题、新情况，然后提出解决问题的建议、意见；请求批转性请示，应将所提出的解决方案、工作意见或拟定的规章制度写清楚，请求批转到其他有关部门执行。

（3）结束语。

请示是呈请性文件，语气应谦和、得体。请求批准性请示，多用"以上请示如无不当，请批准"结束；请求指示性请示的结束语多用"请指示"、"请批复"、"当否，请批示"结尾；请求批转性请示，常使用"以上请示如无不妥，请批转有关单位执行"作结。

4. 发文机关和成文日期

正文右下方写上发文机关和成文日期，加盖公章。

（三）请示的写作要求

1. 理由充足，要求具体

请示时，理由一定要充足，集中在一个方面陈述。请示的要求也要具体、合理，最好条理清楚、内容翔实，方法切实可行。

2. 一文一事，主送明确

写请示，要一文一事，一事一请，主送给一个直接上级领导机关，不送领导个人。

3. 语言得体，谦和恳切

请示是请求性文书，语言要委婉得体，不要过分客气，也不要出言生硬。态度应该谦和、诚恳，不能使用指示性语言。

（四）例文评析

关于要求批准并公布实施 2011 年国有建设用地供应计划的请示

海宁市人民政府：

为加强和改善土地宏观调控，提高供地的科学性、针对性和合理性，国土资源部于 2010 年 9 月发布了《关于印发〈国有建设用地供应计划编制规范〉（试行）的通知》（国土资发〔2010〕117 号），明确要求自 2011 年起市（县）人民政府需制定年度国有建设用地供应计划，按计划供应土地，并规定"未列入计划并向社会公布的地块，不得供应"。根据国家及省国土资源厅的有关要求，我市国有建设用地供应计划（草案）拟报经嘉兴市国土资源局审核后，由市政府批准，并报省国土资源厅备案后组织实施。国有建设用地供应计划公布时间为每年的 3 月 31 日前，公布的渠道为国土资源部门户网站（中国土地市场网页）和相关媒体。

有鉴于此，我局从 2010 年 11 月初开始启动 2011 年度国有建设用地供应计划编制工作，经请示市政府后，会同各镇、街道、重点发展平台管委会和各相关部门，经过"自下而上"和"自上而下"的调查和供需分析，形成了《海宁市 2011 年度国有建设用地供应计划（文本草案)》，并已通过嘉兴市国土资源局的审核，现特上报市政府审核并予以批准。

如市政府批准后，我局将按国家有关要求，及时通过中国土地市场网等媒体向社会公布，并报省国土资源厅备案后，按计划组织我市 2011 年度的国有建设用地供应工作。

　　附件：海宁市 2011 年度国有建设用地供应计划（文本草案）

海宁市国土资源局
二〇一一年三月二十九日

【例文剖析】

　　这是一则请求批准性请示，是上行文，是海宁市国土资源局请求海宁市人民政府批准 2011 年国有建设用地供应计划的请示。结构上，由标题、主送机关、正文、发文机关和成文日期组成。标题"关于要求批准并公布实施 2011 年国有建设用地供应计划的请示"，是省略性标题。主送机关只有一个，是海宁市国土资源局所隶属的直接上级"海宁市人民政府"。正文结束后，使用"现特上报市政府审核并予以批准"作为结束语。正文下方，带有附件。然后，右下方为发文机关和成文日期。

　　在内容上，该请示先陈述请示的目的、原因、依据，然后提出请示的内容即"海宁市 2011 年度国有建设用地供应计划（文本草案）"，最后提出获得批准后即将进行的一些工作。此请示，做到了一文一事，主送机关明确，理由充分，要求合理。

三、批复

（一）批复概述

1. 批复的含义

《条例》规定：批复"适用于答复下级机关请示事项"。

2. 批复的特点

（1）针对性。

批复必须针对请示机关行文，对非请示机关不产生直接影响；批复的内容必须针对请示事项。

（2）指示性。

批复是针对下级机关的请示而作出的批示，是下级机关办事的依据，对下级机关或个人有很强的指示性和约束力。

（3）权威性。

批复是上级对下级的指示，代表着上级的意志和权威，一旦下发，无论同意与否，收文机关都必须遵照执行。

（4）单一性。

与请示相对应，一请一复，不请不复，答复的内容也就是请示的内容，主送机关即请示机关。

3. 批复的分类

按照内容的表达方式，可分为指示性批复和批准性批复。

（1）指示性批复。

指示性批复是对请求指示性请示的答复，是上级机关对下级机关工作中遇到的疑难问题、新问题、新情况或领会不准确等问题，进行的指示和答复，如《国务院关于鞍山市城市总体规划的批复》。

（2）批准性批复。

批准性批复是请求批准性请示的答复。按照批复的意见，可分为同意、部分同意和不同意三类。表明态度之后，再阐述同意或不同意的原因，最后提出建议或要求，如《2011 年上海市关于同意中标药品舒血宁注射液生产企业更名的批复》。

（二）批复的写作要领

批复一般由标题、主送机关、正文、发文机关和成文时间等组成。

1. 标题

标题，第一种由批复机关＋批复事项＋行文对象＋文种构成，如《国务院关于唐山城市住房制度改革试行方案给河北省人民政府的批复》；第二种由批复机关＋事由＋文种组成，如《国务院关于设立××港保税区的批复》；第三种由批复机关名称＋原件标题＋文种构成，如《国务院关于〈×××〉的批复》。

2. 主送机关

批复的主送机关是与之对应的请示发文机关。

3. 正文

正文一般由批复依据、批复意见和批复结语组成。

（1）批复依据。

批复的开头常把请示的日期、发文字号、请示名称或请示事项作为批复的依据，之后一般用"经××同意"、"经××会议研究决定"或"现批复如下"等导入下文。

（2）批复意见。

批复意见，即针对请示所提的问题或要求给予明确的答复，同意、部分同意或不同意时，还应说明如此答复的原因，最后提出希望、要求或修改意见。

（3）批复结语。

批复的结语，通常有三种：一是常用"特此批复"、"此复"作结，独占一段；二是提出希望和要求；三是答复完毕就结束，无结束语。

4. 发文机关和成文时间

发文机关和成文时间的要求同其他公文。

（三）批复的写作要求

1. 行文有针对性

批复要针对下级机关的请示表明意见，一请一答，不请不答。

2. 态度要明确

批复的态度要明确，不可含混不清、模棱两可，特别是对请示的内容部分同意时，一定要明确表明对哪些同意、对哪些不同意，不同意的原因也应明示。

3. 内容要具体

上级的批复是下级工作和处理问题的依据，批复的内容如原因分析、意见、希望和要求当然越具体越清晰，下级机关越容易理解、领会以妥善处理工作。

4. 批复要及时

上级机关应及时批复请示，以免贻误下级机关的工作。

（四）例文评析

2011 年上海市关于同意中标药品舒血宁注射液生产企业更名的批复

梅河口四环制药有限公司：

你公司关于中标药品舒血宁注射液（2008 年第 2 期）生产企业更名的请示收悉。鉴于吉林省食品药品监督管理局已批准同意中标药品舒血宁注射液（商品名：舒欣泰安，规格：5 毫升／支）的生产企业由博安兄弟制药（中国）有限公司更名为梅河口四环制药有限公司，经研究决定，从收文之日起，同意中标药品舒血宁注射液（商品名：舒欣泰安，规格：5 毫升／支）的生产企业由博安兄弟制药（中国）有限公司更名为梅河口四环制药有限公司，中标价不变。原博安兄弟制药（中国）有限公司生产的中标药品舒血宁注射液（商品名：舒欣泰安，规格：5 毫升／支）同时停止在本市医疗机构销售。

此复。

上海市医疗机构药品集中招标采购联合工作组

二〇一一年七月四日

【例文剖析】

这是一则批准性批复，是下行文。结构上，标题"2011 年上海市关于同意中标药品舒血宁注射液生产企业更名的批复"由批复机关、批复态度、批复事项和文种构成。主送机关为请示单位"梅河口四环制药有限公司"。正文之后是成文日期。

正文内容上，批复依据为请示的名称，即"关于中标药品舒血宁注射液（2008年第 2 期）生产企业更名的请示"。批复意见为"同意"，"同意"的内容具体、明确，之后提出要求"原博安兄弟制药（中国）有限公司生产的中标药品舒血宁注射液（商品名：舒欣泰安，规格：5 毫升/支）同时停止在本市医疗机构销售"。批复结语是"此复"，简明扼要。全文简短精练，表意清楚明白。

自主学习

1. 报告、请示和批复的特点分别是什么？报告和请示的区别在哪儿？
2. 报告、请示和批复如何分类？
3. 报告、请示和批复的写作要领分别是什么？
4. 报告、请示和批复的写作要求包括哪些？

第四节　函和纪要

一、函

（一）函概述

1. 函的含义

《条例》规定：函"适用于不相隶属机关之间商洽工作，询问和答复问题、请求批准和答复审批事项"。函主要为平行文。存在平行关系或不相隶属关系的机关、单位之间进行商洽、审批或答复，都使用"函"；存在直接隶属关系的，必须用"请示"。上级机关需向下级机关询问或告知某些事项时，应由其办公厅（室）向下级机关发函；经领导授权与有平行关系的机关发函时，应在正文开头写明"经××同意"作为依据。

2. 函的特点

（1）行文的不相隶属性。

函行文的不相隶属性，一是指机关之间不属于同一组织系统，不存在直接的上下级关系；二是同一组织系统下的同层级机关之间不相隶属。行文主要是平行。

（2）使用的灵活性。

函的灵活性，一是体现在行文关系的灵活，行文方向除了平行以外，也可以上行或下行，只要是不相隶属的机关之间使用即可；二是格式灵活，除了国家高级机关的重要函必须按照公文格式行文外，一般函都比较自由灵活，可以不完全按照公文格式行文。

3. 函的分类

根据函的使用范围，主要分为六类：

（1）告知函。

告知函用于向对方告知有关事项，以求得对方的协助配合，具有周知性通知和情况通报的功能，如《关于举办考研英语培训班的函》。

（2）商洽函。

商洽函用于机关之间商洽工作、讨论问题，请求对方协助或解决问题，如《中国科学院××研究所致××大学商洽建立全面协作关系的函》。

（3）询问函。

询问函向收函者咨询问题，要求对方答复，如《经贸部关于询问如何处理××问题的函》。

（4）答复函。

答复函为回答对方询问的函，如《辽宁省财政厅、辽宁省物价局关于调整普通高校毕业生就业收费项目的复函》。

（5）请求函。

请求函为请求有关职能部门批准的函，如《××学院关于申请实验实训基地建设贷款的函》。

（6）批准函。

批准函用于请求不相隶属的主管部门批准事项，如《国务院关于安阳文字博物馆冠名问题的复函》。

（二）函的写作要领

函一般由标题、主送机关、发文字号、正文、发文机关和成文日期组成。标题、主送机关、发文字号、发文机关和成文日期的写法与其他公文相同，现主要介绍正文的结构和写法。

正文，通常由缘由、事项和结语三部分构成。发函时，应在开头写明发函的原因、目的或依据。事项部分应写明告知、商洽、询问、答复、请求或批准的事项。结语可采用"可否，请函复"、"盼予函复"、"特此函达"或"恳请函复"等作结，语气平实谦和。

（三）函的写作要求

1. 开门见山，直陈其事

函一般短小精练，写作时切忌拐弯抹角、含糊不清。

2. 文风朴实，措辞得体

函多为平行文，语言应该平和、谦恭，多用尊称。发文机关应该礼待受文机关，既不要用指示性词语，也不必恭维逢迎。

3. 注重实效，及时回复

函主要是用于商洽工作、询问或答复问题的公文，所以一定是有事而发，为了不耽误时间、延缓工作，应该及时发文、及时回复。

（四）例文评析

中国科学院××研究所致××大学商洽建立全面协作关系的函

××大学：

近年来，我们研究所与贵校在一些科学研究项目上互相支持，取得了令人满意的成绩，建立了良好的协作基础。为了巩固已取得的成果，取得更大的成就，建议我们双方今后能进一步在学术思想、科学研究、人员培训、仪器设备等方面建立全面的交流协作关系，特提出如下意见：

一、定期就共同关心的学术问题举行所、校之间的学术讨论与学术交流；共同分析国内外同行的项目动态和发展趋势；互相参加对方组织的学术年会及专家讲学活动；互派专家参加对方的学术组织对科研发展方向、任务和学位、学术论文及重大科研成果的评审工作。

二、根据所、校各自的科研发展方向和特点，对双方共同感兴趣的课题进行协作。协作形式和办法视课题性质和双方条件，制定单项协议。

三、根据所、校各自人员配备情况，校方在可能条件下对所方研究生、科研人员的培训予以帮助，所方为学校学生、研究生的毕业论文提供指导。校、所双方教学科研人员对等地承担对方一定的教学科研工作，享受同原单位职称相应的待遇。

四、双方每年进行科研计划交流以便掌握方向，协调分工，避免重复。共商协作项目，使双方有所侧重与分工。

五、双方科研教学所需高、精、尖仪器设备，在可能情况下向对方提供利用，并协助做好测试工作。双方的附设工厂车间，相互给予科研和实验设备加工的方便。

六、加强图书资料和情报的交流。

以上各项，如蒙同意，建议互派科研主管人员就有关内容进一步磋商，达成协议，以利工作。

特此函达，请即研究函复。

中国科学院××研究所

二〇一〇年×月×日

【例文剖析】

这是一则商洽函，是平行文。结构上，由标题、主送机关、正文、发文机关和成文日期组成。正文内容上，首先表明商洽的目的，即"为了巩固已取得的成果，取得更大的成就"；其次提出六条意见以进一步加强学术思想、科学研究、人员培训、仪器设备等方面的交流协作。内容具体明确而有条理；最后是结束语，语气谦和、诚恳。

二、纪要

（一）纪要概述

1. 纪要的含义

《条例》规定，纪要"适用于记载会议主要情况和议定事项"，是根据会议记录和会议文件加以归纳整理而成的。纪要的主要作用是贯彻落实会议精神、沟通情况、交流经验、统一认识和指导工作。

2. 纪要的特点

（1）纪实性。

纪要的本质特征就是它的纪实性，要忠实地反映会议的内容和议定事项，客观地记载会议情况，如实地传达议定的事项，具有历史凭证的作用和查考利用的价值。

（2）纪要性。

纪要不同于会议记录。会议记录是事务文书，是在会议进行过程中对整个会议情况完整记录，是粗糙的原始材料，只作资料和备忘作用，适于内部保存。而会议纪要是国家法定公文，于会议结束后对会议内容进行综合、提炼，概括出会议主要精神、主要内容，制作成文，具有现行执行效用。

（3）指导性。

纪要是与会者共同研究讨论的结果，是集体意志的体现，对实际工作有着重要的指导作用。

3. 纪要的分类

（1）按会议的性质，可分为专题会议纪要、例行会议纪要和座谈会议纪要。

专题会议纪要，是指专用为某一项或某方面工作召开的会议所作的会议纪要，常见的工作会议如专业会议、学术研讨会的纪要多属这一类。

例行会议纪要，是指各机关、单位和团体召开的办公会议纪要和日常工作会议纪要。机关单位定期或不定期召开的常规性会议，如市长办公会、党委常委会等的会议纪要多属这一类。

座谈会议纪要，是指因解决某一问题专门召集有关单位或人员参加的座谈会而制发的会议纪要，目的是互相了解情况、集思广益、商讨对策、提出解决办法等。

（2）按纪要的用途和目的，可分为决策性会议纪要、协调性会议纪要和研讨性会议决要。

决策性会议纪要，主要记载和反映领导层作出的重要决策事项，作为传达和部署工作的重要依据，有较强的指导作用，常用于办公会议。

协调性会议纪要，主要记载双边或多边会议有关内容及其达成的协议，作为多方协力工作的依据，有关各方代表都要在会议纪要上签名。

研讨性会议纪要，主要记载和反映经验交流会议、专业会议或学术性会议的研讨情况，与会各方相互交流情况、意见，并提出看法。这类纪要，有时会在报刊上正式发表。

（二）纪要的写作要领

纪要不标示主送机关和发文机关，成文日期一般在标题之下，不加盖公章。所以，纪要一般由标题和正文组成。

1. 标题

纪要的标题主要有以下几种：一种是会议届次＋会议名称＋文种，如《××市人民政府第×届第×次市长办公会议纪要》；一种是会议名称＋文种，如《全国校务公开工作汇报交流会会议纪要》；一种是正标题＋副标题，如《科普创作要面向儿童——广东省科普创作座谈会纪要》。

2. 正文

纪要的正文一般由会议概况、会议内容和结尾组成。

（1）会议概况。

会议概况，首先交代会议的名称、时间、地点、出席人员、主持人、会期、主要议程、会议形式以及会议的主要成果等，然后用"现将会议主要精神纪要如下"转入下文。此部分要求用语简洁、凝练。

（2）会议内容。

会议内容是会议纪要的主干，是全文的重点，主要概述会议的重要发言、达成的共识、作出的决定及提出的要求等。按照会议纪要的种类，会议内容有以下几种写法：

概述式：会议纪要可以把会议讨论的意见进行概括，主要的、重要的内容放在前面并详写，次要的、一般的内容放在后面且简写。重要会议多用此法。

归纳式：当会议涉及的内容较广、讨论的问题较多时，会议纪要就可以对会议内容分门别类进行整理、归纳。工作汇报会议、研讨会等常用此法。

摘要式：直接把会议的重要内容摘录下来，按照内容性质归类或发言顺序编排。一般要先写出发言人姓名、单位、职务，然后摘录其发言要点。座谈会、研讨会常用此种会议纪要。

条目式：把讨论的问题和决定的事项分条款进行表述，这样可使内容条理清晰、层次分明。日常例行会议纪要多用此法。

（3）结尾。

会议纪要的结尾，一般是对与会机关或个人提出要求、希望或发出号召；有时也对会议作简要评价；也可无专门结尾。

（三）纪要的写作要求

1. 概括全面客观，重点突出

纪要虽然是对会议主要、重要内容的概括，但不可以偏概全，力求全面而客观地对会议内容进行概述、归纳和总结，不要夹带主观情感，同时突出重点。

2. 表达条理清晰，简洁明快

纪要在结构上要求条理清晰、层次分明、突出要点；在行文语言上，要求简洁明快，切忌长篇大论。

3. 制发讲求时效，格式规范

会议结束后，应及时整理会议概况，撰写成文，并及时发送给会议组织者或机关主要负责人审核后签发。此外，不同的会议需要的会议纪要格式也不同，一般用有会议召开机关名称的格式，但定时召开的领导人参加的决策性会议，应使用专门的带职务名称的纪要格式。

（四）例文评析

2011 年招商银行股东大会问答环节会议纪要

时间：2011 年 5 月 30 日

地点：深圳招商银行大厦 5 楼

出席人员：公司管理层

调研人员：深圳东方港湾投资管理有限责任公司 陈宇

问：现在宏观经济不断持续紧缩，不良率可能会大幅上升，大概会发生在什么时候？网上看到江浙、珠三角很多民营企业资金链断裂，请问对招行有什么影响？

答：目前来看宏观经济走势比较平稳，只是说在宏观经济的发展中出现了大家比较关心的问题。大家都知道现在房价居高不下，尽管政府采取了很多措施也没有明显的下降。今年开始数次加息，今年的贷款规模扩张，央行等监管部门都采取了存贷比、资本充足率、差别准备金率等实施。所有这些都是为了把流动性收紧。（略）

不良资产的问题，我在路演中也被反复问道。政府 4 万亿，大家关注这两年投放的贷款会不会出现不良？矛盾主要集中在两个领域，一个是政府融资平台，一个是房地产贷款。因为政府在这个问题上警惕得比较早，银监会不断地发文件，按照最新要求不断提出拨备；房地产的贷款，从供方和需方都采取了措施。所以我的基本判断，在中国经济发展的过程中，即使有一些不良资产的反弹，也不会出现大幅上升。尽管中国经济增长会放慢，但是信贷两位数增长不会降低太多。出现的不良资产会在发展中被逐渐稀释，在中国我认为不会出现比较大的不良资产，不会出现国有银行上市前的那种情况。

招商银行的情况可能更好些，政府平台和房地产贷款保持良好。我们房地产开发贷款在过去这么多年始终没有超过全部贷款的 7%。

至于说到江浙地区一些企业资金链断裂，和招行没有关系，因为我们对贷款的对象有严格的评估。

问：招行的优势来自它的体制和创新模式，现在我发现一个有意思的现象，现在招行的股票价格要比其他公司贵不少，未来十年招行如何保持自己的优势，保持比其他同行溢价 30% 到 40% 的优势？

答：马行长是招行迄今任职资格最长的行长，在过去的十年中，在股东的支持下，招行在全球经济保持健康发展的背景下，招行形成了一个稳健的发展机制，招行的业绩也得到了市场的认同。

从未来十年看，我们注意到中国经济在实现转型的同时，还会继续保持一个高速增长的势头。后工业化、继续推进的全球化、中国的城镇化，对银行的发展，从空间到市场机遇都很大。

过去十年对招行的考验，2008年金融危机的影响至今仍未消除，发达国家经济复苏的道路仍然漫长。在救助金融危机的背景下，各个国家印制钞票，在国内也出现了通胀，资产价格的泡沫正在逐渐形成。（略）

问：请问马行长，成为优秀企业家必不可少的因素有哪些？巴菲特80几岁都没有退休之意，您应该也没有退休之意吧？

答：刚才说到的，一个企业的成功发展，靠的是良好的治理结构。如果靠一个人，不是良好的治理结构。我并不认为巴菲特那个就是良好的企业治理结构。

我对中国银行业的认识，最大因素是管理的问题，而管理中最核心的问题是管理理念。我们从董事会到管理层，每天做的首要工作就是不断解放思想，不断改革观念，以适应千变万化的社会。招行"因您而变、因势而变"能够永远地健康发展。

问：刚才马行长提到房地差开发贷款不超过7%，如果房价大幅下降，会对银行造成大幅影响吗？

答：我们现在的个人按揭住房贷款不良率0.14%，是招行非常优质的贷款。中国的银行业，如果作了按揭贷款，都是质量非常好的。目前我们按照银监会的部署也在作压力测试，对房价下降30%、50%，不同区域的测试，销售面积的下降等不同指标进行了测试，总体上招行如果出现了重度的情况，首先受影响的不是按揭贷款，而是房地产开发贷款和土地储备贷款，目前房地产开发贷不良率是0.79%，整个境内房地产开发贷款是800多个亿，其中用于住房开发的是330多个亿，比例小，质量稳定。

个人住房按揭贷款现在是0.14%，重度压力测试达到1.5%。未来如果房价出现下降，销售面积下降，不会对招行的资产质量产生重大影响。

问：我经常在外地出差，也是招行的私人银行客户，我发觉招行的离行式柜员机较少，像贵阳等城市的发展还是很薄弱，能否解决这个问题？

答：你也可以在其他银行的柜员机上操作，我付给他手续费就行。

问：请问马行长，招行的再融资需求是否紧迫？您认为哪种融资方式对股东利益有最大化保障？

答：我觉得这一次银行业的融资需求主要来自这次金融危机以后，国际监管当局对风险意识越来越强，出台了巴塞尔Ⅲ。中国也出台了相应的监管政策。对资本的要求更加严格，比如过去我们信用卡未使用的额度，现在也要计算资本。还有一些临时的因素，比如政府平台，监管当局提出加大风险资产的计算。所有的这些加在一起，就加大了银行的资本充足率的约束。

好在招行在过去提出第一次转型，当时就是为了降低资本消耗，发展零售业务。因为零售业务中的按揭业务的风险权重是批发业务的一半。发展中小企业，同样的资本消耗可以提高定价能力。发展非利息收入可以不消耗资本。过去五六年里我们取得了很好的业绩。要不是这次巴塞尔Ⅲ，我们的内生资本已占整个资本补充的三分之二，只不过这次出现新的要求，完全靠银行内生资本在短期内达不到要求，所以只能依靠外部资本。

什么是最有效的资本补充方式？我们手里的工具，有一些选择，但也有限。除了提高自身赢利能力，增加内生资本之外，重视风险资产增长速度，加大中间业务比例，是我们能做的事。次级债是一个选择，但比例监管机构也有限。

问：我在史玉柱先生的微博上看到，在某个场合马行长说招行发展没有后劲？以现在的规模，保持过去高速增长的势头还有多久？中国银行业的高速增长期是不是过了？刚才有股东提到马行长的任期，马行长巧妙地避开了，我想问马行长准备继续为招行服务多少年，有没有接班人的计划？

答：我始终认为招行的发展应该有后劲，我们现在所有的努力都是为了让它有后劲。说它有后劲，标准并不是说将来招行的利润增长必须像过去30年那样快，高速增长时代恐怕要画个句号。为什么？过去没有资本约束。但现在必须提高资本效益，所以党中央、国务院提出要转变经济增长方式，不再追求过高的GDP，要追求质量结构。所以银行的考虑，就包括财富管理、中间业务。

经过几年的努力，我们现在的结构，包括零售、中小企业、大企业和中间收入，虽不是最好的，但在中国也算是不错的。我们有比较良好的基础，就是一大批优质的客户，从零售到中小企业，再加上招行创新的文化，所以我觉得一个银行的文化、战略和管理，只要坚持的路线正确就没错。

至于我的任期，承蒙各位的厚爱，希望留任，最后董事会采纳了大家的意见。别的我不想，就是在这个任期内，把我应该做的事完美地做好，为未来招行的发展打好基础。

问：关于招行的国际化问题，纽约分行和伦敦分行的发展情况？未来招行的国际化如何做？

答：我觉得国际化是一种趋势，中国的企业走出去，为企业服务的银行就必须走出去。中国社会日益融入国际社会。我们的零售客户，每天拿着招行信用卡在境外消费，也是一种趋势。但是我们觉得，目前的情况，我们不能本末倒置，中国是赚钱最多的地方。国外的银行削尖脑袋到中国来，我们不能把西瓜丢掉，到外面去捡芝麻。

所以我们在纽约建分行，在伦敦建机构，可以为将来加大国际化的分量奠定基础。我们也可以通过这些窗口了解国际社会最新金融产品和服务。我觉得国际化最根本的内容不是靠国外建机构，而是你的管理思想、管理理念、服务方式、管理水平国际化。

问：招行收购永隆银行，PB 约 3 倍。但现在我想请马行长评论一下收购永隆银行之后所设想的协同效应到底发挥出来没有？招行在香港已有一家分行，管理层是否认为收购可以对发展带来更好的效果？

答：收购永隆的战略意向，我们在香港的分行只能作批发业务，而我们在国内是非常优秀的零售银行。我们从财富管理、国际化等角度考虑都应该把业务延伸到香港，所以收购了具有网点的永隆银行。

现在来验证当时的收购，永隆银行在香港名列前茅。比如说，从财富管理的角度，我们发现很多内地的客户移民到香港。我们必须有一个财富管理的平台，把他们接住。这样我们整体上的客户不流失。

现在去评估永隆银行的价值，和收购时完全不一样了。那个时候 3.0 的市净率，在香港平均水平上下浮动，只不过后来有个金融危机。只要战略意义没有改变，那我们认为这件事就是成功的。

问：现在有很多小额信贷公司，放出贷款的利率很高，30%，40%。请问这些公司贷款涉及哪些领域？对招行会造成多大风险？

答：今年中小企业贷款平均利率在基准上上浮 16%，招行选择中小企业还是以创新型、稳健型为主，从现金流、主营业务突出的入手，比如说制造业、商贸服务流通业。从现在看，贷款质量还是很好，不良率 0.79%。去年中、小型企业不良率合计 1.24%，今年小型企业还在持续下降。

当然我们今年发现一些小型企业出了问题，后来我们发现，这些小型企业都是主营业务不突出，或者是用短期信贷投资房地产，盲目经营，那么招行从市场准入、贷后管理、系统性风险管理等方面来控制。

陈宇

二〇一一年五月三十一日

【例文剖析】

此文是一则较为典型的会议纪要。标题是会议名称＋文种，即"2011 年招商银行股东大会问答环节会议纪要"。正文的开头部分，简明扼要地记载了会议的时间、地点、出席人员和调研人员等概况；开头部分和主体部分之间，并没有过渡语，直接进入有关"问答"的摘录。从写法上看，"摘要式"和"归纳式"两种方法共同被使用，摘录并归纳了股东提出的重要问题以及公司管理层答复的要点，条理清晰，重点突出。

自主学习

1. 函和纪要分别有哪些特点?
2. 函和纪要如何分类?
3. 函和纪要的写作要领分别是什么?
4. 函和纪要的写作要求分别是什么?

延伸学习

1. 请根据"通知"的相关写作要求,指出下文中的不当之处。

通知

校中层以上领导明天下午集合去市政府开会,希望有关人员看到通知后相互提醒,准时集合。

校长办公室
9 月 10 日

2. 阅读下面材料,自拟题目,写一份请示。

××市××路公共汽车将于 2012 年 12 月 5 日前新增同型号公交车 10 台。新车上线后,××客运集团公司要将 1998 年制定的现票价: 1.00 元(起始价)~2.00 元(第 5 站起至终点站),调整为全程票价一律 2.00 元。为此,该公司向上级主管部门——××市交通局上报了一份有关要求调整票价问题的材料。

第六章　事务文书写作

第一节　事务文书概述

一、事务文书的含义

事务文书是党政机关、社会团体、企事业单位及个人在日常公务活动中为处理事务、实施管理、沟通信息、指导工作而制作和使用的法定公文之外的各种事务性文书的统称。它以实用、办事为目的，强调日常性。与法定公文相比，事务文书仅在体式的规范、行文的规则和收发的处理上略有减弱，实用办事功能却更为普遍。

二、事务文书的特点

（一）管理性
现代管理科学认为，管理活动的流程大致包括决策、计划、组织、控制，事务文书在这四个层次的流程中发挥着重要的作用。例如，调查报告为领导决策提供真实鲜活的情况；计划使某一决策的实施具体化，起到宏观调控作用；总结是决策的回顾和评价；组织部门考查任用干部时，述职报告是考查的依据。

（二）实用性
各类事务文书都是为了解决实际问题、处理日常事务而撰写的，因此，撰写事务文书要以能够满足实际需要为原则。观点的确立、材料的使用既要切合实际，又要具体扎实；写作形式的运用，也要讲求实际效果，要有利于文书的处理和文书内容的落实。

（三）时效性
与法定公文一样，事务文书也是非常讲究时效性的。一项工作的完成，一个问题的解决，大都有一定的时间要求，为完成工作或解决问题而撰写的事务文书，只有在限定的时间内及时制作出来，才能发挥应有的作用。比如，工作计划必须在工作开展之前写出，否则就失去了写作的意义；工作总结则应在工作结束后及时写出，否则价值就会大大降低。

三、事务文书的作用

事务文书在行政事务管理工作中具有重要作用。它是各级机关用以安排布置工作、交流和总结经验、沟通情况信息、规范和约束行为的重要工具和手段。其作用主要有以下几个方面。

（一）参谋作用

事务文书对领导决策具有参谋作用。现代化的决策管理需要领导者本人重视调查研究，讲究工作的计划性，并能及时总结工作中的经验教训，但决策者不可能所有的事情都"亲力亲为"，因而，那些鲜活地反映基层情况的"调查报告"、"简报"，那些规划性很强的"计划"，那些充满了工作经验的"总结"，都给决策者充当了"无声"的参谋角色。决策者对各方面的情况了解得越多，获取的信息越详尽，就越有助于其运筹帷幄，作出科学的决策。

（二）指导作用

事务文书在机关工作中具有明显的指导作用。为了正确地贯彻执行党的方针、政策和上级机关的指示精神，圆满完成各项工作任务，应该制订计划前做好调查，开展工作前做好计划，工作进程中编写简报，工作结束后进行总结，这是机关经常性的工作环节，此类事务文书起到提供经验教训、指导和推动工作深入开展的作用。

（三）规范约束作用

事务文书是因事而制作的，为了使某些工作能够按照法律、法规以及方针、政策所规定的要求开展，事务文书常常需要告知人们应当遵守的事项，起着规范和约束行为的作用。如像规则、章程、制度、条例、办法、细则这些规章制度类的事务文书，是机关、团体、企事业单位为保障劳动、生产、学习等活动的正常开展，在不违背国家法律、法规的基础上，根据自己的职权范围而制定的具有约束性和规范性的文书。

四、事务文书的写作要求

（一）主旨鲜明，实用性强

任何一种事务文书都是为了实际工作的需要而写作的，因而其写作须立意明确，一切从实际出发，实事求是，反映现实，总结经验，揭示问题，为本单位、本部门决策者提供参考，对实际工作有指导作用。

（二）材料充分，意义典型

写作事务文书中的任何一种文体，都需要详尽地占有材料。没有充分的材料，就找不出规律，得不出正确的结论，也就达不到指导工作的目的。事务文书写作中要合理使用概括材料、典型材料和背景材料。概括材料就是反映事物概貌的、面上的材料，它能概述工作的基本面貌，反映事物的基本轮廓，能增强文章表述的精确性和说服力。典型材料即典型事例、典型问题或典型的数据等材料，它能起到以少胜多、以一当十的作用。运用典型材料贵在少而精，有效地说明问题。背景材料就是用来说明事物产生与发展的原因、条件、历史环境等解释性材料，恰当地运用背景材料，有助于说明和突出文章的主旨。

（三）遵循写作规则，选用合适文种

事务文书种类繁多，不同的种类有其不同的写作规则，写作中虽不像法定公文那样对规范化要求极高，但在长期的应用中，事务文书同样有其约定俗成的规则，从文种的选择、格式的要求，到遣词造句等各方面，都不能随心所欲或标新立异。

自主学习

1. 事务文书的含义是什么？事务文书有哪些特点？
2. 事务文书的作用体现在哪几个方面？
3. 事务文书有哪些写作要求？
4. 你在日常的生活、学习中接触和使用最多的事务文书有哪几种？

第二节　计划

一、计划概述

（一）计划的含义

计划是单位或个人对未来一定时间内要做的工作从目标、任务、要求到措施预先作出设计安排的事务性文书。

（二）计划的特点

1. 明确的目的性

计划的制订过程实际上是目标、措施、步骤调整和明确的过程。它一经确定，就为这项工作或任务的所有参与者指明了方向和目标。要完成什么任务，解决什么问题，取得什么样的效果，达到什么目标，是计划的主要内容。

2. 科学的预见性

计划是对未来行动的预测和策划。这是由计划作用的可行性所决定的，制订计划时要在研究客观情况的基础上进行科学的预测，对客观事物发展方向进行全面的预测。制订计划时要充分认识事物的发展前景，从客观存在的实际情况出发，充分考虑到各种因素，以实现预测的目标。

3. 切实的可行性

计划制订后是要付诸实施的。为了完成任务，所订计划从目标到措施都必须是切实可行的，指标必须是经过努力后可以实现的。一个可实现的目标要兼顾两个方面：一方面要有一定的高度，另一方面经过执行者的努力要能够达到。如果在实行中，发现计划有不可行之处，要及时修改。

4. 有效的指导性

计划的指导性主要体现在为计划提出科学的、合理的、具体的、可行的工作目标、步骤、措施、方法。因此指导性是计划的根本特性，包含着规定和约束的功能，这一特性主要是由计划的写作目的决定的，旨在使有关人员在执行计划、开展工作时有所参照、有所依据，以避免工作的随意性、盲目性。

（三）计划的分类

计划是一个统称，属于计划这个范畴的，还有规划、纲要、设想、打算、要点、方案、意见、安排等，它们都是根据计划的目标远近、时间长短、内容详略等差异而确定的名称。

计划的类型较多，大体有以下几种分类方法。

（1）按性质，可分为综合计划和单项计划等。

（2）按内容，可分为生产计划、学习计划、教学计划、科研计划、销售计划、基建计划等。

（3）按范围，可分为国际协作计划、国家计划、省（市）计划、单位计划、部门计划、个人计划等。

（4）按时间，可分为长期计划（10年以上）、中期计划（5年左右）、短期计划（1年及1年以下）。

（5）按表达方式，可分为文字计划、图表计划等。

（6）按作用，可分为指令性计划和指导性计划。

计划的类型是从不同角度来划分的，具体到某一份计划时，可能具有几个方面的属性，如某一同学的学习计划，可能既是单项计划，又是短期计划。

二、计划的写作要领

计划一般由标题、前言、主体、落款四部分组成。

（一）标题
计划的标题即计划的名称，可分为全称标题、简称标题和文章标题三种。

计划的全称标题一般由计划的制订单位名称、计划的适用时间、计划的内容及计划的种类四个部分组成。视计划文本的成熟程度，有可能出现第五个部分，即在标题尾部加括号注明：草案、初稿、征求意见稿、送审稿等，如《××市 2011 年再就业工程实施方案（讨论稿）》。

计划的简称标题一般由计划的适用时间、计划的内容及计划的种类三个部分组成，如《面向 21 世纪教育振兴行动计划》。

计划的文章标题一般按计划的主题或要达到的目标拟定，多用于政府及主管部门作工作报告时使用，如《团结起来，为实现江苏省"十二五"规划而奋斗》。

（二）前言
计划通常有"前言"，主要阐明制订计划的指导思想、制订计划的依据，说明为什么做、依据什么做、能不能做的问题。前言力求文字简明，以讲清制订本计划的必要性、执行计划的可行性为宗旨，应力戒套话、空话。

（三）主体
主体是计划的主干部分。如果说前言回答了"为什么做"的问题，那么主体则要回答"做什么"、"怎么做"、"何时做"等问题，这是计划的核心。这部分一般要写三个方面的内容。

1. 目标与任务

目标和任务是计划的灵魂。任何计划首先要明确指出总目标和基本任务，随后应根据实际内容进一步详细、具体地写出任务的数量、质量指标。必要时再将各项指标定质、定量分解，以求让总目标、总任务具体化、明确化。

2. 办法与措施

办法和措施是完成任务的具体保证。以什么方法、用什么措施确保任务的完成和目标的实现，是有关计划可操作性的关键一环。所谓有办法、有措施就是对完成计划须动员哪些力量，创造哪些条件，排除哪些困难，采取哪些手段，通过哪些途径等心中有数。这既需要熟悉实际工作，又需要有预见性，而关键在于有实事求是的精神。唯有这般，制定的措施、办法才是具体的、切实可行的。

3. 时限与步骤

计划的实施有先后、主次、缓急之分，进程又有一定的阶段性，为此在计划中针对具体情况应事先规划好操作的步骤、各项工作的完成时限及责任人，这样才能职责明确、操作有序、执行无误。

计划的种类不同，主体部分三个方面内容的详略也有所不同，然而其写作要求是共同的，这就是周到、详尽、具体、明确，安排顺序讲究逻辑，文字要准确、简洁、通俗。

（四）落款

落款写明制订计划的单位名称或个人名称、制订计划的日期，如需上报或下达的计划，特别是经济计划，通常还应加盖公章。在正文右下方署名署时即可。

三、计划的写作要求

（一）基础材料要准确

计划文书中的设想是建立在各种材料基础上的，是科学的设想，符合客观事物发展的规律，并不是毫无根据的天方夜谭。因此，写计划文书的各种基础材料，包括数据、信息、资源情况、历史资料等凡是需要参考的资料，一定要准确、真实。如果以假材料为依据，推测出来的设想，将使规划、计划很难实现，还会造成重大失误。

（二）任务指标有余地

计划文书里所提出来的任务、指标和各种措施要求，一定要实事求是，既不能脱离现实、好高骛远，也不能因循守旧、停滞不前。否则，不是保守，就是冒进。所以，在任务、指标、措施上应留有余地，允许有上升的空间。也就是说，在充分调动群众积极性的基础上，经过努力，可以实现和超额完成计划。

（三）集思广益走群众路线

制订计划的最终目的是完成计划，而完成计划最终要依靠广大群众。因此，在制订计划，尤其是制订单位、部门计划时，要深入地调查研究，广泛听取各方面的意见，特别是广大群众的意见，然后集思广益，在分析论证后，草拟出几个方案，再征求意见，对计划草案进行修改后定稿。在制订计划时，应始终坚持自下而上和自上而下相结合的工作方法，使计划制订得更加完善可靠。

（四）语言朴实无华

计划文书与总结、调查报告不同，不需要生动、形象的语言，也不需要运用太多的修辞方法，一般使用朴实、庄重的语言。因为计划文书的内容，都是要求人们未来去做的，只有理解明白，才能很好地去做，才能便于执行。所以，语言要朴实无华，不能似是而非、模棱两可，特别是任务指标决不能含糊，一定要清清楚楚，表达准确，这是计划文书对语言的要求。

四、例文评析

××学院团委 2010 年工作计划

2010 年，××学院团委将继续紧密围绕学校党政工作要点和学院中心工作，保稳定，求发展，以育人为中心、活动为载体，在思想教育、组织制度建设、校园文化建设、社会实践活动、志愿服务、学生组织建设等方面采取相应的有力举措，不断提升我院共青团工作质量，开创共青团工作新局面。

一、结合学院重点工作，开展思想教育活动

2010 年，学风建设、就业指导等仍然是我院学生工作的重点，今年我院团委将继续围绕学院的中心工作和社会大事热点，结合"我心中的'五四'"、"如何成功就业"、"倡导优良学风建设"等主题开展形式多样的主题团日活动，鼓励团员青年结合自身情况丰富团日活动内容和形式，适当拓展活动平台，由校内走向校外，提升活动的质量和效果。

二、推进各项制度建设，提高相关工作质量

1. 制定团委下设部门详细工作制度

在 2009 年已经完成的机构调整的基础上，2010 年我们将根据团委办公室、宣传部、组织部等部门的具体工作情况，制定详细的工作流程和工作制度，明确要求，责任到人，保证各项工作的顺利开展。

2. 继续完善对团总支的各项管理制度

参照校团委发布的团学工作考核体系（征求意见稿），完善对团总支各方面工作的管理制度，从思想教育、组织建设、校园文化活动、社会实践、对学生组织指导等方面，细化、量化各项管理要求，以管促进，不断提升工作质量。

3. 制定大学生活动中心管理使用制度

对大学生活动中心的日常使用和管理提出明确要求，制定详细管理制度，培训专业管理人员，建立良性使用机制，做到合理使用、有效使用。

三、整合各类活动资源，充实校园文化内涵

1. 整合校园文化活动资源

一方面通过举办校园文化艺术节的形式，对一学期或全年的主要校园文化活动进行宏观掌握和安排，同时也对我院现有的各种校园文化活动进行全面整合，例如对一些同类型的活动进行组合和精简，既有利于提升活动的品质，也节约了校园文化资源。

另一方面充分发掘学生中的特长生，努力组建一些特色团体，开展专业的培训和学习交流，为一些有专长的学生提供广阔舞台，也有利于推动校园文化活动质量的提升。

2. 调整现有活动类型比重

全面调整校园文化活动体系现有各类活动的比例，充分结合大学生就业创业、学风建设等与学生密切相关的主题，加大学习类、科技类、知识类等活动的开展力度，丰富文娱类活动的内涵和形式，提升我院校园文化活动的整体质量。

四、开展团干培训工作，丰富学习交流形式（略）

五、加大社会实践力度，力争量与质双提升（略）

六、发挥青协组织职能，规范志愿服务工作（略）

七、强化宣传队伍建设，提升宣传工作品质（略）

八、完善学生组织体系，搭建良性工作机制（略）

××学院团委

二〇一〇年×月×日

【例文剖析】

这是一份××学院团委的年度工作综合计划。标题采用的是全称标题，即由制订计划的单位名称（××学院团委）、计划的适用时间（2010年）、计划的内容及计划的种类（工作计划）构成。前言部分提出了制订计划的依据和目的；主体部分从八个方面对本年度的工作作了全面的安排。该计划抓住了年度工作中心和工作重点，有所侧重地加以拟订，按主次、缓急来安排工作程序，形成了明确的工作思路。全文详略得当，条理清晰，表述简洁。

自主学习

1. 计划的含义是什么？计划有哪些特点？
2. 计划如何来分类？计划的哪些类型是你最常用的？
3. 计划的写作要领有哪些？你是如何体会的？
4. 计划有哪些写作要求？你对此有什么感性认识？

第三节　总结

一、总结概述

（一）总结的含义

总结是人们对前一阶段的工作或一项活动进行全面、系统的回顾和分析研究，从中找出经验教训，引出规律性的认识，明确努力的方向，指导今后工作而写成的一种事务性文书。它是党政机关、企事业单位、社会团体都广泛使用的常用文体。

（二）总结的特点

1. 过程性

开展每一项工作，都有一定的过程和时间跨度，进行总结时，要把这个过程反映出来。包括工作是怎样开始的，怎样发展的，中间遇到了什么问题，这些问题是怎样解决的，解决的效果如何等。

2. 客观性

总结是对前一阶段实际工作进行全面回顾、检查的事务性文书，这就决定了总结有很强的客观性特征。其内容要完全忠实于自身的客观实践，其材料不允许东拼西凑，其观点要从工作实践中抽象概括出来，而不是漂亮的标签。总之，总结的内容与观点的概括和提炼，都要以实际工作活动为依据，不允许有主观臆断。

3. 回顾性

总结与计划正好相反。计划是对未来的预想，对将要开展的工作进行安排。总结是回顾过去，对前一阶段的工作进行检验，但目的还是为做好下一阶段工作服务。所以总结和计划这两种文体的关系十分密切：一方面，计划是总结的标准和依据；另一方面，总结又是制订下一步工作计划的重要参考。

4. 理论性

总结是理论的升华，它对前一阶段工作中的经验、教训进行分析研究，上升到理论的高度，从中提炼出有规律性的东西，以此来正确认识和把握客观事物。因此，总结的写作要有材料、有观点，材料和观点相结合，揭示它们之间的因果关系，得出规律性的认识，对今后的工作起指导作用。

（三）总结的分类

根据不同的分类标准，总结可分成不同的类型。

（1）按内容，可分为生产总结、工作总结、学习总结、思想总结、活动总结等。

（2）按性质，可分为综合性总结、专题性总结等。

（3）按时限，可分为年度总结、季度总结、月份总结、阶段总结等。

（4）按范围，可分为地区总结、部门总结、单位总结、班组总结、个人总结等。

二、总结的写作要领

总结一般由标题、正文、落款三部分组成。

（一）标题

总结的标题有两大类。第一类是类似公文式的标题。或"单位名称＋时间＋事由＋文种"，如《××大学 2011 年工作总结》；或"时间＋事由＋文种"，如《2011年度节能减排工作总结》；或"事由＋文种"，如《工作总结》、《学习总结》。第二类是新闻式标题。这种标题侧重在经验总结上，以总结经验和揭示规律为写作的目的，如《完善企业责任制，深化企业改革》；有时还可以采用双标题的形式，即由正题＋副题组成，如《健全管理机制，强化内部监督——××公司年度财务检查工作总结》。

（二）正文

总结的正文一般由引言、主体两个部分组成。

引言是总结的开头部分，主要用来概述基本情况，包括单位名称、工作性质、主要任务、时代背景、指导思想，以及总结的目的、主要内容提示等。引言的写作要紧扣中心，简洁精练，有吸引力。

主体是总结的核心部分，内容包括成绩和做法、经验和教训、今后打算等方面。这部分篇幅大、内容多，特别要注意做到层次分明、条理清晰。具体来说应围绕以下四个方面内容展开：

（1）工作情况，即开展了哪些工作，采取了哪些措施、方法和步骤，有哪些效果，取得了什么成绩。

（2）经验和体会，即工作中哪些做法是成功的，取得成绩的主客观因素是什么，这部分是总结的重点，在全文中占主导地位，写作时注意主次和详略，注意把感性认识上升到理性认识的高度。

（3）问题和教训，即工作中遇到哪些问题，给工作带来哪些损失和影响，要着重分析问题和教训的存在及产生的主观原因。这部分内容可视总结的重点而取舍，如果是着重反映问题的总结，则应把这部分当作重点来写。

（4）今后的打算和努力方向，即针对工作中存在的问题，提出切实有效的改进措施，提出一些新的奋斗目标，展望未来，鼓舞斗志。

（三）落款

总结的落款包括署名和日期。单位总结的署名，一般不放在落款处，而放在标题中或标题下。有的总结随文发送，所以总结上不署名。个人总结署名，一般写在正文后的右下方。日期则在署名的下一行。

三、总结的写作要求

（一）全面收集材料，精心选择

总结要从实际工作情况出发，让事实说话，总结的基本材料是那些能够说明工作成果和规律的数字与事实，因此，写好总结，首先要充分占有材料，全面掌握情况。材料充足了，还要精心选择，选材时要注意"点"和"面"的结合。"面"是带有全面性的综合材料和数据，"点"是局部的典型的材料，有了这两方面的材料，写出的总结才会既有广度，又有深度。

（二）善于分析材料，总结经验

写作总结，不仅要占有材料，还要在此基础上作深入的分析。总结的写作切忌贪大求全，面面俱到，不要像记流水账一样罗列材料，或一味地就事论事，而是必须总结经验。所谓经验，就是经过实践得来的认识，而这种认识又带有一定的规律性，对今后的工作具有指导意义。

（三）内容充分、具体

总结的主要内容是经验体会，经验体会要有说服力，就必须写得充分具体，空洞无物或从理论到理论的总结是不能打动人的。因此，写总结要善于利用数字和典型事例，善于运用叙述、说明、议论等多种表达手段，对经验进行从实践到理论的阐述。

（四）写出特色、写出新意

写作总结是为了指导现实，预见未来，使前进步伐更快、更稳。因此，一定要研究新情况，总结出新经验，总结出本单位、本部门的特色。当然，"新"不是标新立异、哗众取宠，而是正确反映客观实际的发展变化。

（五）条理分明，结构严谨

总结一般是对前一段工作的全面回顾和分析，自然内容多、篇幅长，因此，安排结构一定要严谨，层次一定要分明，通篇一定要连贯。使人看后，一目了然；使人听后，一清二楚。

四、例文评析

办公室文秘工作总结

经过一年来的不断学习，以及同事、领导的关心和帮助，我已完全融入局办公室这个大家庭中，个人的工作技能和工作水平有了显著的提高。现将我一年来的工作情况简要总结如下：

一、以踏实的工作态度，适应办公室工作特点

办公室作为企事业单位运转的一个重要枢纽部门，是单位内外工作沟通、协调、处理的综合部门，这就决定了办公室工作的繁杂性。由于我们办公室人手少，工作量大，我和两位大姐共同协作、共同努力，在遇到不懂的地方及时向她们请教学习，并优质高效地完成领导交办的各项任务。在这一年里，遇到各类活动和接待，我都能够积极配合做好后勤保障工作，与同事心往一处想，劲往一处使，不计较干多干少，只希望把领导交办的事情办妥、办好。

二、加强学习，注重自身素质、修养的提高

记得局长每次开会都说"故步自封，夜郎自大"这个成语，虽然这只有八个字，但所表达的意思却是深远的，要求我们必须具有先进的观念，要用科学发展的眼光看

待一切，才能适应未来的发展。因此，我通过网络、书籍及各类文件资料的学习，不断提高自己的政治理论水平。工作中，能从单位大局出发，从单位整体利益出发，凡事都为单位着想，同事之间互帮互助，并保持融洽的工作气氛，形成了和谐、默契的工作氛围。

另外，我还注重从工作及现实生活中汲取营养，认真学习文秘写作、建设与发展、宣传推介、档案管理等相关业务知识。同时，虚心向领导、同事请教学习，取长补短，增强服务意识和大局意识。对办公室工作，能够提前思考，对任何工作都能做到计划性强、可操作性强、落实快捷等。

三、坚持做事先做人，努力做好日常工作，热心为职工服务

为了做好日常工作，热心为全局职工服务，我做了下面的努力：

1. 出勤方面。（略）

2. 公文处理过程方面。（略）

3. 纸张文档、电子文档的归档整理方面。（略）

4. 关系处理方面，在工作上能做到主动补位。（略）

5. 制度建设方面，贯彻以"科学管理为主，人性关怀为辅"的理念。（略）

四、严格要求自己，时刻警醒

在工作中，我努力从每一件事情上进行总结，不断摸索，掌握方法，提高工作效率和工作质量，因为自己还是新同志，在为人处事、工作经验等方面经验还不足，在平时工作和生活中，我都能够做到虚心向老同志学习、请教，学习他们的长处，反思自己不足，不断提高政治业务素质。我时刻提醒自己，要诚恳待人，态度端正，积极想办法，无论大事小事，我都要尽最大能力去做；时刻要求自己，必须遵守劳动纪律、团结同志，从打扫卫生等小事做起，严格要求自己。以不求有功、但求无过信念，来对待所有事情。

五、存在的不足

1. 工作中还不够认真负责，岗位意识还有待进一步提高。（略）

2. 对工作程序掌握不充分，对自身业务熟悉不全面。（略）

3. 做事不够细心，办事不够谨慎。（略）

六、今后努力的方向

1. 今后在工作中还需多向领导、同事虚心请教学习。（略）

2. 必须提高工作质量，要具备强烈的事业心、高度的责任感。（略）

3. 爱岗敬业，勤劳奉献，不能为工作而工作。（略）

4. 平时需多注意锻炼自己的认知能力。（略）

5. 要注意培养自己的综合素质。（略）

总之，一年内在我们三个人的共同努力下，办公室的工作比起以前有了很大的进

步，我认为自己从思想认识上、业务及理论知识上有了明显提高，这些进步是与全局新老同志们对我极大支持和帮助的结果是分不开的，从老同志身上我学到了吃苦耐劳的敬业精神，从充满活力的新同志身上也为我增添了积极努力、奋发向上、勤奋工作的信心和力量。在新的一年里，我将更加努力工作，发扬优点，改正不足。

×××

二〇一〇年×月×日

【例文剖析】

这篇总结围绕办公室工作这条主线，从各个角度全面列举了做法、经验、体会、成绩、今后努力的方向等内容，内容丰富但杂而不乱，条理清晰，结构严谨。

自主学习

1. 总结的含义是什么？总结有哪些特点？
2. 总结如何分类？总结的哪些类型是你最常用的？
3. 总结的写作要领有哪些？你是如何体会的？
4. 总结有哪些写作要求？你对此有什么感性认识？

第四节　调查报告

一、调查报告概述

（一）调查报告的含义

调查报告是人们针对某一现象、某一事件或某一问题进行深入细致的调查，在调查研究的基础上撰写出的，能反映客观事实的书面报告。它要求将调查研究的结果，客观真实、及时迅速地反映出来。它对领导机关了解情况、总结经验、制定或执行某项方针政策有重要的意义。

调查报告有两个要点：调查、报告。这两个要点反映了调查报告的写作流程，先调查，后报告，也反映了调查报告的内容构成。

调查报告又称"考察报告"、"调研报告"、"××调查"等。

（二）调查报告的特点

1. 针对性强

调查报告都是针对人们普遍关心的事情或亟待解决的问题而写的。它可能是当前工作中值得推广的典型经验，可能是亟须扶持的新生事物，可能是需要大家引以为戒的失误或事故，也可能是人们较为关注的某个事件。调查报告在选题上必须强调针对性，只有这样，才能发挥其提供决策依据、推广典型经验、揭露社会问题、扶植新生事物等作用。

2. 用事实说话

调查报告是根据调查研究的结果写出来的反映客观情况的书面报告。无论是介绍经验或新生事物，还是揭露问题和事情真相，都是通过深入、细致的调查，用获得的真实、准确的事实来说话的。事实是调查报告赖以生存的支柱，是调查报告的力量所在。为了确保调查报告的真实性，写作时要对材料一一核实，必须是确有其人、确有其事，不夸大缩小、不歪曲捏造，否则便失去了调查报告存在之价值。

3. 揭示事物的规律

调查报告固然以事实为主体，但不能只停留在情况和事实的介绍上，还应当对事实进行分析、概括、总结，揭示事物的本质，阐明事物的规律，得出正确的结论。一份调查报告能否反映事物发展的必然规律，是衡量其好坏优劣的基本标准。因此，调查报告除了有叙述，还要有画龙点睛式的议论，夹叙夹议，翔实而深刻。

（三）调查报告的分类

按不同的分类标准，可以将调查报告分为不同的种类。

（1）按调查的范围、内容，可分为综合调查报告和专题调查报告两类。

（2）按作用，可分为基本情况的调查报告、典型经验的调查报告、新生事物的调查报告、揭露问题的调查报告和澄清事实真相的调查报告五类。

二、调查报告的写作要领

一篇完整的调查报告一般由标题、前言、主体和结尾四个部分组成。

（一）标题

调查报告的标题没有固定的形式，常用的有以下几种：

1. 公文式标题

这类标题往往体现出调查报告的基本内容。它由调查对象＋事由＋文种组成，如

《"中关村电子一条街"调查报告》、《关于普通高等院校艺术教育现状的调查报告》等。公文式标题一般用于内部交流的调查报告，特别是作为行政公文的附件下发的调查报告一般都用公文式标题。

2. 文章式标题

这类标题直接点明调查研究课题和议论的中心。它又分为问题式标题和内容式标题两种。问题式标题针对调查的关键点，在标题中提出问题，以引起读者的注意，如《食品添加剂到底有多大的危害》；内容式标题在标题中标明调查的中心内容，如《重视农村教育　增加经费投入》。

3. 双标题

这类标题由正题+副题组成，正题点明调查报告的主旨或揭示调查者对这个问题的看法，副题由调查对象+文种组成，如《保护未成年人要从规范成年人入手——关于中小学生出入电子游戏厅的调查》。

（二）前言

前言就是调查报告的开头部分，根据写作内容和写作重点的需要，可以有以下几种常用的开头方法。

1. 说明式

即前言重点说明调查的方法，以显示调查成果的权威性、科学性，使读者信服调查报告的内容。如《首都大学生思想政治状况调查报告》的前言就属于此种开头：

去年3月，根据国家教委统一部署，中共北京市委教育工委组织北京大学、清华大学、中国人民大学、北京航空航天大学、北京科技大学、北京理工大学、中国农业大学、北京医科大学、北京工业大学、首都师范大学等10所高校，对在校学生的思想政治状况进行了调查。这次调查采取问卷和座谈、访谈相结合的方式进行，共发出问卷3400份，回收3189份，回收率为93.8%。其中本科生2689人，研究生470人，党员490人。400多名大学生参加了座谈和访谈。

2. 介绍式

即前言重点介绍调查对象的基本情况，为读者了解调查报告的主体内容打下基础。如《上海市区国营饮食业实行经营责任制的调查》的前言就属于此种开头：

上海市南市区地处上海旧城，居民密集，共有68万。区内有名胜古迹老城隍庙和豫园，五个黄浦江的渡口，以及全市全国最大的十六铺码头，往来的旅客比较多，人口流量每天达80多万人次。该区饮食业既有饭菜户，又有点心户，还有两者兼营户，经营品种比较齐全，饮食店的规模大、中、小均有，内中还有不少驰名中外的特色饭店和点心店。经营状况好差并存。该区饮食业状况在上海市具有一定的代表性。

3. 概括式

即在前言中重点概括调查报告的主题，包括主要经验、主张或结论。如《从源头上预防腐败的重要途径——山西省运城市廉政警示教育基地建设的调查》的前言就属于此种开头：

深入开展反腐败斗争，需要更加注重预防，拓展从源头上防治腐败工作领域。加强反腐倡廉教育，是筑牢思想道德防线、从源头上防治腐败的重要途径。去年10月以来，山西省运城市委、市纪委在全市创建了一批与形势发展相适应、与实际需要相吻合的廉政警示基地，在加强反腐倡廉建设中发挥了重要作用。

4. 设问式

即在前言中抓住问题的关键，提出问题，引发读者思考，让读者循着作者思路明了问题的实质。如《农村发展社会主义市场经济的成功之路——贸工农一体化、产加销一条龙经营的调查》的前言就属于此种开头：

近些年，随着农村改革的深化和商品经济的发展，贸工农一体化、产加销一条龙的经营方式正在我国农村迅速突起。它一出现，就显示出旺盛的生命力和巨大的优越性，为农村经济的发展注入新的活力。这种经营方式对我国农业向商品化、现代化转化有哪些作用？应采取什么方针、政策扶持其发展？我们就这些问题进行了调查，并同十个县（市）的有关同志进行了座谈，形成了一些共识。

当然，调查报告的前言还可以有其他写法，但总的要求是简明扼要，避免与主体部分重复。

（三）主体

调查报告的主体部分是调查报告的内容展开部分，是调查报告的主干和核心，是前言的引申和发展，是结语的依据。这部分要以大量的事实、数据反映被调查对象的真实情况，并通过作者的视野，对调查对象作出要言不烦的分析和评价。主体部分有以下几种常用的写法。

1. 以观点串联材料

调查报告用事实说话，但是，调查报告不是简单的调查记录，作者的观点和认识要从材料中提炼出来。因此，写作时，应对调查获得的材料进行整理和分析，并从材料中梳理出观点，用观点串联材料，用小标题标出观点，将调查报告自然分割成几个部分，每一部分再用具体的材料说明。这种写法，理论性较强，材料和观点能有机结合，容易写出深度。咨议型、指导型调查报告常常用这种写法。如《公立医院如何坚持公益性？——郑州人民医院调查》一文就是以观点为顺序串联全文的。该篇调查报告围绕这样三个观点来串联全文：一是降低费用，医患双赢；二是患者利益，高于一切；三是阳光院务，降低成本。全文观点鲜明、层次清晰，让人看了一目了然。

2. 以材料的性质归类分层

有些材料提炼观点比较困难，作者要清晰地表达内容，可以按调查的材料性质进行归类，再用序数符号或分小标题分成几点叙述，也可以不用序数符号，直接分层叙述。如《毕业前大学生在想什么？》这篇调查报告就采用分层叙述的方式展开。作者从大学生面临的毕业心态、求职过程中起主导作用的因素、大学生对工作本身的看法等几个方面进行阐述。

3. 以调查的过程为顺序

这是一种以调查者调查的自然线索为顺序组织材料的结构方式。有的调查，特别是围绕一个中心事件进行的调查，要将材料梳理成一个个观点或按材料性质进行归类，可能会比较困难。而按照调查的顺序进行写作，则能让读者循着调查者的视线，观察生活，对事件作出正确的判断。这种写法现场感强，容易组织材料，写起来相对容易。但要重视对材料的剪裁，详略要得当。如《深圳炒房调查》一文，作者围绕深圳炒房行为中的种种现象和问题，一一展开调查和揭露，文章线索大致是：开发商内部认购，房源高价卖出；购房者痛斥"茶水费"离谱；正常登记买不到房，交"茶水费"应有尽有；公司员工代卖家索要"茶水费"；房产证标价比实际房价缩水一半。读后让人深思，并对那些"恶意欺骗和私自炒房的恶劣行为"深恶痛绝。

调查报告的结构有三种形式，即纵式结构、横式结构和纵横交叉式结构，以纵横交叉式结构更为人们所普遍采用。

调查报告按内容表达的层次可以组成以下几种结构："情况—成果—问题—建议"式结构，多用于反映基本情况的调查报告；"成果—具体做法—经验"式结构，多用于介绍经验的调查报告；"问题—原因—意见或建议"式结构，多用于揭露问题的调查报告；"事件过程—事件性质结论—处理意见"式结构，多用于揭示事件是非的调查报告。

（四）结尾

结尾是调查报告分析问题、得出结论、解决问题的必然结果，是调查报告主旨的自然升华和内容的总结。不同的调查报告，结尾的写法各不相同，主要有以下几种：

（1）对调查报告作归纳说明，总结主要观点，深化主题，以提高人们的认识。

（2）对事物发展作出展望，提出努力的方向，启发人们进一步去探索。

（3）提出建议，供领导参考。

（4）写出尚存的问题或不足，说明有待今后研究解决。

（5）补充交代正文中没有涉及而又值得重视的情况或问题。

总之，结尾要简洁有力，有话则长，无话则短。没有必要，也可以不写。

三、调查报告的写作要求

（一）大量占有材料、分析材料

客观事物的本质、真相不是那么明白无误地显露出来的，常常被许多假象所掩盖。要对事物的本质和真相有清楚的了解，就必须深入实际，认真调查。在调查中要大量占有材料，既要占有现实的材料，又要占有历史的材料；既要占有正面材料，又要占有反面材料；既要占有反映事物全过程的材料，又要占有纵向横向的对比材料；既要有群众反映的材料，又要有数字统计材料等。

占有大量的材料不是目的，还要对这些材料进行整理、分析，去粗取精，去伪存真，由此及彼，由表及里，作出科学的概括总结，分清现象与本质、成绩与缺点，找出带有规律性的、具有普遍指导意义的思想和理论。

（二）用事实说话

调查报告最基本的要求是用事实说话，即对事实予以客观描述并加以剖析。事实是最有说服力的。当然，用事实说话不是简单罗列许多事实，而是经过筛选，用最能反映事物本质的具有代表性的、说服力的典型事实去说话。只有这样，才能说出令人信服的道理，说出经得起时间考验的道理。

（三）正确使用合适的表达方式

调查报告一般使用第三人称和被动语态，用"调查表明"、"调查结果显示"、"事实使我们不能不认为"等用语，一般不能用"我们认为"这样的口气，因为这样的口气使人感到作者不是根据事实说话，而是他的主观认识和意图；也不能用"也许"、"可能"等模糊性语言，使读者对调查的结论产生怀疑，从而降低了结论的可信度。

调查报告还应讲究语音和谐，形式整齐，句与句之间要连贯，不宜过分藻饰。

四、例文评析

宝鸡市农村妇女健康状况的调查与思考

妇女的健康问题不仅是个人问题而且是社会问题，妇女健康状况关系着下一代的茁壮成长和全面发展，关系着每一个家庭的幸福和谐，关系到经济发展和社会稳定。今年"两会"上，温家宝总理在政府工作报告中提出"在农村妇女中开展妇科疾病定期检查"，全国妇联、省妇联要求各级妇联关注"妇女健康"。那么宝鸡市妇女健康状况如何，存在哪些问题？前不久，宝鸡市妇联集中4天时间，深入陈仓、岐山、扶风、麟游、太白5个县区的11个乡镇的11个五星村，采取听汇报、座谈、查资料、入户走访等方式，对农村妇女健康状况进行了调查。

一、基本情况

5个县区分别对11个项目村及周边村妇女进行了B超、宫颈涂片、乳腺红外线扫描等妇科检查。接受检查的妇女共有8427名，年龄最小的21岁，最大的80岁；身体健康的妇女4954人，占检查妇女总数的58.8%；患病妇女3473人，患病率41.2%。其中，患乳腺疾病的妇女1559人，占检查妇女总数的18.5%；患宫颈疾病的妇女1977人，占检查妇女总数的23.4%；患阴道炎、盆腔炎、子宫肌瘤等妇科疾病的妇女732人，占总数的8.6%；患两种以上疾病的妇女1573人，占总数的18.6%。从调查情况看，农村妇女妇科常见病患病率居高不下，其中，宫颈疾病和乳腺疾病是农村妇女健康的主要杀手，对农村妇女健康和生命构成严重威胁，分别位居第一、二位。因此，对农村妇女进行妇科疾病检查势在必行。

二、存在问题及原因分析

1. 农村妇女自我保健意识淡漠。从调查情况看，有些农村妇女保健意识淡漠，不注意自己的身体健康，只要感觉不病不痛就不愿上医院，特别是对妇科病检查很不在意；有些农村妇女对自身表现出来的症状，不予理睬，认为无关紧要，没必要小题大做。

2. 农村妇女保健知识缺乏。近年来，尽管一些医疗机构通过电视、网络等媒体对卫生保健知识做了不少宣传，但一些宣传内容不实事求是、夸大其词，让卫生保健知识贫乏的农村妇女真伪难辨。农村妇女获取科学卫生保健知识的渠道不多，加之，存在羞涩等思想，许多妇女不敢或不好意思公开学习和了解妇科方面的知识，导致这方面知识贫乏。检查中发现很多带环妇女连续一二十年没有更换避孕环，特别是不少60多岁的妇女仍然带着环。由于缺乏必要的卫生保健知识，农村妇女卫生习惯较差，有待于良好卫生习惯的养成。

3. 家庭经济状况差。因经济条件限制、意识落后等原因，相当一部分农村妇女几年、十几年甚至几十年不去体检一次，也不愿寻医问药，不去咨询请教，自己默默承受着病痛，致使小病酿成大病。近几年，尽管政府全面推广新型农村合作医疗等政策，解决老百姓看不起病、看病难的问题，但这些政策仅限于需住院治疗的大病，对一般的妇科疾病仍不适用。

4. 农村妇女观念守旧。观念守旧是农村妇女妇科疾病居高不下的一个主观因素。一方面，相当一部分农村妇女认为丈夫和孩子是家庭的顶梁柱和希望，为他们花钱理所当然，却舍不得为自己花钱，身体不舒服，忍一忍就行了，没必要去看医生。另一方面，部分农村妇女认为去医院看妇科病，很难为情；有的还认为是个人隐私，不愿让别人知道。

三、意见和建议

妇女健康状况直接反映全民族的健康素质和社会文明进步程度。改善农村妇女的健康状况，提高她们的健康水平是一项长期而艰巨的任务。为此，提出如下建议：

1. 政府要建立有效的农村妇女妇科常见病普查制度。妇女健康直接关系到下一代的健康，提高一个地区妇女群体的健康水平直接关系到提高该地区人口质量和农村劳动力的保证。提高妇女健康水平是一项系统的社会工程，各级政府要建立健全农村妇女妇科常见病普查领导机制和工作机制，出台相关政策，真正做到政府主导，卫生、计生、妇联等部门协调配合，共同推动。要把农村妇女妇科常见病检查作为妇女保健的重点工作，以县为单位开展普查，建立妇女常见病数据库，将危害农村妇女健康最为严重的疾病纳入公共卫生管理领域，进行防治和监测，并以政策规定固定下来，以制度化开展对农村妇女的普查，使更多农村妇女享受国家卫生服务。建议依托农村基本公共服务和新型农村合作医疗，促进农村妇女开展妇科病查治，积极解决农村贫困妇女妇科疾病的治疗问题，让妇女受益，让家庭受益，让社会受益。同时，要把农村妇女妇科疾病普查纳入各级政府年度目标考核内容之一，进行考核。

2. 卫生保健部门要强化措施，抓好落实。各级卫生保健部门应把农村妇女妇科常见病检查列入重要议事日程，指定具有二级以上资质的妇幼保健院或综合医院，制定规划，每两年对农村妇女进行一次妇科常见病检查，建立农村妇女健康档案，并形成分析报告，提供必要的治疗，"查"与"治"结合起来，做到"早查、早治；查得出，治得好"，使普查结果尽快转化为防治对策，使妇女妇科常见病、多发病得到及时治疗，降低妇女患病率、宫颈癌发病率和乳腺癌发病率。

3. 要加大宣传力度，努力形成关爱妇女健康的良好氛围。宣传、卫生、计生等有关部门要充分利用新闻媒体全方位、多角度地宣传妇科常见病普查的目的、意义、内容，宣传妇科疾病的危害，宣传相关的政策。通过媒体开设专栏、播放公益广告、开通"妇女保健热线"和举办保健知识讲座、开展妇女保健知识宣传咨询等多种形式，传播妇女健康的卫生知识和保健常识，为促进妇女健康营造浓厚的社会氛围。

4. 妇联组织要发挥群团优势，教育引导农村妇女，特别是落后地区妇女转变思想观念，高度重视自身妇科方面的疾病，主动接受医疗卫生部门的检查和治疗。要通过办黑板报、专题讲座、培训、印发妇女保健手册等多种形式，普及宣传新的健康理念、健康知识，使广大妇女充分认识到自愿进行妇科常见病检查既是对自己负责，也是对他人的尊重，更是对子孙后代负责，并积极参与妇女妇科常见病检查活动。

5. 家庭要给予妇女关爱。调查中了解到农村妇女迫切需要的不仅是健康普查、检查以及有关妇科常见病的预防和治疗知识，还需要家人，特别是丈夫的支持、关爱。因此，丈夫和妻子共同参加妇女保健知识的学习培训，了解一定的妇科常见病知识，在日常生活中给予妇女精神上的关怀和行动上的支持，有效地预防和减少妇女疾病的发生。

——中国妇女网，2009 - 06 - 22

【例文剖析】

这篇调查报告在内容的表达上，采取"情况—问题及原因—意见和建议"的结构形式，反映了宝鸡市农村妇女健康状况的基本情况。前言采用"说明式"，交代了此次调查的重要性、必要性和调查的范围、方式；主体部分以材料的性质归类分层，内容翔实，材料充分，观点明确。整篇调查报告条理清晰，结构完整，真实可信，有较强的说服力，能引起有关部门的重视。

自主学习

1. 调查报告的含义是什么？调查报告有哪些特点？
2. 调查报告如何分类？调查报告的哪些类型是你最常用的？
3. 调查报告的写作要领有哪些？你是如何体会的？
4. 调查报告有哪些写作要求？你对此有什么感性认识？

第五节　简报

一、简报概述

（一）简报的含义

简报，是党政机关、企事业单位、人民团体用于汇报工作、反映和通报情况、交流信息、指导工作的一种事务性文书。

简报最初仅是指向上级领导反映情况、报告工作的简要文件，后来由于社会实践发展的需要，简报的使用范围才逐步扩大，内容也日趋多样。当今社会是信息社会，简报已成为各机关、团体和企事业单位上下左右之间传递信息的重要手段。它简便灵活，可以定期也可以不定期，人们又称它为"内部报刊"，属于内部刊物。

（二）简报的特点

1. 快速性

无论何种简报，都要讲究时效。编发快是简报的突出特征。它要求发现问题快、写得快、编得快、印得快、发得快，以便让有关方面及时迅速地了解情况，总结经验，制定出相应的对策。只有加快信息传播速度，才能及时地解决新问题。

2. 新颖性

新是简报写作的价值所在。撰写简报的目的是为了让有关部门及时了解新情况、新经验、新动态，以便把握全局、制定对策、指导工作。如果简报的内容没有新颖性，也就失去了编发简报的意义和作用。因此，简报的撰写者应该有敏锐的目光，能发现新问题，选择新的报道角度，以保证简报的新颖性。如会议简报，会议期间出现的新情况、新观点应当是简报报道的重点。

3. 简短性

简报内容要新，编发速度要快，因而简报应简明扼要。简报要追求用少量的文字概括出事实的精髓及意义，简短却不疏漏，反映主要问题，不必面面俱到，力求使读者在短时间内能迅速及时地了解和掌握更多的情况。

4. 保密性

简报是在相关部门单位间进行报送和传播的，有些内容不宜对外披露，有不同程度的保密性。有的简报发送范围小，具有高度的保密性；有的简报会专门标注"内部参考"字样；有的简报虽然不需要保密，也要注意保存，不能乱放乱丢。

（三）简报的分类

按不同的分类标准，可以将简报分为不同的种类。

1. 工作简报

这是最常见的一种简报，是反映本地区、本系统、本部门日常工作情况的经常性简报。内容包括对党和国家方针政策的贯彻执行情况、上级布置的工作任务的完成情况、工作中的经验教训、本单位本部门发生的事件和开展的活动的情况等。这种简报是定期或不定期的内部刊物，有固定的简报名称，如《督学简报》、《公安简报》、《后勤简报》等。

2. 专题简报

这是为某项工作编发的临时性简报，此项工作完成后即停发，如反映人口普查、农业普查、财务大检查等专项工作情况的简报。

3. 动态简报

动态简报有两种。一种是反映社会动态的简报，如有些新闻单位编发的"内部参考"、"情况反映"等。这种简报保密性强，供较高层机关领导人查阅。另一种是反映本系统、本部门动态，如"文艺动态"、"理论动态"等。

4. 会议简报

会议简报是一些大型会议秘书处所编发的反映会议情况的简报，内容包括会议概况、进程、会议讲话、与会者重要发言等。它能使上级机关和与会者了解会议的全面情况。会议简报有时在会议的每个阶段编发一期，有时天天编发，供与会者互通情报、交流经验。

二、简报的写作要领

简报主要由报头、报身、报尾三部分组成。

（一）报头

简报有固定的报头，这一点近似于行政公文。报头在简报首页上方，占首页的三分之一篇幅，用分割线将报头与报身分开。报头由以下四个必备要素组成：

1. 简报名称

简报名称一般居中，用大红字体套红印刷。

2. 期数

期数一般印于简报名称正下方，标明"××期"，还可以用括号标明总期数。

3. 编印机关

编印机关一般为制发简报单位的办公室部门或中心工作领导小组及会议的秘书处（组），要求用全称或规范化简称印于分割线左上方。

4. 编印日期

编印日期印于分割线右上方，要求年、月、日齐全。

除了以上四个要素，视简报内容、保密要求，还可以增加简报编号、密级（或使用范围和要求）等要素。

有的简报在报头和标题之间加上编者按，用来表明编写者的意图和观点。通常在按语前加"编者按"、"按"等字样。常见的按语写法有两种：一是提示性按语，把简报的中心内容提示出来，便于读者迅速把握文章精神；二是评价性按语，表明编写者对简报所报道事实的看法，引导读者掌握政策界限。

（二）报身

报身由标题、目录、正文三部分组成。

1. 标题

简报的标题一般要简明扼要地概括正文部分陈述的核心内容，尽量准确、简明、醒目。可以是单行标题，即用一句话概括简报的内容，如《××市××厂实行厂长负责制初见成效》，这个标题概括准确，引人注意；也可以是多行标题，含有正题、副题等，如《领导干部必须"五官端正"——嘴不馋，腿不懒，耳不偏，心不散，手不长》。

2. 目录

简报文稿通常是一期一篇，根据需要也可以是一期为一组性质接近的文章。如是一组文章，则须在报头下设计"目录"一栏，将各篇文章标题先印于此，然后依次刊出每篇文章。

3. 正文

简报的正文写法较为灵活，一般由开头、主体、结语组成。

简报的开头要开门见山，用概括性的文字介绍简报的主要事实和基本内容，与消息中的导语相类似。简报的开头常见的有以下几种写法："要素式"、"要点式"、"成绩式"、"议论式"。如《国资研究工作简报》（总第 321 期）的开头就是属于"要点式"的开头：

在 2009 年 2 月 10 日举行的"第十三届中国资本市场论坛"上，专家、官员们纷纷表示，随着四万亿经济刺激方案陆续付诸实施，政府也可以考虑采取更多措施稳定资本市场，在拉动实体经济的同时，确保虚拟经济的同步发展。

简报的主体一般要紧扣开头，对开头叙述的事实和提出的问题进行阐述或展开。正文的结构一般有这样几种编写顺序：第一种是按事情发生、发展的顺序来叙述，有头有尾，脉络清晰，适合报道一个完整的事件过程；第二种是按事理分类来写，即将材料归纳成几种情况、几个问题；第三种是根据编发意图，选用有关素材片段直接编排起来，每条信息单独成段，也可加小标题，构成 个信息组合。

简报的结语，是简报的结束语，一般是指出事实的意义，或者揭示事件发展的趋势，起到画龙点睛的作用。但并不是每篇简报都要有结语，有些简报主体部分写完后，就自然收结了，不需要再写结语。

（三）报尾

报尾在简报末页下三分之一处用分割线将之与报身分开，分割线下与之平行的另一横线间内标明本期简报的"报、送、发"单位名称。右侧注明本期印数。

附：简报格式图

秘密	编号：001
××简报	
第×期（总第××期）	
×××编	20××年×月×日
目录	
××××××××× …………………………………………… (1)	
××××××××××× …………………………………………… (2)	
×××××××××（标题）	
编者按 ×××××××××××××××××××××××××××××××××。	
正文 ×××。	

```
  报：×××××××××××××××××××××××××××××
×××××××××。
  送：××××、××××、××××。
  发：××××、××××、××××。
                                        共印××份
```

三、简报的编写要求

（一）精心选材

简报的编写要立足全局，选择新鲜的、对读者有启发意义的情况和内容加以报道。不能有事就报，要注意从党的中心工作和单位的阶段工作的需要出发，在众多的事件中选取那些最有指导意义或必须引起重视的经验、情况和问题，予以全面的、实事求是的报道。那种拣起芝麻丢掉西瓜，或者只看表象忽视本质的做法是必须要避免的。

（二）简明扼要

简报的一个"简"字，代表了简报的基本特征。简报要简明扼要，绝不能长篇大论，否则就成了"通报"或"报告"了。一般来说，一份简报以千字为宜，最多不要超过两千字。简报的编写首先要注意选材精当，抓住关键，不求面面俱到；其次，要求文字简洁，对事物作概括的反映。不拖泥带水，不说空话套话，不写意思相重的句子。

（三）快写快发

简报具有新闻的特点，有点像新闻中的"消息"，因此，简报不求全、不求广，而求快，才能真正发挥简报对工作的指导作用，才能及时汇报工作、交流信息，为上级提供制定政策、决定问题的依据。对于工作中、会议中出现的新动向、新经验、新问题，编写者要及时地予以捕捉，并用最快的速度予以报道。否则简报就会降低其指导意义，甚至完全失去其应有的作用。

四、例文评析

计划生育宣传月活动简报

按：县计生委努力转变工作作风，坚持从实际情况出发，对今年四月份计生宣传月的工作检查不搞兴师动众，不从乡镇和部门抽调人员，全部依靠本单位的干部组织检查。这样既减少了对乡镇和部门工作的牵扯，又全面检查和掌握了全县计生工作情况，受到基层和群众欢迎。希望全县各级部门认真借鉴此一经验，进一步加强党风廉政建设，改进工作作风，提高工作效率，以实际行动推动全县两个文明建设的发展。县计生委改进检查方法转变工作作风成效明显。

今年3月下旬至4月下旬，我县集中领导、集中力量、集中时间开展了《四川省计划生育条例》和《中国计划生育发展纲要》宣传活动。县计生委于5月2日至28日，对各乡镇的活动情况进行了全面检查验收。他们切实转变作风，积极改进方法，由本单位干部组成一个检查组统一思想、统一标准开展检查活动，取得了较好的效果。其基本做法是：

一、统一思想，提高认识

计划生育工作政策性强、涉及面广，每年都要进行几次阶段性工作检查。针对今年检查时间在"双抢"期间的新情况，县计生委党组专门召开会议，在认真总结过去工作检查经验的基础上，积极改进检查方法，改过去从乡镇和各相关部门抽人组成检查组为组织县计生委机关干部集中检查。在干部职工会上，明确了这次检查的目的、方法和基本要求，统一了计生委从领导到一般干部对这次检查的思想。

二、统一确定检查对象，集中时间开展检查

整个检查时间集中在五月份进行，实行抽查的方法，对各乡镇随机抽取一个村作为检查对象，并保密封存村名，检查组到达乡镇时再启封公布检查的村，然后分组直接进村入户开展检查。

三、统一检查验收标准

为了杜绝检查中的人为主观因素、减少乡镇对检查结果产生异议，挤干工作中的水分，他们在检查中，严格按照政府办公室广府办〔1995〕2号文件《关于对贯彻〈四川省计划生育条例〉集中宣传活动进行考核奖惩的通知》规定，统一检查评分标准，坚持"一把尺子量到底"，直接考核到检查的村社。同时，在检查前，组织检查人员认真学习了2号文件和有关的政策规定及业务知识，提高了检查人员的政策水平和业务技能，为公正考核检查奠定了基础。

四、统一口径汇总检查结果

进村分组到户开展检查后，以村为单位，统一口径将各村的情况汇总。然后向乡领导汇报检查情况，交换意见。如乡镇对被查村社的检查结果提出异议，则当场重新核实汇总，对问题比较突出的乡镇，检查人员与乡镇领导、计生办一起，共同分析原因，找出差距，研究补救措施。

五、统一费用开支渠道

过去的计划生育工作检查，由乡镇或计生办接待检查组。超标准、超规格接待现象时有发生。为从根本上改变这种状况，这次检查不由乡镇接待安排，不接受乡镇的生活宴请，而由县计生委仿照有关规定，本着节俭原则，从紧安排，统一支付费用。有乡镇准备按惯例安排宴请，被检查组婉言谢绝。初步统计 13 人的检查组，在长达一个月的专项检查中，开支费用不到过去同类检查费用的十分之一。

六、切实做到"四个坚持"

一是坚持客观、公正地考核各乡镇的集中活动开展情况，进村入户如实登记、汇总，最后按标准计分；二是坚持不兴师动众，只要乡镇在工作上的配合，不要在生活上的陪同，减轻了乡镇领导的精力负担；三是坚持固定检查人员，从计生委机关抽出的 13 名干部自始至终参加检查，保证了按时完成任务；四是坚持执行严格的组织纪律，检查人员必须遵守计生委党组规定的各项纪律制度，如有违反，从严处理。

这次检查，全面、真实地了解了我县人口生育现状，掌握了各乡镇开展集中宣传活动的情况。据统计，检查结果数字比乡镇报表更接近实际。如对育龄妇女进行普查，原乡镇报表统计普查率为 93.75%，而检查结果普查率仅为 80.42%，减少了 13.32 个百分点；落实安扎措施率，报表统计为 95.21%，检查统计为 72.12%，减少了 23.09 个百分点。

【例文剖析】

这是一篇有"编者按"的工作情况简报，在"编者按"中作者表明了工作态度、主张。简报的正文从六个方面介绍了本次计划生育宣传月活动的做法、体会及取得的成绩。该简报体式规范，层次清晰。简报反映的内容对面上工作能起到及时有效的指导作用。

自主学习

1. 简报的含义是什么？简报有哪些特点？
2. 简报如何分类？简报的哪种类型是你最常接触的？

3. 简报的写作要领有哪些？你是如何体会的？

4. 简报有哪些写作要求？你对此有什么感性认识？

第六节 述职报告

一、述职报告概述

（一）述职报告的含义

述职报告是党政机关、人民团体、企事业单位的干部和专业技术人员，就自己任职期间的岗位职责履行情况和德能素质进行自我总结和评估，并向上级领导和群众陈述、汇报的一种事务性文书。

（二）述职报告的特点

述职报告和个人总结有相同之处，它们都是个人对已经完成的实践活动进行回顾、反思和总结而形成的书面材料，是个人对自身工作进行的自我评估。因此，两种文体都用第一人称，都采用自述的方式。

但两者也有不同之处。个人总结一般比较全面，既要总结取得了哪些成绩，又要总结存在的问题，还要写明今后的努力方向和打算。而述职报告的内容一般是根据某一职位或职称的履职标准，着眼于汇报个人是否胜任某职、履行职责的能力如何。与职责无关的工作，做得再出色，也应略去不写。

相对于个人总结，述职报告有以下特点：

1. 自述性

述职报告采用自述形式，使用第一人称，本着对个人、对组织负责的态度，面对领导和群众，作恰当的自我评价。这就要求在写作上更多地采用叙述和说明的表达方式。要求据实议事，运用画龙点睛式的议论，提出主题，写明层次。讲究摆事实，讲道理；事实是主要的，议论是必要的。

2. 严肃性

述职者依照岗位规范和职责目标，对自己任期内的德、能、勤、绩等方面的情况作自我评估、自我鉴定、自我定性，必须严肃认真、实事求是，评价中肯，既对本人负责，也对组织、群众负责。切忌泛泛空谈，应简明扼要，观点明确，语言朴实无华。

3. 平易性

述职者要明白自己述职时的"身份"，是以被考核和接受评议、监督的人民公仆的身份在述职。因此撰写述职报告，语言必须得体，要有礼貌、谦逊、诚恳、朴实，掌握好分寸，切莫傲慢，盛气凌人，不要夸夸其谈。对于述职报告中出现的专业性、学术性很强的内容，也尽可能写得通俗易懂，明晰准确。语言尽量口语化，不能深奥晦涩，令人难以琢磨。

（三）述职报告的分类

（1）根据内容，可分为综合性述职报告和专题性述职报告。

（2）根据表达形式，可分为口头述职报告和书面述职报告。

（3）根据述职的时间和范围，可分为年度述职报告、任职述职报告和阶段述职报告。

二、述职报告的写作要领

述职报告一般由标题、称谓、正文、落款四个部分组成。

（一）标题

述职报告的标题常用的有三种形式。

（1）文种式，直接写"述职报告"。

（2）公文式，包括述职者、时间、内容、文种，如《×××2010—2011 年任局长职务的述职报告》。

（3）复合式，采用正副标题，正标题是对述职报告内容的概括，副标题写述职者及职务、时间，如《努力抓好"菜篮子"和"米袋子"——苏州市副市长×××2011 年度述职报告》。

（二）称谓

称谓是述职者对听其述职的人的称呼。称谓根据述职场合和听众对象而定。称谓安排在标题之下正文的开头顶格书写，有时根据需要在正文中间也适当穿插使用。如温家宝总理在 2009 年 3 月 5 日作《政府工作报告》的称谓是："各位代表"；再如《××大学校长在教职工代表大会上述职报告》的称谓是："尊敬的各位领导、来宾，全体教职工代表，同志们"。

（三）正文

述职报告的正文由前言、主体和结尾组成。

1. 前言

前言部分一般概说基本情况，为主体部分作必要的交代和铺垫。主要介绍述职者的职务、职责，岗位责任、目标，任职情况。好的前言应简明扼要，能起到引发阅读兴趣的作用。

2. 主体

主体部分主要围绕述职者所负责任和分管工作进行陈述，陈述内容包括思想素质、业务实绩和存在的问题等情况。通常有两种写法：一种是纵式结构，一种是横式结构。述职者可根据需要选择。一般年度述职、阶段性述职，可采用纵式结构，按时间顺序分几个阶段陈述；也可以把某项工作或任务按进程分阶段述说，然后得出综合结论。至于任期内的述职，或分管多项工作的述职者，由于任职时间长、职责范围较宽，宜采用横式结构，把自己职责范围内的工作分成几个方面来陈述。但不管采用什么方式陈述，都要抓住重点，应能体现述职者的职责与德、能、勤、绩，用实绩证明自己履行岗位职责的好坏，绝不能评功摆好。

3. 结尾

结尾一般表明态度，与开头相呼应，总结全文。也可用"以上述职，请予审查"、"述职完毕，请批评指正"等语句作结。

（四）落款

落款要写明述职者的姓名、单位名称及述职日期。

三、述职报告的写作要求

（一）充分占有材料，突出写作重点

述职报告要用真实具体的材料反映工作实绩，因而作者必须占有充分的有说服力的材料。写述职报告前要反复对照岗位职责要求，对自己的任职业绩进行回顾，尽量筛选出能说明问题的材料。撰写时突出重点，抓住能反映和说明问题的大事情，不能面面俱到，少说或不说自我评价的空话。

（二）实事求是，正确评价

述职报告在介绍自己履行职责的情况时，既要实事求是地写出工作业绩，又要诚恳地指出存在的问题。写成绩不过头，谈问题不肤浅。述职时一定要摆正自己所处的位置，正确评价自己的业绩和作用，切不可过分夸大自己的功绩，甚至贪他人之功为己有，要掌握好分寸。

四、例文评析

2011 年教育局副局长年终述职报告

尊敬的各位领导、同志们：

一年来，在局长的正确领导下，在班子其他成员的大力支持配合下，我以高度的责任感和饱满的工作热情，认真学习，踏实工作，与分管股室的同志们共同努力，勇敢面对教育改革和发展中存在的困难，积极抢抓机遇，围绕单位中心工作，认真履行岗位职责，较为圆满地完成了各项教学工作计划任务。现将本人一年来的工作、学习情况述职如下，不妥之处，请各位领导和同志们批评指正。

一、认真学习做好表率，加强修养提升素质

本人在工作中能认真学习并践行邓小平理论、"三个代表"重要思想和科学发展观，努力学习党的十七大精神，坚持在工作中强化业务学习，能认真参加机关每周一的政治学习，坚持写工作日记或周记，总结经验，查找不足。通过学习，组织领导协调能力和处理复杂问题的能力得到了提高和增强，以更加振奋的姿态、奋发有为的作风投入到工作中去。

虽然我到局里工作的时间不长，但深深感到教育系统工作任务艰巨，责任重大，对自己是一个严峻的考验。我在工作中始终坚持"摆正位置、履行职责、积极主动、热情周到"的工作作风，主要做到以下三点：一是摆正位置、履行职责。作为一名副职，我严格按副局长的分工，做好分内工作，凡是分管工作，严格按照局长的布置，与分管股室一起抓；凡是涉及全局的事情，及时与其他副职沟通。工作中识大体、顾大局。积极配合局长协调好各个方面的关系，在局内营造了干事创业的良好氛围，使全局上下一心一意谋发展，聚精会神干事业，形成了宽松和谐、团结奋进的工作氛围。二是严于律己、宽厚待人。在日常工作中我严格要求自己，忠厚待人，以信处世，坚持原则，秉公办事。同时，我号召和引领局机关工作人员发扬"和谐机关、服务基层、以人为本、共谋发展"的工作作风，充分调动分管股室人员的工作积极性和创造性，使他们各负其责，各司其职，心往一处想，劲往一处使，形成了巨大的合力。三是廉洁从政、树立形象。我做到有名不争、有功不居、有责不推，如在去全国教育行政学院学习、出国考察方面不争不抢，能正确对待、摆正位置。自己始终保持清醒的头脑，牢固树立思想道德和党纪国法两道防线，不断提高自身的法律意识，规范自己的行为。一生自重，事事自省，处处自警，不忘自勉。

二、勤奋敬业谋求发展，恪尽职守做好工作

作为一名直接从基层提拔上来的干部，我深知，唯有勤奋、踏实、敬业，才能赢得领导的信任和群众的信服，才能不辜负组织的重托。半年来，我始终把"敬业"作为工作目标，把"勤奋"作为内在驱动力。能按时上下班，遵守工作时间，做到早上早来半小时，遵守局里值班规定，坚持值班值宿按时到岗，多次牺牲休息时间（双休日、节假日），有时也利用早晚的时间去各学校检查值班、值宿、防汛等安全工作，做到发现问题及时督促整改。一年来我下基层×次、阅上级文件×余件、签发文件×多件；在工作中能认真总结、善于积累，在今年3月12日—25日，教育局对全县22个教育单位进行了资源整合调研期间，我能根据调研的情况及时整理，写出自己的想法，责成办公室完成了5000字的可行性调研报告，为制订教师调整方案提供了理论依据。我在调研、学习、参观、参加会议等活动中注意第一手材料的搜集和保存，现已形成工作记录×本、工作光盘×本。工作中我做到了月月有计划、周周有重点、日日有落实。

三、突出重点抓好落实，齐心协力取得成效

作为常务副局长，我分管人事、信访、安全、办公室、计生、财会及基建等工作。一年来，各股室的同志尽职尽责、努力工作，出色地完成了各自的工作任务。

1. 人事工作。教育系统的人事工作涉及全县1000多名教职工，任务纷繁复杂，政策性强，而人事股人手少，压力大。一年来，主要做了以下几项工作：

一是师资调整工作。（略）

二是职称评聘工作。（略）

三是评模选优工作。（略）

四是乡村教师补贴发放工作。（略）

五是幼儿园工资纳入统筹发放。（略）

六是"一评三考"工作。（略）

2. 信访工作。教育系统人多面广，信访量大，今年信访问题主要集中在资源整合、毕业生分配、福利待遇等方面。我和人事股的同志认真做好协调和处理工作，把矛盾控制在最小的程度。今年两起比较典型的信访案件是原××学校民办教师×××要求恢复教师资格、办理退休手续以及×××要求为儿子安置工作，我们能及时准确排查，与有关部门汇报、沟通，未出现三级上访事件。在资源整合期间，能充分利用局长信箱，及时消除教师的不满情绪，我们共收到有关资源整合的帖子230余件，集中答复16件，因领导重视，措施得力，未出现一起因资源整合到县上访的事件。

3. 安全工作。当前，由于经费紧张等原因，学校安全隐患较多，而今年又是我国安全事故频发年，上级高度重视安全工作。对此，我高度重视，做到"逢会必讲"、"逢校必讲"，警钟长鸣。今年年初，同下属学校校长签订了"安全责任书"，进一步强化了安全意识，加强了安全责任。全年共召开了全系统安全工作会议×次，举办消防、防震演练×次。同时，我加大了安全检查力度，多次下基层进行值班值宿、防汛、防火、食品安全等安全专项检查，在安全专项治理工作中，认真检查排查，发出多份"安全隐患整改通知书"，发现问题，及时整改，到目前为止，没有发生一起安全事故。

4. 办公室工作。多次召开办公室例会，对更夫、门卫做具体要求，明确分工、责任到人；及时向政府督办室、目标办上报重点工作完成情况；每月初统计、公布机关人员出勤情况，下发局机关教育月工作任务分解，把工作落实到人；做好全县中小学运动会、高考、中考、教职工趣味运动会的后勤保障工作；认真完成政务信息报送工作，今年有20余条信息被采用。

5. 计生工作。完成与计生贫困女童（×××）家庭对接工作，并送去学习用品，并对×××同学今后生活及学习安排与三中领导达成协议；召开教育系统计生工作会议；完成了全县教育系统女职工体检工作；完成全年人口与计划生育综合治理工作总结。

6. 计财和基建工作。多次召开园丁小区管理会议，深入研究园丁小区的开发事宜；主动协助局长抓好一中、二中、职教等教育基建工作；协同计财股办理了××中学土地转让手续、开展了原××中心校校舍拍卖活动；完成教育维修工程企业的招标工作，主持召开教育维修工程推进会。

四、认真查找不足，取长补短更好发展

回顾自己一年来的工作，虽然按照岗位职责完成了工作任务，但在许多方面还程度不同地存在问题和不足，突出表现在：一是主动学习、系统学习不够；二是机关行政管理和服务工作还有许多不到位的地方；三是工作中缺少开拓精神。

以上问题无论是客观因素的影响，还是主观作用的结果，都需要在今后的工作中认真加以解决。在今后工作中，本人要扬长避短，百尺竿头，更进一步，深入贯彻党的十七大精神，以科学发展观为指导，牢记党的宗旨，立党为公，执政为民，逐步提高驾驭各项工作的能力，积极完成各项工作。

以上是我的述职报告，请组织和同志们评议并提出批评意见。

××县教育局副局长×××

二〇一一年×月×日

【例文剖析】

这篇述职报告格式规范，层次清晰，重点突出，围绕述职者所履行的岗位职责，从做法上、效果上、认识上进行了陈述。既实事求是地列举工作中取得的成绩，又诚恳地指出存在的问题。写成绩不过头，谈问题不肤浅。述职时能摆正自己所处的位置，正确评价自己的业绩和作用，没有夸夸其谈、评功摆好。

自主学习

1. 述职报告的含义是什么？述职报告有哪些特点？
2. 述职报告如何分类？述职报告的哪种类型是你最常接触的？
3. 述职报告的写作要领有哪些？你是如何体会的？
4. 述职报告有哪些写作要求？你对此有什么感性认识？

第七节　领导讲话稿

一、讲话稿概述

（一）讲话稿的含义

讲话稿也称发言稿，是指在各种会议或集会上，讲话者为了表示自己的主张、见解，交流思想、进行宣传或开展工作时经常运用的一种事务性文书。讲话稿包含的种类较广，通常有讲演稿、演说稿、谈话稿、报告稿，以及各类开幕词、欢迎词、答谢词等。本节主要讲述领导讲话稿的写作知识和技巧。

领导讲话稿，是指各级领导在重要会议或集会上作带有指示或指导性讲话时所使用的文稿。

领导讲话稿提倡领导自己撰写，但一般情况下，都是由领导授意，秘书代写，最终经领导审定使用。领导讲话稿不像大会工作报告那样有着鲜明的集体意识性，它可以有领导个人的观点，体现着领导的意图和旨意。

（二）领导讲话稿的特点

不同的讲话稿具有不同的特点，领导讲话稿一般具有如下特点：

1. 权威性

领导讲话稿往往是在重要场合所作的不同于一般的演讲和发言，讲话中针对什么问题，表明什么观点，传达什么政策，提出什么要求等，都有着很强的权威性和指向性，对贯彻会议精神，实施会议决定，对今后的工作都有指导性的作用。

2. 思想性

领导讲话稿要具有一定的思想性。具体来说，就是要以正确的理论为指针，阐述所要开展的工作的意义；以充足的事实与理论作为论据来支撑自己的观点，达到说服人、打动人的目的。

3. 个性化

领导讲话稿与演讲稿及其他讲话稿有很多相通之处，在语言的通俗易懂、明白晓畅、便于听众理解与接受等方面是完全一致的。但每个领导都有自己的语言风格、表达习惯、审美视角，因此成功的讲话稿应充分考虑这些因素，要充分体现出讲话者的个性。

4. 鼓动性

领导讲话稿往往是领导在重要场合所作的指示性意见。为了取得良好的讲话效果，讲话稿应尽量使用生动活泼的语言，具有鼓动性，富有启发性和吸引力，能够调动听众的情绪，激励听众以饱满的热情投入到工作实践中去。

（三）领导讲话稿的分类

常用的领导讲话稿的种类有：会议主持讲话稿、政治会议讲话稿、工作会议讲话稿、纪念会议讲话稿、节日致辞讲话稿、会议发言讲话稿、礼仪活动讲话稿、文体活动讲话稿、慰问活动讲话稿、情况汇报讲话稿、通报情况讲话稿以及任职、述职、离职讲话稿等。

二、领导讲话稿的写作要领

领导讲话稿一般由标题、称谓、引言、正文、结尾五个部分组成。

（一）标题

领导讲话稿的标题有两种写法。

1. 单标题

由讲话人姓名、会议名称、文种组成，如《江泽民同志在中共中央纪律检查委员会第二次全体会议上的讲话》。也可以省略讲话人姓名，如《在中华人民共和国澳门特别行政区成立庆祝大会上的讲话》。

2. 双标题

由主标题和副标题组成，将主要内容或中心思想概括为一句话做主标题，再由讲话人姓名、会议名称、文种组成副标题，如《把教育工作认真抓起来——邓小平同志在全国教育工作会议上的讲话》。

（二）称谓

根据会议的性质、与会者的身份分别使用不同的称谓。如"同志们"用于党的代表会议；"各位代表"用于人民代表大会；"各位领导、各位来宾"用于欢迎仪式；"各位专家学者"用于学术会议；"女士们，先生们"用于国际性会议等。称谓放在标题之下正文开头，顶格书写。

（三）引言

讲话稿的引言有多种写法，归纳起来有以下几种：

1. 强调时间、空间，概略描述场面

庆祝大会比较多地采用这种引言。如江泽民 1999 年 12 月 20 日《在中葡澳门政权交接仪式上的讲话》的引言为：

今夜月明风清，波平如镜。中葡两国政府在这里举行庄严的澳门政权交接仪式，宣告中国政府对澳门恢复行使主权。历史将永远记住这一举世关注的重要时刻。

2. 表示慰问和祝贺

上级领导出席下属某部门或系统会议时的讲话，较多采用这种引言。如邓小平 1985 年 5 月 19 日《在全国教育工作会议上的讲话》的引言为：

今天，我来参加这个会议，主要是表示对教育工作的支持，并且向你们，向全国教育工作者表示慰问。

3. 开门见山，提出中心话题

在传达精神、布置工作的会议上的讲话，较多采用这种引言。如江泽民《关于讲政治》的引言为：

最近，中央强调一个重要精神，就是领导干部一定要讲政治。我在十四届五中全会、中央经济工作会议、中央军委扩大会议、中央政法工作会议、全国宣传部长会议以及在北京、西北、广东的考察中，都讲了这个问题。党内外普遍认为，现在强调这个问题很有必要，也很重要。今天，我想就这个问题再讲点意见。

（四）正文

作为讲话稿的核心部分，讲话稿在写作中需要注意的问题无非是主题明确、内容充实、层次清楚、表达通畅、文字准确。关于内容、文字问题无须多说，这里重点强调结构的安排。

主体部分的层次安排主要有并列和递进两种方式。

并列式结构就是将几个方面的问题相互并置地排列起来，说完一个，再说一个，各个层次之间如果相互交换位置，一般不影响意思传达。在部署工作的会议或总结性的会议上的讲话，这种写法比较常见。

递进式结构是由现象到本质、由表层到深层的层次安排方法，各层意思之间呈现逐层深入的关系。在统一思想的会议上，较多采用这种讲话方式。

讲话稿的主体，因会议不同、讲话人的身份不同、内容侧重点不同、领导之间先后讲话的次序不同，其写法也会有较大的差异。上述两种结构方式，只是就大体而言，具体操作起来还需要灵活处理。

（五）结尾

相当多的实用文体都不一定要有结尾，但讲话稿不同，它一定要有一个结尾。否则，听众会认为，××领导还没有讲完怎么就转身下台去了。

写结尾要注意两点：

首先，结尾要结在必然收束的地方。主要内容表达完毕了，主体部分结构完整了，讲话稿就应该收结了。这时如果还不收结，听众就会不耐烦。反过来，如果内容还没表达完，主体还不完整，即使有一个专门的结束语，讲话稿也不完整。

其次，可采取自然结束和专门交代两种结尾方式。自然结束不用专门的结束语，但听众都能听得出来，讲话到这里结束了。专门交代则使用模式化的结束语，如："各位领导、各位教师，富民强市，教育先行，我们有责任、有信心、有决心在市委、市政府的正确领导下，团结带领全市广大教职员工，全力推进全市教育发展新跨越！"

三、领导讲话稿的写作要求

（一）注意观点的提炼

讲话的主题思想是一篇讲话稿的"中心观点"，这个"中心观点"主要是由讲话者来定。有了中心观点，还要有与之配套的中小观点。讲话稿的观点要正确，既要符合"上情"，又要符合"下情"；观点要鲜明，讲话中所阐述的观点必须鲜明、尖锐，有感召力、战斗力；还要统一，在一篇讲话稿中先后阐述的多个观点都要统一在中心观点之下，要相互照应，形成体系，具有内在的逻辑性，发挥"整体效应"。

（二）避免雷同

讲话的场合多种多样，讲话人也各异，要避免讲话内容的雷同。写作讲话稿，要尽可能地使讲话者的讲话全面、独特，能紧紧抓住听众。为了避免雷同，可注意以下几个方面：一是根据讲话者身份及某会议、活动的主旨阐发观点，展开议论，形成"一家之言"；二是适当变换议题的角度，用独特的角度来看待问题，阐发观点，给听众耳目一新的感觉；三是选择富有新意的材料来说明问题，不同程度地满足人们审美活动和求异思维的需要，使听众开阔视野，回味无穷。

（三）注意可听性

讲话稿应考虑如何调节听众的情绪。乏味的讲话，会使听众感到疲惫，注意力也不会集中。讲话稿中添加一些围绕讲话主旨的"调味品"，可激发听众的情绪和注意力，讲话也能收到良好的效果。在讲话稿中，要选用响亮的字眼，多用平声字，尽量用比喻、俗语，使人一听就懂，一听就明白。如叶圣陶说的："就整篇文章来说，必须充分顾到'上口'和'入耳'两个条件，说起来挺顺当，听起来不含糊，才能使读者完全懂。"

四、例文评析

在首都各界庆祝澳门回归祖国大会上的讲话
江泽民
（一九九九年十二月二十日）

同志们，朋友们：

今天，庄严的五星红旗和澳门特别行政区区旗已在澳门上空升起，我国政府恢复了对澳门行使主权，中华人民共和国澳门特别行政区正式成立。这是继香港回归之后中华民族的又一盛事，是我们完成祖国统一大业的又一个重要里程碑。澳门回归祖国，是中国人民长期艰苦奋斗和奋发图强的结果，是社会主义祖国和全体中华儿女的光荣与骄傲，也是世界正义与进步事业的伟大胜利！

在这个激动人心的时刻，我们深切怀念毛泽东同志、邓小平同志等老一辈无产阶级革命家，深切怀念一切为实现民族解放、人民幸福和祖国富强而英勇献身和毕生奋斗的先烈先辈们。我们将永远铭记他们为祖国和人民建立的丰功伟绩。

澳门回归祖国，开辟了澳门历史的新纪元。澳门同胞从此真正成为这块土地上的主人。祖国现代化事业的日益昌盛必将为澳门的发展不断注入新的活力。祖国人民永远是澳门同胞奋发前进的坚强后盾。

澳门与祖国的分离和团聚，是近代以来中华民族发展的一个缩影。昔日的澳门，是在旧中国积贫积弱、备受欺凌的情况下被葡萄牙逐步占领的。今天的澳门，是在新中国昂首阔步走向繁荣富强的进程中胜利回归的。这一历史的变化，充分显示了当代中国和中国人民的强大力量。

邓小平同志提出的"一国两制"伟大构想，是我们解决香港、澳门和台湾问题，实现祖国完全统一的唯一正确方针。"一国两制"在香港的成功实践，为澳门提供了宝贵经验。中央政府将坚定不移地实行"一国两制"、"澳人治澳"、高度自治的方针，保持澳门现行的社会、经济制度不变，生活方式不变，法律基本不变。我们将坚定不移地支持澳门特别行政区行政长官和政府依法施政。我们将坚定不移地保障澳门居民充分享有基本法赋予的权利和自由。在澳门的外来投资者的利益将依法受到保护。我们相信，澳门同胞和各界人士一定能够发挥自己的聪明才智，把澳门建设得更好。

此时此刻，我想起了唐代诗人王维的著名诗句："遥知兄弟登高处，遍插茱萸少一人。"在祖国内地人民与香港同胞、澳门同胞同庆澳门回归这一民族盛事之时，我相信，台湾同胞也同我们有着一样的欢乐心情。海内外一切的爱国同胞和世界上的有识之士，都已从香港、澳门顺利回归的事实中，看到"一国两制"的科学性和正确性，看到"一国两制"是解决台湾问题的最好方式。遵循一个中国的原则，实现中国的完全统一，是包括台湾同胞在内的全中国人民的共同意愿，是历史发展的必然趋势，任何势力都无法阻挡。我们希望台湾当局不要再背逆历史潮流，不要再为两岸关系的发展设置障碍，不要再做损害台湾同胞和整个中华民族根本利益的事。中国政府和中国人民对任何分裂中国的企图都绝不会坐视不管。在"和平统一、一国两制"方针的指引下，我们有决心也完全有能力早日解决台湾问题，完成祖国统一的伟大事业。

从新中国像一轮旭日出现在东方天际的时候起，历经沧桑的祖国大地就发生了翻天覆地的变化。掌握了自己命运的中国人民在党的领导下，通过艰辛的实践，走上了建设有中国特色的社会主义的伟大道路，正在开辟中华民族全面振兴的光辉前景。

历史告诉我们：中华民族要自立于世界民族之林，必须放眼全球，与时俱进，坚持自力更生，艰苦奋斗，励精图治，不断增强中国的经济实力、国防实力和民族凝聚力。在当今世界的激烈竞争面前，不进则退。我们一定要坚持马克思列宁主义、毛泽东思想特别是邓小平理论观察世界大势和国家命运，坚持从中国的实际出发，坚定不移地走自己的路，把社会主义改革和社会主义现代化建设进行到底，不断开创中国发展繁荣的新境界。

二十一世纪的钟声即将敲响。政治多极化和经济全球化是未来世界的两大趋势，我们既面临着严峻的挑战，更面临着难得的发展机遇。挑战与机遇，都在考验着我们的智慧和力量。全国各族人民要更加紧密地团结在中国共产党周围，同心同德，开拓前进，为把我国建设成为富强民主文明的社会主义现代化国家，为促进人类和平与进步的崇高事业作出新的更大的贡献！

【例文剖析】

这篇讲话稿通篇充满着自豪与激情，开篇直接点明了讲话的主旨，主体在忆往昔中展望未来，结尾提出了希望要求。讲话稿一环紧扣一环，层次清晰，感情充沛，富有感召力和进取精神，撰写格式规范，值得借鉴。

自主学习

1. 领导讲话稿的含义是什么？领导讲话稿有哪些特点？
2. 领导讲话稿如何分类？领导讲话稿的哪种类型是你最常接触的？
3. 领导讲话稿的写作要领有哪些？你是如何体会的？
4. 领导讲话稿有哪些写作要求？你对此有什么感性认识？

延伸学习

1. 下面这份"计划"的写作，在计划的构成要素上（目标、措施、步骤）、计划目标的制定上都存在着明显的问题，请根据计划的写作要领和写作要求，对其进行修改和完善，使之符合计划的写作规范。

争当模范党员计划

七月一日，党支部作了"争当模范党支部、争当模范党员"的活动安排，我作为其中的一分子，决心努力按照党支部提出的要求去做：

（1）努力学习马列主义、毛泽东思想及邓小平同志的文选，在政治上同党中央保持一致，自觉改造世界观。

（2）密切联系群众，做群众的知心朋友。凡是自己在工作范围内能接触到的青年工人，自己都要关心他们、帮助他们，与他们共同进步。

（3）严格遵守党的纪律，坚决执行保密制度，反对个人主义和不正之风。

（4）服从组织分配，做好本职工作，同时搞好与其他同志的协作，努力学习业务知识，不断提高业务水平。

（5）认真开展批评与自我批评，加强团结，争取做一名合格的共产党员。

2. 你所在的班级这学期安排了教学实习活动，请以实习小组为单位，拟写一份"实习简报"，简报的格式要符合规范，同时简报的内容要及时、翔实地反映实习工作的情况、进展、取得的成绩、存在的问题及思想认识。

第七章　公关礼仪文书写作

现代社会的重要特征之一是人际交往密切。礼仪是礼节和仪式的合称，人们的日常社会交往活动，大都需要一定的礼仪形式。特别是随着经济和社会的日益发展，人与人之间、各类社会组织和机构之间的交际交往较以往大大增多，这些交际交往都要遵循一定的行为规范，即符合相关的礼仪。这里的礼仪既不是说教和训诫，也不是法律和法规，而是彼此都遵守的、以尊重对方为共同内涵的一种社会规范，是现代文明社会的重要标志之一。在现代社会中，礼仪手段的运用又往往蕴涵着某种公关目的，礼仪和公关两者已经密不可分，公关中常常采用礼仪手段，礼仪中也包含公关目的。因此，为了更好地实现现代社会的各项社会活动和社会交往，有必要了解和掌握公关礼仪文书写作的基本知识，才能在社会交往和活动中更好地满足对方的需求，同时实现自己的目的。

第一节　公关礼仪文书概述

一、公关礼仪文书的含义

公关礼仪文书可以理解为在社会组织、机构以及个人的日常交往中，用以改善、协调、促进和发展双方之间关系的书面材料和文字。在现代社会中，人们的社会交往活动和思想感情交流都非常频繁，公关礼仪文书具有一定的礼仪形式和规范，可以起到迎来送往、沟通信息、联系工作、协调关系、加强合作、促进交往、联络感情等作用，在现代社会中起着不可或缺的重要作用。

二、公关礼仪文书的特点

公关礼仪文书适用于各类交际交往活动中，因此除具有一般应用文所具备的实用性外，还具备注重礼节的情感性和体式性特点。

（一）实用性

和其他应用文一样，公关礼仪文书同样具有实用性。公关礼仪文书产生于处理公共事务和私人事务的过程中，旨在实现人们的各种社会交往活动，同时进行思想感情的交流，进而实现协调关系、加强合作的目标。例如请柬和邀请函，是希望对方能够参加某项会务、宴会、节日庆典、人生礼仪活动等；表扬信和感谢信则专门表达作者针对某个人、某机构或组织的由衷敬意和谢意。

（二）情感性

在各类社会交往和交际场合，交往主体都是平等的个体或机构、组织，不存在严格的隶属或上下级关系，因此，交往主体要想实现沟通信息、协调关系、加强合作等目标，就要秉持尊重、信任、理解、宽容、关心的态度和立场，以情动人、以理服人，情理交融、文情并茂，这样才能实现自己的目标。当然，针对不同的场合和对象，公关礼仪文书蕴涵的情感也是各不相同的，不能随意表述，这也是公关礼仪文书的礼节性表现之一。

（三）体式性

公关礼仪文书的种类非常繁多，仅信函类就可以再细分为数十种，但不管是哪一种公关礼仪文书，在遣词造句、结构布局等方面都必须遵循一定的规则，都要符合各自的撰写原则和特色，并根据不同的场合和环境，选择不同的体例和用词。以信函为例，信函的格式及称谓语、应酬语、问候祝颂语都有一定的讲究，切不可疏忽大意，如果不分场合、不问情境、不论对象，轻则贻笑大方，重则给公私事务带来不利影响。

三、公关礼仪文书的写作要求

公关礼仪文书表达的是单位、机构和个人的意愿和情感，其语言除应具备一般应用文的要求，还需注意行文言简意赅、用词规范庄重，具体来说应遵守以下原则：

（一）真诚委婉

无论是恳请对方，还是希冀打动对方，都应该采取祈请、商洽的口吻，让对方真切地感觉到自己的诚意，万不可采取居高临下、咄咄逼人的生硬姿态。反之，当面对他人的请求时，要尽量明确地告诉对方自己的答复。如果出于某种原因无法满足对方的请求，应予以真诚的解释，否则，会有可能产生一些误会和不快，导致以后的沟通和交流无法正常展开。可以说，真诚委婉是公关礼仪文书最需要注意的原则之一。

（二）准确规范

要准确地表达自己的意愿和情感，需要注意语言的到位和规范，即表述要明确，不能含糊，不能让对方有无所适从之感。在行文过程中，要对词语的色彩、词意的程度作认真辨析，选择最能表达己愿的词语。遣词造句还要符合语法，不可臆造生词，否则会给对方留下欠稳重的不良印象。

（三）庄重典雅

公关礼仪文书大多用于正式场合，所涉及内容也比较正式，所以措辞要庄重、语气要郑重，不可草率。根据场合的不同，适当使用文白相间的语句，这可以提高公关礼仪文书的庄重性。过于随意的网络用语，要慎重使用。当然，在关系较为密切的个人交往中，也可以考虑已经广泛使用、含义明确的流行用语。

此外，一些惯用语是公关礼仪文书经常使用的，如祈请性的"如蒙见教，不胜感激"，祝颂性的"谨致节日安康"，礼节性的"略呈己见，望予指正"，期盼性的"恭候莅临"、"敬请拔冗光临"，公事公办性的"特此函复"，等等。

四、公关礼仪文书的分类

公关礼仪文书的种类较多，根据文书的载体，可分为纸质类和电子类两大类。

根据公关礼仪文书的性质，可分为信函类、演说类和柬帖类三大类，每一大类又可以再细分为若干小类。

（一）信函类文书

信函类文书是指个人与个人之间、个人与社会组织、社会组织与社会组织之间，通过书面方式互通信息、协调关系、加强合作、联络感情的一种应用文体。在交通不发达的传统农业社会中，信函就有着重要的社会作用。随着网络的出现，电子信函可以通过互联网快捷便利地传递到另一方，这更促进了信函在现代社会中的广泛使用。

按照适用范围，信函可以分为一般信函和专用信函两大类。一般信函是指人们在日常生活中使用的私人之间的往来书信。专用信函是指在特定场合使用的、具有专门用途的书信，包括证明信、求职信、祝贺信、感谢信、慰问信等。

（二）演说类文书

演说类文书又称演讲类文书，是人们在集会或会议等公开场合发表观点、表明态度、说明事理的讲话文体，包括各种欢迎词、欢送词、答谢词、开幕词、闭幕词、讲演词、导游词等。

演说类文书具有一定的即时性和临场性，一些著名的演讲就是即兴之作，但重要场合的演说最好还是准备好讲稿，其作用有二：一是进一步梳理和明确思路，使演说内容更加丰富和富有条理；二是帮助演讲者增加自信，消除紧张情绪。演说类文书还具有一定的口语性，一般没有事先印好的讲稿发给听众，不像会议报告、领导讲话稿那样边听讲边阅读，因此通达流畅是演说类文书的重要要求之一。

（三）柬帖类文书

柬帖是指用简短的言辞书写而成的各类请柬、书柬、贺卡、名帖、礼帖等的合称。古代文字的载体主要为竹片、木片和布帛等，书写在布帛上的文辞一般称为"帖"。布帛比较贵重，说明这类文书比较重要。现代社会中，布帛已经不再成为文字的载体，但柬帖类文书的用纸、印制工艺仍非常讲究，呈现出浓厚的文化礼仪色彩。

根据柬帖文书的形式，可分为卡片式和折叠式；根据柬帖文书的书写习惯，可分竖式和横式；根据柬帖类文书的内容，可分为喜庆类、丧葬类、日常应酬类、礼帖类和谢帖类。礼帖适用于比较正式的送礼场合，送礼者用比较考究的纸张开列出礼物和礼金的名目、数量，并书以"贺仪"、"谨具"礼仪文辞，随礼物送给受礼者。受礼者如数收下后，出具相应的柬帖以示感谢，即谢帖。

自主学习

1. 公关礼仪文书具有什么特点？
2. 公关礼仪文书有哪些具体的写作要求？
3. 公关礼仪文书一般如何分类？
4. 演说类文书具有什么特点？
5. 请列举至少 5 个公关礼仪文书的惯用语。

第二节 感谢信和表扬信

一、感谢信

（一）感谢信概述

1. 感谢信的含义

感谢信是社会机构、组织或个人为感谢对方的关心、帮助、支持而撰写的专用书信。感谢信的对象可以是个人，也可以是某个社会组织、机构，包括政府部门和企事业单位等，但感谢对象的事迹应与感谢信的作者有直接联系。通过感谢信，双方可以进一步沟通情感、深化情谊，同时，感谢信可以公开传播，张贴或者发表、公布在媒体上，起到弘扬社会正气、提升精神文明的正面作用。

2. 感谢信的分类

根据感谢的对象，可分为写给集体或机构的感谢信和写给个人的感谢信；根据感谢信的内容，可分为感谢援助、感谢探访和感谢吊唁等；根据感谢信的存在形式，可分为公开传播（发表或张贴）的感谢信和不公开传播的感谢信。

（二）感谢信的写作要领

感谢信一般由标题、称谓、正文、结尾、落款等几个部分组成。

1. 标题

第一行居中以较大字体写上"感谢信"三个字，可以在前面加上定语，说明是因何事、写给谁的感谢信。标题还可以写成双标题，正标题的用语可以生动形象，再加上一个副标题，如"致×××的感谢信"。

2. 称谓

第二行顶格写受信者的姓名或机构名称。如果是个人，前可加定语如"尊敬的"、"敬爱的"，后加"先生"、"女士"、"同志"等称呼，称呼后用冒号。

3. 正文

称谓下另起一行空两格起写正文。这部分内容要写清楚对方在何时、何地做了什么好事或给予了什么帮助，产生了什么良好结果和影响，对自己或单位有什么帮助等。还可以适当表示自己向对方的学习态度和决心。

4. 结尾

以表示敬意的祝颂语收尾，如"此致 敬礼"、"致以最诚挚的敬礼"等。

5. 落款

在右下方署明写信者姓名或单位名称，后一行写明年、月、日。以单位名义发出的还要加盖公章。

（三）感谢信的写作要求

1. 事实清楚

感谢信以说明事实为主，以事表情，议论不宜过多。叙述对方对自己或本单位的帮助时，要注意把来龙去脉和相关人物、时间、地点等要素说清楚，以便于大家了解情况。

2. 感情真挚

感情要真挚、热烈，以情动人，让看到的人都能受到感染。

3. 语言得体

表示谢意的语句要得体，要分别契合被感谢者、感谢者的身份，还要符合社会交往的一般习惯。

（四）例文评析

感谢信

中央国家机关政府采购中心：

寅虎归福，玉兔迎春。值此辞旧迎新之际，感谢贵单位一年来对中国少年儿童科技培训基地这一公益项目的大力支持！

2010 年培训基地项目在立项、规划、拆迁、方案审批等方面得到贵单位的实质性指导，正是你们的帮助与支持，才使该项目取得相应的进展。

一支竹篙难渡汪洋海，众人划桨开动大帆船。新的一年里，培训基地将进入实质性开工建设阶段，我们还将继续得到贵单位的帮助，共同推进这一凝聚老一辈革命家心愿、造福广大少年儿童的事业！

一元复始，万象更新。

祝各位领导、同志，新年快乐，合家幸福！

中国宋庆龄基金会（印章）

二〇一一年一月十一日

【例文剖析】

2011 年初，宋庆龄基金会开展的中国少年儿童科技培训基地公益项目，在项目立项、规划、拆迁、方案审批等方面都得到了中央国家机关政府采购中心的悉心指导与配合，于是宋庆龄基金会向中央国家机关政府采购中心发出这封感谢信。

内容方面，首先表示感谢，然后简明扼要地说明对方给予的帮助，再重申对方的帮助对该项目的顺利进行非常重要，最后以祝颂语结尾。全文感情真挚，语言生动。

二、表扬信

（一）表扬信概述

1. 表扬信的含义

表扬信是用来表彰社会组织、机构或个人的先进事迹、高尚风格的一种专用书信。表扬信可以针对个人，也可以针对具体的社会组织和机构，具有弘扬正义、褒扬善良的积极作用。表扬信的作者可以是领导机关或社会机构、组织，也可以是普通个人。

2. 表扬信的特点

表扬信和感谢信具有共同点，都是对他人某种行为的肯定和称赞，不同点在于感谢信以感谢为主，着重表达的是当事人对得到帮助的感谢之情，一般是当事人自己所写；表扬信则以表扬为主，着重表达的是对方做了什么好事，可以不是当事人所写。

3. 表扬信的分类

按照表扬双方的关系不同，可分为上级对下级的表扬、机构团体对机构团体的表扬、机构团体对个人的表扬和个人对个人的表扬；按照被表扬者身份的不同，可分为对团体、机构的表扬和对个人的表扬。

（二）表扬信的写作要领

表扬信一般由标题、称谓、正文、结尾、落款等几个部分组成。

1. 标题

第一行居中以较大字体写上"表扬信"三个字，也可以加上受信对象，如"致×××的表扬信"。

2. 称谓

第二行顶格书写受信者的姓名或单位名称，称呼后加冒号。

3. 正文

另起一行，空两格写表扬信的具体内容，先简要叙述人物事迹的发生、过程和结果，在此基础上，热情表彰或赞扬对方表现出来的崇高品质、宝贵精神，并表达感谢之情。如果表扬信是写给个人的，可适当表示向对方学习的态度和决心，如"深受感动"、"值得我学习"等；如果是以领导机关或社会团体的名义写的，可对受信者作出进一步的勉励和期望；如果是写给受信者单位或报纸、电视的，可以提出建议，如"××同志的优秀品德值得大家学习，建议予以表扬"。

4. 结尾

以表示敬意的祝颂语收尾，如"此致　敬礼"等。

5. 落款

在右下方署明个人姓名或单位名称，后一行写明年、月、日。以单位名义发出的要加盖公章。

（三）表扬信的写作要求

1. 事实清楚

表扬的事实要具体清楚，时间、地点、人物、事件、经过等要素都要叙述清楚，简要不烦，这是表扬的基础。

2. 评价适度

表扬信的评价要与事迹相称，恰如其分，不讲空话、套话，不空发议论，少讲大道理，更不可以偏概全、夸张溢美。

3. 感情真挚

表扬信的语言要流畅、活泼，表达的感情色彩一般比较强烈、充满激情。

（四）例文评析

表扬信

××学院负责同志：

您好！

2012年3月24日上午，我公司会计刘××到市税务部门办理相关业务，不慎将皮包遗失，内装有公司印章、报表、发票和人民币叁万元整。正当我们焦急万分时，你校新闻传播系三年级学生姜中华主动把拾得的皮包送至我公司，包内物品和现金齐全。我们再三感谢并表示要赠给礼品，但姜中华同学说："这是我应当做的"，并一再表示不能接受。

　　姜中华同学这种拾金不昧的高尚品德，令我们深受感动，特写信给贵校，希望通过贵校向他本人表示衷心的感谢。

　　此致

敬礼

××电子有限公司（印章）

2012 年 3 月 25 日

【例文剖析】

　　这封表扬信短短数语就将事情过程说得清清楚楚，同时又注意细节，引用姜中华同学的原话来表现他的高尚品德。在叙述清楚事情过程后，向学校表明写信方的立场和意图。语言精练朴素，没有空话套话，文字大方得体，符合双方身份。

自主学习

1. 请指出感谢信和表扬信的区别。
2. 感谢信和表扬信如何分类？
3. 感谢信和表扬信的写作要领分别是什么？
4. 表扬信的写作要求包括哪些？

第三节　慰问信和祝贺信

一、慰问信

（一）慰问信概述

1. 慰问信的含义

　　慰问信是以社会组织、机构或个人的名义向有关人员和团体表示安慰、问候、关怀、鼓励的专用书信。慰问信的字里行间充满感情、诚挚动人，充分体现出慰问主体和慰问对象之间的深厚情谊，给人以情感的慰藉和心灵的鼓舞。慰问信可以写给个人或机构、组织，但下级机关团体对上级机关团体、个人对上级机关团体，一般不宜用慰问信。慰问信可以直接寄给对方，也可以通过新闻媒体发出，如果以电报形式发出，又称为慰问电。

2. 慰问信的分类

慰问信大体上可以分为三种：一是在对方取得成就、作出贡献时使用，即业绩慰问；二是在对方遭遇自然灾害、意外事故等困难时使用，表示同情，鼓励对方克服困难，即灾难慰问；三是在重大节假日里向特定群体或社会公众表示慰问时使用，包括社会弱势群体、生产一线工人等，即节日慰问。

（二）慰问信的写作要领

慰问信一般由标题、称谓、正文、结尾、落款等几个部分组成。

1. 标题

比较重要的场合用全称标题，由慰问主体、慰问对象加"慰问信"组成，如《中共中央、国务院致四川灾区人民的慰问信》。一般情况下，可以省略慰问主体和慰问对象，仅在第一行居中以较大字体写"慰问信"三字。

2. 称谓

第二行顶格书写受慰问单位名称或个人姓名，称呼后加冒号。如果是个人，姓名后可加称谓。

3. 正文

根据慰问对象和事件的不同，阐明慰问的缘由和背景，如业绩慰问要赞扬对方的杰出贡献和巨大成就，慰问对方在工作中的辛苦；灾难慰问既要表达慰问方的同情和支持，还要说明慰问方所采取的支援行动，如果有捐赠的资金、物品也要列举清楚；节日慰问要表达出对社会弱势群体的关怀、对加班加点劳动者的感谢。

4. 结尾

以表示敬意的祝颂语收尾，如"祝取得更大成绩"、"致以节日的问候"等。

5. 落款

右下方署明个人姓名或单位名称，后一行写明年、月、日。以单位名义发出的要加盖公章。

（三）慰问信的写作要求

1. 对象明确，分清事由

慰问信的对象要明确，然后根据对象不同，或者赞扬、歌颂对方在某方面作出的特殊贡献，或者对遭受灾害的集体或个人表示关心、支援。

2. 行文诚恳，措辞恰当

慰问信的感情要真挚充沛，语言要生动得体，可以在信中适当运用抒情等修辞手法。

（四）例文评析

慰问信

亲爱的莉迪亚·比克斯比夫人：

　　我从国防部一份来自马萨诸塞州指挥官的报告中获悉，您是一位五个儿子都在战场上光荣捐躯的母亲。遭受如此巨大的悲伤，我感到用我的任何语言来抚慰您都是软弱无力和徒劳的。但我还是忍不住以他们的生命所拯救了的国家的名义向您致谢，希望它能给予您一定的安慰。

　　我祈祷上天减轻您丧子之悲恸，使您只怀有对逝去亲人的美好回忆和理所当然的庄严自豪感，因为您的如此高昂的牺牲是献在自由的祭坛之上。

亚伯拉罕·林肯谨启

1864 年 11 月 21 日

【例文剖析】

　　这封慰问信是美国总统林肯写给一位五个儿子都捐躯疆场的母亲的。这位母亲即收信人莉迪亚·比克斯比夫人有五个儿子，在林肯领导的美国南北战争中应征入伍，服役于北方军队，并在战争中全部为国捐躯。战争结束后，林肯偶然在陆军部的档案中得悉此事，甚为感动，立刻写了这份慰问信。

　　内容方面，首先道明他是如何知悉这个不幸事件的来由，接着强调尽管任何语言都不足以安慰她，但他还是要代表共和国向她致谢、问候，最后再以个人名义致敬，并点明夫人的高昂付出终有所值。全信仅 200 余字，可谓简洁，但言简意赅、文笔婉转，措辞既表现了林肯总统一贯的谦逊态度，又感情真挚，竭诚慰问溢于言表，不愧为名家手笔。

二、祝贺信

（一）祝贺信概述

1. 祝贺信的含义

祝贺信简称贺信，是对取得突出成绩、作出卓越贡献的机构或个人，或者对国际、国内发生的值得庆祝的重大事项，表示祝贺、赞颂的一种专用书信。在现代社会中，贺信的应用范围越来越广泛，诸如会议、开业、开工、竣工、获奖、周年庆、任职、乔迁、升学、寿辰、婚庆、酒会等，都可以贺信方式表示祝贺。发信人可以是社会组织和机构，也可以是个人。贺信可以直接寄给或派专人送抵对方，也可以通过新闻媒体发出。如果以电报形式发出，又称为贺电。

2. 祝贺信的特点

贺信的语言既要简练，更要热情真挚，行文基调可以欢快热烈，以体现出贺信的强烈感情色彩，抒发喜悦、勉励、希望、敬佩之意。同时，赞美对方的成绩应实事求是，不要刻意拔高，避免过分的溢美之词，切忌有献媚之感。

（二）祝贺信的写作要领

祝贺信一般由标题、称谓、正文、结尾、落款等几个部分组成。

1. 标题

一般写"祝贺信"或"贺信"即可，有时也可写明发信主体、收信对象和祝贺事由。

2. 称谓

标题下一行顶格写受祝贺对象的单位名称或受贺人的尊称，如果是祝贺会议，只写会议名称。

3. 正文

贺信的主体内容一般应充分肯定和热情赞扬对方所取得的成就，以及取得成就的根本原因和重大意义等，并作出肯定性评价，让对方感到鼓舞和激励。如果是祝贺重要会议的召开，应简要说明会议召开的重要意义和深远影响。

4. 结尾

以表示敬意、希望的祝颂语收尾，如"祝取得更大成绩"等。

5. 落款

右下方署明个人姓名或单位名称，后一行写明年、月、日。以单位名义发出的要加盖公章。

（三）祝贺信的写作要求

1. 充满热情

祝贺信是向对方表示祝贺，要充满热情、喜悦，使对方确实感到温暖和鼓舞。

2. 评价适当

赞美对方时要做到实事求是、恰如其分，有一定新意。不要故意拔高对方，甚至献媚，也不能过分渲染，否则无法起到表示祝贺的目的。

3. 文字简练

祝贺信的用词要大方得体，篇幅不宜过长，不堆砌华丽辞藻。

另外，祝贺信所用信封和信纸要有所选择，美观大方，不能随便应付。

（四）例文评析

汉卿先生如晤：

欣逢先生九秩寿庆，颖超特电表示深挚的祝贺。

忆昔 54 年前，先生一本爱国赤子之忱，关心民族命运和国家前途，在外侮日亟、国势危殆之秋毅然促成国共合作，实现全面抗战；去台之后，虽遭长期不公正之待遇，然淡于荣利，为国筹思，赢得人们景仰。恩来在时，每念及先生则必云：先生乃千古功臣。先生对近代中国所作的特殊贡献，人民是永远不会忘怀的。

所幸者，近年来，两岸交往日增，长期隔绝之状况已成过去。先生当年为之奋斗、为之牺牲之统一祖国振兴中华大业，为期必当不远。想先生思之亦必欣然而自慰也。

我和同辈朋友们遥祝先生善自珍重，长寿健康，并盼再度聚首，以慰故人之思耳！

问候您的夫人赵女士。

邓颖超

1990 年 5 月 30 日

【例文剖析】

这是一封邓颖超致张学良先生九十寿辰的贺电。贺寿电文先向对方致以诚挚的祝贺，继而高度评价对方的历史功绩，虽遭不公待遇仍然淡泊名利，称颂其高尚的品德，进而希望双方能为实现祖国统一大业而共同携手出力，最后表达对故人之思。全文主旨明确，语言典雅，情感真切。

自主学习

1. 慰问信和祝贺信分别适用于什么场合？

2. 慰问信和祝贺信如何分类？

3. 慰问信和祝贺信的写作要领分别是什么？

4. 慰问信和祝贺信的写作要求分别是什么？

第四节 手机短信

一、手机短信概述

（一）短信的含义

短信又称短信息，简称 SMS（short message service），是用户通过手机或其他电信终端发送和接收的字符与数字。目前，每条短信能承载 140 字节的字符信息或 70 个汉字信息。近年来在短信基础上又发展出彩信，英文为 multimedia messaging service，缩写为 MMS，中文译为多媒体短信服务，俗称为彩信，可以传送文字、图片、动画、音频和视频等多媒体信息，并且完全突破了 140 字节的限制，可以从数十 K 字节到上百、上千 K 字节。

短信并非只有手机才能发送和接收，但由于技术和市场方面的原因，手机短信目前占据着市场的绝大部分。1992 年 12 月 3 日，当时仅 22 岁的英国工程师帕普沃斯通过电脑向接收者贾维斯发出了人类历史上第一条手机短信。我国自 1998 年第一条短信发送成功后，随着手机的普及，手机短信的用户和发送数量、规模一直呈高速增长态势。

根据发送者的不同，可以把手机短信分为个人发送的短信、移动网络运营商短信平台服务器发送的短信、基于移动运营商短信平台的互联网络业务提供商发送的短信等。以下所介绍的手机短信，专指个人短信，即个人通过移动通信终端（手机或网络）接发的短信。

（二）手机短信的特点

手机短信自诞生至今，不过 20 年左右，其飞速发展更只是 21 世纪前后的事，可以说手机短信还有着十分广泛的发展前景，这里对手机短信特点的概括只是作初步勾勒。

1. 形式多样

随着彩信的出现，手机短信的表现形式已突破单一字符和文字的束缚，可以传送图片、动画、音频和视频等，这就极大地提高了短信内容的丰富程度和表达能力。

2. 内容丰富

手机已经成为现代人社会生活中不可或缺的重要组成部分之一，手机短信的内容自然也会全面反映人们的社会生活，包括交代事情的事务性短信、问候对方的祝福性短信、开心逗乐的娱乐性短信等。

3. 简明扼要

现代科技虽然强大，但终究会受到一定束缚。手机短信同样要受到网络和自身载体的限制，传统的短信如果每条超出 140 字节的字符信息或 70 个汉字信息，就要拆分成多次发送，这就使得手机短信的篇幅都比较短小，文字精练、隽永。

4. 富于创意

现代社会是一个信息社会，每天都会产生海量信息。手机短信就其本质而言，也是一种信息，如果短信没有新意，不能给对方留下深刻印象，不能吸引对方的眼球，就会被很快遗忘。所以，要编写一条成功的手机短信，别出心裁、富有创意是重中之重。

5. 传播方便

手机短信的传播非常迅捷方便，只要有手机和信号覆盖，就能随时随地实现信息的传递，不但具有即时性，而且不受空间限制，可以实现移动传播。

（三）手机短信的分类

根据发送对象、目的、时间和内容的不同，手机短信可以分为以下四类：日常事务类、情感表达类、关注时政类、纯粹娱乐类。

1. 日常事务类

手机短信具备即时到达又不打扰对方的特点，因而是人们在现实生活中经常使用的联络手段之一，用来向对方提供各类生活、工作、商务等信息，联系、沟通、告知、通知、交代各项公私事务。

例如，提供产品信息：

×××灯饰，主营蜡烛灯和工程灯。欢迎来图、来样定做，欢迎来厂考察指导。期待阁下的到来，公司专车接送。联系电话：0512 - 6841×××。

再例如，提供会议信息：

李经理，我公司将于周三上午九点整在丹桂园大酒店召开产品展销会，为期两天，敬请光临。××公司小赵。

此类短信带有广告信息，要注意避免引起对方的反感。

日常事务类短信虽然常用，但撰写难度并不高，只要说清公私事务的时间、地点、内容、联系人、联系方式等要素，注意语句的礼貌严谨即可。

2. 情感表达类

情感表达类短信同样常见，又可以分为以下三类：

(1) 节日祝福类。

节假日期间人们用来表达祝愿祈福之情的短信。这些节假日包括元旦、春节、端午、五一、七夕、国庆、中秋、圣诞以及情人节、妇女节、儿童节、教师节、父亲节、母亲节等。

例如母亲节时儿女给母亲的祝福：

妈妈，我曾是你身边的一只备受关怀的小鸟，今天它为你衔来了一束芬芳的鲜花。祝母亲节快乐！

(2) 思念关怀类。

父母和子女、领导和下属、师生、朋友、同学之间为表达自己的思念、关怀、问候等情意而创作发送的短信。祝福对方生日、结婚，向对方致谢、道歉的短信也包括在这一类中。

例如向久未联系的朋友表达关切：

惦记，无声，却很甘甜；问候，平常，却很温暖；祝福，无语，却最温馨，愿你开心每一天！

(3) 抒发人生哲理类。

这类短信并不针对具体的人或事，只是抒发人生感悟，往往带有一些哲理性。例如对人生的概括：

工作是湾水，身体是座山。水不在多，够喝就行；山不在高，长年青翠就行。婚姻是缸酒，生活是盅茶。酒不在香，醉人就行；茶不在浓，经久飘香就行。

有时这类短信还与现实社会密切相关，如以下短信：

30 年代，到延安去，到太行去，到敌人后方去；40 年代，到辽沈去，到平津去，到长江对岸去；50 年代，到农村去，到边疆去，到祖国最需要的地方去；60 年代，到山上去，到乡下去，到贫下中农当中去；70年代，到城市去，到部队去，到能生活得好一些的地方去；80年代，到大学去，到夜校去，到可以拿到文凭的地方去；90年代，到美国去，到法国去，到一切不说中国话的地方去；2000年代，到国企去，到外企去，到年薪百万的地方去；2010年代，到党政机关去，到公务员队伍中去，到一辈子不失业的地方去；节日到了，到没有信号的地方去，到领导看不到的地方去，到最清静的地方去！

3. 关注时政类

这类短信往往以政治和经济领域内的重大事件、社会热点和敏感问题为主要内容，诸如奥运、世博、神舟飞船、反腐、印花税等都可以牵动人们的神经，且往往具有针砭时弊、讽刺世相的特点，能够引起公众的普遍重视并大量转发。在某种程度上，转发关注时政类短信可以视为人们参与公共政治生活的方式之一。

例如这条高度浓缩各类社会问题的短信：

中国人固有一死，或死于泥石流，或死于地沟油，或死于庸医刀下，或死于宝马车下，或死于石灰面粉，或死于结石奶粉，或死于股市崩盘，或死于欺诈电话，或死于危房，或死于拆迁，或死于日记，或死于毒疫苗。死并不可怕，可怕的是你根本不知道自己是怎么死的！

4. 纯粹娱乐类

这类短信带有调侃和搞笑性质，以调节心情、放松心态为目标，调侃对象既可以是具体的个人，如借愚人节开同事朋友的玩笑，又可以不针对个人，以社会、人生为调侃对象，有时还会带有嘲讽色彩。

如和朋友开玩笑的：

健康提示：吃饱饭后，一戒吸烟，二戒洗澡，三戒生气，四戒松裤带，五戒刷牙，六戒上厕所，七戒喝酒，八戒你知道了吗？

又如调侃异性朋友的：

你我都是单翼的天使，唯有彼此拥抱才能展翅飞翔。我来到世上就是为了寻找你，千辛万苦找到你后却发现：咱俩的翅膀是一顺边的！

二、手机短信的写作要求

手机短信的撰写需注意以下问题：

1. 主题明确、注意情境

手机短信的内容丰富多样、无所不包，但就单条短信而言，都有明确目的，或者处理日常事务、表达各种情感、关注社会时政，或者起纯粹娱乐作用。因此在撰写手机短信时，要注意根据具体的目标、对象和语境来决定短信内容。

2. 语言简约、措辞得体

手机短信由于受到字数的限制，力求以最少的文字表达最丰富的内容，所以务求语言简洁、隽永，篇幅短小、精悍。日常事务类短信，只要简明扼要地说明相关情况即可，表达情感类短信要求感情真挚、意旨明确，关注时政、纯粹娱乐类短信要求言有余味、耐人咀嚼。

为追求文字的简约，短信可适当运用文言文，如：

> 刚过白露，诗经有云：蒹葭苍苍，白露为霜。秋意渐浓，昼暖夜凉。愿君留意，勤添衣裳。喜迎中秋，永沐瑞祥。

为了避免文字表达的烦琐和抽象，还可使用直观形象的通行符号等来表述感情，如"°_°"表示受打击、神情呆滞；"@_@"表示高度近视等。

措辞得体是指根据收信对象的不同来遣词造句。发给长辈、上司、领导的短信，在用词、语句、口吻方面要注意谦恭礼貌，与发给同事、好友的短信要有所区别。同样是新春祝福，领导或上司发给下属、下属发给领导或上司、朋友间互发的短信就有所不同。

例如领导或上司发给假日期间仍在加班的员工：

> 新春佳节之际，我们更加惦记坚守在工作第一线的您！我谨代表全体员工向您致以节日的问候，并祝身体健康，工作顺利！××公司总经理×××敬贺。

下属发给领导或上司的，一般中规中矩，并在末尾注明发送者：

> 天增岁月人增寿，春满乾坤福满门。三阳开泰送吉祥，五福临门财源茂。×××敬贺。

同事、朋友间互发的祝福短信，可以轻松些，或干脆戏谑一下：

感谢你在 2011 年对我的照顾，特在大年三十晚上为你点播大型晚会一场，敬请届时收看 CCTV 一套。

3. 构思精巧、富有文采

手机短信要想达到让人过目不忘的效果，一方面，构思要新颖别致、富有创意、不落窠臼，给人意料之外、情理之中的感觉；另一方面，要讲究技巧，巧用修辞，用别致的话语表达出自己的真情实感。

以下介绍一些常用的构思和编写方法：

方法一：层递法。

一支粉笔，两袖清风，三尺讲台，四季辛劳，五德兼备，六艺精通，品追七贤，桃李八方，久享清誉，十分清贫，千秋功业，万世师表。祝教师节快乐！

点评：采用从一到十层层叠加的办法，祝福之情自然流露，而且逐层深入，气势不凡。

方法二：排比法。

喜欢一种声音，是微风吹落露珠；欣赏一幅画卷，是朗月点缀星空；陶醉一种气息，是幽兰弥漫山谷；祝福一些朋友，是笑看短信的你！

点评：运用排比修辞，可令句式整齐、匀称，音韵铿锵，节奏感强，产生一种如虹气势。

方法三：比喻法。

友情像一坛老酒，封存愈久愈香醇。短短一句祝福，就能开启坛盖，品尝香醇美酒。

点评：采用比喻法写短信，要注意比喻新奇，不入俗套，这样既能表达感情，又能给人以美的享受。

方法四：联想法。

如果有人欺负你，告诉我！我把他的脸打成彩屏的，脑袋打成震动的，耳朵打成和弦的，鼻子打成直板的，门牙打成翻盖的，总之把他捣鼓成二手的！

点评：将有关手机的专业术语串联在一起，表现出不拘一格的想象力。
方法五：拟人法。

我问过烦恼了，它根本不爱你，还说永远不理你，让我转告你不要自作多情！还有，健康让我带封情书给你：她暗恋你好久了，并且一生不变！新年快乐！

点评：以拟人手法表达祝福快乐健康的主题，让人倍感生动贴切、情趣盎然。
方法六：对偶法。

春夜灯花，几处笙歌腾朗月；良宵美景，万家箫管乐丰年。三五良宵，花灯吐艳映新春；一年初望，明月生辉度佳节。

点评：每句 11 字，前 4 后 7，有节奏有韵律，既工整更显文采。
方法七：对比法。

流星划过天际，我错过了许愿；浪花拍上岩石，我错过了祝福；故事讲了一遍，我错过了聆听；人生只有一回，我庆幸没有错过你这个好友！今晚邀你共同赏月！

点评：前面用三个"错过了"的句式，目的是与最后一个"没有错过"作对比，前后映衬，给人留下深刻印象。
方法八：叠字法。

给您虎虎的祝福，虎虎的甜蜜，虎虎的运气，虎虎的健康，虎虎的快乐，虎虎的欣慰，虎虎的顺利，虎虎的幸福，虎虎的人生。祝虎年大吉，虎气冲天。

点评：连用 20 个虎字，虎年短信的气势可见一斑。
方法九：顶针法。

悠悠的云里有淡淡的诗，淡淡的诗里有绵绵的喜悦，绵绵的喜悦里有我春节时轻轻的问候！

点评：顶针法可以现出鲜明的节奏感和曲折的回环美，抒情主体流动的情绪似乎触手可及。

方法十：反复法。

中秋节花好月圆，你家圆，我家圆，家家团圆；国庆节万民同庆，江南庆，江北庆，举国同庆。

点评：反复用"圆"和"庆"字，可以起到强调情感的作用。

方法十一：押韵法。

晚上笑一笑，睡个美满觉；早晨笑一笑，全天生活有情调；工作之余笑一笑，满堂欢喜又热闹；烦恼之时笑一笑，一切烦恼全忘掉！

点评："笑"、"觉"、"调"、"闹"、"掉"等字押韵，读来朗朗上口，可产生较强的节奏感和音乐感。

方法十二：逆转法。

我把对你的思念写在纸条上，一不小心就被风吹走了；我把对你的思念写满了大街小巷，不好意思，我被警察带走了！但我还祝你情人节快乐！

点评：前面的语言符合常理，最后却陡然一转，出现一个令人捧腹的结尾。

方法十三：故事法。

如果有来世，就让我们做一对小小的老鼠，笨笨地相爱，呆呆地过日子，拙拙地相依偎，傻傻地在一起。冰雪封山时我们窝在温暖的草堆，我搂着你，喂你偷来的食物。

点评：编一个别致的故事更能打动人，再把真情融入细节的描述之中，更令人印象深刻。同时兼用拟人、叠字等手法。

方法十四：数字串联法。

一句寒暖，一线相喧；一句叮咛，一笺相传；一份相思，一心相盼；一份友情，一生挂念。

点评：以数字"一"为线，串联起对朋友的关心，对友情的执著，可谓浑然天成。

方法十五：化用诗词法。

明月几时有，把饼问青天，不知饼中之馅，竟然比蜜甜。我欲飞去看你，唯独技术不够，高处不胜险。只好用短信，寄出我祝愿：中秋快乐，合家团圆！

点评：扣准主题，化用苏轼的著名词句，使短信既生动又有文采。

自主学习

1. 手机短信有哪些特点？如何分类？
2. 手机短信常用的构思和编写方法有哪些？
3. 撰写手机短信时，要注意哪些问题？
4. 手机短信用文言文是否恰当？
5. 请拟写一条祝福朋友的手机短信，要求运用至少一种修辞手法。

第五节　请柬和邀请函

一、请柬

（一）请柬概述

请柬又称请帖，是邀请客人参加酒会、宴会、婚礼、会议、典礼、招待会、茶话会、展览会、联欢会、洽谈会等喜庆、纪念、礼仪活动时所写的文书。请柬一般使用于较为庄重的场合，为显示隆重，可以购买印制精美的空白请柬卡片，然后用黑色钢笔或签字笔填入各项内容。

电子请柬是利用电子贺卡、电子邮件、手机短信等发出的请柬。电子请柬一般流行于私人朋友之间，图文并茂，伴随有音乐、动画，妙趣横生，还可以加入卡通漫画、个人照片、幽默文辞等因素，随着时尚的流行不断创新。如网上人气很高的一份"羊入虎口"婚礼请柬，用卡通形式画了一只张大嘴巴的老虎，虎口里是一只美丽可爱的小羊，老虎志得意满，小羊也是一副甘心被吞的幸福表情，令人莞尔开颜。

请柬可以印制或手写，可以竖排或横排，但都有封面、封里两部分，内容结构基本相同。

（二）请柬的写作要领

请柬一般由封面、称谓、正文、结尾、落款等几个部分组成。

1. 封面

居中有"请柬"两字，字体稍大，且美观、醒目、庄雅。

2. 称谓

有三种形式：一是首行顶格书写受邀单位或个人姓名，姓名后加上尊称用语，如邀请夫妻两人，则两人名字并列书写，并加"伉俪"二字；二是书写在正文后的"恭请"和结语前的"光临"间的留空上；三是写在请柬的封面上，柬内没有称谓，这种情形多见于商业信函。

3. 正文

另起一行空两格写明邀请目的、活动内容、时间地点。如有其他注意事项，包括有无人接送、到达路线等安排，都可作出适当说明，以方便受邀请者预作准备。

4. 结尾

通常以"敬请光临"、"恭候莅临"、"敬请拔冗光临"、"致以敬礼"等期盼性用语结尾。书写位置或在正文之下另起一行，空两格书写；或空两格写"恭请"或"敬请"，转行顶格写"光临"或"莅临"等。

5. 落款

空一至两行写明发柬单位或个人姓名，换行标明时间。

（三）请柬的写作要求

1. 语言精练

请柬的篇幅非常短小，因此语言要求简明扼要，说清楚相关事项即可。

2. 措辞得体

根据不同的场合，使用诚恳热情的措辞，以显示对受邀请者的尊重。同时用词要高雅大方，以显示邀请者的修养。

另外，所选用的请柬封面和纸张都要经过认真选择，力求美观大方，不能随便应付。

（四）例文评析

请柬

×××女士/先生：

兹定于 12 月 30 日下午 2：00—4：00 在市政协会议厅举办元旦茶话会，届时敬请光临。

此致

敬礼

××市政协
2011 年 12 月 26 日

【例文剖析】

上述请柬是政协邀请有关人士参加元旦茶话会而发，时间、地点和活动内容在短短一句话中全部表达出来，用语简洁，表达明确。同时，用语庄重严肃，显示出对相关人士的尊重。

二、邀请函

（一）邀请函概述

1. 邀请函的含义

邀请函是各级机关、企事业单位和社会机构、组织举办重要活动、会议，邀请上级领导、协作单位和有关人士参加的专用书信。

2. 邀请函的特点

邀请函和请柬都能起到正式邀请对方参加某项活动的作用，但两者也有不同之处。一般而言，邀请函的篇幅稍大，主体多为单位、机构，而请柬较为简短，单位、机构和个人均可发出。邀请函是邀请对方前来参加某项具有实质性，而非礼仪性的活动，如学术会议、成果鉴定会、展销订货会等，时间较长、内容较丰、程序较多，需要详加说明，既让对方了解活动本身的作用和意义，又能说服对方前来参加；请柬则偏重于纯粹礼仪性的、例行性的具体活动，如迎宾会、开幕式、庆祝会等。例如某市组织国际旅游节，可以用邀请函邀请中外嘉宾前来参加，在旅游节期间，可用请柬邀请嘉宾参加各项相关活动，如开幕式、闭幕式、产品推介会、学术讨论会等。

3. 邀请函的分类

根据邀请函的发送者情况，可分个人发送的邀请函和机构、组织发出的邀请函；根据邀请函的发送对象，可分为发给个人的邀请函和发给机构、组织的邀请函；根据邀请的内容，可分普通邀请函和正式邀请函，前者适用于朋友、熟人，仅表明邀请的意图、活动的时间和地点等，后者常由活动主办方或活动主办机构发出，一般会在邀请函中具体说明活动的概况和意义，内容具体，篇幅较长。

（二）邀请函的写作要领

邀请函一般由标题、称谓、正文、结尾、落款等几个部分组成。

1. 标题

首行居中写上"邀请函"三字，字体可以稍大。

2. 称谓

顶格书写被邀请单位、机构名称或个人姓名，个人姓名后加相关尊称。

3. 正文

开头首先是问候语"您好"等，然后说明邀请的原因和活动的内容，介绍活动的名称、内容、时间、地点等，以及其他注意事项。这一部分是重点，活动的实质性内容就体现在这里。

4. 结尾

多为期盼性敬请，如"敬请莅临"等。

5. 落款

邀请函末尾右下方写上邀请单位名称或个人姓名，单位加盖公章。落款下一行署上年月日。

（三）邀请函的写作要求

1. 语言简洁

邀请函的篇幅一般不大，因此语言要求简明扼要，不要啰嗦。即便是由活动主办方名义发出的正式邀请函，也要求行文简洁，要言不烦。

2. 措辞得体

根据不同的场合，使用诚恳热情的措辞，以显示对受邀请者的尊重。同时用词要高雅大方，以显示邀请者的热情和修养。

另外，邀请函所选用的封面和纸张要认真选择，美观大方，不能随便应付。

（四）例文评析

南京大学百年校庆邀请函

尊敬的校友：

您好！

2002年5月南京大学将迎来百年华诞。百年沧桑，斗转星移。南京大学肇始于1902年创办的三江师范学堂，后历经两江师范学堂、南京高等师范学校、国立东南大学、国立中央大学等时期，1949年8月，由国立中央大学更名为南京大学，1952年全国院系调整时，南京大学调整出部分院系后与创办于1888年的金陵大学文理学院合并，仍名南京大学。

近百年来，母校虽屡历沉浮变迁，但母校以育才为己任，为社会输送了各类人才17万多人。校友们虽然分布在大江南北、世界各地，但你们的心却和母校息息相通，始终关注和支持母校的发展，并以自己良好的素质和杰出的业绩为母校增光添彩，为民族振兴和社会进步作出了重要贡献。同时，经过几代人的奋斗和拼搏，母校亦已成为享誉海内外的著名高等学府，综合实力在各类机构的中国大学评估中，均名列前茅。特别值得一提的是，1978年，由母校教师率先撰写的《实践是检验真理的唯一标准》的著名论文，引发了对中国历史具有重大影响的真理标准讨论，揭开了改革开放的序幕。1992年至1999年，国际权威的《科学引文索引》（SCI）收录的论文数，母校连续7年位居中国大陆高校之首，被引用论文数连续6年位居中国大陆高校第一。1994年，母校成为首批列入国家"211工程"的重点建设的大学之一。1999年7月，母校又成为教育部与江苏省重点共建的大学，进入国家建设若干所世界一流大学的行列。母校的奋斗目标是经过若干年的努力，把自己建设成为世界高水平大学。

亲爱的校友：母校取得的成绩，离不开您的关心和支持，离不开自强不息、开拓创新的南大精神。这一精神凝聚着每一位校友的汗水和智慧，它就像火种一样代代相传、生生不息。为了弘扬南大精神，展示百年南大的辉煌成就，创建世界高水平大学，2002年5月15日至5月30日，母校将举行百年校庆系列活动，5月20日校庆日将隆重举行百年庆典活动。母校盛情邀请您在百年校庆期间回母校参加百年庆典。如您能回母校参加庆典，请将回执寄回您在校时所在院系校庆办公室或学校百年校庆办公室，以便我们做好百年校庆的总体安排。

顺致

崇高敬意

南京大学

二〇〇一年十一月十八日

【例文剖析】

这是南京大学百年校庆邀请函。邀请函的开头首先回顾南京大学的沿革，说明百年校庆的由来，然后简要概括近百年来南京大学所取得的成就，以激起校友们的荣誉感和自豪感，催生校友们亲眼目睹母校变化的迫切心情，最后顺理成章地邀请各位校友回校参加百年校庆。与此同时，邀请函还注明校庆期间将举行的相关活动，以及回校参加庆典活动的方法。

整篇邀请函语言简洁，没有生词僻句，感情真挚，散发着诚挚的邀请之情。

自主学习

1. 请简要分析请柬和邀请函的不同之处。
2. 邀请函如何分类？
3. 请柬和邀请函的写作要求分别是什么？
4. 请柬和邀请函的惯用结尾语有哪些？
5. 请借助网络素材，设计完成一张邀请同学参加自己生日聚会的电子请柬。

第六节　欢迎词、欢送词和答谢词

一、欢迎词

（一）欢迎词概述

1. **欢迎词的含义**

欢迎词是在公开场合上，东道主对宾客和与会人员的到来表示欢迎的讲话文体。欢迎词广泛适用于政府机关、企事业单位、社会团体的酒会、宴会、晚会和茶话会，新生入校、新兵入伍、新员工加盟的迎新会，以及接待各方领导、代表团、考察团、记者等其他形式的欢迎会、招待会、开幕式上。

2. **欢迎词的特点**

（1）对应性。

无论是欢迎对象还是接待者，都是具体而特定的，双方的身份、关系以及欢迎的场合都是特定的，一篇欢迎词只能与此相对应，一般不能挪用到其他场合。

（2）欢愉性。

欢迎词是为了表明东道主对客人的欢迎和尊重态度，所谓"有朋自远方来，不亦乐乎"，所以致欢迎词当怀有一种愉快心情，言辞富有激情且真诚动人，这样才能打动宾客，营造宾至如归的氛围，为下一步活动的顺利进行打下良好基础。

（3）口语性。

欢迎词最终是要当面向宾客口头表达的，因此用词要注意适当口语化，不能过于文绉绉。

3. 欢迎词的分类

欢迎词根据表达方式，可分为现场讲演欢迎词和公开发表欢迎词，前者在现场口头发表，后者通过报刊媒体公开发表，时间在客人到来前后。根据公关性质，可分为私人交往欢迎词和公事往来欢迎词，前者一般以个人名义发表，即时性、现场性较强，后者适用于较为庄重的公共场合，有措辞得体的书面稿，以示正式和隆重。

（二）欢迎词的写作要领

欢迎词一般由标题、称谓、正文、结尾、落款等几个部分组成。

1. 标题

一般直接用文种"欢迎词"为标题，全称方式为"×××致×××的欢迎词"，或"在×××欢迎会上的致辞"。

2. 称谓

标题之下顶格书写对方的全名、职务、头衔等，前或加表示亲切、尊敬的修饰语，如"尊敬的××先生"等。如果出现多个称呼，要安排好次序，一般以先长后幼、先上后下、先疏后亲为宜。1972 年 2 月 21 日，在欢迎尼克松的招待会上，周总理致辞时称呼的顺序是"总统先生、尼克松夫人，女士们，同志们，朋友们"，礼貌周全，非常得体。

3. 正文

称谓下一行空两格开始写正文。首先表明致辞者的身份，是代表个人还是相关部门，并向客人表示热烈的欢迎，用语要真诚，充分体现友好和热情。然后依据具体对象和不同场合，或赞颂对方某方面的贡献和成就，或叙述彼此的情谊和以往的合作成就，或阐明宾客来访的意义和作用，或介绍本单位、本部门的大致情况，或表达对新来者的希望和要求，等等。

4. 结尾

再次用祝颂语向对方表示祝愿，并预祝活动圆满成功或合作愉快。如果是在酒宴上，常以祝酒干杯结束。

5. 落款

欢迎词一般无须落款，如刊发可在标题之下或文末署名。

（三）欢迎词的写作要求

1. 亲切热情

欢迎词适用于各类公众场合，主要向对方表示热忱欢迎，因此要热情亲切，但要注意分寸，不卑不亢。

2. 注重礼节

欢迎词通常带有礼仪性质，因此要注重礼节，包括称呼宜用全称，避开对方的忌讳，尊重对方的风俗习惯等。根据欢迎场合的不同，安排不同风格的仪式和欢迎词，如大型会议、宴会、酒会和记者招待会要隆重一些，而座谈会、洽谈会、展销会、订货会等轻松得多。

3. 言简意赅

一般的欢迎词都是一种礼节性的外交或公关辞令，宜短小精悍，不必长篇大论。用词要口语化，力求生动。

（四）例文评析

闵维方教授致李敖北京大学演讲的欢迎词

（2005 年 9 月 21 日）

尊敬的李敖先生，尊敬的刘长乐先生，尊敬的各位嘉宾，尊敬的老师们、同学们、朋友们：

今天，在这样一个美好的秋高气爽的日子，我们十分荣幸地邀请到台湾著名学者李敖先生，来到我们北京大学发表演讲。首先我代表北京大学全体师生向首次回到大陆进行神州文化之旅的李敖先生表示最热烈的欢迎，并致以良好的祝愿。

李敖先生是台湾著名作家和文化名人。1935 年生于哈尔滨，1937 年随全家迁移北京，先在新鲜胡同小学就读，1948 年秋考入北京名校四中，1949 年 1 月转入上海缉规中学。对北京的一段求学历史，李敖先生本人讲过，北京文化古城，使其在智力上早熟，从小就养成读书买书藏书的癖好。1949 年 4 月，李敖随全家迁居台湾，定居台中，在台中第一中学读初二。中学时代的李敖已显示出自己独立思考、绝不追随大流的个性。由于对当时台湾教育制度不满，他在读完高二后便自愿休学在家，博览群书。1954 年夏，他考入台湾大学法律系，未满一年自动退学，不久再考入台湾大学历史系，1961 年考入台湾大学历史研究所。李敖先生的作品自成一家，纵论历史，嬉笑怒骂皆成文章，畅快淋漓的文字和辛辣的评论，充分展示了李敖先生的深奥学养和特立独行的性格。近年来李敖先生主持凤凰卫视的《李敖有话说》，使大陆观众对李敖先生有了更加直观的了解和更加生动的印象。我特别要介绍李敖先生的父亲李鼎彝先生，是我们北大的校友，于1920年9月考入北京大学国文系。毕业之后李鼎彝先生主要从事中国文学史的教学和研究。另外李敖先生的大姐李珉女士、姐夫周克敏先生、二姐李珣女士都是我们北京大学的校友。

今天李敖先生来到他父亲曾经读书的母校发表演讲，我们也迎来了李珉、李珣和周克敏三位返回母校，我们感觉非常亲切，让我们对他们的到来再次表示热烈的欢迎！

近年来我们北京大学在两岸的文教学术交流中，扮演了越来越重要的角色，今天李敖先生的到访，对进一步密切两岸学术界文化界的联系，促进两岸知识界的良好互动，继续推动两岸的和平友好交流，具有十分积极的影响。我们也诚挚地欢迎越来越多的台湾学者来大陆，来北大访问、教学，同心协力将我们中华文化发扬光大。

最后预祝李敖先生北京大学演讲会取得圆满成功，谢谢大家！

【例文剖析】

这是北京大学校务委员会主任闵维方教授欢迎李敖北大演讲所致的欢迎词。正文首先表明北大全体师生对李敖到访的喜悦之情，随后较为详细地介绍了李敖生平，让师生对其有一个初步了解，亦有助于师生更好地理解李敖演讲的内容。闵教授还特别指出李敖的多位亲友都和北京大学有着颇深渊源，以此拉近北大学子们和李敖的距离。正文的最后，指出李敖来访的重要意义，并借此强调北大欢迎更多的台湾教授和学者来访，指出北大愿意为密切两岸学术联系、推动两岸和平交流作贡献。结尾部分预祝李敖在北京大学的演讲圆满成功。全文热情亲切，不卑不亢，对李敖的来访表示了热烈的欢迎。

二、欢送词

（一）欢送词概述

1. 欢送词的含义

欢送词是在公开场合上，东道主对客人、朋友、学生、退伍战士等离去表示真诚欢送的讲话文体。欢送词广泛适用于各类送别的酒会、宴会、晚会、欢送会、闭幕式和其他送别仪式上，东道主可以表达惜别祝福之情，还可以借此委婉传达礼数不周的歉意、希望来日再叙情谊的愿望，起到进一步加深情谊的作用。

2. 欢送词的特点

（1）对应性。

欢送对象是具体而特定的，双方的身份、关系以及欢送的场合也是特定的，一篇欢送词只能与此相对应，一般不能挪用到其他场合。

（2）惜别性。

欢送词是为了表明东道主对客人离去的依依不舍，所以致欢送词当怀有一种惜别心情，当然格调也不能过于低沉，尤其是在公共事务的交往中，更应把握好惜别语言的格调，不能过于虚饰。

（3）口语性。

欢送词最终是要当面向宾客口头表达的，因此用词要注意适当生活化。

（二）欢送词的写作要领

欢送词的基本结构和欢迎词大致相同，一般由标题、称谓、正文、结尾、落款等几个部分组成。

1. 标题

一般直接用文种"欢送词"为标题，全称方式为"×××致×××的欢送词"，或"在×××欢送会上的致辞"。

2. 称谓

标题之下顶格书写对方的全名、职务、头衔等，前或加表示亲切、尊敬的修饰语。

3. 正文

称谓下一行空两格开始写正文。正文部分要根据不同的送别对象展开，如回顾彼此相处时双方建立的情谊、取得的合作成果，肯定对方来访的积极意义、感谢对方的指导和帮助，勉励对方在以后的岁月里开拓进取，展望双方日后的合作和交流等。

4. 结尾

针对在场以及因故不在场的所有宾客，可以祝贺访问活动的圆满成功，也可以祝福对方一路平安，期待以后再相聚等。

5. 落款

欢送词一般无须落款，如需刊发可在标题之下或文末署名。

（三）欢送词的写作要求

1. 态度真诚、感情真挚

欢送词适合于各类送别仪式上，经过一段时间的相处，宾主双方已经有进一步的了解和合作，因而欢送词更注重感情真挚。

2. 注重礼节

欢送词带有礼仪性质，因此要注重礼节，包括称呼宜用全称，避开对方的忌讳，尊重对方的风俗习惯等。

（四）例文评析

不可能的告别
——北大法学院 2010 年毕业欢送会致辞

因为学院换届，各位同学，我原以为今年不用致辞了，可以轻松了；但新班子还没定下来或是没宣布，临了临了，我只好再一次，也是最后一次，在这里代表北大法学院真诚祝贺并欢送你们毕业。

尽管有些年了，但致辞还真不是件惬意、风光的事。我嗓子也不行，唱不了高调，还老跑调，每每让那些挤在真理身边的人士听了窝心（都往那儿挤，若是把真理挤掉下去，那可就狼狈了）。而且也就那么些话，真诚的重复还是重复，深情的唠叨也还是唠叨，这两年还有了赝品，今年就有，还不能算什么"山寨版"（差别是声称的作者）；因此，我很担心你们厌烦。何况这一次还是临阵磨枪，昨晚和今天一大早我都在办公室写和修改。但怎么办呢？我们生活在一个日益制度化即所谓法治的时代，不管你愿意不愿意、喜欢不喜欢，都得遵守制度，履行职责。

因此就不全是调侃。因为，法治并非某个文件或书本上那些让一些人热血上头让另一些人昏昏欲睡的语词，而就是现代生活少不了的大大小小的规矩，包括毕业由谁致辞，说些什么，以及怎么说等等，自然也就不得假冒。规矩不一定起眼，有时还让人闹心，却大致能给人们一个稳定的期待。而你即将踏入的社会，就是我们参与创造的这样一个制度网络。她对你会有全新的稳定的期待，你要从更多接受他人的关爱和宽容转向更多地关爱和宽容他人，甚至仅仅因为你是北大法学院毕业，要求更高、更苛刻。

不错，我说过"发现你的热爱"，那是在新生入学之际，是就大学学习而言；对于毕业生，我的告诫从来都是"责任高于热爱"。记住，承担责任，有时不是因为你喜欢，而是尽管你不喜欢，这是对成人的要求，理解并做到了这一点就算大人了。这或许是毕业对于你最重要的意味。

与此相关的则是要守住自己。去年我已说过，大学教育天生有缺陷，还无法弥补。今年再加两句吧。学校会增加你的知识，但知识不等于德性，提升不了人的德性，也增加不了你的判断力和意志。别以为学了多年法律，有了法学学士、硕士、博士学位，嘴边挂着正义，就真以为自己正义了或是比别人更正义。这是一些脑子不清楚或是脑子太清楚的法律人编出来的，忽悠别人，捎带着推销自己，但弄不好也会把自己给忽悠了。想一想，难道学经济的，天天念叨亚当·斯密或成本收益，就个个亿万富翁了？好像（这个"好像"完全是个修辞）比尔·盖茨、斯蒂夫·乔布斯都不是学经济的，还都辍学了。"知识越多越反动"当然不对，但也别以为念过几本书，知道几个词，还会说"我很 happy"，人就聪明或高尚起来了。这些年来，我们就生生看着一些法律人倒掉了，学位、地位甚至学问都不低。最近，还包括我们一位1986年毕业在商务部工作的校友。

我不怕丢人，也不怕这一刻令各位扫兴，提及这位校友，是因为，对于承担更多更大社会责任的精英来说，对于你们来说，这是个真问题，很现实，也很要紧。腐败会追着社会责任，农民工即使想受贿也会受歧视。孔子早就看到了这点，因此他提醒君子——不是普通人——三戒；说的是一回事，就是任何时候，都别光看见眼前那点私利，都别给自己干坏事找借口。如果你能戒，就是君子；没戒或没戒成，就不知该如何称呼你了。君子的界定是行为主义的，不是自我想象的——莎士比亚说过：在恶棍心里，自己也会是个大好人。

人们常说今天是一个充满机遇和挑战的时代，是社会转型、社会道德共识重建的时代。但换个说法，同义反复一下，会让我们看到和想到更多的问题。这句话也是说，今天是一个诱惑很多、外在规范特别是制约不够的年代。这挑战法治，更挑战一个人德性、操守和判断力。如果没有或不足，或是有侥幸心理，你就把握不了自己，容易忘乎所以，随波逐流，一不小心也可能混迹于成功人士。但记住鲁迅先生的话，大意是：如果你真能折腾，真会忽悠，也会小有斩获；但要想凭此成大事，自古以来，门儿都没有。

当外在规范和制约不足时，我们心里就更需要有点荣辱感，也就是当独自面对自己或永恒时，你心头会突然掠过的那一丝莫名的骄傲、自豪和优越感；借用李敖的诗，还"不要那么多，只要一点点"。有了这么一点，你就会更看重做事，努力做成事，而不是太计较所谓的公正回报，也不那么关心或总是关心别人对你的看法；你就可以不要求别人理解和原谅，却可以，恰恰因为你理解了而不原谅、不宽恕某些人、某些事。

人生有许多事不值得较真，但有些事必须较真，要对得起自己。如果觉得不该做的，无论是折腾人还是倒腾事，就是不做；该做的，那么，"虽千万人，吾往矣"，爱谁谁！但这不是知识问题；就算是，北大也给不了你。得你自己养成，在一次次艰难有时甚至是痛苦的选择和行动之后。它拒绝机会主义，需要德性，对自己的真诚，有时还要有点血性。

听起来像是说教和劝善，其实不是。我55岁了，有点天真，却不只有天真；我也毫不掩饰自己相信后果主义和实用主义（别有人认得这几个字，爱拿北大说事，就以为可以开练了。当心闪了腰！）。我是认为，只有这样，一个人才可能穷达淡定，宠辱不惊，守着自己的那点事业，守着自己的那份安宁，哪怕在世俗眼光中他/她既不富有也不成功，甚至很失败；也只有这样，我们才有一个虽不完美却还是值得好好活着并为之努力的社会，而许多人也会因此多了一个好好活着的理由。

就让你我赞成这个理由！

难道我们不就是为此才走进北大的吗？尽管，许多同学就要告别这个校园了，我也将告别院长的职责。我们都如流水；我们都是过客。

但我们不可能告别北大。

北大并不只是一所大学的名字，不是东经 116.3°北纬 39.99°交汇处的那湾清水、那方地界，甚至不是所谓的北大象征——"一塔湖图"或墙上铭刻的北大校训。你我都有一个属于自己的北大，包括农园的油饼或二教的自习，一帮子伪球迷半夜爬起来光着膀子看世界杯，或是"淘宝网"上等候秒杀，当然还有岁末晚会上许校长那并不动人却因此更加动人的歌声，或是那枚从没别上你胸前、已经找不到了却永远别在你心头的校徽……

北大也是近代以来许多中国人的一个梦。你我就生活在，明天则会说曾经生活在，他们的梦中；他们也因此永远生活在你我的梦中了。不是什么庄生梦蝶；我说的只是，因为北大，我们懂得了责任，并且有能力担当。

更何况高铁和飞机，google 街景、短信以及刚上市的 Iphone4G，已经彻底改变了农业社会的"此去经年，应是良辰好景虚设"。天涯比邻，法学院随时欢迎你回家看看，也会以更多方式与你同在——无论你身在何方!?

但为什么呢，为什么呢？穿过时光，穿过南方的山、北方的河，我们祖先的基因又一次跋涉而来，在你年轻的心中撩起了古老的离愁……

如果实在扛不住，就"小资"一下吧。用剩下的几天，细细体会一下你似乎从未有过的软弱和温情，伤感那"小鸟一样不回来"的青春，告别——在你入学时我祝福的——这段"也许不是你最幸福，肯定不是你最灿烂，但必定是你最怀念的时光"！

然后，我们出发。

这个夏日，北大见证了一批过客，他们要到一个叫做"前方"的地方去。

【例文剖析】

从 2001 年起，北京大学法学院的毕业生欢送会上，时任院长的朱苏力教授都会致辞，上文为 2010 年 6 月的毕业欢送词。苏力教授的欢送词别具风格，以一种较为优美自然、生动平实的语言风格，向毕业生娓娓道来他对学术道德、职业伦理、理想人格的理解，对人生、社会的感悟。没有官话、套话，也没有高调、腐言，更没有溢美之词，相反，有很多告诫和批评，并提醒毕业生站在普通民众立场观察问题的同时，不能忘记自身应当承担的种种责任，字里行间，透露出的是作者对当前社会的清醒认识和深刻洞察，以及对中国莘莘学子尤其是法学专业学生的热爱和期盼，读罢颇令人掩卷深思。

三、答谢词

（一）答谢词概述

1. 答谢词的含义

答谢词是在公开场合上，对对方的帮助、援助、招待、祝贺或奖励等表示感谢的讲话文体。答谢词可以在对方致欢迎词、欢送词后发布，也可以在宴会、晚会、招待会、颁奖会等专门性的仪式活动中发布。答谢的对象可以是个人，也可以是机构、单位。

2. 答谢词的特点

答谢词力求真诚、动人、感人，感情充沛又发自内心，把受到帮助、款待、鼓励之后的感谢之情真实充分、自然而然地表露出来，切不可夸大其词或虚构。如果是在外交场合，在注意语句委婉的同时要坚持原则。

（二）答谢词的写作要领

答谢词一般由标题、称谓、正文、结尾、落款等几个部分组成。

1. 标题

一般直接用文种"答谢词"为标题，全称方式为"×××致×××的答谢词"，或"在×××欢送会上的答谢词"。

2. 称谓

标题之下顶格书写对方的全名、职务、头衔等，前加表示亲切、尊敬的修饰语。

3. 正文

称谓下一行空两格开始写正文。正文部分应先讲清向对方表示感谢的原委，可简要回顾双方相聚的美好时光，做客期间受到什么样的友好接待，适当讲述自己对主人的美好印象，双方取得的共识和成果，赞颂对方的高尚精神，抒发自己的感激之情等。如果是授奖、颁奖仪式上的答谢词，可以精练地叙述自己所取得的成绩和经过，目前存在的不足和努力改进的方向也可适当提及，再感谢帮助过自己的领导、同事、朋友和颁奖单位、部门等。

4. 结尾

结束语部分可再次表示感谢，在酒会上常建议"共同举杯"为结束语。

5. 落款

欢送词一般无须落款，如需刊发可在标题之下或文末署名。

（三）答谢词的写作要求

1. 真挚委婉

答谢词是为感谢东道主的热情接待而作，因而要表现出适度的感谢之情，但不能矫情虚饰。

2. 注重礼节

答谢带有礼仪性质，因此要注重礼节，包括称呼宜用全称，还要尽可能地邀请对方回访。

3. 语言简洁

答谢词一般不涉及实际性问题，篇幅凝练。用词要口语化，力求生动。

（四）例文评析

××集团股份有限公司总经理致答谢词

尊敬的各位嘉宾、各位投资者、各位网友：

××集团股份有限公司首次公开发行 A 股网上路演即将结束了。谨此，我代表公司全体同人对各界朋友的真诚参与和大力支持表示最衷心的感谢！

短短几个小时的网上交流，投资者们在企业发展的各个层面与我们进行了深入沟通，广大投资者对××股份经营发展的关注与支持，使我们深受感动和鼓舞。本次交流活动中，大家对公司的健康成长和价值提升提出的很多宝贵意见与建议，使我们受益匪浅，这也是大家给予我们的宝贵财富和无形鞭策。我们深深体会到未来作为一家上市公司的使命、责任和压力。我们将充分重视广大投资者的意愿，严格按照法律、法规运作，诚信经营，科学管理，努力做到更好。我们真诚希望与大家保持沟通和联系，希望大家对××股份今后的发展给予持续的关注与支持。

××股份本次股票发行上市，标志着公司迈入了一个崭新的发展阶段。我们相信，有各级主管部门、监管机构、保荐机构以及广大投资者和社会各界朋友的帮助和支持，××股份必将借力资本市场，依托行业领先优势，更好地把握市场机遇，打造一个健康优秀的上市公司，以更加优良的业绩回报股东，回报社会！

最后，再次感谢各位抽出宝贵时间积极参与本次路演活动！感谢中国证券网为路演提供的互动平台和良好服务！感谢所有中介机构为本次公司股票公开发行所付出的不懈努力！谢谢大家！

【例文剖析】

这是某集团公司股票的网上路演（指证券发行商发行证券前针对机构投资者的推介活动）结束后公司总经理的答谢词。致辞人先对路演过程作一简单总结，感谢投资者对该公司的关注和支持，然后向与公司上市相关的有关部门和社会各界表示感谢，代表公司承诺将打造一个健康优秀的上市公司，诚信经营、科学管理，以此来回报股东、回报社会。文字简洁流畅，情感真诚，充分表达了致辞者对相关部门、社会各界和广大投资人的感谢之情。

自主学习

1. 欢迎词、欢送词和答谢词各不相同，说说它们分别适用于什么场合？
2. 欢迎词、欢送词和答谢词的写作要领分别是什么？
3. 欢迎词和答谢词的称谓要注意什么？
4. 欢迎词、欢送词和答谢词的写作要求分别是什么？
5. 欢迎词和答谢词在分别表现欢迎之情、答谢之情时要注意什么？

第七节 开幕词和闭幕词

一、开幕词

（一）开幕词概述

1. 开幕词的含义

开幕词是在重要会议和聚会、晚会等活动开始前，由主持人或相关领导、社会名流所发表的讲话文体。开幕词分为侧重性开幕词和一般性开幕词两类，前者往往对会议和活动的历史背景、重大意义和中心议题作详细阐述，后者则只对会议或活动的目的、议程、来宾等作简要概述。

2. 开幕词的特点

开幕词具有两个特点：一是庄重性，只有在比较重大的会议或活动才会举行开幕式，致开幕词者具有一定的身份地位，因此开幕词要注意分寸尺度，既不能过于时尚，又不能陈词滥调。二是宣传性，开幕词通常体现了会议或活动的指导思想，为保证会议或活动的顺利进行，致辞者要以具有一定鼓动力、感染力和号召力的语言，激发参与者的积极性。

（二）开幕词的写作要领

开幕词一般由标题、称谓、正文等几个部分组成。

1. 标题

通常有三种写法，一是会议名称加文种组成，如"国庆晚会开幕词"；二是前面再加上致辞人姓名，如"××同志在××代表大会上的开幕词"，或"××同志在××代表大会开幕式上的讲话"；三是分正、副标题，主标题概括或揭示内容中心或主旨，如"我们的文学应走在世界前列——中国作家协会第四次代表大会开幕词（巴金）"。

2. 称谓

开幕词的称谓比较正式，一般用"同志们"、"代表们"、"各位朋友、代表们"等。

3. 正文

一般包括开头、主体和结尾三部分。开头部分宣布会议或活动正式开始，主体部分可以介绍会议或活动的主题、宗旨，分析面临形势，阐释会议的意义、作用和影响。结尾提出希望和号召，如"预祝大会圆满成功"，语气上要带有号召力和鼓动性，用以适当调动现场气氛。

（三）开幕词的写作要求

1. 庄重热情

开幕词要正式宣布会议的开始，对参加者和来宾的到来表示欢迎，结束语还要带有号召力和鼓动性，因此开幕词既要庄重，又要表示出适度的热情，以调动气氛。

2. 主题明确

开幕词的主要内容应围绕会议或活动的主题或基本精神展开，与会议或活动无关的话题没有必要放入。

3. 简洁明晰

开幕词的语言要生动、简洁，结构要严谨、严密，篇幅不长，不需要长篇宏论。用词要口语化，力求生动。

（四）例文评析

中华人民共和国第一届全国人民代表大会第一次会议开幕词
毛泽东
（一九五四年九月十五日）

各位代表：

中华人民共和国第一届全国人民代表大会第一次会议，今天在我国首都北京举行。

代表总数一千二百二十六人，报到的代表一千二百一十一人，因病因事请假没有报到的代表十五人，报到了因病因事今天临时缺席的代表七十人。今天会议实到的代表一千一百四十一人，合于法定人数。

中华人民共和国第一届全国人民代表大会第一次会议负有重大的任务。

这次会议的任务是：制定宪法；制定几个重要的法律；通过政府工作报告；选举新的国家领导工作人员。

我们这次会议具有伟大的历史意义。这次会议是标志着我国人民从一九四九年建国以来的新发展的里程碑。这次会议所制定的宪法将大大地促进我国的社会主义事业。

我们的总任务是：团结全国人民，争取一切国际朋友的支援，为了建设一个伟大的社会主义国家而奋斗，为了保卫国际和平和发展人类进步事业而奋斗。

我国人民应当努力工作，努力学习苏联和各兄弟国家的先进经验，老老实实，勤勤恳恳，互勉互助，力戒任何的虚夸和骄傲，准备在几个五年计划之内，将我们现在这样一个经济上文化上落后的国家，建设成为一个工业化的具有高度现代化程度的伟大的国家。（热烈鼓掌）

我们的事业是正义的。正义的事业是任何敌人也攻不破的。（热烈鼓掌）

领导我们事业的核心力量是中国共产党。（热烈鼓掌）

指导我们思想的理论基础是马克思列宁主义。（热烈鼓掌）

我们有充分的信心，克服一切艰难困苦，将我国建设成为一个伟大的社会主义共和国。（热烈鼓掌）

我们正在前进。

我们正在做我们的前人从来没有做过的极其光荣伟大的事业。

我们的目的一定要达到。（鼓掌）

我们的目的一定能够达到。（鼓掌）

全中国六万万人团结起来，为我们的共同事业而努力奋斗！（热烈鼓掌）

我们的伟大的祖国万岁！（热烈的长时间的鼓掌）

【例文剖析】

这是毛泽东同志在第一届全国人大第一次会议开幕式上的发言。全文可分四层：第一层，宣布大会开幕，并向代表们报告到会人数、合法性等基本情况；第二层，介绍阐释这次大会的任务和意义；第三层，指出全国人民的总任务和实现的途径；第四层，以极富鼓动力和洞穿力的口号式语句，号召全体人民为之奋斗。整篇开幕词篇幅短小，语言精练，但号召力、鼓舞力非常巨大，营造出激动人心的良好气氛，多次赢得代表们长时间的热烈鼓掌。

二、闭幕词

（一）闭幕词概述

闭幕词是在重要会议和聚会、晚会等活动结束时，由主持人或相关领导、社会名流所发表的带总结性的讲话文体。闭幕词一般对会议活动的基本情况进行总结，评价其影响和意义，提出今后的任务。闭幕词常与开幕词相呼应，首尾相照，显示出会议或活动的组织严密。

（二）闭幕词的写作要领

闭幕词一般由标题、称谓、正文等几个部分组成。

1. 标题

通常以会议或活动名称加文种"闭幕词"为标题，也可以在前面加上致辞人的姓名，如"中华人民共和国第十届运动会闭幕词"，或"××同志在××代表大会上的闭幕词"，或"××同志在××代表大会闭幕式上的讲话"。

2. 称谓

一般用"同志们"、"代表们"、"各位朋友、代表们"等较为正式的称呼。

3. 正文

一般包括开头、主体和结尾三部分。开头可以先问候参会者并感谢其支持，主体部分可以回顾会议或活动的进程，概括主要内容和取得的成果，肯定会议或活动的意义，对出现的问题则表明立场，还可以提出今后的任务和要求。结尾部分正式宣布会议或活动的结束，并提出希望和号召。

（三）闭幕词的写作要求

1. 庄重热情

和开幕词互相呼应，闭幕词宣布会议或活动的正式结束，并对参与者期间的努力和付出表示感谢，因而既要庄重，又要热情。

2. 适当总结

闭幕词可以对会议或活动的成果进行简要评析或作出总结，还可以提出一些建设性意见供参与者考虑，但不必涉及所有内容。

3. 简洁明晰

闭幕词的语言要简洁流畅，节奏明快，篇幅不要过长，用词要口语化，力求生动。

（四）例文评析

国际奥委会主席罗格在北京第 29 届奥运会闭幕式上的致辞

亲爱的中国朋友们：

今晚，我们即将走到 16 天光辉历程的终点。这些日子，将在我们的心中永远珍藏，感谢中国人民，感谢所有出色的志愿者，感谢北京奥组委。

通过本届奥运会，世界更多地了解了中国，中国更多地了解了世界，来自 204 个国家和地区奥委会的运动健儿们在光彩夺目的场馆里同场竞技，用他们的精湛技艺博得了我们的赞叹。

新的奥运明星诞生了，往日的奥运明星又一次带来惊喜，我们分享他们的欢笑和泪水，我们钦佩他们的才能与风采，我们将长久铭记再次见证他们的辉煌成就。

在庆祝奥运会圆满成功之际，让我们一起祝福才华洋溢的残奥会运动健儿们，希望他们在即将到来的残奥会上取得优秀的成绩。他们也令我们倍感鼓舞，今晚在场的每位运动员们，你们是真正的楷模，你们充分展示了体育的凝聚力。

来自冲突国家竞技对手的热情拥抱之中闪耀着奥林匹克精神的光辉。希望你们回国后让这种精神生生不息，代代永存。

这是一届真正的无与伦比的奥运会，现在，遵照惯例，我宣布第 29 届奥林匹克运动会闭幕，并号召全世界青年四年后在伦敦举办的第 30 届奥林匹克运动会上相聚，谢谢大家！

【例文剖析】

第 29 届夏季奥运会于 2008 年 8 月 24 日晚闭幕，国际奥委会主席罗格发表了这篇热情洋溢的闭幕词。罗格先生先对中国人民、所有志愿者和北京奥组委表示感谢，然后高度赞扬在本届奥运会上奋力拼搏的运动员和选手们，指出这正是真正的体育精神和奥林匹克精神的体现，并希望这种精神能够进一步发扬光大、生生不息。最后高度评价北京奥运会的成功举办，展望下届伦敦奥运会的到来。整篇闭幕词充满热情，在盛赞参加赛事的奥运选手的同时，更注重突出和宣扬奥运精神，足以获得绝大多数人的认同。

自主学习

1. 开幕词和闭幕词分别适用于什么场合？
2. 开幕词和闭幕词的正文部分包括哪些内容？
3. 开幕词和闭幕词的写作要领分别是什么？
4. 开幕词如何撰写才能适当调动现场气氛？

第八节　祝词和悼词

一、祝词

（一）祝词概述

1. 祝词的含义

祝词，也称祝贺词，适用于各类喜庆场合中对人对事表示良好祝愿和隆重祝贺的一种文体，主要适用于典礼、剪彩、开业、寿辰、婚礼、酒会等重要场合。

2. 祝词的特点

祝词用语要注意准确、得体，语调要热烈、欢快，结构要紧凑、完整，富有感情色彩，态度要诚恳，对受贺者的评价和赞颂要恰如其分，切不可虚情假意，也不能使用辩论、责备、鄙视的语气。

3. 祝词的分类

根据祝愿对象和内容的不同，祝词可以分为五类：一是节日祝词，如"春节祝词"、"国庆讲话"等；二是寿诞祝词，向老年人和亲朋好友祝贺生日时使用；三是婚礼祝词，结婚典礼上祝贺新人时使用；四是祝酒词，用于各种酒会、宴会和招待会；五是事业祝词，祝贺个人或单位事业发达，这类祝词运用广泛，诸如会议开幕闭幕、工程剪彩竣工、公司开张乔迁以及周年庆典活动等均可使用。

（二）祝词的写作要领

祝词一般由标题、称谓、正文、结尾、落款等几个部分组成。

1. 标题

第一行居中写标题，可以注明类别，如"祝婚词"、"祝酒词"，或者写明祝贺的对象或主旨，如"2008 中国·吉林查尔干湖蒙古族民俗旅游节欢迎晚宴祝酒词"。

2. 称谓

标题下一行顶格写被祝贺的单位名称或个人姓名，称呼前可加"尊敬的"、"亲爱的"等修饰定语表示敬重，称呼后加职位、头衔，或"先生"、"女士"等泛称。

3. 正文

根据不同的祝贺对象具体陈述不同的内容，或肯定其工作成绩、称赞其所作贡献，或赞颂长者福如东海、寿比南山，或称颂新娘新郎情投意合、相敬如宾，等等。

4. 结尾

以祝愿、希望、共勉之类的言辞收尾，如"祝您健康长寿"、"祝生意兴隆、财源滚滚"等。

5. 落款

写明祝贺单位或个人姓名的全称，如果标题中已经涉及，此处可省略。

（三）祝词的写作要求

1. 感情真挚

祝词种类虽多，但均为表示祝贺之意，要感情真挚、态度诚恳，让对方充发体会到祝贺者的真心实意。

2. 主题明确

祝词适用于不同的场合，要了解对方的基本情况，根据身份的不同，紧扣祝贺事由致不同的祝词，并做到言之有物。

3. 雅俗共赏

祝词适用于公开场合，要隆重热烈、别致贴切，雅俗共赏、亦庄亦谐，这样才能调动气氛。祝词要避免使用不吉祥的用语。

4. 篇幅精短

祝词宜短小精悍，不必长篇大论。用词要口语化，力求生动。

（四）例文评析

周恩来总理在田中总理大臣举行的答谢宴会上的祝酒词

尊敬的田中角荣首相阁下，各位日本贵宾们，朋友们，同志们：

今天晚上，田中首相阁下举行宴会，盛情款待我们。请允许我代表在座的中国同事们并以我个人的名义，向首相阁下和各位日本贵宾，表示深切的谢意。

田中首相这次来我国访问，时间很短，但是取得了丰硕的成果。

田中首相会见了毛泽东主席，进行了一小时认真、友好的谈话。

我们双方举行了多次会谈，就实现中日邦交正常化和双方共同关心的问题，进行了认真、坦率和友好的讨论。本着互相谅解和求大同存小异的精神，我们在有关中日邦交正常化的一系列重要问题上达成了协议。

我们即将结束两国间迄今存在的不正常状态。战争状态的结束，中日邦交的正常化，中日两国人民这一长期愿望的实现，将打开两国关系中的新篇章，并将对缓和亚洲紧张局势和维护世界和平，作出积极的贡献。

我热烈祝贺我们会谈的圆满成功，并高度评价田中首相和大平外相为建立中日邦交作出的重要贡献。

我们取得的成就应当归功于我们两国人民。我相信，他们一定会为我们的成就而感到非常高兴。

在这一历史性时刻，我愿代表中国人民，对那些长期以来为促进中日友好和实现中日邦交正常化作出贡献甚至不惜牺牲自己生命的日本各界朋友，表示衷心的感谢和敬意。

中日两国是社会制度根本不同的国家。但是，我们双方富有成果的会谈证明，只要双方都具有信心，两国间的问题，是可以通过平等协商得到解决的。

我相信，只要我们双方信守和平共处五项原则，我们两国的和平友好关系定能不断得到发展，我们两国伟大的人民定能世世代代地友好下去。

现在，我提议：

为田中首相阁下的健康，为大平外相阁下、二阶堂官房长官阁下的健康，为全体日本贵宾们的健康，为在座的朋友们和同志们的健康，为中日两国人民的伟大友谊，干杯！

【例文剖析】

这是 1972 年 9 月 28 日，周恩来总理在日本内阁总理大臣田中角荣于北京人民大会堂举行答谢宴会上的祝酒词。在这段祝酒词中，周恩来总理先对客人致以谢意，然后简单回顾并高度评价了双方多次会谈所取得的种种历史性成就，深情展望双方未来能够世世代代保持友好关系。在祝酒词的最后，周恩来总理提议为来访的田中首相和日本客人，为中日两国人民的伟大友谊干杯。全文高瞻远瞩，充满乐观又坚持原则，热情洋溢又不失含蓄内敛。

二、悼词

（一）悼词概述

1. 悼词的含义

悼词也称祭文，分狭义和广义两类。狭义悼词专指在追悼会上对逝者表示哀悼的文辞；广义悼词泛指针对一切逝者表示哀悼、缅怀、景仰的纪念性文辞。悼词如果以电报形式发出，则称为唁电。

2. 悼词的特点

悼词具有以下三个特点：一是哀婉性，斯人既逝，任谁都无法改变，唯有借一纸悼词追念逝者、宽慰生者，因此哀痛、婉转可以说是悼词最重要的特点。二是褒扬性，悼词并非一味哀痛，要叙述逝者的生平，赞颂其高尚品德和杰出成就，起到痛惜逝者、鼓舞生者的作用。同时要掌握分寸，不能过度溢美。三是深刻性，悼词还可以对逝者的思想、成就作出深入分析，借此揭示出更为深刻的社会问题或人生哲理，引发人们更多的思索，例如恩格斯的《在马克思墓前的讲话》、雨果的《巴尔扎克葬词》，就具有这样的效果。

3. 悼词的分类

悼词根据其表现手法，可分为三类：一是评述类悼词，一般由单位撰写，往往在追悼会上当众宣读；二是记叙类悼词，多由逝者的亲朋好友撰写，可以在报刊上发表；三是抒情类悼词，侧重抒发撰写者的痛惜之情，往往以散文、诗歌等文学体式出现，甚至包括古典诗词，格调高雅，也可以公开发表。

（二）悼词的写作要领

悼词一般由标题、正文、结尾等几个部分组成。

1. 标题

一般为"×××悼词"、"悼×××先生"、"在×××同志追悼会上的讲话"等，抒情式悼词的标题可以不拘一格。公开发表的悼词应在标题后署名。

2. 正文

评述类悼词一般以"我们以沉痛的心情悼念××同志"开头，点明逝者去世的原因、时间、地点、享年等要素。然后简要介绍逝者的生平、功绩、品德，指出逝者令人尊敬的地方和原因，要注意材料翔实、评介公允。最后再次表达对逝者的哀思和怀念。公开发表的记叙类悼词以叙述为主，夹叙夹议，间有抒情，按纵向的时间或内在的逻辑关系展开。抒情类悼词的限制更少，结构宽松，主要从情字入手，文体也比较多样。

3. 结尾

再次表达对逝者的深切哀痛之情，用诸如"×××同志永垂不朽"、"×××先生千古"等用语结尾。

（三）悼词的写作要求

1. 庄重得体

悼词适用于对逝者表示哀悼的正规场合，要庄重得体，主要表达对逝者的痛惜和怀念之情，同时适当评价逝者的生平事迹，重点突出。

2. 行文严谨

悼词的用语要反复推敲、仔细斟酌，对逝者生平和成绩的叙述要准确无误，评价要公允平实，虽溢美而不过度，各方面都能接受，一般不涉及其不足。

3. 哀而不伤

悼词除了表达痛惜和怀念之情外，还要适当化解悲痛，既宽慰家属亲朋，更对后人起激励和鞭策作用。

（四）例文评析

正直精神，永为激励

金庸

得到巴金先生逝世的噩耗时，我正在剑桥。刚上完麦大维教授的读书课，硕士班的同学共五人，读的是拓本的《李邕墓志铭》，铭文头两句是："物寒独胜，高不必全。"麦教授让大家讨论，我举了毛泽东爱写的两句话"木秀于林，风必摧之；堆出于岸，流必湍之"为例解释，这是中国人传统的处世哲学，俗语所谓，"人怕出名猪怕壮"、"枪打出头鸟"，教人以养晦为上。

其实文化大革命所针对的正是各界权威人物，巴金先生是文学界的大作家，不论是非，当然免不了中枪，正如《李邕墓志铭》中所说："犀象齿革，贤达鉴戒，而公是之，君子以为恨。"君子以为恨，古今同悲。

巴金先生"文革"时苦受批判，幸而精神坚毅，得保性命，不致如李邕那样，

"年七十三，卒于强死！"巴金先生坚持到今日，写了一部掷地作金石声、惊天动地的《随想录》。他多活了三十几年，实在是中国文学界的大幸事。巴金这样的英豪之士，正如孔璋对李邕的评价："文堪经国，刚毅忠烈，烈士抗节，勇不避死，难不苟免。"

"文革"时期，我身在香港，后来读到巴金先生发表在《大公报》上的《随想录》，自忖：如果我遇到巴金先生那样重大的压力，多半也难免屈服而写了那些他当时所写的违心之论，但后来却绝不能像他那样慷慨正直地自我检讨，痛自谴责。

巴金先生一直是我所十分敬佩的文人。不但由于他文字优美，风格淳雅，更由于他晚年所表现的凛然正气，巨大的正义感。

我最初读巴金先生的《家》，是小学六年级，正在浙江海宁家中，坐在沙发中享受读书之乐。哥哥见到我正看《家》，说道："巴金是我们浙江嘉兴人，他文章写得真好！"我说："不是吧？他写的是四川成都的事，写得那么真实。我相信他是四川人！"

哥哥说："他祖上是嘉兴人，不知是曾祖还是祖父到四川成都去做官，就此住了下来。"哥哥那时已在读大学，读的是中文系，意见很有权威，我就信了他的。同时觉得，《家》中所写的高家，生活情调很像我们江南的，不过我家的伯父、堂兄们在家里常兴下围棋、唱昆曲、写大字、讲小说，《家》中高家的人却不大干这些事。

巴金先生在《家》中写得最好的，现在我想是觉新、瑞珏和梅表姐三个，因为我年纪大了，多懂了些人情世故才这样想，在当时，以为最精彩的是觉慧与鸣凤，不过，家里的丫头们不好看，不及学校里女同学们美丽，仍觉得觉慧与鸣凤恋爱不合理。

读小说常常引入自己的观念，这是天下小说读者常有的习惯。我当时最爱读的是武侠小说，因此觉得《家》、《春》、《秋》、《春天里的秋天》这一类小说读来还不够过瘾。直到自己也写了小说，才明白巴金先生功力之深，才把他和鲁迅、沈从文三位先生列为我近代最佩服的文人。

我一直想到上海医院去看望这位我从小到大都钦佩的人，只是想到他老人家病中不宜劳神，这才就此永远失去了机会。他女儿李小林小姐曾送我一张印有巴金先生肖像的瓷碟，我放在书房的架上，一转头就可见到他慈祥的笑容。巴金先生去世，我深为悲悼，写这篇悼文时我在英国，但我知道，他的肖像仍竖立在我书房的架上，巴金先生正直的精神永远是我的激励！

【例文剖析】

2005 年 10 月 17 日，文学巨匠巴金在上海逝世，19 日，正在英国剑桥大学学习的香港著名作家金庸，给新华社亚太总分社发来传真，以这篇题为"正直精神，永为激励"的悼念文章，表达了对巴金先生辞世的哀悼之情。这是一篇抒情类悼词，前半部分从作者正在探究的唐代著名书法家李邕引出巴金老人，并对巴金老人作出高度评价。后半部分结合作者的自身经历，谈对巴金作品的逐步理解。

全文材料翔实，言之有物，语言庄重得体，哀而不伤，主旨鲜明，深刻揭示了体现在巴金老人身上的、足以激励作者和国人的正直精神。

自主学习

1. 祝词和祝贺信有什么相同点和不同点？
2. 祝词和悼词如何分类？
3. 祝词和悼词的写作要领分别是什么？
4. 祝词和悼词的写作要求分别是什么？
5. 悼词可适当使用哪些修辞手法？

延伸学习

1. 以下是一位子女在其母亲七十寿诞时写的一篇祝词，请为全文加上合适的称谓，调整文中段落，使全文的思路更加清晰，并加上一段祝颂性结尾。

在这天降祥瑞的冬日里，我们感到异常温暖和激动，因为在这美好的日子里，迎来了我母亲七十岁的寿诞。今天，这里欢声笑语、喜气洋洋。谨此，我代表我们兄弟姐妹及子女，对所有光临的各位长辈、各位嘉宾和亲朋好友们，表示热烈和衷心的感谢。

"养儿方知父母恩"，今天，我们深深地感受到，母亲给予我们的，不仅仅是生命和身体，更多的是勤奋质朴、与人为善的精神动力，这些，才真正是我们一生受益的无价之宝，是我们取之不尽、用之不竭的力量和财富源泉。

在这里，我代表我的兄弟姐妹及子女向母亲送上最真诚的祝福，祝母亲福如东海、寿比南山！健康如意、笑口常开！

风风雨雨七十载，古稀之年的母亲已经阅尽人间沧桑，她一生中最大的财富是她那勤劳善良的朴素品格，她那宽厚待人的处世之道，她那严爱有加的朴实家风。这一切，伴随她经历了坎坷的岁月，更伴随她迎来了今天晚年生活的幸福。

×××

××××年×月×日

2. 某市望湖社区在九九重阳节来临之际，准备以写慰问信的方式，向居住在该社区的老同志们表示敬意和慰问。假设你是该社区工作人员，请草拟这封《致社区老同志的慰问信》。要求结构完整，语言得体，感情真挚。

第八章　职场文书写作

第一节　职场文书概述

一、职场文书的含义

职场文书是在职场日常工作中用来应招职位、处理职场事务、反映职场信息和协调人际关系等的文书。

职场文书与公务文书不同。公务文书具有极强的法定性、权威性，而职场文书更强调在职场活动中的实用性、专业性和交际性。职场文书与事务文书也不同。事务文书主要运用于国家党政机关、企事业单位处理行政管理或其他事务，强调文书的管理性、规范性，对法定公文起着补充性和辅助性作用，如规章制度、调查报告、计划、总结和简报等；职场文书侧重于职场事务中频繁使用的"请求进入职场"类文书和"退出职场"类文书，在职场上使用的文书，与事务文书中某些内容有交叉，如讲话稿、述职报告、会议记录、传真与备忘录等，在本书中一概归入"事务文书"相关章节。职场文书与公关礼仪类文书也不同。公关礼仪文书侧重于在公共关系中用于关系交际、礼仪往来的文书，强调礼貌性、互动性，如祝词、贺信、欢迎词、答谢词、请柬、感谢信、悼词和唁电等；而职场文书目的性很强，重点不在人际礼貌，在于如何得到职场的"准入证"，"立足"职场。

二、职场文书的特点

职场文书的特点，主要有交际性、专业性、灵活性、规范性等。

（一）交际性

职场文书具有较强的交际性，一般是双向互动的，如有招聘启事就有应聘信，有求职信就有录用书或不能录用的反馈通知。还有，如启事、证明、声明等也都是同时存在于发布人和接受人之间，以有效传递职场信息、处理职场事务。

（二）专业性

职场文书的专业性很强，如事业单位与公司所用的职场文书不同，而事业性单位与贸易性单位所用的职场文书也不同。因此，在使用职场文书之前，应该先明确自己的职场性质以及发文对象的职场性质。

（三）灵活性

职场的信息和环境都是瞬息万变、风云莫测的，所以相关的应用文书也可灵活使用，如有时求职信和申请书可合二为一为求职申请，而求职信和自荐信有时也可互换使用，启事则可分为多种启事，如单位成立启事、征集启事、招聘启事等。

（四）规范性

虽然职场文书种类较为繁多，但每一种都有自己的规范，使用时应该严格遵守，如求职类文书就应该在内容上实事求是、态度上真挚诚恳、用语上讲求礼仪等。

三、职场文书的作用

（一）对于招聘单位来说，有利于人力资源管理

任何一个企事业单位，都需要一个高效的人力资源管理部门。而职责明确、薪酬合理、能力要求适当的招聘启事，或原因清楚、分析透彻、态度果决的辞退书，则是人力资源管理部门在招聘或解聘时高效工作的有力保证。

（二）对于求职者来说，有利于迅速求得理想职位

对于每一个想踏入职场的求职者来说，如何在众多的求职者中脱颖而出、一求即中，一份高效的申请书、求职信或应聘信必不可少。对自己能力的客观评价、对招聘职位职责的明确认识、对薪酬的合理要求等，都会增加求职成功的几率。

（三）对于职场人来说，有利于及时处理职场事务

已经在职场上工作的人，不管是上级还是下级，都需要通过相关文书来传达信息、处理事务，如管理者需要运用辞退书及时辞退不合格、不合适或犯错误的职场人员，而各级部门之间也需要运用证明信、介绍信、声明等来相互沟通交流，以有效处理相关事务。

四、职场文书的分类

职场文书种类繁杂，现根据职场人在求职、工作和辞职时所使用的文书，简单地划分为以下三种：

（一）求职类文书

求职类文书，包括申请书、求职信、自荐信、应聘信等，还有大学毕业之后就职之前为通过"进入职场"考试而必需的应用文，如申论。

（二）"职场中"文书

"职场中"文书，包括处理职场事务、反映职场信息和协调人际关系等需要的各种相关文书，如证明、启事、介绍信、声明、公示、海报等。

（三）辞职类文书

辞职类文书很简单，主要是指为辞退职务而作的应用文书，如辞职报告、辞职信、辞职申请、辞退书（或解除劳动关系协议书）等。

自主学习

1. 职场文书具有什么特点？
2. 职场文书有哪些作用？
3. 职场文书一般如何分类？
4. 你比较熟悉和经常使用的职场文书有哪几种？你是如何正确使用的？

第二节　申请书、求职信（或应聘信、自荐信）和辞职信

一、申请书

（一）申请书概述

1. 申请书的含义

申请书，是单位或个人因某种需要，向有关部门、组织、社会团体提出书面请求的专用文书。其使用范围较为广泛，本章特指下级机关或个人在工作上对上级机关或

团体表达愿望或有所请求时使用的申请书。

2. 申请书的特点

（1）广泛性。

申请书的使用范围很广，个人对党团组织表达意愿、个人对机关团体有所请求时都可使用。因此，除了本章重点阐述的职场类申请外，还有入党申请书、出国留学申请书、报户口申请书等。不过，申请书与请示不同，请示是为公务而写，申请书更侧重于表达个人或单位的意愿。

（2）沟通性。

申请书是个人或机关向他方陈述愿望、请求解决问题的工具，是沟通个人与组织、下级与上级关系的一种重要手段，以求下情上达，如开业申请书、调动工作申请书、生产项目申请书、求职申请书等。

（3）互动性。

申请书是个人或机关团体的意愿表达，发出之后必然期待接收方及时给予答复。上级、管理者在体察之后，无论同意或不同意，都应该给予答复，并表明原因。所以，一事一请，一请一复，互动进行。

3. 申请书的分类

申请书的种类繁多。从申请者来说，有下级组织向上级组织的申请书，有个人向有关部门、单位、机关、团体的申请书。

从申请内容来说，有要求参加组织、团体的申请书，有入学申请书，有开工、开业申请书，有更新设备、扩建厂房等需求经费的申请书，有困难补助申请书，有调动工作申请书，有申报户口申请书等。

（二）申请书的写作要领

申请书一般由标题、称呼、正文、结语和签署五个部分组成。

1. 标题

申请书的标题通常由事项和文种组成，如"开业申请书"；或直接以文种为题，如"申请书"。

2. 称呼

称呼，应在标题下空一、两行顶格标明受文单位、组织、团体名称或负责人名称。

3. 正文

申请书的正文常分为三部分：首先陈述申请的理由，包括原因、目的以及自己对该事项的认识；其次写明申请的事项，要条理清晰、层次分明、重点突出；最后表明希望得到批准或答复的意愿。

4. 结语

申请书的结束语多以"特此申请，请批准"或"望批准"、"敬祈核准"、"此致敬礼"等作结。此致，可以在正文之后接着写，也可在正文下一行偏左处写，敬礼需要另起一行顶格写。

5. 签署

申请书的签署，在结语下一行的后半行，写上申请人姓名或申请单位名称（要盖章）；再在下一行写上成文日期。

（三）申请书的写作要求

1. 语言简朴、态度诚恳

申请书，是表达愿望或请求批准的文书，所以语言一定要简洁朴实、准确得体，让领导或组织快速明白申请要求，以便及时答复；态度一定要礼貌诚恳，让领导或组织深切感受到申请人的真挚、诚实和恳切，从而更容易同意所申请的事项。

2. 事项单一、理由充分

为了让领导或组织对申请事项一目了然、迅速回复，一份申请书应只申请一件事情。另外，申请的理由应该真实、充分，要求合理。

3. 对象特定、详略有度

写申请书之前，应先了解受文者的特定性。如果受文者已经了解的事情，申请书中就可少写或不写；受文者不太了解，就应详写；非第一次申请，再写时就不必重复上次的内容，而可以在原有基础上或强调，或补充，或修正。

（四）例文评析

工作调动申请书

市人民政府办公室党组：

我叫×××，男，×族，中共党员，大学文化，1979年1月19日生于××县××镇。

我于2003年7月毕业于××民族学院中文系，2003年8月—2004年1月，在××县一中工作，担任高一年级的语文教师，负责两个班的语文教学，并担任一个班的班主任。

2004年1月后，在××县人民政府办公室工作。先后做信息工作和农口工作，并先后担任信息股股长和农业股股长职务。同年参加××省、市、县、乡四级机关统一公开招考国家公务员考试，被顺利录取成为一名国家公务员。

2007 年 7 月至今，在州人民政府办公室秘书四科挂职学习。在州政府办公室学习期间，在办公室领导的关心和帮助下，自觉坚持基本理论和基本知识的学习，尽职尽责，尽心尽力地努力工作，认真做好办公室的日常公文处理和会务工作的准备，保证了公文的准确、及时、有序运转和各种会议的有序进行；做好领导的参谋和助手，努力完成领导交办的各项工作任务。几个月来，通过认真学习，自己在业务工作能力和各方面综合素质上都有了质的提高，较快地转变了工作角色。

本人从参加工作以来，勤勤恳恳，兢兢业业，团结同事，爱岗敬业，在工作中不断加强学习，具备了办公室工作的基本能力。为了便于组织的管理和本人更好地投入工作，特向组织提出申请调入州政府办工作，恳请组织批准为谢。

此致

敬礼

申请人：×××

××××年×月×日

【例文剖析】

这是一份工作调动申请书，结构上由标题、称呼、正文、结语和签署组成。标题由事项和文种组成，即"工作调动申请书"。称呼，是受文组织"市人民政府办公室党组"。正文先详细而具体地介绍了个人工作简历，然后提出调动工作的理由、目的，结束语是"恳请组织批准为谢"和"此致敬礼"。最后是署名。

从内容上看，前四段都在详细且有条理地介绍自己过去的工作简历，以便领导或组织能迅速了解申请者的个人信息和背景资料，为之后的答复作出判断。第五段，是这份申请书的要点，虽然只有短短三行，却包含了很多信息：首先是申请的依据或原因，"本人从参加工作以来，勤勤恳恳，兢兢业业，团结同事，爱岗敬业，在工作中不断加强学习，具备了办公室工作的基本能力"；再次是目的，"为了便于组织的管理和本人更好地投入工作"；然后是要求，"申请调入州政府办工作"；最后是希望和意愿，"恳请组织批准为谢"。如此行文简洁朴实，信息量却很大，条理也非常清晰。

二、求职信（或应聘信、自荐信）

（一）求职信（或应聘信、自荐信）概述

1. 求职信（或应聘信、自荐信）的含义

求职信是求职者向用人单位介绍自己情况，提出供职请求和愿望，以达到任职目

的的一种文书。求职者借用这种文书，简明扼要但又重点突出地介绍自己的经历、经验、水平、能力及求职的渴望，为供职单位决定取舍提供参考。应聘信是指求职者根据用人单位招聘人员的条件向用人单位进行自我推荐、谋求职业的文书。自荐信，顾名思义，当然是个人为了求职、加入某组织或团体、从事某种活动以及为了得到别人认可等介绍、推荐自己的书信，有时也称"自荐书"。

求职信与应聘信唯一的不同在于，应聘是"有的放矢"，已经知道用人单位提供了何种职位、职责怎样、薪酬如何等才结合自己的资历去求职的，所以成功率相对高一些；而求职信的"的"相对而言要模糊一些，由于对所求职位的信息了解不太多，往往求职的成功率要低一些。自荐信的使用范围比求职信和应聘信更广一些，除了在求职时使用，还可在加入某组织、团体前或从事某种活动前用来推荐自己，以得到别人认可和同意。

2. 求职信（或应聘信、自荐信）的特点

（1）目的鲜明突出。

求职信（或应聘信、自荐信）都带有很强的目的性，把自己的实际情况向他人或单位介绍，以供比较、选择和录用，自我推销性较强。

（2）内容单一明了。

求职信（或应聘信、自荐信）的内容，一定要只围绕所求目标简明扼要地介绍自己的水平和才能，条理清晰、表述明了即可。

（3）语言中肯平和。

求职信（或应聘信、自荐信）所使用的言辞应该中肯平和，不必过于华丽，更不能随意浮夸自己，但同时也不必过于谦卑，只要能实事求是地介绍自己、客观准确地评价自己就可以了。

（二）求职信（或应聘信、自荐信）的写作要领

求职信（或应聘信、自荐信）一般由标题、受文单位、正文、结尾和附件五部分组成。

1. 标题

标题，较为简单，常只用文种即可，如"求职信"；有时也可由所求职位＋文种组成。

2. 受文单位

受文单位，有时为单位名称，有时为单位里的人事部门，也可为招聘负责人名称。称呼上，应该表示尊敬、亲切之意，如"尊敬的××领导"、"敬启者"等。

3. 正文

求职文书的正文部分，主要交代求职者的求职原因、个人基本情况、简要经历、才能以及求职要求。应聘信针对性更强一些，正文应该首先谈个人情况和招聘信息来源，再谈申请的具体工作岗位以及自己具备的可以胜任职位的条件，最后表示等候答复的恳切心理或期望面谈的意愿。

4. 结尾

求职文书的结尾惯用语有"恭候您的回信"、"盼赐答"、"期待您的回信，盼复"、"此致敬礼"等；有时为了礼貌，也会写"敬祝安康"、"顺祝贵公司兴旺发达"等。另外，敬语的右下方，还应写上求职人姓名、时间、联系地址、电子邮件和联系电话。

5. 附件

求职文书的附件非常重要，是求职者才能的最有力的证明材料，常包括个人履历表、学历证明、学位证明、作品及各种获奖证书的复印件等。附件应该按照一定的顺序放置，学历、学位性的材料应该放在最前面，获奖证书次之，其他证明顺后。这样，招聘者可一目了然求职者最重要的成就和才能，迅速留下良好印象。

（三）求职信（或应聘信、自荐信）的写作要求

1. 针对性

求职文书的内容，特别是应聘信，应该针对所求职位的需要来写。所求职位需要的专业、工作经历、所需证书、能力水平等，是求职文书应该重点书写的内容，其他无关内容可简写或不写。除此之外，招聘者往往是招聘单位的负责人，对求职文书的第一印象可能决定求职者能否成功。因此，求职文书也应该符合招聘者的工作观、专业观和道德观等。

2. 真实性

求职文书的内容，一定要实事求是。求职前的经历、经验、获得的成就即便不足，也都应该真实、客观地告知招聘者。虽然，为了求职的成功，求职文书较为强调求职者的优势，但对自我的真实评价，更容易打动招聘者。语言力求简洁、朴实，内容上也要有条有理、重点突出。

3. 独创性

求职的文书，形式或内容在一定程度上可富有创意，这可让招聘者眼前一亮，觉得求职者独具匠心、别具一格，更能显示出求职者的才艺和能力，以及得到工作的恳切之心，让招聘者相信求职者在未来的工作中也可能更用心、更细致、更富有创意。

4. 规范性

求职信（或应聘信、自荐信）的格式一定要正确规范，称呼、问候、敬语等礼仪性的错误，以及错别字、语病、涂改等，都会给招聘者留下不良印象。有时，即使求职文书的内容很好，但由于细节上的失误，也会错失工作机会。

（四）例文评析

求职信

尊敬的领导：

您好！很荣幸您能在百忙之中翻阅我的求职信，谢谢！

我是一名即将毕业的计算机系本科生，届时将获得计算机学士学位。大学四年，我刻苦学习，奠定了扎实的专业理论基础；具备了良好的组织能力、团队协作精神和务实的工作作风。

★理论学习上

认真学习专业知识理论，阅读了大量计算机书籍。同时对于法律、文学等方面的非专业知识我也有浓厚的兴趣。在校期间，在专业考试中屡次获得单科第一。获得院二等奖学金一次，院三等奖学金五次。获第三届大学生科学技术创作竞赛一等奖。获学院 2002 届优秀毕业设计。

★专业知识上

精通 Visual Basic、SQL Server、ASP。熟练使用 Linux、Windows XP/7 等操作系统。熟练使用 Office、WPS 办公自动化软件。自学 Frontpage、Dreamweaver、Fireworks、Flash 等网页制作相关软件。对于常用软件都能熟练使用。

★工作上

曾担任院学生会成员、副班长等职，现任计算机系团总支组织部部长。多次组织系部、班级联欢会、春游等活动，受到老师、同学们的一致好评。

★思想修养上

品质优秀，思想进步，笃守诚、信、礼、智的做人原则。在校期间，光荣地加入中国共产党。

★社会实践上

四年的大学生活，我对自己严格要求，注重能力的培养，尤其是实践动手能力更是我的强项。曾在苏州新区的富士通公司、高达公司实习。在江苏燕舞集团、江苏省电信科学技术研究院参加工程项目。在校期间多次深入企业实习，进一步增强了社会实践能力。

手捧菲薄求职之书，心怀自信诚挚之念，我期待着能成为贵公司的一员！

此致

敬礼！

求职者：×××

××××年×月×日

联系人：×××

联系地址：××省××市××路××号信箱 邮编：××××××

电子邮箱：×××@×××

联系电话：××××××

附件：个人简历、成绩证明、身份证、获奖证书等复印件各一份

【例文剖析】

这是一封大学生毕业时的求职信。结构上，标题仅由文种"求职信"构成；称呼受文单位时用了敬语"尊敬的领导"，表示求职者对对方的尊敬；正文首先表达了求职缘由，再分理论学习、专业知识、工作、思想修养和社会实践五个方面介绍自己的成绩或能力；接着表达自己的求职意愿和等待答复的恳切之心；然后是敬语以"此致敬礼"作结；最后是签名和成文日期。正文之下，是求职者的联系方式和附件。

此封求职信，内容简明扼要、有条有理，表达清楚、流畅，语言简洁朴实，毫无赘叙，使求职的缘由、求职者的条件和求职者的意愿简洁明了。联系地址和附件的内容也较为细致，较容易给招聘者留下良好的第一印象。

三、辞职信

（一）辞职信概述

1. 辞职信的含义

辞职信，又名辞职书或辞呈，是个人向供职单位表明辞职愿望的文书。职场人员由于某种原因想离开所在职位、谋求其他发展，离职时应该提交正式的辞职信，而且应该在正式辞职前一个月提交供职单位。

2. 辞职信的特点

（1）含蓄性。

辞职信中最重要的内容是辞职理由。辞职，有时是个人原因，如求职者不能胜任某职位、有更好发展前途或者家里有特殊情况等；有时是单位原因，如与同事或领导关系处理不好、单位经营不善或领导有问题等。辞职信虽然较注重理由的充分性，但在表述时一定要委婉、含蓄，不可对他人或单位产生不良影响。

（2）简洁性。

辞职信的目的性极强，就是为了辞职，所以内容上应该简洁、清楚，说明理由即可，不必使用过多修饰性的言辞。

（3）单向性。

通常，辞职信是在个人下定辞职决心之后才会提交的，只要未违反单位的规章制度或法律法规，履行提前一个月的告知义务，无论领导或就职单位同意与否，辞职都可获得法律认可。因此，具有较强的单向性。

（二）辞职信的写作要领

辞职信跟求职信大体相同，也有标题、受文单位、正文、结尾等，但没有附件，正文的写法也有所不同。

正文通常包括三个部分：辞职理由、辞职意愿和表示感谢。

辞职理由，应该简明扼要、合情合理。不论是个人原因还是单位原因，都应该心平气和地陈述，不要言辞激烈、存有偏见。辞职之后，辞职者和供职单位或领导很有可能在其他场合再次相见甚至合作，所以和平地"分手"也许正是良好关系的开端。

辞职意愿，应该清楚明白地表示个人决定何时辞去何种职务，并请求批准。必要时，还应提出辞职时薪酬、待遇等的处理要求。

对供职单位表示感谢非常重要，感谢对方对自己过去的指导和帮助，并希望得到对自己辞职行为的理解和同意。

（三）辞职信的写作要求

1. 理由充分

辞职信的理由一定要明确清楚、充分有力。内容上有理有据，摆事实的同时讲道理，对供职单位和领导"晓之以理、动之以情"，使之"不得不"同意员工辞职。

2. 语言得体

辞职信不要表述含混、犹豫不决，应该显示出辞职者恳切但坚定的态度。语言上应该委婉含蓄，不要指责或批评供职单位或领导；内容上应该明确、清晰，让审阅者快速理解辞职意愿。所以，语言得体很重要。

（四）例文评析

辞职信

尊敬的×总：

您好！我是研究所的小王，下面是我的辞职信：

首先致以我深深地歉意，怀着极其复杂而愧疚的心情我写下这一封辞职信，很遗憾自己在这个时候突然向公司提出辞职，纯粹是出于个人的原因，不能在公司继续发展！非常感谢您这1个月来对我的培养和照顾，让我从青涩的学生时代进入到成熟的社会环境当中。很荣幸能成为您的员工，我这辈子都忘不了您是我的第一位雇主。

屈指算来，我到公司已有1个月了，这1个月里，虽然我的工作并不是尽善尽美，但在公司同事们的帮助尤其是您的信任与支持下，我也要求自己尽心尽职，每一项工作都用了自己十二分的努力去对待。平心而论，领导青睐器重，同事齐心融洽，这真的是我工作以来，遇到最好的工作环境。

但犹豫再三，我还是写了这封信。

我要离开公司了！

离开这个单位，离开这些曾经同甘共苦的同事，确实很舍不得，舍不得同事之间的那片真诚和友善。但是我还是要决定离开了，我恳请单位原谅我的离开，批准我的辞职申请书。

同时，很荣幸曾身为××公司的一员，能有机会在这里工作学习，不胜感激！衷心祝愿所有在××辛勤工作的员工工作顺利，事业有成！

　　此致
敬礼！

辞职人：×××

××××年×月×日

【例文剖析】

这是一封辞职信，结构上包括标题、受文单位、正文、结尾和署名五个部分。受文单位部分，采用了对单位负责人的尊称，如"尊敬的×总"，另外加上问候语"您好"。用语上很注重礼仪。正文部分，首先提出辞职意愿，然后是辞职原因，最后表示感谢。结尾部分用"此致敬礼"表示尊敬，最后是签名和日期。

内容上，通常重点表述的辞职原因在此份辞职信中却一带而过，只是说"出于个人原因"。这样的巧妙的、独具匠心的略写，使得辞职原因含蓄而神秘，大概是辞职者不想或不愿透露真正的辞职缘由；而无法言说的"个人原因"也使得单位负责人不便追根问底，否则有窥探他人隐私之嫌。除此之外，这份求职信的巧妙还在于表示感谢和不舍的言辞占据了信件近90%的内容。这种写作方式重在强调求职者的深厚谢意和对单位的难舍之情，正是"个人原因"才使自己不得不离开如此好的单位和同事，力图以恳切的感情打动负责人。最后，离别之际，求职者还不忘祝愿同事们"事业有成"。在礼仪上，这封辞职信做得非常周到、细致，极易获得领导的批准。

自主学习

1. 申请书、求职信和辞职信的特点分别是什么?
2. 求职信、应聘信与自荐信的区别是什么?
3. 申请书、求职信和辞职信的写作要领分别是什么?
4. 申请书、求职信和辞职信分别有哪些写作要求?

第三节　招聘启事、聘书、介绍信

一、招聘启事

(一) 招聘启事概述

1. 招聘启事的含义

招聘启事是启事的一种。启事是机关、团体或个人因事须向公众说明,或请求公众帮助和参与的实用性文书。简而言之,"启事"就是公开事情。而招聘启事,则是机关、团体或个人根据自身需要,面向社会公开招聘人才时所使用的文书。

2. 招聘启事的特点

(1) 公开性。

传统的招聘启事,常通过张贴纸质启事告知大众,现在可通过电视、广播、报纸、网络等各种方式向外传播,众人皆可阅读,可应聘也可不应聘,强制性和约束力较小。

(2) 单一性。

招聘启事最好"一启一事",内容单一具体,让观者和听者一目了然,针对性和目的性都很强。

(3) 知会性。

招聘启事即公开陈述、告知招聘事宜,是征召类启事,目的是把招聘方的需求和待遇等告知潜在的应聘者,提醒人们或关注或参与某件事情,给自己也给求职者提供双向选择的机会。

(二) 招聘启事的写作要领

招聘启事一般由标题、正文、署名和日期组成。

1. 标题

招聘启事的标题一般有三种。

第一种，多为"招聘启事"或"招聘"，直接由文种组成。

第二种，多为招聘单位名称或招聘的职务名称加上文种组成，如"苏州第三中学招聘启事"或"博士后招聘启事"等。

第三种，招聘单位名称、日期、应聘者身份加上文种组成，如"兴业银行哈尔滨分行 2012 年应届毕业生招聘启事"。

2. 正文

正文通常包括以下内容：

（1）招聘方的详细情况，包括招聘单位的业务范围、工作性质及地理位置等。

（2）对招聘对象的具体要求，如年龄、性别、文化程度、工作经验、户口、技术特长、工作职责等。

（3）应聘人员的待遇，如薪酬、住宿、休假及培训机会等。

（4）其他情况，包括应聘时所应携带的证明材料，应聘的时间、联系地址、联系人、联系电话等。

3. 署名和日期

通常，署名和日期应写在正文的右下方。但如果标题中已出现了招聘单位的名称和时间，正文结尾处可以省略。

（三）招聘启事的写作要求

1. 实事求是

招聘启事，在很大程度上是求职者求职的重要参考依据，所以招聘方在写作招聘启事时，应该本着实事求是、严肃认真的态度，客观地陈述招聘方的经营、运行情况，以及对应聘者的需求和提供的待遇等。

2. 诚恳热情

招聘启事的目的，就是要告知众人招聘方的需要，希望有人才前来参加、帮助或支持工作，因此写作的态度应该诚恳，表现出求贤若渴的诚意，热情地介绍、告知和声明与招聘相关的内容，才有可能吸引或激发求职者的积极性。

3. 简洁明了

招聘启事的语言应该简练得体，重点突出，最好条目分列，让人一目了然。

（四）例文评析

兴业银行哈尔滨分行 2012 年应届毕业生招聘启事

兴业银行（股票代码：601166）成立于 1988 年 8 月，是我国首批股份制商业银行之一。经过二十多年的发展，兴业银行已在国内主要经济中心城市设立了 72 家分行、612 家分支机构，已跻身国内主流商业银行之列。

兴业银行哈尔滨分行是经中国银行业监督管理委员会批准成立的省级金融机构。兴业银行哈尔滨分行立足哈尔滨，面向黑龙江全省，自 2008 年 2 月成立以来，取得了优异的经营业绩，实现了规模、质量、效益全面健康协调可持续发展。随着分行的业务及分支机构发展壮大，我们诚挚地欢迎优秀的全国重点高校应届毕业生加盟，为铸造百年兴业而共同奋斗。

一、招聘条件

1. 列入国家"211 工程"或重点财经类院校全日制大学本科及以上学历应届毕业生；

2. 金融学、货币银行学、会计学、经济学、国际贸易（贸易经济）、市场营销等经济金融相关专业；

3. 遵纪守法，诚实守信，具有良好的道德品质，无不良纪录；具有较强的学习能力，较好的团队合作精神和沟通能力，勤奋踏实，责任心强；

4. 优秀毕业生、学生党员、学生干部优先。

二、招聘人数及工作地点

1. 招聘人数：20 人（含本科生、硕士研究生）

2. 工作地点：哈尔滨市、大庆市

我行将于近期在哈尔滨工业大学举行现场招聘会，敬请留意。

三、应聘须知

请应聘者于 2011 年 12 月 1 日前将以下材料寄至或送至哈尔滨市黄河路 88 号兴业银行哈尔滨分行综合部。邮编：150090，联系电话：0451 - 87031588，并在信封上注明"应届毕业生应聘"。

1. 兴业银行网站（www. cib. com. cn）下载"应聘申请表"（统一用 A4 纸打印）；

2. 个人简历（包括详细的个人信息、学习及社会实践经历，家庭情况、联系方式等）；

3. 身份证、毕业生就业推荐表、各类奖励证书、资格证书复印件；

4. 近期全身生活照片一张。

应聘申请表请务必按照我行格式和具体要求完整填写，我们也欢迎您补充个性化的简历。

四、应聘者务必于规定期限前将应聘材料送至或寄至指定地点，逾期过时不候

应聘者须对应聘材料的真实性负责。经审查符合条件者，将安排统一的笔试、面试。未被录用人员的材料代为保管，恕不退还。

【例文剖析】

这是一则招聘启事，标题为"兴业银行哈尔滨分行2012年应届毕业生招聘启事"，由单位名称、时间、应聘者身份和文种组成，是较为详细的标题。正文第一段介绍了兴业银行的性质、经营范围、经营规模；第二段介绍了兴业银行哈尔滨分行的性质、业绩以及发出此招聘启事的缘由，即为发展需要储备人才；接着分四个方面即"招聘条件"、"招聘人数及工作地点"、"应聘须知"和其他补充事项，用简洁的语言扼要地陈述各种信息；正文最后没有署名和日期，因为两者已经在标题中出现过，所以不再重复。总体上，这则招聘启事语言简洁、凝练，内容条理清晰、重点突出，特别是招聘条件和应聘须知两个部分，内容详细、考虑周到，表现出招聘方很强的管理能力和招聘经验，以及严肃而认真的工作态度，让应聘方倍增信任感。

二、聘书

（一）聘书概述

1. 聘书的含义

聘书，又称聘请书，是一个单位或部门需要邀请有专业特长的人才或有名望的人，以担任本单位某项职务或承担某项工作时所使用的一种特殊文书。它可以作为加强人才交流协作的纽带，以调剂力量、互相支援；同时可以表示出对应聘者的信任和尊重，加强应聘者的责任感。

2. 聘书的特点

（1）规范性。

聘书是招聘方根据自身需求决定聘请他人时形成的有法律效力的文书。招聘方和受聘方都应遵守聘书的内容，不得擅自中止聘用关系。因此，聘书具有严肃性和规范性。

（2）凭据性。

一般的聘书中都标明了受聘方的职责和应享的待遇，因此对于招聘方和受聘方而言，聘书都具有很强的凭据性，双方都可凭着聘书来维护自己的权益。若发生纠纷，

聘书也可成为劳动仲裁部门或相关法律部门裁决的重要依据。

（3）期限性。

聘书中通常会注明聘任期限，长期聘书为一年或几年，短期聘书和兼职聘书一般在临时工作结束后即自动终止。在聘书规定期限内，如无特殊原因招聘方或应聘方都不可随意中止，否则应作出相应赔偿。

3. 聘书的分类

聘书可按时间长短分为长期工作聘书、短期工作聘书和兼职工作聘书。

（二）聘书的写作要领

聘书一般由标题、称谓、正文、结束语、署名和日期组成。

1. 标题

聘书的标题，一般为"聘书"或"聘请书"字样，有时也可没有标题。已经印制好的聘书常在封面标明"聘书"字样。

2. 称谓

有的聘书直接在开头顶格写受聘方的称呼，有时则在正文第一行空两格写"兹聘请××担任×××"。称谓中，为了表示尊重，还应标明受聘者的职务或职称。

3. 正文

首先，交代聘请的原因和目的，以及聘请去做什么工作或担任何种职务。

其次，写明聘任的期限，何时起何时止，为期多长时间。

再次，有的聘书还注明了聘任待遇，有的聘书没有，只在聘约里注明。

最后，聘书一般还要写上对应聘者的希望，以让对方明白自己的职责所在。

4. 结束语

聘书的结束语一般要表示敬意和祝颂，常用"此聘"或"此致敬礼"等作结。

5. 署名和日期

在结束语下一行右下方，应该标明聘请单位或聘请负责人的名称并加盖公章，下方再签署行文日期。

（三）聘书的写作要求

1. 交代要清楚

聘书是一种非常短小的文种，但必须要用简练的语言交代清楚聘请的原因和目的、聘请者的名字、受聘方的职责。只有这样，受聘方才会对聘书内容一目了然，才不会感到茫然困惑，无所适从。

2. 文字要简洁

聘书一般要短小精悍、简洁清楚，只要能说明聘请的理由和受聘方的职责就可以了。但在态度上一定要诚恳谦虚，让应聘者倍感信任和尊重，欣然受聘。

3. 要加盖公章

聘书常以单位名义发出，所以一定要加盖公章，方视为正式、合法、有效。

（四）例文评析

聘请书

因公司科研发展需要，兹聘请×××教授为我公司研发部特约顾问，以协助解决公司产品相关技术问题。

此聘

×××公司人事部（公章）

2012 年 6 月 15 日

【例文剖析】

该聘请书简洁明了，标题为文种，没有称谓，直接在正文中标出了受聘者的名字和职称。聘书只有三句，第一句即聘请的理由"因公司科研发展需要"，第二句为应聘者担任的职务"研发部特约顾问"，第三句为应聘者应承担的职责"以协助解决公司产品相关技术问题"。接着为结束语"此聘"，右下方为招聘单位的署名、日期和公章。此聘书中没有标明受聘者的待遇，可能是为了公司或受聘者的隐私不便公开，但应在聘约中详细注明。

三、介绍信

（一）介绍信概述

1. 介绍信的含义

介绍信，是用来介绍被派遣人员的姓名、年龄、身份、政治面貌、接洽事项等情况的一种专用书信，是用来介绍本单位人员到其他单位联系工作、了解情况、磋商问题或处理事务等所使用的文书。

2. 介绍信的特点

（1）委派性。

持介绍信的人员，多是由单位委派，作为本单位某一方面的代表行事。

（2）介绍性。

介绍信，顾名思义，就是对持介绍信的人员进行简要介绍，如姓名、身份、接洽事项等。

（3）证明性。

介绍信是持信人的身份证明，是机关、团体、企事业之间联系公务、沟通信息的常用工具。

3. 介绍信的分类

（1）普通介绍信。

普通介绍信，一般用公文纸书写，写明持信者姓名、身份和接洽事项，有的还提出要求和希望。

（2）印刷介绍信。

印刷介绍信，按固定格式打印成文，随用随填，不留存根。

（3）带存根的介绍信。

这种介绍信，在信的上面或左面有存根。存根与本文之间有骑缝，并有页码编号、盖章。

（二）介绍信的写作要领

介绍信一般由标题、称呼、正文、结语、署名和日期组成。

1. 标题

一般用较大字号在纸张中间标明文种"介绍信"。

2. 称呼

介绍信的称呼多为收信单位的名称或收信单位负责同志的称呼。

3. 正文

介绍信的正文，应该包括被介绍去的人数、姓名和身份，接洽事项，对接洽单位或个人提出的希望或要求等。必要时还可写上联系人的政治面貌、职务、职称，以便接受单位根据相关情况妥善接待。

4. 结语

介绍信的结语，常为表示祝愿和敬意的话，如"请接洽"、"祈请合作"、"请协助"、"此致敬礼"等。

5. 署名和日期

正文右下方为署名和日期，应该加盖公章。

（三）介绍信的写作要求

（1）真实性。

填写持信者的真实姓名、身份，不得冒名顶替、弄虚作假。

（2）简明性。

接洽和联系的事项，应该简明扼要，不要写无关之事。

（3）规范性。

单位的介绍信，通常要经过领导过目或在存根上签字，以示慎重负责。重要的介绍信，应该留有底稿或存根。介绍信不得随意涂改，若有涂改之处，应该在涂改处加盖公章，否则接信方不予认可。

（四）例文评析

介绍信

××市政务服务中心：

兹介绍我单位正式工作人员××同志携带我单位有关资料原件，凭该同志有效身份证原件到贵单位办理××市国家投资工程建设项目网上招标投标注册确认及密匙购买事宜。之前，我单位在××市公共资源交易网"登记注册"时提交的资料数据与现所提供的原件一致，对其真实性、合法性和完整性负责。

我单位用于接收贵单位相关交易信息的手机号码为：×××××××（仅限一个）。若该手机号码变更，我单位将及时书面告知贵单位，并承担因延误通知号码变更而导致的全部责任。

此致
敬礼

单位名称（行政公章）
××××年××月××日

（经办人有效身份证复印件粘贴处）

【例文剖析】

这是一封印刷介绍信，随用随填，不留存根，由标题、称呼、正文、结语、署名和日期组成。标题直接是文种"介绍信"，称呼为"××市政务服务中心"，正文包括了被介绍人的姓名、联系方式、接洽事项等，结语为"此致敬礼"，之后是单位名称（行政公章）和日期。最后还附上了被介绍人的身份证复印件，作为确认其身份的凭据。该介绍信在结构上较为完整。在内容上简明扼要，但又不失规范严谨，字里行间多次体现出介绍单位慎重负责的态度。

自主学习

1. 招聘启事、聘书与介绍信分别有哪些特点？
2. 招聘启事、聘书与介绍信分别有哪些写作要领？
3. 招聘启事、聘书与介绍信分别有哪些写作要求？
4. 请简要说明介绍信的分类。

第四节 申论

一、申论概述

（一）申论的含义

申论是专用于选拔、录用国家公务员考试的一种应试文体。从 2000 年中央国家机关公务员录用考试中出现到现在，其源头可追溯至西汉初年，是汉文帝为选拔人才采用的一种考试方法，称为"对策"，后成为科举考试的必考科目。

申论是根据公务员工作的实际需要，借鉴了古代科举应试中"策论"的某些特点，专用于公务员招录的一种应试文体。"策论"是论证某项国家政策或对策的可行性和合理性的文体，考查应试者解决国家重大问题的能力。申论考试则涵盖了策论和作文两种考试形式，把阅读理解和写作结合起来，主要考查应试者对给定材料的阅读理解能力、分析归纳能力、提出和解决问题能力以及语言表达能力。

（二）申论的特点

1. 广泛性

申论考试中，给定材料可涉及政治、经济、法律、文化、环境、资源等社会生活的方方面面，以让应试者对社会热点或焦点问题有所认识和思考。

2. 针对性

申论要求应试者的理解和写作紧扣给定材料，针对材料所反映的现实问题作出明确回答。

3. 灵活性

申论考试出题角度较为灵活，侧重考查应试者综合运用知识及分析问题和解决问题的能力；而应试者也可根据自己的认知经验灵活应答。

4. 模拟性

申论考试常要求应试者模拟政府某部门负责人或调研员，站在政府或公众立场上分析问题、想出对策，具有模拟公务员日常工作的特征。

二、申论的考试过程

申论考试的材料多为半加工的社会性、现实性较强的材料，要求应试者在认真阅读的基础上，确定材料反映的主要内容、观点和问题，同时也要注意材料的形式、文体等。在认真阅读材料的基础上，完成以下四个环节：概括主题、具体分析、提出对策、进行论证。

（一）概括主题

对给定材料进行分析、整理，概括出所涉及的范围、方面或条件，以及问题的思路甚至可能的解决办法，为进一步提出对策和进行论证做好准备。概括部分力求简洁凝练，用最短的语言解释清楚完整的事件，时间、地点、人物、事件的起因、过程和结局都要清楚明了。

（二）具体分析

应试者需要对某句话或某个事件作出具体分析，因此必须认真阅读试题所在的段落，结合相应的问题背景进行分析，既要正反两方面辩证分析，力求客观中肯，又要突出重点。

（三）提出对策

应试者应该根据自己的知识、阅历、经验，紧密结合给定材料涉及的范围、条件等，提出可行性对策或方案。

（四）进行论证

论证是申论考试的核心。应试者必须充分理解、运用给定材料，抓住主要问题，全面、客观地阐明和论证对给定材料反映出的主要问题的基本看法以及解决方案。要求论题鲜明正确、论述辩证客观、条理清晰、重点突出、详略得当。

三、申论的答题要领

（一）阅读材料

众所周知，阅读理解给定材料是申论考试最基础的环节。申论考试时限为150分钟，而阅读材料的时间就占到了40分钟。单从时间的设置上，就可见"阅读"在申论考试中所占的分量。

阅读时，需要避免两个误区：一个是为了节省时间，阅读时一目十行，仓促下笔，以致不能准确理解材料重点，容易跑题；另一个是过度认真，斟字酌句地阅读，不免浪费时间，容易迷失于庞大杂乱的材料信息中。以下三种方法多被采用：

1. 抓重点

首先，应该抓重点句。重点句通常以三种方式出现：第一，出现在段首，以提示段意，或点出材料中心、主旨、观点；第二，出现在段末，多为结论性、概括性的语句；第三，出现在段中，常用来提示材料的脉络层次。

其次，应该抓重点词。应试者要先理解词语所在句段的内容，从该词的基本意义出发，结合上下文作出合理的理解和推断。申论材料中的重点词多为：根本原因、重要原因、主要原因、直接原因、前提、性质、实质、特征、观点、认为、方式等。

2. 做标记

申论的阅读通常分为通读、复读和精读三个步骤。在进行这三个步骤时，合理有效的阅读，既可以节省时间，又可以抓住主要信息。

在通读过程中，可以把重点段落、语句或语词，用线条或圆圈标记出来，以过滤掉与关键信息无关的内容，尽可能缩小材料范围。

在复读过程中，还可以在拣选出的重点材料中，用简短的词、句做标识，以加深对材料内容的印象，尽快理解材料主旨。

在精读过程中，再次标记重点词句，突出重中之重，为之后的分类别节省时间，做好铺垫。

3. 分类别

申论的阅读过程中，准确地划分类别也很重要。在正式写作之前，为了更好地利用和查找要点，应该对材料的上下文进行比较、分析，看一看在统一的主题之下可以归纳总结出几个方面或几个角度，然后将属于同一问题的某个方面的材料归纳在一起，理清材料的逻辑层次，以便快速锁定材料的范围与重点。

（二）分析写作

申论考试分为四个部分，概括主题、具体分析和提出对策各占20分，论证部分占 40 分。

1. 概括主题

概括主题部分又分为两小题，各占 10 分，常常要求考生用 200～300 字的篇幅，概括出给定材料所反映的主要问题。写作时常用的方法有：

（1）关键词句法。

运用阅读给定材料时已经找出的关键句和关键词，直接揭示材料主旨。

（2）综合分类法。

运用阅读时标记出的重点词句，特别是给定材料中出现的"问题"、"原因"、"危害"、"措施"等相关词句，按照问题表现、问题原因、问题对策三大类对材料进行分类归纳，总结出关于某个问题的正面影响和负面影响、某个方面的成绩和不足、某种结果的积极性和消极性；也可以从多个角度分析某个问题的原因，如政治、经济、社会、文化原因等；最后，提出针对性较强的、富有建设性的可行性对策。

（3）寻根问底法。

阅读时已经分类别梳理出了给定材料的逻辑层次，所以可以对所出现的问题，从问题的直接原因、间接原因、根本原因等层层深入加以分析，追寻表面材料的深层本质。

概括主题时常采用这样的结构：总括句 + 分述句 + 道理。

（1）总括句。

用一句话对全文的主要问题进行高度概括，常为"这是一篇关于主语 + 事件的文体"。主语，多为给定材料中涉及的主要人物姓名或主要单位名称；文体，指给定材料的文章体裁，如新闻报道、调查报告、工作总结、讲话或案例等；事件，则为材料中的核心事件，如"这是一篇关于汽车尾气污染环境的调查报告"。

（2）分述句。

分述句即将总括句中的内容逐条列出。例如对以人或者事件构成的材料可用"环节分析法"，按照事件发生所需的环节来进行分述，如"这是一篇反映医药行业要价虚高情况的报道"（总括句），"生产厂家的定价，中间商层层加价，医生或医院为了自己利益给患者开高要价，患者购买高价药品"（分述句）。这是按照医药流通的四个环节来分析的。对由几方参与的事情多采用"参与分析法"，就各方的行为进行分述，如"这是一篇关于中国 10 家生产企业应对美方反倾销起诉取得成功的案例"（总括句），"成本低廉的中国商品进入美国市场，引起美方不满，美方提出反倾销调查起诉，中方积极应诉……"（分述句）。这是按照参与双方来进行分析的。除此之外，还可根据各事件之间的关联采用"链条分析法"；根据材料涉及的不同类别的人、事、物采用"类型分析法"；根据材料中出现的重点词句使用"关键词分析法"等。

（3）道理。

概括主题之后，可以进一步"升华"或"深化"，以明确的语言阐明一定的人生哲理或社会规律。

2. 具体分析

具体分析部分，对材料所反映的某种现象或观点给予评价，提出自己的见解和看法。一般在 300 字左右。

近年来，分析类试题也多次出现在申论考试中，如评论型、判断型和阐释型试题，而且每年的提问方式都有所变化，较为灵活。这就要求应试者在作答时要观点明确、条理清晰、分析合理，针对不同的题型采用不同的作答方式。

（1）判断型分析题。

首先从题目所给材料中提取事例或问题，总结经验和教训；然后分条作答，合理阐述。

（2）评论型分析题。

如果是针对某一观点或现象进行评论，那就应该先破题表态，再具体分析；如果是针对几种不同观点或做法进行评论，那就应该先概括评论对象，再得出结论。

（3）阐释型分析题。

先直接点明本质含义，再紧扣原文解释含义，接着回到材料深入阐述，最后得出结论。

3. 提出对策

提出对策部分，多为根据给定材料并结合当前实际，站在政府公务员的立场，提出解决所反映问题的方案，讲求针对性和可操作性，应进行有条理的说明。字数多为300~500 字。

这部分要求应试者站在政府角度，那就必须改变平时口语化、个人化的语言方式，不可过多带有个人喜好或情感色彩在里面，而是要公平、公正、公开，要体现为人民服务的性质。通常运用以下几种方法对相关问题提出对策：

（1）分层法。

有些问题可以从观念、制度、具体行为三个层面去提出解决办法，如转变……观念、建立……体制或加强……管理等。

（2）职能分类法。

如为了解决某一问题，个人、企业单位、政府、法律等各自应当做些什么。

（3）核心元素分析法。

抓住问题的核心元素或矛盾的焦点，根据环境和条件，多角度提出解决方案。

4. 作文论证

这部分要求考生自拟题目，写一篇 1000 字左右的文章，论证某一主题或某个问题。要求观点正确、中心明确、内容充实、论述深刻、结构完整、语言流畅。做一篇好的文章应该注意以下几点：

（1）标题。

写标题时除了使用传统的立意高远、归纳总结式，还可以别具一格，出奇制胜。通常的标题多为"陈述式"的，如可以揭示内容的"关于……的思考"，可以表现主旨的"加快……的改革"等。为了能够让人耳目一新，悬念感加强，可以采用"设问式"标题，如"地球还能承受多少破坏"，也可以用"反问式"题目，语气更为强烈。"比喻式"题目多用来阐明两三个事物间的内在关联。

（2）正文。

正文通常采用三段论式论证方式，即提出问题、分析问题和解决问题。

提出问题时要开门见山、简明扼要，多从给定材料引发出问题。

分析问题时应紧扣材料，注重逻辑性，或层层深入，或正反对比，或主次分明，或立或驳，深入挖掘问题的本质。

解决问题时要提出可行性对策，如一定要明确应承担解决问题职责的具体部门，要考虑周全解决问题应具备的条件，以及解决问题的具体步骤和办法。

在论证的过程中可采取举例论证、对比论证、道理论证和比喻论证等方法，使说理更具体，观点更鲜明，说服力更强。

通常，申论的文章有严格的评分标准：文章给分按照先归档次，再定分值的原则评定。评分档次分为四档。一档（33~40分）：文章紧扣主题，观点鲜明，内容充实，结构完整，语言流畅。二档（24~32分）：文章能够扣住主题，观点比较明确，内容比较充实，结构比较合理、完整，语言比较流畅。三档（23~15分）：文章能够扣住主题，观点不够明确，结构明显不合理或不完整（叙述过多，论证不足，论证逻辑不清楚等），语言表达不流畅。四档（0~14分）：文章完全跑题；体裁错误；大段抄袭材料内容；立场错误；观点不明，思路混乱；结构严重不完整；语言表达差。另外，文章没有标题扣2分；文章字数不足扣2分。

四、申论的写作要求

（一）论点明确

论点，是一篇文章的立论或立意，不应该模棱两可、暧昧不明。申论作为国家公务员考试的重要考查方式，其文章的观点更应该具有鲜明的针对性、准确性。

（二）有思想高度

申论常要求应试者站在政府立场，对当前社会重大的、焦点问题进行具体分析、提出对策，所以申论的写作不应该停留在简单的有感而发的层面上，而应该有一定的思想高度，体现顾全大局、协力合作、为民服务等思想。

（三）有说服力

申论作答的主要文体形式是议论文，这就要求不管是立论还是驳论，都要有充足的论据和严谨的论证来增强说服力。申论的写作也不例外。

（四）联系实际

申论本来就是注重考查考生综合运用知识解决实际问题的能力，所以在紧扣给定材料分析作答的同时，还应紧密联系社会生活的实际，提出切实可行的解决方案。

五、例文评析

2012 年国考（省级以上）申论真题

给定材料：

1. 某报记者在调查食品安全领域问题时，发现了一个地下黑加工点。记者暗访了该加工点利用双氧水、工业碱等有害添加剂，发制、漂白百叶、毛肚等食品的全过程。记者发现，雇用工小张的工作就是用煮、晾、泡等工艺制作百叶、茄参、毛肚等水发食品。制作过程中加入起增重作用的工业碱，以及起漂白、防腐作用的双氧水和起中和碱作用的盐酸。平时厂房里就小张一个人负责加工，产品有专人运往市场。据小张讲，利用工业碱、双氧水等食品添加剂制作水发产品，在这个行业不是少数。另外，在其他行业也有类似运作。

这个地下黑加工点，有自己的运货车、批发点、销售点，有毒、有害的水发制品从生产到销售只需要两天时间。每天生产 1000 斤左右的水发制品，在凌晨三四点钟用专门的运货车将成品运到老板指定的海鲜市场出售。"我知道做这项工作是昧良心和不道德的，实际也是违法的，整日生活在恐惧中。但看着老板不断地加薪，我的心又开始活动了，我从心里也在说服我自己，不就是加点添加剂，吃的时候用高温水烫一下也就没事了。况且干了这么长时间，政府也没有一个单位有人来管。"小张向记者坦言。

这个地下黑加工点一个月就销售非法加工的茄参 2.6 万斤，销售额 30 余万元，毛利润能达到 10 万元。记者向有关单位反映地下黑加工点的情况时，发现处理此事牵涉工商、质监、农委、公安等多家单位，"三个和尚没水吃"，在实际管理过程中，出现了"好事人人都管"、"坏事人人管不了"的现象。

2. 在 2011 年央视"3·15"晚会上，曝出了一则消息：H 省不少养殖户在养猪时添加国家明令禁止的"瘦肉精"，让人难以置信的是，这些吃了"瘦肉精"饲料的"健美猪"，竟然过五关斩六将，突破多个监管关口，一路杀向一些大城市，甚至杀进了肉制品生产企业，最终走上百姓的餐桌。有人戏谑：我们应当"感谢"食品行业，它让我们从大米中认识了石蜡、从火腿中认识了瘦肉精、从辣椒酱里认识了苏丹红、从火锅里认识了福尔马林、从蜜枣中认识了硫黄、从木耳中认识了硫酸铜、从奶粉中认识了三聚氰胺……还有人说到地沟油问题，这起继三聚氰胺后的重大食品安全事件，再度引起社会公愤。一个涉及 14 个省市的地沟油制售网络，已经使地沟油流入市场，其所产生的危害，怎能不令人深以为忧？

2010 年 6 月召开的第二届中国食品安全高层论坛上，某市食品添加剂行业协会的名誉会长 P 先生认为：食品行业是一个特殊的行业，如果不讲良心，任何环节都可能出问题。该市食品研究所技术总监 M 先生认为：食品企业应当将自律提到很高的位置，但在中国的现实环境中，不能把食品安全的"宝"，全部押在从业者的良心上，还应该强调"他律"，以真正实现食品安全。

改革开放初期，不讲诚信、假冒伪劣、以次充好者有之；坑蒙拐骗、赖账不还者有之；欺行霸市、以不正当竞争手段毁坏他人声誉者有之；大做虚假广告、以不正当手段推销者有之。这些行为不仅破坏了经济秩序，也败坏了社会风气。回过头去看，那些企业有哪一家真正做大做强了？据统计，在市场经济条件下，无论是国内的同仁堂、稻香村等老字号企业，还是进入世界 500 强的中外企业，无一不是严守法规、诚实经营才有今天的辉煌，没有任何一家企业能够靠造假而发展壮大。

3. 发达国家并非生来就是"世界上食品供应最安全的国家"。类似的"食毒时代"，他们也经历过。1906 年 2 月，美国长篇小说《屠场》面世，揭露肉联厂工人非人道的劳动状况，"本想打动公众的心，不料却击中了他们的胃"。

"从腌肉车间里取出的猪肉常常发酸，就搓上苏打粉，去掉酸臭味，经过化学处理，需要什么颜色、什么香味、什么味道就能有什么颜色、什么香味、什么味道，然后卖到自助午餐柜台上去。""凡是已经腐烂得再也不能派任何用场的臭肉，连同地面铲起的渣滓一道，用来制成罐头，或者剁碎制成香肠。已经生霉发白没人买又运回来的食品，用硼砂和甘油处理之后，又作为原料重新制成正品。"据说，当时的美国总统罗斯福在白宫边吃早点边读这本小说。看到这令人作呕的描述，总统大叫一声，跳起来，把口中尚未嚼完的食物吐出来，又把盘中剩下的一截香肠用力抛出窗外。《屠场》导致美国肉类食品消费和出口急剧下降，瞬间引发人们对食品安全和卫生的强烈关注。在舆论压力下，美国国会当年 6 月通过了《纯净食品和药品法》、《肉类制品监督法》，由此逐步进入了食品安全管理法制化的时代。

1927 年，美国农业部成立了一个新的下属机构——食品、药品和杀虫剂组织。1930 年，该机构改名为"食品药品管理局"，也就是我们今天所熟知的 FDA。和 FDA 一起在联邦层面上负责食品安全的，还有疾病控制和预防中心、农业部下属的食品安全和检验局、动植物卫生检验局等机构。20 世纪以来，美国政府陆续通过了近 20 部重要的食品药品监管法律，赋予 FDA 更多的职权。对于被查出问题的食品，FDA 毫不手软，生产商和销售商都会受到处罚，且要花巨额费用召回相关食品。

4. 2011 年 9 月，某报刊刊登了一篇评论员文章。文章指出，在"陌生人社会"里多数人会本能地希望把必须要相处的陌生人变成熟人，托关系、人找人，因为"熟人信得过"、"熟人好办事"。对偶然相遇的陌生人，则首先选择不信任。文章还认为，互不信任增加了社会运行的成本。一边对陌生人处处提防，认为这是让自己利益免受伤害的必要方式，一边抱怨"人性冷漠"、"道德滑坡"：一方面指责他人"麻木不仁"、"见死不救"，另一方面又提醒亲人朋友遇事别"出手"、少"出头"。伦理学家指出：在漫长的封建社会中，中国传统的伦理道德，既有反映统治阶级要求，为维护封建统治服务的观念和规范，又有反映中华民族优秀品质的观念和规范。比如，孔融让梨中的谦让、孟光梁鸿举案齐眉中的和睦、乐羊子妻断机劝夫中的深明大义……每个故事都反映出一个时代所提倡的社会道德风尚，也成为今天我们增进人际和谐、维护社会稳定的参考教材。但封建伦理道德中宣扬的"三纲五常"、"男尊女卑"，则是糟粕，应该否定。正如毛泽东同志所说："从孔夫子到孙中山，我们应当给以总结，继承这份珍贵的遗产。"

中国传统的道德观念以儒家的性善论为主流，在实践中，儒家以礼与法的结合作为人性修养在他律方面的补充。然而在一个道德松弛、舆论不张、管理乏力的社会里，"他律"的作用会大打折扣。某省委宣传部 E 部长认为：解决他律问题，道德教化也是一种比较有效的方法。当前主要应进行中华传统美德教育，通过教育，使人们的爱国主义情感、集体主义情感、人道主义情感、正义感、自尊感等都有正确的发展方向。当人们形成良好的道德观念，建立了具有良好公德共识的体系，一个社会的发展便将获得前所未有的巨大的推动力。

5. 不久前，中央美院油画系研修班第一届部分同学在一家报纸发表声明，称 2010 年 6 月，某拍卖行以 7280 万元高价拍出的徐悲鸿油画《人体蒋碧薇女士》系他们 1983 年的临摹习作。商人谢某自行伪造"金缕玉衣"，出钱请出国内五位鉴定专家为其鉴定。在收取了不菲的评估费后，专家用了不到一个小时的时间就联合签署了一份估价 24 亿元人民币的鉴定报告。谢某由此向银行骗贷 5 个亿。近年来，随着民主政治的进步、互联网的普及，网民意愿更加畅通的表达，每个公民都有自由言说的空间。从"天价烟局长"周某的落马，到在敦煌撒泼的新疆生产建设兵团某团副团长夫妇的被免职等等，一系列的案例，说明网民意愿、网友监督，在国家民主政治的进程中，作用越来越大。但著名文化学者、某大学 Z 教授认为：媒体和网络是一把双刃剑，本应站在客观公正的立场，去引导社会舆论，但有时部分媒体和网络在没核实、没法甄别真伪、不明真相的情况下，充当了造谣者的"帮凶"。2011 年 3 月，一位母亲为获捐款，抱着患眼癌的女儿跪地前行，这是职业网络推手精心策划炒作的"母亲跪爬求助"事件。推手已向"跪爬母亲"致歉，"跪爬母亲"也向社会道歉，表示愿将得到的二十余万捐款退回。对于此事，人们看法不一，有的人觉得利用谎言炒作募捐不道德，有的人认为救命远比道德更重要……央视某主持人说：网络推手出于善意目的制造"缺德炒作"，对社会诚信造成的损害是不可估量的。

某网站针对所谓"社会道德危机"，曾组织网民在网上进行讨论。

网民 A 认为：道德失范的根源应归咎于市场经济的快速发展。市场经济与生俱来的盲目性、自发性、趋利性、等价交换性等致命弱点，必然导致拜金主义和极端主义的滋长、蔓延和泛滥，引发社会秩序混乱，道德沦丧，诚信缺失。

网民 B 认为：市场经济大潮的冲击和物欲主义的侵蚀，使不少人越来越远离向内心的叩问，在不少人身上理想、信仰的感召力在减弱。人们应当重拾信仰，让信仰不再缺席。

6. 某媒体报道：当前医疗领域，个别医生不讲医德，"开单提成"收受医药产品销售回扣的现象屡禁不绝。更有甚者，将病人视作唐僧肉，不从病情出发，多开贵重药品，动辄做"CT"、上"核磁"，徒增患者负担，为小团体牟利。另有报道指出：在教育界，也有一些学校出现少数教师借补课、家访、排座位、安排班干部等事务，公然收取好处的现象。某市一中学给学生家长每人寄了一封信，在信上学校划定了20 本名著，要学生到"指定书店"购买。很多家长认为，学校给指定的书店打广告，个中原委令人生疑。还有个别领导干部忽视自身的道德建设。出了事故，主管领导极力隐瞒事实真相者有之；面对群众的质疑，搪塞推诿者有之。还有些干部利欲熏心，玩弄数字游戏虚报功绩，甚至大搞损害民生的"政绩工程"希图换来个人的升迁。

7. 近年来，"讲文明树新风"志愿服务、关爱空巢老人志愿服务、敬老爱老志愿服务，成为社会主义精神文明的显著标志和重要推动力量。上海世博会上，200 余万名社会志愿者参与世博活动的志愿服务；广州亚运会、亚残运会期间，有 59 万名志愿者投身其中；汶川特大地震发生后，不到一个月时间就有 20 万人次志愿到灾区帮助抗震救灾；玉树地震、舟曲特大山洪泥石流发生后不到一天，志愿者就成为救援大军中的重要力量。这种来自民间、集中爆发的志愿精神，诠释了民族精神新的时代内涵。

汶川大地震，这场突如其来的灾难，人类无法抗拒，但面对灾难，举国上下凝聚成了撼动人心的精神力量。大地震当夜，成都街头就出现了无数个献血点和医疗站，前来献血的人排队站满整条街；成灌高速路上，数百辆出租车开着应急灯奔赴都江堰灾区，没有人给他们一分钱，更没有任何人有过要求和命令；唐山市组织了医疗队和抢险队从抗震纪念碑启程，赶赴四川灾区。曾经有过同样伤痛的唐山人，在互联网上深情地留言："告诉灾区人民，我们和你们在一起。"唐山人曾被别人感动，在汶川大地震中则感动着别人。唐山某村 13 名老乡，自发组成了一支救援小分队，赶往四川北川救灾现场，用最直接、最朴实的行动，对"感恩"一词进行完美的诠释。

前不久，一位普通农妇刘女士在骑电动三轮车赶集的归途中，遇到同村 76 岁的李老太太及其孙女步行回村，遂热心搭载她们坐"顺风车"。不料路上三轮车侧翻，三人均受伤，其中李老太太伤情最重，经抢救无效去世。出于愧疚，刘女士主动提出给予经济赔偿，而李老太太家属四次坚决拒绝。刘女士说："如果不是我好心办坏事，老太太就不会走得这么早。无论花多少钱都必须补偿！"李老太太家属则说："我们不能让好人做了好事，却得不到好报。"

8. 2010 年 2 月 9 日，腊月廿六。在北京做建筑工程的孙先生回到天津，原定与暂住在天津的家人和弟弟聚一天再回武汉，但他查看天气预报了解到，此后几天，天津至武汉沿线的高速公路，部分地区可能因雨雪封路。他决定赶在封路前，赶回武汉，给先期回武汉的民工发放工钱。春节前发放工钱，是他对民工的承诺。当晚，孙先生提取 26 万元现金，带着妻子和三个儿女出发了。次日凌晨，他驾车驶至南兰高速开封县陇海铁路路桥段时，由于路面结冰，发生重大车祸，20 多辆车连环追尾，孙先生一家五口全部遇难。第二天早上，弟弟打电话回家，发现哥哥仍未到家，手机也联系不上。预感不妙的弟弟开车沿途查找，结果在河南兰考县人民医院太平间发现了哥哥及其家人的遗体。弟弟撬开撞得扭成一团的轿车后备箱，捆好的 26 万元现金还在。"我们家这个年是过不成了，但不能让跟着哥哥辛苦一年的工友们也过不好年。"沉浸在丧痛中的弟弟含泪决定，先替哥哥完成遗愿。腊月廿九，两天未合眼、没吃饭的弟弟赶回家中，通知民工上门领钱。因为哥哥离世后，账单多已不在，弟弟让民工们凭着良心领工钱，大家说多少钱，就给多少钱！钱不够，弟弟就贴上了自己的 6.6 万元和母亲的 1 万元。就这样，在新年来临之前，60 多名民工都如愿领到工钱，弟弟如释重负。孙先生弟弟接受记者采访时说："新年不欠旧年薪，今生不欠来生债"，"包工头也要讲诚信，不能赚昧心钱，这是自己的良心账"。

徐先生是 N 市某希望小学教师，在婚检时被查出患有严重的肾衰竭及尿毒症。得知病情，他毅然和未婚妻解除婚约，作出一个令旁人想象不到的决定——回到讲台前，将自己的余生奉献给教育事业。多年来，他忍受常人无法想象的痛苦，坚持自己在宿舍完成透析，坚守在教师岗位。2008 年初大雪封山，他不顾病情严重，一次又一次护送山里的孩子回家；汶川大地震发生后的第二天，他就主动捐出了当月工资寄往灾区；多年来，他一直默默地从微薄的薪金中抽出钱来资助那些需要帮助的孩子，即使在他病情危重时刻也从未间断过。徐先生在日记中写道："我无法选择自己的命运，但我可以选择对待命运的态度；我无法延伸生命的长度，但我可以拓展生命的宽度！"

31 岁的年轻母亲吴女士有一个她始终都有些不好意思接受的新名字——"最美妈妈"。今年 7 月 2 日，某市一住宅小区，2 岁女童妞妞从 10 楼的窗台坠落。在楼下人们惊呼的一刻，吴女士甩掉高跟鞋、伸开双臂向妞妞掉落的位置冲去，在即将落地一刹那，她接住了妞妞。"事情发生在一瞬间，我根本来不及多想。我只知道她是一个孩子，我是一个母亲，孩子是母亲的心头肉，母亲救孩子是天经地义的事！"为了接孩子，吴女士左臂尺桡骨断成了 3 截，可她的脸上仍挂着明朗的笑。在家人看来，吴女士能这样做"既意外也不意外"。她丈夫说："她继承了父母的朴实和善良，她今天所做的事情是平时养成的善良之心，关键时刻只是这种善良的习惯性流露。"吴女士所在社区的居民们自发以系黄丝带和点燃蜡烛的方式为吴女士和妞妞祈福。该省省委书记也于第一时间前往病房探望。美联社等欧美媒体赞扬她"勇敢"、"无私"，是真正的"守护天使"。

9. 今年全国"两会"期间，温家宝总理在回答网友提问时曾指出，一个国家，如果没有国民素质提高和道德的力量，绝不可能成为一个真正强大的国家，一个受人尊敬的国家。2010 年 9 月 20 日，我国正式实施了《公民道德建设实施纲要》；2007 年 7 月，中央文明办、全国总工会、共青团中央、全国妇联共同发起评选表彰全国道德模范活动，三届道德模范评选，160 多位全国道德模范的名字深深印刻在人们心中。近十年来，我国不断把社会主义核心价值体系融入国民教育、思想道德建设和群众性精神文明创建活动全过程，充分发挥道德模范的榜样引领作用，在全社会推动形成知荣辱、讲道德、促和谐的文明风尚，用榜样的力量凝聚起全党全国各族人民团结奋斗的强大精神力量，构建起我们共同的精神家园。

作答要求：

一、认真阅读材料，简要回答下面两题。（20 分）

1. "给定材料 2~6"反映了市场经济背景下社会生活中的种种问题，请对这些问题进行概括和归纳。（10 分）

要求：准确、全面、有条理，不超过 250 字。

2. "给定材料 8"介绍了最近社会上涌现出的先进人物事迹，某单位党委决定编印一期《内部学习资料》，宣传他们的事迹，号召本单位全体人员向先进人物学习，请你为这期《内部学习资料》撰写一则"编者按"。（10 分）

要求：概括全面准确，揭示各位先进人物的精神实质，200 字以内。

二、"给定材料 5"中提到，某网站曾组织网民进行了一场讨论。请你根据"给定材料"，反驳"网民 A"的观点。

要求：（1）观点明确，分析透彻，论据真实；

（2）语言流畅，层次分明，有说服力；

（3）不超过400字。

三、"给定材料1"中反映的问题需要妥善处理，假定你是市政府职能部门的工作人员，领导安排你处理此事，请你提出解决问题的具体措施。（20分）

要求：条理清楚，所提措施具体，有针对性，不超过400字。

四、"给定材料7"中讲述了农妇刘女士和李老太家人之间发生的一段感人故事，请你以这个故事为话题，自拟题目，写一篇文章。（40分）

要求：（1）结合"给定材料"，并注意联系当前社会实际和自身体会；

（2）观点明确，内容充实，层次清楚，语言流畅；

（3）总字数800～1000字。

2012 年国考（省级以上）申论真题参考答案

一、认真阅读材料，简要回答下面两题。（20分）

1. "给定材料2～6"反映了市场经济背景下社会生活中的种种问题，请对这些问题进行概括和归纳。（10分）

要求：准确、全面、有条理，不超过250字。

【参考答案】

总体上看，市场经济背景下社会生活中出现了道德水平下降的问题。

具体表现：

一是食品生产领域出现严重问题，使用有害添加剂、地沟油等食品安全事件层出不穷。

二是"陌生人社会"现象。本能地依靠熟人和关系，对待陌生人首先选择不信任。

三是商业领域造假。部分唯利是图的商人联合专家共同造假，欺骗消费者。

四是媒体不实报道。恶意炒作，错误引导社会舆论。

五是个别医生医德下降。收取回扣，从患者身上谋取不正当利益。

六是部分学校收取好处，收取学生好处。

七是个别领导干部忽视自身道德建设。隐瞒事实、搪塞推诿、虚报政绩，搞政绩工程。

2. "给定材料8"介绍了最近社会上涌现出的先进人物事迹，某单位党委决定编印一期《内部学习资料》，宣传他们的事迹，号召本单位全体人员向先进人物学习，请你为这期《内部学习资料》撰写一则"编者按"。（10分）

要求：概括全面准确，揭示各位先进人物的精神实质，200字以内。

【参考答案】

编者按：

提高公民道德修养是社会道德建设的重要内容，它关乎社会进步、国家发展和民族振兴。

作为包工头的孙先生为给农民工发工钱路上遇难，其弟帮助哥哥完成遗愿，这是对诚信的坚守；希望小学徐老师身患重病仍坚持于教育岗位并资助孩童，这是爱心的奉献；"最美妈妈"不顾自身安危果断营救坠落女童，这是善良无私的流露。他们身上的优良品质值得每位公民学习。

加强社会道德建设，党员干部应做好带头作用，让社会焕发新的精神面貌。

二、"给定材料5"中提到，某网站曾组织网民进行了一场讨论。请你根据"给定材料"，反驳"网民A"的观点。

要求：（1）观点明确，分析透彻，论据真实；

（2）语言流畅，层次分明，有说服力；

（3）不超过400字。

【参考答案】

网民A的观点是错误的。道德失范的根源在于自律和他律效能失范，与市场经济的快速发展并无直接联系。

伴随着市场经济的快速发展，在一些社会领域确实如网友A所说，出现了拜金主义和极端个人主义的滋长、蔓延和泛滥的现象，但各地也不断涌现出讲诚信、讲奉献、勇敢无私的先进人物，社会上"讲文明树新风"等志愿服务精神也诠释出了民族精神的新内涵。所以说经济发展是道德失范的根据是站不住脚的。

道德失范的原因有很多。一是道德教化缺失。人们的爱国主义情感、集体主义情感需要正确的引导，形成良好的道德观念。二是对待传统道德，没有做到很好的总结和扬弃。既没有继承传统道德的优点，也没有避免一些糟粕。三是法律不健全，监管不严格。礼法结合导致不法分子钻法律的空子，赚取不义之财。四是在具体领域的实际管理过程中，各部门权责不清。容易出现"好事人人都管"、"坏事人人管不了"的现象，也给一些违反道德的行为提供了生存空间。

三、"给定材料1"中反映的问题需要妥善处理，假定你是市政府职能部门的工作人员，领导安排你处理此事，请你提出解决问题的具体措施。（20分）

要求：条理清楚，所提措施具体，有针对性，不超过400字。

【参考答案】

反映的主要问题有：一是很多行业存在地下黑加工点，非法使用有害食品添加剂；二是加工者利欲熏心且对添加剂的危害缺乏认识；三是地下黑加工点牵涉的相关职能部门职责不清、监管不力。作为市职能部门工作人员,我将从自律和他律这两方面着手解决上述问题。

一方面,强化从业者自律。对其实施道德教化,进行中华传统美德教育,使其人道主义情感及正义感、自尊感等有正确的发展方向,以良好的道德观念和公德共识体系为引导,良心从业;通过宣传添加剂相关知识使从业者对其危害性有正确认识。

另一方面,加强他律建设。一要制定完善的《食品安全法》、《食品监督法》等法律,逐步推进食品安全管理法制化;二要成立专门负责食品安全的组织机构,赋予其职权,统一管理食品安全问题;三要明晰工商、质监、农委、公安等单位的权责;四要依法取缔类似地下黑加工点,加大对违法生产商和销售商的处罚力度,建立完善食品召回制度,加大后期追踪及监察力度。

四、"给定材料7"中讲述了农妇刘女士和李老太家人之间发生的一段感人故事,请你以这个故事为话题,自拟题目,写一篇文章。(40分)

要求:(1)结合"给定材料",并注意联系当前社会实际和自身体会;

(2)观点明确,内容充实,层次清楚,语言流畅;

(3)总字数800~1000字。

【参考例文】

人无德不立 国无德不兴
——大力加强道德建设 促进社会和谐发展

中华民族历来有崇德重德、尚德倡德的传统,常言道,"人无德不立,国无德不兴",强调的就是道德对于个人修身立业和国家长治久安的重要作用。普通农妇刘女士出于好心搭载同村李老太太及其孙女,不料路上三轮车侧翻致李老太太伤情严重,对此,刘女士主动提出给予其经济赔偿却遭对方家属四次坚决拒绝。这一动人故事的背后,折射出的是社会公德之美,它犹如一股清泉,浸润了我们每一个人的心田。

随着改革开放和社会主义市场经济的不断发展,我国社会意识出现多样化态势,人们思想的独立性、选择性、多变性、差异性日益增强。但随之而来的各种道德范畴内的问题却屡屡出现,社会一些领域和一些地方道德失范,是非、善恶、美丑界限混淆,拜金主义、享乐主义、极端个人主义有所滋长,见利忘义、损公肥私行为时有发生,不讲信用、欺骗欺诈成为社会公害,以权谋私、腐化堕落现象严重存在着。在全面建设小康社会、加快推进社会主义现代化、构建社会主义和谐社会的新时期,高度重视和大力加强道德建设,显得尤为重要。

加强道德建设需要以教育为根基。早在战国时期,孟子就曾提出"善政不如善教之得民也"。当前,随着经济全球化的深入发展和社会生活各领域的深刻变革,人们思想多元多样多变的趋势日益明显，主流价值观和基本道德规范在一定程度上受到挑战。但市场经济的发展不能以牺牲社会道德为代价，道德教育在任何时候只能加强不能削弱。只有把社会主义核心价值体系作为道德教育的主题，融入整个国民教育当中，不断丰富教育内容，创新教育方式，充分发挥道德模范的榜样作用，抓细节抓具体，持之以恒，才能推动良好道德风尚的形成，更好地助推经济社会的健康发展。

加强道德建设需要法律和制度作保障。德以劝善，法以诛恶。要使道德教育由软变硬、由虚变实，必须有一套严格的法律和制度来规范和保障。法律是道德规范和社会文明的风向标，必须把道德观念渗透到社会管理之中，把道德规范体现到法律法规的制定之中，并通过法律法规和各项制度的严格执行，扶正祛邪、惩恶扬善，使外在的道德规范内化为人们的行为自觉。惟其如此，人们从善的信心才能得到提升，整个社会的道德基石才能坚实稳固。

加强道德建设需要每个人从自身做起。国家者，积人而成。遵守社会主义道德既是觉悟，也是义务，道德大厦的建设需要每个社会成员添砖加瓦。全社会都要讲公德，只有人人修身自律，躬行实践，才能积小流而成江海，积小善而成大德，富强、民主、文明、和谐的目标才能真正实现。加强道德榜样的宣传，辩证吸取中华民族传统道德精华，去其糟粕，才能适应当今社会，提高中华民族的整体素质。

康德曾说："世界上有两件东西能够深深地震撼人们的心灵，一件是我们心中崇高的道德准则，另一件是我们头顶上灿烂的星空。"相信随着公民道德建设的大力提倡，我国公民道德建设会取得长足的进步与发展，社会主义精神之花必将灿烂绽放，吾国必将长治久安。

【例文剖析】

此套真题的给定材料有 9 段，6000 多字，作答要求中包括了归纳概括、具体分析、提出对策和进行论证四种主要题型，第一种题型中又分为归纳概括主要问题和一篇编者按。具体分析题型则要求写一篇短的驳论论文。近年来，申论的题型也在不断变化，在四种主要题型的基础上，作答要求也越来越灵活，有时只有四道大题，有时在某道大题下又出现了两道小题。作答的字数也不确定，常常变化，这对应试者应变能力的要求也越来越高。

归纳概括类第一小题："给定材料 2~6"反映了市场经济背景下社会生活中的种种问题，请对这些问题进行概括和归纳。这时应试者应该审清楚题，不是要求概括给定材料的主旨或主题，而是有一个限定，即"市场经济背景下社会生活中的种种问题"。顾名思义，就是在市场经济背景下社会生活中的不良问题。这就要求应试者忽略掉那些正面的如"最美妈妈"、最善老师、最诚信的包工头等，找出关键词、关键句，提炼出主要问题。在参考答案里，就归纳出了七个主要问题。第二小题："给定材料8"介绍了最近社会上涌现出的先进人物事迹,某单位党委决定编印一期《内部学习资料》,宣传他们的事迹,号召本单位全体人员向先进人物学习,请你为这期《内部学习资料》撰写一则"编者按"。并要求概括全面准确,揭示各位先进人物的精神实质。虽然,名义上要求应试者写一篇"编者按",但实则是属于归纳概括题型,因为要求概括各位先进人物的事例并揭示其精神实质。编者按要求对问题有高度的概括和提炼,言简意赅、点到为止,但又立场鲜明,文风明快犀利、内容层次分明。在参考答案中,编者按由三部分组成,先概括总结给定材料8的主旨,然后归纳三个先进人物的事迹,并揭示出其精神实质,最后以"加强社会道德建设,党员干部应做好带头作用,让社会焕发新的精神面貌"作结,把三例先进事迹提高到了加强社会道德建设的高度。

第二大题:"给定材料5"中提到,某网站曾组织网民进行了一场讨论。请你根据"给定材料",反驳"网民A"的观点。此题是评论型分析题,应该先破题表态,然后具体分析。所以参考答案中的第一段就直接批驳网民A的观点错误,并提出自己的观点。第二段提出网民A部分观点的正确性,但同时也分析其片面性。第三段从多个角度具体分析道德失范的原因,观点明确,条理清晰。

第三大题:"给定材料1"中反映的问题需要妥善处理,假定你是市政府职能部门的工作人员,领导安排你处理此事,请你提出解决问题的具体措施。这是典型的提出对策题型,应该先归纳概括出所反映的主要问题,然后提出解决问题的方案。参考答案也是本着这样一个答题思路,先提出给定材料反映出的三个主要问题,然后提出从"自律"与"他律"两方面加强建设以解决上述问题。特别是在加强"他律"建设方面,还提出了四种具体措施。逻辑性和针对性较强。

第四大题:"给定材料7"中讲述了农妇刘女士和李老太家人之间发生的一段感人故事,请你以这个故事为话题,自拟题目,写一篇文章。要求结合"给定材料",并注意联系当前社会实际和自身体会。首先,是立标题。标题要么别致新颖、出奇制胜,要么思想境界高,可以高度概括文章主旨。参考答案就是采取了后者,"人无德不立 国无德不兴",接着再用副标题"大力加强道德建设 促进社会和谐发展"明确地点明题旨。正文通常由提出问题、分析问题和解决问题三部分组成。参考答案的第一段先概述材料7中的故事,提出文章主旨。第二段列举和分析了改革开放和市场经济背景下所出现的各种道德失范问题。第三、四、五段从三个方面提出加强道德建设需要关注的问题。第六段深化、升华了道德建设的主旨。

自主学习

1. 申论有哪些特点?

2. 参加申论考试时，一般有哪些环节需要注意？

3. 申论考试中在阅读给定材料时需要注意哪些方面？

4. 申论考试中概括主题时通常有哪些方法？

5. 申论有哪些写作要求？

延伸学习

1. 以下为一封求职信，请指出其中的不当之处。

求职信

亲爱的陈校长：

　　你好，看到贵校的招聘广告后，我决定向你们应聘小学语文老师一职，尽管我不太喜欢跟小孩子打交道。两年以前，我从一所重点大学硕士毕业，但至今未找到合适的工作。我的知识面非常广，我觉得你们一定会非常需要我这样的人才。如果您有意的话，请随时联系我。我的电话是 1356874662。

陈晓亮
即日

2. 阅读以下材料，其中反映的问题需要妥善处理，假定你是市政府职能部门的工作人员，领导安排你处理此事，请你提出解决问题的具体措施。

　　要求：条理清楚，所提措施具体，有针对性，不超过 400 字。

　　2012 年 1 月 28 日，微博实名认证用户罗迪发布微博称："朋友一家 3 口前天在三亚吃海鲜，3 个普通的菜被宰近 4000 元。"该微博发布后，引起网友的热议，一些网友纷纷转帖并留言称自己也遭遇过类似情况。随后，管理方无视当地宰客风盛行之实，先后以"零投诉"、"无法举证"冷漠应对，由此引发社会强烈反响，三亚再次被推到了舆论的风口浪尖。在媒体代为"认错"之后，官方道歉姗姗来迟，有关领导通过媒体见面会表示，将以此次事件为契机虚心接受批评，努力向国内外优秀旅游目的地学习，实实在在做好市场监管，真正把三亚打造成名副其实的国际旅游岛。

　　对于网友的不满和投诉，三亚市政府先是回应"零投诉"，再是表示"没有证据"，并称"将对恶意攻击者依法追究责任"，这表现出了一种权力的傲慢，作为行政部门应该监督商家的诚信，而不是去监督游客的信誉，这样应对危机根本无法适应一个国际旅游城市对政府的公共服务能力的要求。

随着舆论对三亚"宰客"事件的关注，还有一些旅游城市也被卷入了"宰客门"。大量的游客投诉事件表明，一些地方在旅游市场的快速增长和旅游环境的改善之间出现了严重脱节。很多地方政府往往热衷于大手笔投入当地旅游景点的硬件，却在规范旅游市场、塑造良好的旅游软环境方面，少有做为。

出现这种现象深层次原因是与一些地方官员的政绩需求有关。比如，地方官员有短期的政绩需求，十几亿元投入景区当然会起到立竿见影的效果，而打击"宰客"等种种行为虽关系当地的长远发展，却往往见效慢。在一些地方政府看来，即便在这方面"零作为"，往往也不会影响旅游收入的增长。然而，地方政府的短视行为终究要付出代价。现在，很多网友已经发起对某地旅游的抵制，而三亚等地的旅游花费甚至已经高过新马泰出国游的费用。游客并非总是弱势，国内旅游市场并非绝对不可替代。可见，"宰客"之风不刹，某些地方旅游市场环境不能得到根本改善，恐怕很多国人将不再去旅游或者出国旅游了。

海南省副省长、三亚市委书记姜斯宪提出对旅游行业出现的"害群之马"实行"零容忍"，一经查实绝不姑息。这种"严打"思路是行政系统内的一种传统思维方式。针对这种现象，政府应该转变管理思路。（略）

第九章　财经应用文书写作

第一节　财经应用文书概述

一、财经应用文的含义

财经应用文书是反映社会经济活动，处理经济事务，传递经济信息和经济理论的文章。

在当今社会各界频繁地进行经济活动时，财经应用文也被广泛地应用于经济工作、管理工作的方方面面。财经应用文可以说是应用文的一个分支，它包括财经应用文写作理论和财经应用文写作实践两个部分。

财经应用文是为经济活动服务的。经济活动包括两个方面：一是直接从事物质资料的生产、分配、交换和消费的活动；二是对物质资料的生产、分配、交换和消费所进行的组织、指挥、监督和调节的经济管理活动。经济活动离不开经济信息。经济信息是与物质生产活动、经济管理活动以及经济生活、经济现象相关的一切情况和知识。尤其在现代社会，经济信息的搜集、处理、传递、利用是提高劳动生产率和经济效益的重要因素。财经应用文书把物质资料的生产活动、经济管理活动、经济生活、经济现象作为自己的写作对象，其作用是用来处理经济事务，进行经济管理，传播经济信息，其主要目的是为经济活动服务，提高经济活动的效益。

二、财经应用文的特点

财经应用文书有别于文学作品和其他应用文，深入了解它的主要特点，对于认识它的性质、功能和内容，掌握它的写作规律、规范、要求和技巧，都有着十分重要的意义。财经应用文书有以下几个显著特点：

（一）政策性

党和国家的方针政策是一切财经工作的生命线，作为反映经济活动、传递经济信息的财经应用文写作也必须以党和国家的路线、方针、任务及颁布的各项经济政策、法律法规、条例规章为准则和依据，其写作内容便体现出鲜明的政策性。

首先，一些财经应用文书本身就是党和国家方针、政策和法律、法规的载体。如党和政府的有关经济工作的通知、决定，以国家主席令名义颁布的有关经济工作的条例、规定，各地区、各部门所制定的有关经济工作的实施细则等，都是党和国家方针、政策的具体体现。

其次，多数财经文书都会在不同程度上反映与贯彻党和政府的方针、政策。如可行性研究报告、招标投标书、经济合同、上市公司文告，在写作内容、写作程序、发布时间上都要受政策的约束。

再次，相当多的财经文书是制定相关政策的依据。如市场调查报告、经济预测报告、经济工作总结、经济消息等都能影响有关政策的制定和新决策的推出。

（二）专业性

财经应用文写作反映财经领域的经济活动，传递各项财经工作信息，这就要求财经应用文的作者必须熟悉并掌握财经领域的运行规律，了解财经工作的特点，判断不同财经信息的价值，发现财经活动中的新事物或新问题，提出解决问题的办法，预测经济活动的走向。因此，财经应用文作为财经实践工作的组成部分和经济理论研究的有效手段，具有明显的专业性。

一是文章内容的专业性。不管是反映财经工作，还是透视并传递财经信息，抑或表述经济研究的成果，其内容的专业性特点都十分突出。

二是作者的专业性。各种财经类的专业文书的写作，都要求作者具有经济学、管理学方面的专业知识，熟谙经济管理之道，是财经工作及管理方面的行家里手。

三是理论术语的专业性。财经文书糅合了许多经济管理学方面的原理和方法，经济术语较多，统计数字大量运用。

（三）求实性

财经应用文是为财经工作的顺利开展而写作的，反映在写作内容和文风上，必须具有求实的特点。这种求实的特点主要体现在以下几个方面：

一是写作态度要认真老实。许多财经文书是以组织的名义发布的，体现的是组织的意志和意图，必须对组织负责，一是一，二是二，语言要做到平直朴实，便于理解。特别是在制作商业广告和产品说明书时，尤其要注意这一点，不得作虚假的宣传，蒙骗消费者。

二是写作的材料要真实。财经文书中提供的信息必须客观准确，反映的内容要实事求是，容不得半点虚假，而且所引用的数据也要反复核实，确保无误。

三是提出的办法、措施要切实可行。大多数财经文书的写作目的不是供人品鉴和欣赏，而是服务于经济建设的需要，回答和解决经济领域中发现和提出的各种问题，从而推动国民经济持续、稳定、健康地向前发展。因此，财经文书的写作要具有现实的针对性，文中提出的办法、措施要切实可行，而不可超越现实条件搞跳跃式发展。

（四）规范性

财经应用文文体繁多，形式多样，但又有一定的规范性。其规范性一是来自大众的约定俗成，二是来自行政的法定使成。财经文书的规范性主要体现在以下几个方面：

首先是文章体裁的规范性。如市场调查报告、经济新闻、经济管理决策报告是叙述体裁；经济活动分析报告、审计报告是议论体裁；商品广告、产品说明书是说明体裁。

其次是文章格式的规范性。一种是法定格式，一份经济类的行政公文如何写，其要素有多少，其结构如何安排，在《国家行政机关公文处理办法》中已作了明确的规定；另一种是惯用格式，即在长期使用过程中逐渐形成并被大家所承认和接受的约定俗成的格式，如经济合同、招投标书等。

再次是语言的规范性。财经文书的写作必须使用规范的财经语言，包括财经专业术语和数据、图式、缩写、符号计量单位等。尤其是专业术语必须符合规范，不能把"资金"写成"钱"，将"贷款"写成"借钱"。

此外，我国国家标准局和国际标准化组织以及有关职能部门，对各种财经文书的书写格式、用纸规格、顺序、装订方式等，都作了规范性、通用性、标准化的明细规定。对这些规定，我们必须严格遵守，不得自行其是。

（五）时效性

财经应用文的实用性决定了其时效性。财经应用文一般是用来在特定时间里处理特定的财经事务的，具有一定的时效性。如通告、通知、批复等，一旦工作完成，就失去效用，变成档案备查；再如市场调查报告、招投标书、市场预测报告等也是针对不同项目、不同时期所做的工作而制作的，一旦错过时机，所做的工作也就付之东流了；还有财经应用文时效性特点的发挥能产生好的经济效益。市场如战场，在瞬息万变的经济领域，财经文书写作如能为企业的决策者、产品的消费者及时提供新的有价值的财经信息，就能促使某个新项目的上马，某种新产品的推出，某项投资、消费抉择的作出。如一些有眼光的企业家，在某种新产品面市之前，就投放广告，抢占市场。

三、财经应用文的作用

财经应用文是社会经济生活中普遍运用的一种文体，它对现代经济活动的进行和社会经济的发展起着重要的作用。它的作用主要体现在以下几个方面：

（一）具有建立市场经济体制，规范市场行为的作用

我国已由计划经济体制转变为社会主义市场经济体制，这就需要一系列的法律、法规来规范人们的市场行为，需要诚实守信的经营观念来规范人们的竞争意识。市场经济，说到底是法制经济、信用经济。在社会主义市场经济条件下，市场主体的自主经营活动，是以契约的联结为主要方式，这就要求有一个完备的法律体系和市场监督机制，以此来保证市场经济的健康运行，消除市场经济的负面影响。在这方面财经应用文书无疑能发挥工具的载体作用和规范作用。

党的十四大以来，我国加快了经济立法的进度，一批经济法律、法规陆续出台，为市场经济的有序发展提供了保障，反映这些法律、法规的财经应用文书的工具载体及其规范作用得到了充分显示。在经济运行环境的舆论监督工作中，经济新闻、经济调查、审计报告、经济评论等文书在反对不正当的竞争行为，提倡公平交易、利益共享、讲究职业道德等方面发挥了不可低估的作用。

（二）具有指导财经工作，加强财经管理的作用

财经应用文是进行经济管理，开展财经业务活动的重要工具。从宏观经济角度来看，政府制定国民经济总体发展战略和中长期规划，确定各部门经济协调发展的中近期目标，发布经济改革的有关文件，制作反映总体经济动态的书面报告等工作都是以财经应用文为手段和载体的。从微观角度来看，无论是企业还是单位为实现最大的经济效益，在进行任何决策前，都要进行一系列的调研、准备工作，而这些工作都离不开财经应用文。如要和国外合作建设一个大型钢铁项目，决策前首先要进行市场调查、市场预测、可行性研究、行政请示，并撰写相应的书面报告；项目实施过程中要制订实施方案，制作招投标书，发布各种工作通知，签订经济合同，发布宣传广告；项目完成后还要撰写工作总结报告，邀请专家进行评估鉴定并写出评估鉴定书，上级部门也要进行项目审计并写出审计报告，技术部门要写出工艺管理规程或产品说明书等。因此，财经应用文在指导财经工作，加强财经管理的工作中发挥着不可替代的作用。

此外，在日常的经济工作中，各有关部门往往通过制定各种财经管理条规对相关

的财经活动实施有效的指挥、监督、协调和控制，行使其管理职能，从而使财经管理进一步规范化和科学化。

（三）具有联系公务，传播信息的纽带作用

财经工作离不开财经应用文书的写作。财经类公务文书作为财经管理工作的通用文书，具有传达贯彻上级指示精神，发布法规、规章，行使经济和行政手段，请示和答复问题，指导、布置和商洽工作，报告情况，交流经验的纽带作用。充分发挥其纽带作用，是每个从事财经工作的人必须高度重视的一项常规工作。

财经工作离不开信息的搜集与传播。在市场经济条件下，信息不仅是一种资源，还是一种产业。作为信息的载体，财经应用文在上传下达、内外交流、捕捉商机、宣传产品和树立企业形象等方面发挥着越来越重要的作用，财经工作者经常以报纸、杂志、广播、电视、网络等为载体，发布财经新闻，传播财经信息，登载产品广告，开拓市场。这些都需要以及时、有效地写作有影响力的财经应用文为前提。

（四）具有记载经济管理内容，反映经济业务活动的凭证作用

财经应用文的凭证作用源于其记录功能。财经应用文的作者在记录财经管理的内容、反映经济业务活动情况的同时，用文字记载了财经管理的要求和经济业务活动的情况，成为从事财经管理工作和经济业务活动的凭证，而且这种凭证作用在财经实务中作用非常明显：一是相关部门在制定经济政策、作出财经决策时，可以把财经应用文客观反映的事实作为依据凭证；二是下级机关、企事业单位在开展工作、处理问题时，上级机关发布的有关法规、指示、决定等文件成为他们办事和解决问题的主要依据和凭证；三是企事业单位在进行奖惩时，制定的相关规章制度成为其执行的依据；四是有些财经文书不仅指导了当时的各项财经工作，在归档后也能对今后的经济工作起到查考、凭证作用，甚至成为研究历史的第一手资料，具有重要的史料价值；五是不同经营主体间订立的契约文书，不仅对当事人的经营行为具有约束作用，而且对经营活动中出现的各种纠纷也有司法裁定的依据凭证作用。

四、财经应用文的分类

财经应用文大致分为财经公务文书、财经调研决策文书、财经信息宣传文书和日用文书四类。

（一）财经公务文书

财经公务文书主要包括法定行政公文和一般公务文书两类。

法定行政公文是指国务院办公厅 2000 年 8 月 24 日发布的《国家行政机关公文处理办法》中规定的 13 种公文。

一般公务文书是指在党政机关、企事业单位、人民团体中经常使用的那些公务文书，如计划、总结、规章制度等。

（二）财经调研决策文书

财经调研决策文书是指在经济活动开展的不同阶段、经济项目实施的不同环节所使用的专业性较强的文书。它范围较广、种类较多，主要包括市场调查报告、经济合同、市场预测报告、可行性研究报告、经济活动分析报告、审计报告等。

（三）财经信息宣传文书

财经信息宣传文书是指向大众传播财经信息，使大众了解企业的生产经营状况、产品的特点、性能等方面情况的文书，它主要包括招股说明书、配股说明书、商品说明书、广告等。

（四）日用文书

日用文书是指人们在日常工作、学习、生活中，处理公私事务时常用的、有惯用格式的一类文书，主要包括常用往来文书和常用告知文书。

常用往来文书是指需要往来双方认可的日用文书，包括求职信、介绍信、证明信、申请书等。

常用告知文书是指需要告知某方的日用文书，包括收据、启事、声明等。

自主学习

1. 财经应用文书的含义是什么？财经应用文书有哪些特点？
2. 财经应用文书的作用体现在哪几个方面？
3. 财经应用文书如何分类？你能否也能提供一种分类标准？
4. 哪些财经应用文是你较熟悉或经常使用的？你使用的效果如何？

第二节　市场调查报告

一、市场调查报告概述

（一）市场调查报告的含义

市场调查报告是通过对特定地区特定类别的市场现状和发展趋势等问题进行深入的调查，在获得调查资料的基础上对其进行深刻细致的分析研究，从中归纳出具有重要参考价值的带有规律性的科学结论之后所写成的书面报告。市场调查报告必须基于市场调查，运用经济学原理，经过专业的分析和研究后才能写成报告，它反映了市场调查成果并从中概括出市场变化的规律。

市场调查报告有以下几个方面的作用：

（1）促进企业提高经营管理水平，有利于企业生产适销对路的产品。

（2）帮助经济管理部门和企业提高决策的科学性。

（3）有利于企业制定有效的营销与广告策略，提高企业的竞争力。

（4）帮助消费者了解市场信息，以决定消费意向。

（二）市场调查报告的特点

1. 客观性

市场调查报告是经济决策的依据，其反映的市场情况必须是通过调查获得的真实信息，内容必须符合客观实际。市场信息错综复杂，且处在不断的变化之中，这就需要进行科学的综合、归纳、分析、概括，以客观的态度进行报告。

2. 指导性

市场调查报告是根据企业生产经营的需要而产生的，它是对调查所得的客观事实的描述，也是对这些客观事实和其内在规律的深入研究，给企业提供一些有价值的信息，帮助企业更好地发展、决策和经营，因此，它对企业和市场的发展具有很强的指导意义。

3. 针对性

通常市场调查报告都是针对某一地区、某一商品或是某个问题而写的，具有明确的针对性和目的性。其针对性主要包括两个方面：一是要有明确的调查目的，调查与撰写报告时必须做到目的明确、有的放矢；二是要明确阅读对象，阅读对象不同，他们的要求和所关心问题的侧重点也不同。

4. 时效性

市场调查报告应能够迅速捕捉市场活动的新动向、新特点并及时加以分析研究。通过调查研究得到新发现，提出新观点，形成新结论，这样的调查报告才有使用价值，才能达到指导企业经营活动的目的。市场如战场，市场调查报告要顺应瞬息万变的市场形势，做到及时反馈。

（三）市场调查报告的分类

市场调查报告的使用范围很广，分类也很多。根据调查内容，可分为企业形象市场调查报告、商品营销市场调查报告、区域市场调查报告（包括国际市场调查报告）。以企业常用的市场调查报告来分，可分为以下几种：

1. 需求方面的市场调查报告

这类市场调查报告主要是通过对消费者的广泛调查，了解用户的数量、分布地区及其经济状况，了解不同的消费心理、消费习惯和消费层次的差异，了解消费者对商品的质量、价格、包装、广告宣传、售后服务等方面的评价、意见和要求，了解市场占有率及其走向。在充分掌握相关的信息后，为企业未来的生产和经营提供决策的参考和发展的方向。

2. 供给方面的市场调查报告

这类市场调查报告包括对市场供给情况的调查报告和企业产品供应情况的调查报告。对前者的调查是大范围的调查，了解某种商品在市场上的供求比例、商品生产厂家的有关情况、商品供给前景等。对后者的调查主要是调查企业的生产情况和销售情况、企业商品的市场占有率以及影响销售的主要因素、商品销售的渠道与构成等方面。这类市场调查报告对生产和经营决策有直接的影响，使用也最广泛。

3. 其他方面的市场调查报告

除了以上两大类之外，市场调查报告还包括一些小类别，如商品价格调查报告和市场竞争情况调查报告等。

二、市场调查报告的写作要领

市场调查报告一般由标题、目录、正文、结尾等几个部分组成。

（一）标题

市场调查报告的标题要求与文章的内容融为一体，是文章内容的高度概括。市场调查报告的标题比较灵活，力求做到准确、精练、醒目。常见的市场调查报告标题有以下几种形式：

1. 单行标题

可采用公文标题形式或其变体。由调查对象、时间、文种等要素组成，如《关于外贸公司经营状况的调查》、《中国汽车市场调查报告》、《2011 年手机市场盘点与展望》。

可将调查对象的情况和结果概括成标题，如《日本核危机后海鲜价格暴跌》、《2010 年出国游呈现三大特点》、《去年我国旅游业形势发展良好》。

可采用疑问句式，提出问题，引人关注和深思，如《中国如何走出稀土行业的冬天》、《哪些国外名牌服装主宰国内市场》、《中国燃油价格为什么涨易跌难》。

2. 双行标题

以正题（主标题）揭示调查结果、主题，以副标题指明调查范围（时间、地点、对象）、调查情况等，如《售后服务是关键——某地区电器行业销售市场调查报告》、《儿童食品安全令人担忧——关于国内儿童食品生产和销售的专题调查》、《城市居民呼唤"小杂粮"——来自河南开封市的调查》。

（二）目录

如果调查报告的内容较多，为了方便读者阅读，应当使用目录或索引形式列出报告所分的主要章节和附录，并注明标题、有关章节号码及页码。一般而言，目录的篇幅不宜超过一页。

（三）正文

正文一般由前言、主体、结尾、附件等部分组成。

1. 前言

市场调查报告的前言部分，一般包括调查的目的、方法、对象、调时间等，有时也可简要写明调查对象的背景或直接以调查结果作为开头。前言不管是哪种写法，从文章写作的逻辑上来说，它都应起到"总体交代，引发下文"的作用，力求语言的简洁清晰，高度概括。

2. 主体

主体是市场调查报告的写作重点，是全文的中心论点根据所在，它一般可以分为客观情况介绍、对未来走势的预测、对相关部门的建议等。客观情况介绍主要是将调查得来的有关情况实事求是地表述清楚，可以按问题的性质归纳为几大类，以小标题或提问句的形式有条理地表述；也可以按时间、地点等顺序进行表述。对未来走势的预测主要是通过对调查资料的分析研究，预测市场发展变化的趋势，运用议论的方式和结论性的语言加以表述。对相关部门的建议，主要是根据调查分析结果提出建议，指出有关单位部门应采取的措施。由于市场调查报告种类繁多，主体部分的内容也会有详有略。如有的市场动态调查仅提供调查情况与简要的量化分析，没有预测部分，也没有建议和措施。

市场调查报告的主体一般有两种结构形式：一种是横式结构法，一种是纵式结构法。

横式结构法：根据问题的性质，或产品类别，或根据市场调查的国别、地名，将其概括为若干并列的小部分，分别加以介绍说明或阐述。

纵式结构法：根据调查的时间和事情发展的先后或材料内容的逻辑关系来展开，其各个部分之间前后顺序不能颠倒。前面部分往往是后面部分的前提和条件，后面部分是前面部分的发展和必然结果。

在较大型的市场调查报告的写作中，主体部分的结构也可能采用横式与纵式相结合的结构法。

市场调查报告的主体部分一定要本着实事求是的原则，如实体现调查对象的现状并加以合理的分析，以期得到有价值的信息，对未来的工作有指导意义，必要时可以辅以图表、数字进行说明。

3. 结尾

结尾是市场调查报告的结束部分。根据主体部分内容的不同，市场调查报告的结尾可以有不同的方式。有些市场调查报告因主体部分已充分展开，因而没有专门的结尾，主体部分结束，全文也就自然结束。有些市场调查报告主体部分没有展开详尽预测与建议，可在结尾部分进行简要预测，提出简洁建议。还有的市场调查报告在结尾部分或照应开头，归纳总结全文，或强调某个重点的意义与重要性。总之，无论哪种市场调查报告的结尾，其文字都要做到高度概括，力求深化主题，前后文气贯通，加深读者的印象。

4. 附件

有些市场调查报告需要用附件来补充说明正文无法包含或未曾提及，但与正文有关的必须附加说明的内容。它是对正文报告的补充或更详尽的说明，包括数据汇总、图表、各种原始背景材料和相关报告等。

三、市场调查报告的写作要求

（一）实事求是

市场调查报告的最大特点是实事求是，报告中所叙述的事实、所运用的数据等材料一定要客观、全面、准确无误；对材料的分析，要尽量做到科学、客观、全面，不渗入个人偏见，不弄虚作假。

（二）突出重点

市场调查报告在写作中，一定要根据报告阅读者、使用者的要求，根据调查目的明确写作重点，不能庞杂无序，不分主次。

（三）叙议结合

市场调查报告在写作中，对市场情况的叙述介绍与对材料的分析议论，共同构成文章的写作内容，两者要有机结合，不可偏废。

四、例文评析

我国动漫期刊市场调查报告
牛兴侦

最近几年来，极具民族特色的动漫期刊逐步走上复兴之路，正在加速向前发展，并形成了集群效应，成为带动中国漫画和动画产业崛起的先锋。日益强盛的动漫期刊阵营正在成为中国出版业乃至文化产业的一支不可忽视的新锐力量。动漫期刊是动漫产业的基础环节，是动漫作品的试金石和风向标，是动漫产业的试验地和先行者，在产业链中发挥着重要的枢纽作用。动漫期刊实现了漫画内容的集聚和传播，并由此成为创作者与读者之间交流和沟通的平台。可以说，中国原创动漫（尤其是漫画）能否强盛崛起，在很大程度上取决于动漫期刊在市场中的作为。

整体市场规模

最近几年来，我国动漫期刊整体市场规模有所扩大。据娱乐产业研究机构艺恩咨询发布的《2010 中国动漫产业投资研究报告》，2009 年中国动漫出版物市场规模为1.7 亿元，预计 2012 年将增至 8.5 亿元。北京开元策略信息咨询有限公司 2009 年市场化报刊零售发行调查报告显示，在以发行为主要收入的杂志中，北京、上海、广州、深圳、南京、杭州、青岛、沈阳、武汉、成都等全国 10 大城市杂志零售市场单期发行量前 30 强中，共有 9 种动漫杂志，这 9 种期刊在北京、上海、广州、深圳 4 大城市的销售指数占所有市场化杂志整体销售指数的 5.6%，比 2008 年增加了 1 个百分点（如图，略）。不仅动漫期刊整体市场规模明显放大，知名动漫期刊发行量也在大幅递增。我国一些市场表现不错的动漫期刊每期实际发行量约为 30 万~40 万册，与日本第一漫画杂志 2010 年平均每期印刷量 288 万册相比，仍有较大的差距。

动漫杂志的市场价值指数取决于杂志的期发量、刊期密度和定价，期发量越高、刊期越密集、定价越高，杂志的市场价值就越大。《幽默大师》、《漫画世界》、《知音漫客》、《小公主》、《漫画派对》、《米老鼠》、《漫友》、《乌龙院》和《吉美漫画》等9种动漫杂志，在4地合计杂志零售市场中依次排列，以《幽默大师》单期销售指数最高；月度销售指数前5强依次为《漫画世界》、《知音漫客》、《幽默大师》、《米老鼠》和《漫友》，月度市场价值指数前3强依次为《漫画世界》、《米老鼠》和《知音漫客》。对比往年数据，《漫友》和《幽默大师》的市场价值名次有所下降，而《知音漫客》则上升较快。综合来看，近年来在动漫产业利好政策的推动下，我国动漫杂志消费市场持续上扬，不仅整体销量突飞猛进，而且在整体市场化报刊的大盘中所占比例也在不断加重。

市场调查显示出的发展特点

为全面了解我国动漫期刊市场的真实情况，笔者在2010年年底对全国动漫期刊批发零售市场进行了调查，较为全面地掌握中国动漫期刊发展情况。目前，我国动漫期刊市场呈现出以下特点。

动漫期刊阵营日益强大，品种数量明显增多。

自1993年国内首本新漫画杂志《画书大王》创刊算起，作为我国漫画作品传播的重要载体之一的动漫期刊已有18年历史。十几年里，先后出现了近百种动漫期刊，多数以停刊、休刊或转型收场，仅有少量期刊在总结前人失败的经验教训中顺应了市场和读者需求，渐渐探索出一条可行的经营之路。在优秀动漫期刊品牌的带动下，动漫期刊数量激增，发行量一路走高，当然其中也不乏跟风之作。市场调查显示，各地涌现出来的各类动漫期刊有影响的达到50余种之多，其中不少是以图书形态出现。

业外机构纷纷涉足，动漫期刊数量激增。

2010年，动漫期刊阵营再添新军，以"有妖气"网站（u17.com）为稿件征选平台的《Hi! 漫画》创刊，由人民邮电出版社主办的少年杂志《尚漫》试刊发行，由学友园教育集团与优扬传媒集团联合出品的《优趣动漫周刊》突破校网渠道在全国上市，《最漫画》脱离《最小说》开始独立发售。动漫期刊的火爆与近年来政府陆续出台大量扶持政策有很大关系，此举直接刺激了动漫期刊出版热潮。

专业运营机构代理期刊，提升期刊专业化水平。

动漫期刊是文化娱乐产品，属于市场化程度较高的刊物类别，其发行渠道以全国报摊零售发行为主。长期以来，期刊基本上是由杂志社、编辑部进行编辑出版，但这种大多以事业单位身份出现的杂志社市场化意识较低，专业化能力较差，难以将动漫期刊提升到应有的水平。在此背景下，杂志社要么提升专业水平，要么借助于专业机构进行运营，不然就要面临停刊关门的局面。实际上，在现有的动漫大刊强刊的背后都有专业运营机构的身影，如漫友文化传播机构、童趣出版公司、知音动漫公司、学友园教育传媒集团、天闻动漫传媒公司、吉美文化传媒公司等。

动漫期刊出版日趋集团化，推动漫画市场加速细化。

由于动漫期刊市场尚未完全大众化，读者群体较为狭窄，在不能充分发挥规模经济效应的现实情况下，出版机构不约而同地打起了范围经济的主意，这直接推动了动漫期刊市场的进一步细分，以契合"窄众"的子刊来满足不同的市场需求。作为动漫期刊策划出版的龙头企业，漫友文化推出了《漫友》、《漫画世界》、《可爱100》和《漫画BAR》等多种期刊，截至2010年年底，每月出版期刊13本。童趣出版公司出版的期刊有《童趣》（芭比、小公主、卡酷全卡通）、《米老鼠》、《小熊维尼》，每月出版7本，此外还推出了《喜羊羊与灰太狼》、《米奇妙妙屋》、《终极米迷》等多本杂志书。此外，学友园教育传媒集团策划出版了《花园宝宝》、《漫画少年》和《动漫周刊》等多种定期出版物，吉美文化传媒推出了《猫和老鼠》、《兔巴哥》、《飞天小女警》等刊物。

动漫期刊题材丰富，类型多样，但仍以青少年为主。

随着动漫期刊整体市场的不断壮大和进一步细分，期刊形态、题材、内容来源和定位群体日益丰富多样。按照定位群体年龄来看，大体上可以划分为幼儿（3～7岁）、儿童（5～9岁）、少年（9～12岁）、青少年（12～18岁）和准成年人（16～24岁）等几个主要板块，《花园宝宝》、《儿童漫画》、《漫画世界》、《漫友》和《新蕾》可以说是以上类别的代表刊物。按照内容来源来看，主要分为资讯志、原创动漫期刊和引进版权内容期刊三类。资讯志以刊载国外（主要是日本）动漫业界动态、新作资讯、作品评介为主，兼有海外漫画连载，较有影响的刊物包括《动感新势力》、《动漫前线》、《最动漫》、《看动漫》等；原创动漫期刊队伍最为庞大，日式漫画语言期刊日渐式微，中式漫画期刊占据主导地位，整体数量与发行量一路走高，《漫画世界》和《知音漫客》月均发行量都超过了200万册；引进版权内容期刊在市场上也较受欢迎，主要刊物有《米老鼠》、《小熊维尼》、《芭比》、《小公主》、《花园宝宝》、《龙漫》、《猫和老鼠》和《兔巴哥》等。从题材来看，内容极为丰富，但总体而言都和学生一族、校园生活密切相关。此外，除了各种题材的原创漫画期刊之外，还出现了动画派生漫画期刊和网游派生漫画期刊，尽管市场表现参差不齐，但作为一种新生事物，其探索意义值得肯定。

动画派生期刊有增无减，市场表现参差不齐。

近年来，随着国产动画的蓬勃发展，与动画结合的期刊不断涌现。除了早期的《漫动作·哇O》、《动画大王》之外，《卡酷全卡通》、《虹猫蓝兔》和《喜羊羊与灰太狼》等新生力量相继登场。《漫动作·哇O》自2005年9月改刊重新上市后，变身为一本针对4～12岁读者的动画杂志，栏目内容有热门动画片、卡通剧、流行玩具等介绍，集知识性、娱乐性于一体，杂志内容不仅有《戴拿奥特曼》、《金甲战士》等热门特摄动画，还集合了《急电小信使》、《天眼神牛》、《快乐精灵》、《猪猪侠》等原创动画。《动画大王》则主打《铠甲勇士》、《爆龙战队》、《电击小子》、《百兽战队》、《超星神》、《变形金刚》、《蓝龙》等动画故事。《卡酷全卡通》创刊于 2008 年 10 月，以刊载卡酷动画卫视播映的《卡酷天使历险记》、《羊羊运动会》、《虫虫王国》、《战龙四驱》等动画片为主。自 2009 年，以国产明星动漫形象为主角的动画刊物《虹猫蓝兔》和《喜羊羊与灰太狼》先后问世，演绎了"先动画后杂志再图书"的出版模式，这两年的市场表现还算不错。

网游派生漫画期刊风生水起，方兴未艾。

一直以来，网游和期刊除了资讯报道之外互不相关，但如今网游也开始尝试平面化，用派生的漫画故事和期刊进行有机结合。《动漫炫》杂志 2008 年创刊时是单纯的漫画期刊，后来发展为漫画＋网游的模式，发行量也从最初的 2 万册增长到现在的 5 万册，并成功地推出了《YY》、《奥比岛》、《赛尔号》等一系列图书。2009 年创刊的《奇想 Ｅ×》是一本科普少儿漫画连载杂志，连载内容包括《摩尔庄园——热带雨林之旅》、《乌龙万事通》、《奇想世界大冒险》、《电击小子》以及腾讯独家授权的原创漫画《QQ 堂》等。作为《奇想 Ｅ×》的策划和制作方，冬日漫画社不但为人气网络儿童社区《摩尔庄园》制作了改编漫画《摩尔庄园——热带雨林之旅》，还为腾讯休闲游戏《QQ 堂》改编同名漫画。这些期刊和网游之间高度互动，既以漫画故事演绎和推广了网游，又以附赠的礼品卡吸引了许多网游用户购买期刊，很好地实现了漫画期刊和网游的双赢。

动漫资讯杂志鱼龙混杂，日益被边缘化。

动漫资讯杂志作为特定阶段的产物，曾在市场上表现抢眼，但时至今日已经难成气候。制约动漫资讯杂志发展的根本原因在于版权因素，其次，信息时代互联网技术的发展也使动漫资源分享变得越来越容易，这对动漫资讯杂志的影响格外明显。除了一些老牌资讯杂志，如《动感新势力》、《动漫前线》、《最动漫》、《看动漫》等刊物还能在全国有较大影响之外，其他新生刊物大都很难立足，基本上都是昙花一现。现今的动漫资讯杂志几乎都是使用音像号定期出版，以光盘附加手册的形态出现。由于资讯杂志和音像出版关联很大，除了定期出版资讯杂志之外，还不定期推出增刊、特刊以及影像专辑。以超影动漫工作室为例，定期出版的刊物有《动漫迷城》、《动漫志》、《动画快典》、《萌城 ACG》、《漫龙志》等，并推出了《漫龙风暴》、《动漫音乐嘉年华》、《萌珍画集》、《综合画集》等多种增刊，以及经典剧场、长篇连载、金装剧集等多种盒装音像出版物。此外，漫动天地文化传媒公司以其强大制作班底，推出了《看动漫》、《萌动漫》、《菠萝志》、《囧动漫》、《听动漫》等刊物，并策划推出了《CLANNAD 珍藏宝典》、《鲁鲁修完结典藏》、《火影忍者 绘之卷》、《贞本义行二十周年典藏画集》、《柯南案件侦破大全》和《C75 萌少女画集》等增刊。动漫资讯杂志呈现出以多个子刊、姊妹刊、增刊等形态共同出击的发展趋势。

向图书出版延伸

纵观动漫期刊市场，目前的读者群体仍以青少年为主。这些期刊按照内容和读者年龄、性别的差异，大体可分为三类：第一类是儿童漫画期刊，像《米老鼠》、《小熊维尼》、《小公主》等，读者以7～14岁儿童为主，相对而言，内容的性别差异性不强；第二类为幽默漫画期刊，包括《幽默大师》、《漫画派对》、《漫画世界》等，内容老少皆宜，通俗易懂，突出幽默搞笑的特点，在读者的年龄和性别定位上较为偏向少年；第三类为青春漫画期刊，包括《漫友》、《新蕾》等，刊物风格偏日式，追求唯美华丽，读者以少女和年轻女性为主。

动漫类期刊是文化娱乐产品，是属于市场化程度较高的刊物类别。目前，动漫类期刊整体广告业务偏少，同时也无其他增值收入，赢利模式主要依赖于刊物发行收入。动漫期刊立足"读图时代"，彩色化程度较高，内容信息量很大，彰显出较高的性价比。目前的主流原创漫画期刊多为大16开本，定价在5元以内，且较多使用了"四拼一"的排版模式。这种模式的期刊主打大众消费市场，拓宽了漫画受众范围，是非常契合中国市场的期刊出版形式。"四拼一"式的实惠策略，使动漫类期刊成为大众阅读品。

动漫期刊的异军突起，不但带动了中国漫画市场的形成和快速发展，也促进了中国原创漫画图书出版的欣欣向荣，市场表现不俗。在漫画期刊作为漫画行业先锋的同时，中国漫画业已经形成了以期刊带动图书的运作模式。通过期刊连载，发掘有市场价值的潜在图书出版资源，为推出单行本图书做有针对性的第一手市场调研，并自然而顺利地将期刊消费群转化为图书产品的消费群。同时利用期刊对图书产品做后续的市场与品牌维护和服务，以及对发行渠道等资源优势进行整合，降低市场风险，提高发行数量，延伸品牌价值。以此模式，《漫画世界》成功策划出品了《乌龙院》、《爆笑校园》、《泡面超人》、《兔子帮》、《无赖熊猫》等大量幽默漫画图书；《知音漫客》策划出品了《偷星九月天》、《暗夜协奏曲》、《神精榜》等单行本；《飒漫画》策划出品了《嘻哈小天才》、《嘻哈奇侠传》、《呛辣校园俏女生》、《撞上天敌二次方》等；《漫画派对》策划出品了《阿衰 on line》、《戏游记》、《豌豆笑传》、《莫林的眼镜》等卡通故事丛书。实践证明，漫画作品经由在期刊上连载后，再推出单行本图书，更容易被市场接受，甚至成为畅销系列作品。此外，《乌龙院》、《兔子帮》已经开始被制作成动画，预计年内即可推出。动漫期刊以漫画创意、形象和故事内容为核心，横跨期刊、图书、网络和手机等多种媒体传播，另外在改编动画、开发衍生产品方面做了非常积极的产业化探索。

中国原创动漫（尤其是漫画）的快速崛起，最重要的还是得益于动漫类期刊在市场中的立足。对此，我们要以动漫类期刊为核心，打造动漫产业基础公共平台，有效整合漫画创作人才、优秀作品和品牌，以及整合市场推广等各种资源，为动漫产业更好更快的发展奠定坚实基础。

——《传媒》2011 年第 4 期

【例文剖析】

这是一篇由青岛市动漫创意产业协会研究室主任牛兴侦同志在对我国动漫期刊市场作了大量实地调查研究基础上制作发布的最新动漫期刊市场调查报告。本篇调查报告在结构和内容上具有以下特点：

结构上，全文由标题和正文组成。标题是简洁的单行标题，由调查对象及文种组成。正文由前言和主体两部分组成，没有专门的结尾。前言部分是对调查内容与预测趋势的简要介绍，开门见山，言简意赅。主体部分按横式结构展开，层次井然地对我国动漫期刊市场的整体市场规模、市场调查显示出的动漫期刊市场发展特点、动漫期刊市场向图书出版延伸等方面情况予以介绍。主体部分还以小标题揭示调查要点，清晰明了。

内容上，本篇调查报告涉及各类动漫期刊在目前期刊市场上的占有率；读者对各类动漫期刊的认知度、关注度。调查报告有明确的量化统计、数据预测，又有对读者消费需求的具体陈述、分析，基本上做到了实事求是、叙议结合、重点突出。

本篇调查报告对我国动漫期刊产业的出版现状、发展趋势、变化走向，都作了比较中肯的描述和展望。因此，它对我国动漫期刊的创办者和经营者进行市场决策和营销决策，对读者进行消费决策，都有一定的参考价值。

自主学习

1. 市场调查报告的含义是什么？市场调查报告有哪些特点？
2. 市场调查报告如何分类？哪些类型的市场调查报告是你最常用的？
3. 市场调查报告的写作要领有哪些？你是如何体会的？
4. 市场调查报告有哪些写作要求？你对此有什么感性认识？

第三节　经济活动分析报告

一、经济活动分析报告概述

（一）经济活动分析报告的含义

经济活动分析报告是以提高经济效益为目的，以经济理论、党和国家的方针、政策为指导，根据计划指标、会计预算、统计资料以及调查研究所掌握的情况，对本单位、本部门的经济活动状况进行综合或专题分析比较后，从中总结经验，发现问题，作出预测，提出建议，借以指导工作、改进经营管理的一种陈述性的书面报告。

（二）经济活动分析报告的特点

1. 时效性

经济活动分析多数是定期（如按年度、季度、月度或计划）进行的，以便及时了解企业某一阶段的经济活动状况，为下一阶段决策提供依据。这就要求经济活动分析报告撰写要及时，注意时效性。

2. 分析性

经济活动分析报告往往要对现在与以往的历史账目、报表等数据进行比较分析，只有通过分析，才能对经济活动状况作出正确判断，找出取得经济效益或造成经济损失的原因，总结出经验，找到经济发展的规律。

3. 专业性

经济活动分析报告是一种专业性很强的文书。写作者需要对企业的生产、经营、销售等各个环节，会计、统计等经济核算工作熟悉和精通，因而撰写经济活动分析报告的写作者应具备相应的专业知识和业务工作经验，要熟悉经济理论和经济规律。这种报告的写作通常只能由专业人员来承担。

4. 指导性

经济活动分析报告往往站在全局和理论的高度分析经济现象，总结经济工作经验，探求经济发展规律，带给企业经营者以启迪，为其生产经营发展指明方向，因此具有一定的指导价值。

（三）经济活动分析报告的分类

经济活动分析报告应用广泛，种类繁多，可按不同的标准进行分类：

（1）根据经济领域的范围，可分为宏观经济活动分析报告和微观经济活动分析报告。前者是从整体或全局的角度，对一个国家国民经济全局性问题或行业共性问题进行分析而撰写的报告；后者是从一个局部或部分对个别企业的生产经营活动进行分析而撰写的报告。

（2）根据经济活动的目的和内容，可分为综合性经济活动分析报告和专题性经济活动分析报告。前者又称为全面分析报告或系统分析报告，是指在一定时期内，对某一部门或单位的经济活动进行全面、系统的分析研究后所得出的书面报告，多用于定期分析；后者又称为专项或单项分析报告，是指在经济活动中选择某个重要关键性的问题进行比较深入的分析研究后写成的书面报告。

（3）根据分析对象的行业部门，可分为工业经济活动分析报告、农业经济活动分析报告和商业经济活动分析报告等。

二、经济活动分析报告的写作要领

经济活动分析报告一般由标题、正文、结尾等几个部分组成。

（一）标题
经济活动分析报告的标题大致有三种类型。

（1）公文式标题，包括单位名称、时间、分析对象的内容和文种几个要素，如《××钢铁厂 2010 年生产成本分析报告》。

（2）论文式标题，如《"十一五"期间苏州农民收入变动分析》。

（3）正副式标题，如《产销猛增　效益提升——2010 年中国汽车工业产销形势分析》。

（二）正文
经济活动分析报告的正文一般要体现出"提出问题—分析问题—解决问题"的基本思路，包括前言、主体、结尾三个部分。

1. 前言

前言即报告的开头，或简要说明形势，交代分析对象、目的和方法；或介绍分析结果；或提出问题，引出主体部分；有时也可概括主要观点、建议。

2. 主体

主体是经济活动分析报告写作的重点，一般由情况介绍、内容分析、建议措施三部分组成。

情况介绍：可通过概括性的文字、图表、数据来说明被分析对象在一定时期内的基本情况，使读者对其运行状况有一个整体性的概括认识。如果分析报告没有专门写前言的话，情况介绍可作为报告的开头。

内容分析：此部分是经济活动分析报告的主干和核心，应根据分析报告的种类、目的、要求，恰当选择数据和相关信息资料，明确分析对象的范围和内容。写作时要依据国家有关的经济政策、法律法规和单位的规章制度，运用科学的方法，对收集获得的计划、统计、财务会计以及调查研究得来的各种数据资料分析研究，从而对分析对象作出客观、科学的评价。分析时既要分析经济活动的成效，总结经验，又要找出矛盾，分析原因。可采用文字概说和数据表格相结合的写法，或先用文字概说后列数据表格补充，或先列数据表格再用文字说明，或两者穿插展开，一切视表述需要而定。

建议措施：经济活动分析的目的就是在回顾、评估既往生产经营的基础上指导下一阶段的工作，分析只是手段。因此，这个部分是不可或缺的，往往需要根据分析结论提出合理的建议与改进措施，具有较强的针对性，具体可行。

3. 结尾

经济活动分析报告的结尾比较灵活，可归纳总结收束全文，可说明或强调某一问题，也可说一些展望未来、鼓舞斗志的话语，还可以以署名和日期作为结尾，但大多以今后的意见和建议来收束，并不用专门的结尾。

三、经济活动分析报告的写作要求

完整、系统、准确的数据资料和实地调查的材料相结合，运用科学的分析方法，进行中肯的评价，提出切实的建议，是写好经济活动分析报告的关键。

（一）要充分占有并恰当使用材料

真实、准确的材料是判断情况、分析原因、总结经验教训、提出对策的依据。因此，经济活动分析报告的写作，首先要充分占有材料，包括各种核算资料、统计资料、计划指标、调查收集到的实际情况等。在此基础上，进行分析研究，即对各种材料去粗取精，去伪存真，使其系统化，并提炼出观点，写作时再根据主题的需要，恰当地运用所收集到并处理过的材料来说明观点，阐述主题。

（二）要运用科学的分析方法，揭示经济活动的规律

经济活动分析是一门科学，写经济活动分析报告时必须掌握并运用科学的分析方

法，使写出的分析报告具有严密的科学性，从而正确地指导经济活动。

经济活动分析的方法很多，如调查分析法、比较分析法、比率分析法、差额计算法、平衡分析法、因素分析法、预测分析法、回归分析法、相关分析法、线性规划法、投入产出分析法、动态分析法和分类分析法等。下面着重介绍比较分析法和因素分析法两种。

1. 比较分析法

比较分析法又称对比分析法或指标分析法，简称比较法或对比法，是最常用、最基本的一种经济活动分析方法。这种分析方法是将两个或两个以上的具有可比性的数据加以对比，从而揭示出彼此的联系和差异，暴露问题，为进一步查明原因、提出对策提供依据。在具体对比分析过程中，通常从以下几个方面来进行：

比计划，即实际指标与计划指标对比。通过这种对比，可以看出计划完成情况，显示问题所在，为进一步寻找其中的原因提供依据。

比历史，即分析期实际指标与前期（上期或上年同期）实际指标对比，也可以与历史最高水平、平均水平、最低水平对比。通过这种对比，可以反映经济活动的发展动态，考察企业生产经营的改进情况。此外，某些经济指标不规定计划指标，必须进行历史对比，以便查明在提高产品质量方面取得的成果。

比先进，即分析期实际指标与先进指标对比，可以与本地或国内不同地区的同行业先进指标对比，也可以与国外同行业先进指标对比，在企业内部还可与先进车间、班组或先进个人的指标对比。通过这种对比，可以发现存在的问题、差距，从而采取相应措施，借鉴先进的成功经验。

2. 因素分析法

在经济活动分析中，通过比较分析法揭示出此事物与彼事物的差异，这种差异的形成，必然是多种因素共同作用的结果。因此，因素分析法就是用来分析研究经济指标变动中各个因素的影响程度，从中找出影响最大的因素，从而采取相应对策，克服不利因素，促进经济的发展。在进行因素分析时，要注意抓住主要问题的主要因素作重点分析，不能面面俱到，贪大求全。在分析时，既要重视对客观因素的分析，也要重视对主观因素的分析，不能"见物不见人"，并注意捕捉带有一定倾向性的因素，要有发展的眼光。如工业企业产品质量的下降，可能是以下这些因素造成的：机器设备的老化、原材料质量不过关、质检制度的放松、工人质量意识的下降、老工人退休而大量新工人上岗后技术不熟练等。分析时，要从这些因素中找出哪些是主要的，哪些是次要的；哪些是主观的，哪些是客观的；哪些是已经存在的，哪些是可能会出现的，等等，从而根据这种分析采取相应的措施，以尽快提高产品的质量。

（三）要注意分析问题，并在此基础上解决问题，提出具体可行的建议

写经济活动分析报告，不是单纯地提出问题、分析问题，还要在分析、评价的基础上提出切实可行的对策，以指导经济工作或为经济决策提供参考。提出对策不能空发议论，泛泛而谈，而应该要具体实在，有理有据，切实可行。

（四）结构严谨，重点突出，文字简明，数据准确

经济活动分析报告的篇幅一般较长，因此写作时一定要服从主题需要。例如，全面分析报告要在系统分析的基础上抓住关键问题来考核经济活动的结果；专题分析报告则针对工作中的薄弱环节、突出问题或根据中心工作的需要，一事一题，不散不乱；简要分析报告往往是抓住几个主要指标或一两个重点问题进行分析。不论是哪种类型的经济活动分析报告，在材料使用上，要用最适用、最典型、最有代表性的材料来说明问题；在结构安排上，要严谨周密，层次分明，重点突出；在文字表述上，要简洁明了，文约意丰；在数据运用上，要准确无误，必要时可制成图表。

四、例文评析

2010 年全市消费品市场运行情况分析

2010 年，在国家"扩内需，促消费"各项政策的影响下，我市消费品市场保持平稳较快的发展态势，全年实现社会消费品零售总额 214.8 亿元，同比增长 19.1%，比"十一五"前 4 年年平均增幅高 1.8 个百分点；实现商品销售额 452.7 亿元，同比增长 29.5%；实现营业额 36.3 亿元，同比增长 25.9%。

一、我市消费品市场运行特点

1. 批发零售业稳步增长

我市批零企业不断创新经营策略，经营业绩稳步增长。全年批发零售业实现零售额 184.6 亿元，同比增长 18.5%，比"十一五"前 4 年年平均增幅高 0.3 个百分点。批零业零售额占社会消费品零售总额的比重达 85.9%，成为支撑消费品市场平稳增长的主要力量。

2. 住宿餐饮业较快增长

随着假日消费升温和人们生活水平的不断提高，居民外出就餐、亲友团聚的次数增加，公务、商务活动频繁。伴随我市创建中国优秀旅游城市的深入推进，旅游环境不断改善，知名度不断提高，来滁旅游人数增多，带旺了餐饮消费。诸因素共同推进了行业的快速发展。2010 年，住宿餐饮业实现零售额 30.2 亿元，同比增长 22.8%，

比"十一五"前4年年平均增幅高7.1个百分点。

3. 城乡消费品市场均保持较快增长

2010年,全市城镇实现零售额176.3亿元,占社会消费品零售总额的82.1%,其中城区实现零售额83.3亿元,增长21.5%;乡村实现零售额38.5亿元,增长21.4%。

4. 惠民的消费政策效应进一步显现

家电下乡产品销售持续增长,家电以旧换新工作开局良好。2010年我市共销售家电下乡产品37.5万台,销售额8.8亿元;全市家电以旧换新产品销售总量达2.4万台,销售额突破8000万元。

5. 吃、穿、用消费热点频现

从限额以上批发和零售业商品零售类别看,一是吃、穿类商品较快增长,吃、穿类商品零售额同比分别增长52.5%、37.1%;二是家居类商品继续热销,建筑装潢材料、家具和家用电器商品同比增长60.6%;三是文化消费持续升温,文化娱乐、体育健康类商品同比增长31.5%。

6. 汽车消费强劲增长

2010年,全市汽车市场销售持续旺盛,成为消费市场的亮点。全市限额以上批零企业汽车类商品零售额2.2亿元,同比增长169.3%。

7. 商品销售额(营业额)较快增长

2010年,全市实现商品销售额452.7亿元,同比增长29.5%,其中,批发业实现销售额237.2亿元,同比增长32.0%,零售业实现销售额215.5亿元,同比增长26.8%;实现营业额36.3亿元,同比增长25.9%,其中,住宿业实现营业额5.1亿元,同比增长18.1%,餐饮业实现营业额31.2亿元,同比增长27.3%。

二、消费品市场运行中存在的问题

1. 乡村市场有待进一步开拓

2010年,我市城乡市场均保持较快的增长速度,但是,农村商业服务体系不健全,网点布局不合理、基础设施的落后等都制约着农村居民的消费。乡村市场实现零售额比重小,全市乡村市场零售额仅占社会消费品零售总额的17.9%。

2. 物价上涨制约消费需求持续增长

居民消费价格指数(CPI)上涨,部分生活必需品价格上涨较快,2010年居民消费价格指数上涨3.3%,其中食品上涨8.2%,物价上涨影响了居民的实际收入水平与实际购买力,制约了消费需求的持续增长。

3. 消费环境影响居民消费意愿和消费信心,制约消费品市场的进一步发展

随着对市场监管和整治力度的加大,消费品市场秩序有所改善,但是相关管理体制不健全、监管机制不完善,使得我市消费环境还存在许多商品质量和安全隐患,影

响了居民消费信心和消费意愿。

三、保持消费品市场平稳较快增长的几点建议

1. 积极开拓农村市场

继续以"万村千乡市场工程"为重点，全面推进"家电下乡"和"家电以旧换新"等惠民消费政策的实施，充分调动农民消费积极性和消费升级换代，进一步开拓农村市场。加强对农村基础设施的投入，完善农村消费市场建设，不断扩大农村市场消费的规模。

2. 加快消费结构升级步伐

城镇居民对汽车、住房、娱乐休闲等的需求越来越大，农村居民开始追求中高档耐用消费品。小排量车购置税减免、"汽车下乡"等鼓励汽车消费的政策以及"家电下乡"等政策的出台，给我市汽车和家电消费带来了新的增长点。要继续培育和扩大消费热点，扩大文化教育、旅游、娱乐等消费需求，加快消费结构升级步伐。

3. 加强对市场运行的监管

加强市场价格监管，防止游资炒作。努力做好粮食、蔬菜、肉禽蛋、食用油等商品价格的调控，减少物价上涨对人们消费心理造成的冲击。进一步整顿和维护市场秩序，规范市场行为，加强执法监管力度，不断完善消费者权益保护的法律体系，营造安全和谐的消费环境。

4. 以创建中国优秀旅游城市为契机，扩大旅游消费

旅游业与餐饮、住宿、贸易行业关联度高，要大力发展旅游业。打造宋、明文化品牌和特色旅游产品，加快我市旅游产业化发展，提升旅游产业水平，丰富旅游产品。要充分利用我市旅游资源优势，促进旅游消费的持续快速发展。

2011 年是"十二五"的开局之年，在市委市政府的正确领导下，随着国家一系列"扩大内需"政策的贯彻实施、"大滁城"建设的不断深入和城镇化步伐的不断加快，我市消费品市场将继续保持平稳较快的发展态势。

【例文剖析】

这是一篇专题性经济活动分析报告，对 2010 年某市消费品市场运行情况进行了比较全面的分析。文章以消费品市场的具体数据入手，从某市消费品市场运行的特点、消费品市场运行中存在的问题、保持消费品市场平稳较快增长的几点建议三个方面展开论述，很有针对性和指导性。整篇报告结构完整，内容全面，语言流畅；有数据、有分析、有建议、条理清晰，完全符合经济活动分析报告写作的要求。

自主学习

1. 经济活动分析报告的含义是什么？它有哪些特点？

2. 经济活动分析报告如何分类？哪种类型的经济活动分析报告是你平常接触或使用过的？

3. 经济活动分析报告的写作要领有哪些？

4. 经济活动分析报告有哪些写作要求？你对此有何认识？

第四节　经济合同

一、经济合同概述

（一）经济合同的含义

合同也称"契约"，是当事人各方为实现某种目的经协商同意后订立的明确有关权利义务关系的协议。经济合同是合同的一个分支，是双方或多方当事人为了实现一定的经济目的，明确相互权利与义务而共同订立的一种具有经济关系的协议。

经济合同是法人、组织之间为实现一定的经济目的而设立、变更、终止民事权利义务关系的协议。依法签订的合同，对当事人具有法律约束力，并受法律保护。当事人必须全面履行合同规定的义务，任何一方不得擅自变更或解除合同。违反合同，要追究责任，赔偿损失，甚至受到法律制裁。与此同时，签订经济合同是一种法律行为，必须遵守合法原则、平等互利原则、协商一致原则和等价有偿原则。

经济合同有以下几个方面的作用：

（1）维护经济秩序。

（2）保护当事人的合法权益。

（3）促进企业加强经济核算，改善经营管理。

（二）经济合同的特点

1. 平等性

平等性是指经济合同的双方或多方当事人的法律地位平等，不论级别、地位大小、实力强弱，都是平等主体，都享有权利，同时也必须承担义务。签订经济合同时，合同当事人应充分协商，取得一致意见，一方不得将自己的意志强加给另一方，更不能以命令、胁迫的手段签订合同。

2. 合法性

经济合同的主体应具备法人资格。只有合法的合同才会被法律承认有效，受到法律保护。《中华人民共和国合同法》（以下简称《合同法》）第七条明文规定："当事人订立、履行合同，应当遵守法律、行政法规，尊重社会公德，不得扰乱社会经济秩序，损害社会公共利益。"《合同法》关于要约和承诺、履行等方面的规定也必须严格遵守。

3. 有偿性

经济合同的订立是以经济为目标，当事人都想获得一定的经济效益。如果是无偿的、无目的的给予和馈赠，此类合同不属于经济合同。

4. 规范性

经济合同是以书面形式签订的，其内容和形式都必须规范化。当事人所交易的内容，相互的权利义务，都要以书面的形式确定下来，这样才具备法律效力。只有规范的合同，才能真正做到有章可循，有据可查，防止疏漏或歧义，避免不必要的矛盾和纠纷，确保合同双方的合法权益真正落实。

（三）经济合同的分类

根据不同的标准可以对经济合同进行不同的分类：

（1）根据合同的有效期，可分为长期合同、中期合同、短期合同。

（2）根据合同的写作形式，可分为表格式合同、条款式合同、表格条款混合式合同。

（3）根据合同的内容，《合同法》把我国常用的经济合同分为：买卖合同，供用电、水、气、热力合同，赠与合同，借款合同，租赁合同，融资租赁合同，承揽合同，建设工程合同，运输合同，技术合同，保管合同，仓储合同，委托合同，行纪合同，居间合同。

正确区分经济合同的不同种类，并掌握不同种类经济合同的不同要求，对于订立和履行合同具有重要的意义。

二、经济合同的写作要领

经济合同一般由标题、当事人的名称、正文、结尾等几个部分组成。

（一）标题

标题要表明合同的性质和种类，一般由事由＋文种构成，如购销合同、施工合同、承包合同、房屋租赁合同等。有的也可以只写"合同"二字。

(二) 当事人名称或姓名及住址

当事人指订立合同的双方单位或当事人姓名，如是单位要与营业执照上核准的名称相一致。双方的名称可简称甲、乙，出租方、承租方，买方、卖方，委托人、受托人等，以便在叙述合同条款时行文方便。比较重要的合同还要在当事人名称上方或右上方注明合同编码、签订时间、签订地点等。

(三) 正文

正文是经济合同的核心部分，它包括引言和主体两个部分。

1. 引言

引言即合同的开头部分，须简明扼要地写明签订合同的目的、根据和原因。常用习惯语如"根据……，为了……，经双方协商一致，签订本合同"。

2. 主体

不同的经济合同可以采用的外部形式各不相同，如有的是条款式，有的是表格式，有的是条款和表格相结合的形式，但不论哪种形式的经济合同，一般均须具备以下主要条款：

(1) 标的。

标的是合同当事人双方权利和义务的共同指向对象，它可以是有形资产、无形资产，主要有货物、劳务、工程项目。标的是合同的必备条款，是签订经济合同的目的和前提。没有标的、标的不明确或标的不合法的合同都不能成立。如果标的是货物，产品的名称、花色、规格、型号、产地、商标、质量都要写清楚，否则执行合同时就有可能出现纠纷。

(2) 数量和质量。

数量和质量是标的的具体表现形式，关系到当事人的权利和义务的大小，必须明确、具体。

数量是标的计量，包括数和量两个要素，除数字准确外，还应该写清计量单位、计算方法、误差范围等内容。计量单位应采用国家法定的公制计量单位。

质量是标的内在特征和品质的规定。标的的质量必须有明确的说明，如标的的品牌、品种、规格、型号、大小、等级、保质期等，这些要素一定要在合同中写清楚。对质量的要求，尽可能按照已有标准来确定，如有国家强制质量标准的则应首先遵循，没有国家或行业强制性标准的，要写清楚当事人协商的标准。

(3) 价款或酬金。

价款或酬金是合同当事人一方向对方支付的以货币数量表示的代价。以货物或工程为标的的经济合同，其代价体现为价款；以劳务为标的的合同，其代价体现为酬金。在合同中应明确规定价款或酬金的计算方法、数额、货币名称。价款或酬金的总价应用汉字大写写明，以防他人篡改。

（4）履行期限、地点和方式。

履行期限是指合同当事人各方权利义务执行的时间界限。期限规定得越具体越有利于合同的执行，一般要具体到年、月、日。

履行地点是指当事人履行合同规定的义务和接受对方履行义务的地方，它直接关系到履行合同的时间的最终确定和费用问题，所以也必须明确、具体地写出。

履行方式是指当事人履行合同的具体做法。合同不同对履行方式的要求也不同，可以是送货也可以是提货，可以是一次履行也可以是分期分批履行等。履行方式还包括价款或酬金的支付方式、结算方式等。这些内容都要在合同中作清楚的约定。

（5）违约责任。

违约责任是为了保证完全履行合同而预定的针对违约方的经济制裁措施。有定金和支付违约金、赔偿金两种方式。违约金、赔偿金的具体金额，凡国家法规、规章有规定的，不得低于法定标准；没有规定的，由当事人双方议定。给付定金的一方不履行约定的义务，无权要求返还定金；收受定金的一方不履行约定的义务，应当双倍返还定金。合同履行时定金应抵作价款或者收回。违约责任是促使当事人履行合同义务，保护对方免受或少受损失的法律措施。

（6）解决争议的方法。

解决争议的方法是指解决合同争议的途径，对合同条款发生争议时的解释及法律适用等。解决争议的方法主要有：协商、调解、申请仲裁、向人民法院起诉等。涉外合同还须注明处理合同争议所适用的法律，在中华人民共和国境内履行的中外合资经营企业合同、中外合作经营企业合同、中外合作勘探开发自然资源合同，适用中华人民共和国法律。

（7）附则性内容。

附则性内容主要对合同有效性方面的一些说明。如合同的有效期、签订份数、保存方法、未尽事宜等。有附件的合同，应注明附件的名称及份数。

按照《合同法》的要求，前五条是所有合同必须具备的，后两条视情况不同可以写入也可以不写。

（四）结尾

经济合同的结尾包括落款和签订合同的日期两部分。

1. 落款

落款在正文的下方，要签署以下内容：双方单位名称，法定代表人及委托代理人签名，双方当事人加盖印章，双方当事人的地址、电话、邮政编码、传真号码、开户银行名称、账号等。若有签证或公证单位，则还要写明签证、公证单位的名称以及代表人姓名，并加盖公章或私章。

2. 签订合同的日期

签订合同的日期在落款下写明，有的合同还要注明签约的地点。

三、经济合同的写作要求

1. 遵守国家的法律法规和方针政策

经济合同是一种经济应用文书，也是一种法律文书。订立经济合同是一种民事法律行为，只有符合国家的法律法规及相关的方针政策，合同才会受到法律的保护。所以，在签订合同之前，一定要了解国家的法律法规和相关的方针政策，以之为尺度来检查所签订合同内容是否规范、有效、合理、合法，才能避免未来不必要的损失与纠纷。

2. 精通专业知识，了解全面情况

在签订合同前，一定要详尽了解与合作项目、合同牵涉的内容有关的专业背景和交易常识。精通相关的专业知识，才能在拟定合同条款、内容或合同履行中出现误解纠纷时立于不败之地。

在签订合同前，一定要通过各种途径了解合作对象的基本情况，如是否具有签订合同的资质、单位或个人信用程度的高低、履行合同能力的大小等。知己知彼才能保证合同的全面履行。

3. 详尽具体，表达严谨，清楚整洁

经济合同在拟定条款时，要全面详尽、具体细致。应尽可能将方方面面的情况考虑清楚，不仅条款要俱全，还应注意条款明晰，没有交叉矛盾；条款一定要细化，具有可操作性。

经济合同的签订，语言表达要清楚准确，严谨恰当，没有错别字，正确使用标点符号，用词要小心斟酌，避免引起歧义。

经济合同一经签署就具有法律效力，这就要求合同的文面整洁干净，字迹工整，一般不允许涂改，如果不得已要修改，应在修改处加盖双方当事人的印章。

四、例文评析

货物买卖合同

买方：＿＿＿＿＿＿（下称甲方）　　卖方：＿＿＿＿＿＿（下称乙方）

地址：＿＿＿＿＿＿邮编：＿＿＿　　地址：＿＿＿＿＿＿邮编：＿＿＿

电话：＿＿＿＿＿传真：＿＿＿　　电话：＿＿＿＿＿传真：＿＿＿

电子邮箱：＿＿＿＿＿＿＿＿＿　　电子邮箱：＿＿＿＿＿＿＿＿＿

甲乙双方经充分协商，本着自愿及平等互利的原则，订立本合同。

第一条　名称、品种、规格和质量

1. 名称、品种、规格：

＿＿＿＿＿＿（应注明产品的牌号或商标）。

2. 质量，按下列第（　）项执行：

（1）按照＿＿＿＿标准执行（须注明按国家标准或部颁或企业具体标准，如标准代号、编号和标准名称等）。

（2）按样本，样本作为合同的附件（应注明样本封存及保管方式）。

（3）按双方商定要求执行，具体为：

＿＿＿＿＿＿（应具体约定产品质量要求）。

第二条　数量和计量单位、计量方法

1. 数量：＿＿＿＿＿＿。

2. 计量单位和方法：＿＿＿＿＿＿。

3. 交货数量的正负尾差、合理磅差和在途自然增（减）量规定及计算方法：＿＿＿＿＿＿。

第三条　包装方式和包装品的处理

＿＿＿＿＿＿（应尽可能注明所采用的包装标准是否为国家或主管部门标准，自行约定包装标准应具体可行，注明包装材料由谁供应、包装费用由谁负担）。

第四条　交货方式：

1. 交货时间：＿＿＿＿＿＿。

2. 交货地点：＿＿＿＿＿＿。

3. 运输方式：＿＿＿＿＿＿（注明由谁负责代办运输）。

4. 保险：＿＿＿＿＿＿（按情况约定由谁负责投保并具体规定投保金额和投保险种）。

5. 与买卖相关的单证的转移：_____。

第五条　验收

1. 验收时间：_____。

2. 验收方式：

_____（如采用抽样检验，应注明抽样标准或方法和比例）。

3. 验收如发生争议，由_____检验机构按_____检验标准和方法，对产品进行检验。

第六条　价格与货款支付

1. 单价：_____；总价：_____（明确币种及大写）。

2. 货款支付：

货款的支付时间：_____；

货款的支付方式：_____；

运杂费和其他费用的支付时间及方式：_____。

3. 预付货款：_____（根据需要决定是否需要预付货款及金额、预付时间）。

第七条　提出异议的时间和方法

1. 甲方在验收中如发现货物的品种、型号、规格、花色和质量不合规定或约定，应在妥为保管货物的同时，自收到货物后____日内向乙方提出书面异议；在托收承付期间，甲方有权拒付不符合合同规定部分的货款。甲方未及时提出异议或者自收到货物之日起____日内未通知乙方的，视为货物合乎规定。

2. 甲方因使用、保管、保养不善等造成产品质量下降的，不得提出异议。

3. 乙方在接到甲方书面异议后，应在____日内负责处理并通知甲方处理情况，否则，即视为默认甲方提出的异议和处理意见。

第八条　甲方违约责任

1. 甲方中途退货的，应向乙方赔偿退货部分货款____%的违约金。

2. 甲方未按合同约定的时间和要求提供有关技术资料、包装物的，除交货日期得以顺延外，应按顺延交货部分货款金额每日万分之____计算，向乙方支付违约金；如____日内仍不能提供的，按中途退货处理。

3. 甲方自提产品未按乙方通知的日期或合同约定日期提货的，应按逾期提货部分货款金额每日万分之____计算，向乙方支付逾期提货的违约金，并承担乙方实际支付的代为保管、保养的费用。

4. 甲方逾期付款的，应按逾期货款金额每日万分之____计算，向乙方支付逾期付款的违约金。

5. 甲方违反合同规定拒绝接受货物的，应承担因此给乙方造成的损失。

6. 甲方如错填到货的地点、接货人，或对乙方提出错误异议，应承担乙方因此所受到的实际损失。

7. 其他约定：_____。

第九条　乙方的违约责任

1. 乙方不能交货的，向甲方赔偿不能交货部分货款____%的违约金。

2. 乙方所交货物品种、型号、规格、花色、质量不符合合同规定的，如甲方同意利用，应按质论价；甲方不能利用的，应根据具体情况，由乙方负责包换或包修，并承担修理、调换或退货而支付的实际费用。

3. 乙方因货物包装不符合合同规定，须返修或重新包装的，乙方负责返修或重新包装，并承担因此支出的费用。甲方不要求返修或重新包装而要求赔偿损失的，乙方应赔偿甲方该不合格包装物低于合格物的差价部分。因包装不当造成货物损坏或灭失的，由乙方负责赔偿。

4. 乙方逾期交货的，应按照逾期交货金额每日万分之____计算，向甲方支付逾期交货的违约金，并赔偿甲方因此所遭受的损失。如逾期超过____日，甲方有权终止合同并可就遭受的损失向乙方索赔。

5. 乙方提前交的货物、多交的货物，如其品种、型号、规格、花色、质量不符合约定，甲方在代保管期间实际支付的保管、保养等费用以及非因甲方保管不善而发生的损失，均应由乙方承担。

6. 货物错发到货地点或接货人的，乙方除应负责运到合同规定的到货地点或接货人外，还应承担甲方因此多支付的实际合理费用和逾期交货的违约金。

7. 乙方提前交货的，甲方接到货物后，仍可按合同约定的付款时间付款；合同约定自提的，甲方可拒绝提货。乙方逾期交货的，乙方应在发货前与甲方协商，甲方仍需要货物的，乙方应按数补交，并承担逾期交货责任；甲方不再需要货物的，应在接到乙方通知后____日内通知乙方，办理解除合同手续，逾期不答复的，视为同意乙方发货。

8. 其他：_____。

第十条　不可抗力

任何一方由于不可抗力原因不能履行合同时，应在不可抗力事件结束后____日内向对方通报，以减轻可能给对方造成的损失，在取得有关机构的不可抗力证明后，允许延期履行、部分履行或者不履行合同，并根据情况可部分或全部免予承担违约责任。

第十一条　争议解决

凡因本合同引起的或与本合同有关的任何争议，如双方不能通过友好协商解决，均应提交中国国际经济贸易仲裁委员会深圳分会，按照申请仲裁时该会实行的仲裁规则进行仲裁。仲裁裁决是终局的，对双方均有约束力。

买方：_____（盖章）　　　卖方：_____（盖章）

法定代表人：_____（盖章）　　法定代表人：_____（盖章）

开户银行及账号：_____　　开户银行及账号：_____

　　　　　　　　　　　　　　　　　　　　____年__月__日

【例文剖析】

　　这是一份货物买卖合同，合同标题注明了合同的性质种类，一目了然。整篇合同采用的是条款式写作形式，约首简明，体现了合同订立双方平等协商的特点；正文所列各项条款分明完备，责权明晰；约尾清楚明白。整篇合同结构完整，语言简洁，表述清楚，为当事人双方执行权利义务、认真有效地履行合同内容提供了可靠的法律保障。

自主学习

1. 经济合同的含义是什么？它有哪些特点？
2. 经济合同如何分类？哪些类型的经济合同是你平常接触和使用过的？
3. 经济合同的写作要领有哪些？你是如何体会的？
4. 经济合同有哪些写作要求？你对此有何认识？

第五节　招标书和投标书

一、招标书和投标书概述

　　招标与投标是国际上普遍应用的有组织的商业交易方式，是一种竞争性的商业行为，在国外已有几百年的历史。我国开展招标投标活动的时间不长，为了规范招投标活动，保护国家利益、社会公共利益和招投标活动当事人的合法权益，提高经济效益，保证项目质量，1999年8月30日，全国人大常委会会议通过了《中华人民共和国招标投标法》（简称《招标投标法》）。推行招标投标对促进我国市场经济健康发展，繁荣国内外经济贸易有着十分重要的意义。而在整个招标与投标的过程中，招标书和投标书有着特殊重要的地位，它直接关系到招标与投标的成功与否，以及随后整个交易过程的顺利进行。因此，写好招标书和投标书至关重要。

（一）招标书和投标书的含义

所谓招标书就是单位、企业以及个人在进行招标时所用的专用文书。而招标是指单位、企业或个人在兴建工程或在进行大宗商品交易时，先把有关工程或商品的标准、价格、条件、说明等内容以招标书的形式对外发布，以完全公开或邀请的方式招人承包、承卖或承买。与此相对应的，投标书就是单位、企业或个人对招标项目投标时所用的文书。而投标是指承包人或购销者按招标公告的标准和条件，在投标书中报出价格、填具投标书的各项内容。

招标书也叫做招标公告、招标启事。招标书必须写清楚以下内容：招标的项目名称、投标方法、投标资格、技术要求、投标和开标日期、保证条件、支付办法等。每一项内容，力求简洁明确，使投标人能够按照招标书所列示出的条件和要求，填写投标书。投标书主要有投标商业条件表、投标企业资格表、投标价格表等三种表格，投标人利用这些表格项目向招标人提出订立合同的建议，提供给招标人备选的方案。

（二）招标书和投标书的特点

1. 招标书内容具有"三公开"原则，投标书内容具有保密原则

这一特点是由招标投标活动本身特点所决定的。在招标的时候，招标书内容所列示的招标条件、投标条件要保证其公开性。招标者将自己的招标项目、招标意图、招标范围、资金来源、质量要求、工期要求、招标步骤等通过招标书公布于众。有些招标通过邀请方式，但招标条件在被邀请的范围内也是公开的。招标的原则是"公开、公平、公正"，只有公平、公正才能吸引真正感兴趣、有竞争力的投标厂商竞争，通过竞争达到采购目的，才能真正维护使用单位利益、维护国家利益。因此，审定标书中是否含歧视性条款是招标机构编制、审定标书工作中最重要的环节。

相对于招标书的"三公开"原则，投标书则在开标之前要有一定的保密性，即投标书要密封后才送到招标单位，未密封的投标书视为无效。

招标书内容的公开和投标书内容的保密都是出自公平竞争的考虑，是竞争的一种策略。

2. 投标书具有竞争性

单位、企业或个人把投标书送达招标单位之后，招标单位在各个不同的投标书之间进行比较，并根据之前提出的种种招标条件选择最接近要求的投标书，择优中标。招标投标活动的目的决定了投标书之间的公平竞争。兴建工程或大宗商品交易之所以采用招标方式，正是为了通过公开要约，比较多家投标书，寻求最佳方案，选择最优秀的承包者，以实现最佳经济效益。投标书之间进行比较和择优是投标书具有竞争性特点的一个突出表现。投标书作为各投标者实力的载体，投标者之间的比较实际上就

是投标书之间的比较。因此，投标书就应具备极强的竞争性，投标书是战胜竞争对手的有力武器。

3. 招标投标书内容应诚信可靠

招标书要切实反映招标单位的全面要求，科学合理地制定投标的条件，保证招标书内容的全面翔实，不可任意开出各种条件，刁难投标单位。此外，招标书所制定的招标条件要从实际出发，切不能盲目提高标准、提高设备精度、房屋装修标准等，否则对招标单位和投标单位都没有好处。

同样，投标单位在制作投标书时，也要严格依据招标书所提出的要求列示出自己能够提供的条件，切不可说大话，一旦投标书内容响应招标书，对招标书提出的标准和条件给予答应和承诺，那么一定要在自己的实力范围内是可完成可兑现的承诺，否则无论对招标单位还是投标单位都会造成不可估量的损失，尤其是大型工程的建设，更要谨慎行事。虽然投标单位之间存在残酷的竞争，但切不可为最后的中标而不择手段，一定要保证标书内容的诚实可靠。

4. 招标投标书应维护企业利益、国家利益

招标书编制时要注意维护招标单位的商业秘密，也不得损害国家利益和社会公众的利益，如对环境的污染必须在可允许的范围内，尤其是当前我国经济正处于飞速发展的阶段，如何在这个关键时刻实现社会经济的可持续发展，是我们广大企事业单位、重大项目工程建设的决策者们所要面临的重大问题和考验。因此，在招标投标时，招标和投标单位在标书中都应对这方面给予足够重视。

（三）招标书和投标书的分类

招标书按照不同的分类标准，可分为不同的类型。

（1）根据时间，可分为长期招标书和短期招标书。

（2）根据内容及性质，可分为企业招标书、工程招标书、大宗商品交易招标书。

（3）根据招标范围，可分为国际招标书和国内招标书。

（4）根据招标的标的物，可分为货物、工程、服务招标书三大类。根据具体标的物的不同，还可进一步细分。如工程类可细分为施工工程、装饰工程、水利工程、道路工程、化学工程招标书等。

投标书主要分为生产经营性投标书和技术投标书两大门类。

（1）生产经营性投标书包括工程投标书、承包投标书、劳务投标书等。

（2）技术投标书包括科研课题投标书、技术引进投标书、技术转让投标书等。

二、招标书和投标书的写作要领

（一）招标书

招标书一般由标题、前言、招标项目、招标步骤、落款五个部分组成。

1. 标题

招标书的标题一般有两种写法：一种是只列示文种，如"招标通告"、"招标公告"、"招标启事"等；另一种则稍微具体一些，在文种之前加上招标单位的名称，如"环境学院实验室招标通告"。前者简洁明确，后者则突出招标单位的名称，提供更多的信息。

2. 前言

前言要以简要的文字写明招标的依据、目的、范围、名称、招标方式等。其作用是统领全文，展开下文。

3. 招标项目

招标项目要写明发包项目的名称、地址、总工程量或要购买商品的规格、数量等，便于投标单位量力选择。招标项目一般应分条列项来书写。

4. 招标步骤

招标步骤要写明招标的起止时间、发送文件的日期与方式、开标日期和地点等。

5. 落款

落款相当于招标书的结尾，在此处要写清招标单位的名称、地址、电话、传真、邮政编码、电子信箱等内容，以便投标人能够准时送达标书，参加投标。

（二）投标书

投标书一般由标题、称谓、正文、尾部四个部分组成。

1. 标题

投标书标题一般在正中写明"投标申请书"、"投标答辩书"或"投标书"即可，不必写出投标单位名称。

2. 称谓

称谓即招标单位或招标代理机构名称，顶格书写。必要时还须写明招标单位的地址。

3. 正文

（1）引言。

投标书的引言一般是简明扼要地阐明投标的依据、目的、意愿和指导思想。

（2）主体。

这部分是投标书的重心所在。根据招标书提出的目标、要求，介绍投标企业的现状，投标标价（单项费用标价和总标价），保证达到的质量标准和开工、施工日期或物资采购时间，施工技术组织措施、安全生产措施及日程进度安排，其他需要说明的应标条件和事宜。

为了能够顺利中标，主体部分要特别注意介绍本企业的现状，正确分析承包企业的优劣势；提供计算依据和可行性分析；还要说明本企业的经营方案或措施。力求做到具体完整，论证严密，层次清晰，文字简练。

（3）结尾。

结尾写明投标单位的名称、地址、电话号码、传真等各种联系方式。

4. 尾部

尾部要写明投标单位名称和负责人姓名，加盖公章，注明标函制作的时间，附件名称和附件原文。附件一般是一些技术性文件和"法定代表人资格证明书"等。

三、招标书和投标书的写作要求

（一）招标书的写作要求

1. 招标书写作之前要做好准备工作

首先，招标书的起草要经过上级主管部门的批准。只有经过上级主管部门批准，才能起草招标书，而且在招标公告、招标书中一般应写清楚经过什么单位批准，这样不仅使招标书具有权威性，而且使投标者产生信任感。其次，在起草招标书之前要搞好相关的市场调研工作，掌握市场信息，这样才能根据实际情况，准确确定招标项目的标准、条件、标底等各项招标书内容，使之后的招标程序顺利进行。

2. 招标书的写作内容要遵纪守法、翔实周全

招标活动是法人之间的一种经济活动。国家和地方政府都为此颁布了一系列法律法规，因此招标书的各项内容必须遵守相应的法律法规，不得违法。此外，招标书的各个项目的内容都要书写周全，不得有任何疏漏，各种规格的测算要科学合理，写得越具体越好。同时，招标书在文字表达上也要考虑周全，无论是技术规格还是数据表述都要准确无误，避免含混不清，以致产生歧义。文字表述要简洁明了，与招标无关的字句应予删除，尽量使投标者一目了然。

3. 注意礼貌

招标书涉及的是交易、贸易活动，因此在写作时要遵守平等、诚恳的原则，切忌盛气凌人，更反对低声下气。

（二）投标书的写作要求

1. 投标书写作之前要对招标情况作深入了解

投标单位在起草投标书之前要深入了解招标书的具体内容，主要包括招标范围、规定、招标方式乃至招标截止时间等。全面了解招标书，抓住一些关键问题，这将有助于投标书起草时可以有的放矢。除了初步了解一些招标书中的内容之外，还要对招标项目作周密调查研究和精确计算，合理核算成本，了解市场信息，恰当报出价格，为形成一份具有竞争力的投标书作最充足的准备工作。

2. 投标书内容要符合投标者实际、表述准确

投标单位对自身所具备的条件和能力应实事求是，投标书中作出的任何承诺都应是投标单位可以达到的，切不可夸夸其谈，即使在夸大的情况下中标，最后也只能给招标方和投标方带来经济损失。投标书内容一定要注意与招标书内容相对应，对招标书的要求给出明确的回答和说明，无论单价、合计、总报价均应仔细核对。另外，还要注意投标书的保密性，在送达招标方之前一定要密封保存，否则投标书就可能成为无效投标书，浪费投标方的财力、人力和物力。

3. 简明准确

投标书的写作在表述上要准确规范，提倡多用短句，确保语义单一，概念准确，避免产生歧义和误解。

四、例文评析

建筑安装工程招标书

为了提高建筑安装工程的建设速度，提高经济效益，经＿＿＿＿＿＿＿＿＿（建设主管部门）批准，＿＿＿＿＿＿＿＿＿（建设单位）对＿＿＿＿＿＿＿＿建筑安装工程的全部工程（或单位工程、专业工程）进行招标（公开招标由建设单位在地区或全国性报纸上刊登招标广告，邀请招标由建设单位向有能力承担该项工程的若干施工单位发出招标书，指定招标由建设项目主管部门或提请基本建设主管部门向本地区所属的几个施工企业发出指令性招标书）。

一、招标工程的准备条件

本工程的以下招标条件已经具备：

1. 本工程已列入国家（或部、委，或省、市、自治区）年度计划。

2. 已有经国家批准的设计单位出的施工图和概算。

3. 建设用地已经征用，障碍物全部拆迁；现场施工的水、电、路和通信条件已经落实。

4. 资金、材料、设备分配计划和协作配套条件均已分别落实，能够保证供应，使拟建工程能在预定的建设工期内，连续施工。

5. 已有当地建设主管部门颁发的建筑许可证。

6. 本工程的标底已报建设主管部门和建设银行复核。

二、工程内容、范围、工程量、工期、地质勘察单位和工程设计单位

_____。

三、工程可供使用的场地、水、电、道路等情况

_____。

四、工程质量等级、技术要求、对工程材料和投标单位的特殊要求，工程验收标准

_____。

五、工程供料方式和主要材料价格、工程价款结算办法

_____。

六、组织投标单位进行工程现场勘察，说明和招标文件交底的时间、地点

_____。

七、报名、投标日期、招标文件发送方式

报名日期：二〇一一年____月____日；

投标期限：二〇一一年____月____日起至二〇一一年____月____日止。

招标文件发送方式：

_____。

八、开标、评标时间及方式，中标依据和通知

开标时间：二〇一一年____月____日（发出招标文件至开标日期，一般不得超过两个月）。

评标结束时间：二〇一一年____月____日（从开标之日起至评标结束，一般不得超过一个月）。

开标、评标方式：建设单位邀请建设主管部门、建设银行和公证处（或工商行政管理部门）参加公开开标，审查证书，采取集体评议方式进行评标、定标工作）。

中标依据及通知：本工程评定中标单位的依据是工程质量优良、工期适当、标价合理、社会信誉好，最低标价的投报单位不一定中标。所有投标企业的标价都高于标底时，如属标底计算错误，应按实予以调整；如标底无误，通过评标剔除不合理的部分，确定合理标价和中标企业。评定结束后五日内，招标单位通过邮寄（或专人送达）方式将中标通知书送发给中标单位，并在一个月（最多不超过两个月）内与中标单位签订_____建筑安装工程承包合同。

九、其他

_____。

本招标方承诺，本招标书一经发出，不得改变原定招标文件内容，否则，将赔偿由此给投标单位造成的损失。投标单位按照招标文件的要求，自费参加投标准备工作和投标，投标书（即标函）应按规定的格式填写，字迹必须清楚，必须加盖单位和代表人的印鉴。投标书必须密封，不得逾期寄达。投标书一经发出，不得以任何理由要求收回或更改。

在招标过程中发生争议，如双方自行协商不成，由负责招标管理工作的部门调解仲裁，对仲裁不服，可诉诸法院。

建设单位（即招标单位）：_____

地址：_____

联系人：_____

电话：_____

二〇一一年____月____日

【例文剖析】

这是一份建筑安装工程招标书的范文，内容周全，特别是对投标人的要求非常明确、具体，有利于招标活动的顺利开展。招标书标题采用项目名称加文种的方式，简洁明了；前言部分简单介绍了招标项目已获批准的情况及招标方式、目的；主体部分对招标项目情况、招标范围、投标人资质等各事项作了准确、简明的介绍。写法上采用分条列项的方式，使投标人一目了然；结构上层次清楚；语言上简洁明了；格式规范。

工程投标书

建设单位：_____

1. 根据已收到的招标编号为_____的_____工程的招标文件，遵照《工程施工招标投标管理办法》的规定，我单位经考察现场和研究上述工程招标文件的投标须知、合同条件、技术规范、图纸、工程量清单和其他有关文件后，我方愿以人民币_____元的总价，按上述合同条件、技术规范、图纸、工程量清单的条件承包上述工程的施工、竣工和保修。

2. 一旦我方中标，我方保证在____年____月____日开工，____年____月____日竣工，即____天内竣工并移交整个工程。

3. 如果我方中标，我方将按照规定提交上述总价5%的银行保函或上述总价

10%的由具有独立法人资格的经济实体企业出具的履约担保书，作为履约保证金，共同地和分别地承担责任。

4. 我方同意所递交的投标文件在"投标须知"第11条规定的投标有效期有效，在此期间内我方的投标有可能中标，我方将受此约束。

5. 除非另外达成协议并生效，你方的中标通知书和本投标文件将构成约束我们双方的合同。

6. 我方金额为人民币_____元的投标保证金与本投标书同时递交。

投标单位：（盖章）

单位地址：

法定代表人：（签字、盖章）

邮政编码：

电话：

传真：

开户银行名称：

银行账号：

开户行地址：

电话：

日期：____年____月____日

【例文剖析】

这是一份工程投标书，标题简洁明了，正文内容包括投标意愿的表达，投标总金额，对工程开工、竣工日期的保证，对投标保证金的声明及应受到的相应约束的承诺。标书内容齐全，结构完整，格式规范，符合投标书的写作要求。

自主学习

1. 招标书和投标书的含义是什么？它们分别有哪些特点？

2. 招标书和投标书如何分类？哪种类型的招标书和投标书是你最常接触或使用的？

3. 招标书和投标书的写作要领有哪些？

4. 招标书和投标书有哪些写作要求？

第六节　广告

一、广告概述

现代社会是商品经济高速发展的社会，也是信息传播日益频繁的社会，市场化和信息化已成为当今社会的主要特点。面对激烈的市场竞争，各类企业、商家要想立足市场，在市场竞争中占据有利地位，过去那种"酒香不怕巷子深"的观念已经过时了。一方面他们必须提高产品、服务或劳务质量；另一方面必须有效地把产品、服务或劳务等相关经济信息传播出去，以引起广大消费者的认知与认可。作为传播信息的重要手段，广告便应运而生。广告与人们的生产、生活等各方面的联系日益密切，已成为推荐商品、宣传企业形象最有效的方法。通过广告的宣传，能有效地刺激需求，密切产销关系，加速商品流通，推动企业竞争。

（一）广告的含义

广告有广义和狭义之分。广义的广告是指广告主通过一定的媒介与方式针对目标人群进行的一种信息传播活动，包括以赢利为目的的商业广告和不以赢利为目的的非商业性广告两大类。狭义的广告，仅指以赢利为目的的商业广告，它由可识别的广告主，通过媒体向目标人群传播企业、产品或服务信息，以实现其商业目的的信息传播活动。

广告的作用有以下几个方面：

（1）沟通购销渠道，促进生产发展。

（2）方便广大群众，指导社会消费。

（3）提高服务质量，提升商品的竞争力。

（4）增进友好往来，促进国内外贸易的发展。

（5）美化市容，改变环境，丰富人们的文化生活。

（6）促进大众传播媒介的发展。

（二）广告的特点

1. 针对性

广告内容通常是围绕着人们的衣食住行、文化娱乐，与人们的日常生活和切身利益息息相关。广告宣传的对象是广大的消费者，其宣传目的是赢得广大消费者及用户的认可和接纳。因此，广告宣传要考虑宣传对象的需要和偏好，做到从实际需求出发、有的放矢，这是提高广告宣传质量，增强广告宣传效果的基础。

2. 艺术性

广告要做到引人注目、激发兴趣、打动人心、唤起行动，往往需要通过构图、文字修辞和版面编排、音乐韵律甚至戏剧表演等多种文艺表现手法来进行宣传。实践证明，广告的艺术形象越鲜明，越富有创造性和感染力，其宣传效果越好。成功的广告往往集艺术性、欣赏性、知识性、趣味性、实用性于一身，成为现代人文化生活的组成部分。

3. 战略性

广告的制作和策划不应只是一时一地的权宜之计，而要高瞻远瞩、审时度势，从战略的眼光出发，为实现企业的发展壮大，产品的适销对路，进行全局性的、长远性的广告宣传。只有以完整的理念来构思策划广告，延伸出系列广告主题，才能在不同阶段有针对性地进行广告宣传。

4. 真实性

广告宣传要实事求是，其宣传内容应与实际情况相符合，不能夸张失实，更不允许弄虚作假，欺骗广大消费者。广告只有真实可信，才能赢得消费者的认可，才能维护企业形象和社会声誉。同时，也只有准确地、真实地传播广告信息，才能更好地沟通产销渠道，发挥广告应有的作用。

（三）广告的分类

依据不同的标准，广告可分成不同的种类。

（1）根据性质效用，可分为赢利性广告和非赢利性广告两大类。

（2）根据制作目的，可分为以促销创利为目的的商品销售广告，以建立信誉及宣传企业经营观念为目的的企业形象广告。

（3）根据广告覆盖范围，可分为国际性广告、全国性广告、地区性广告、行业性广告等。

（4）根据性质内容，可分为商品广告、劳务广告、招生招聘广告、征订广告、收购广告、医药广告、旅游广告、租赁广告等。

（5）根据表现形式，可分为静态广告和动态广告。

（6）根据广告对象，可分为消费者广告、工业广告、商贸广告、农业广告、外贸广告等。

（7）根据商品的生命周期，可分为开拓期广告、竞争期广告和维持期广告。

（8）通常较为多见的是以媒体来分类，可分为报刊广告、电视广告、广播广告、标牌广告、橱窗广告、霓虹广告、商品模型广告、邮寄广告、网络广告等。

此外，还有用模特儿或有关人员的表演、演示所作的表演广告；利用火车、汽车、轮船、地铁等交通工具所作的交通广告等。

二、广告的写作要领

广告的形式十分丰富，但无论哪种形式的广告，都离不开文字。以文字为主的广告也称广告文案，其结构比较灵活，一般分为标题、正文及落款几个部分。

（一）标题

标题即广告的题目，有揭示广告主旨，引人注意的作用。它传达了广告中最重要、最能引起大众兴趣的信息，从而吸引消费者阅读正文内容，唤起他们的购买欲望。

标题有直接冲击式标题和间接吸引式标题两种。

直接冲击式标题或一语道破其旨，或以简明的文字表明广告的内容，使人一目了然。一般在语言上多采用名称式和陈述式，如"优雅态度，真我个性，浪琴手表"、"人头马一开，好事自然来"等。

间接吸引式标题往往采取含蓄、委婉、渲染、衬托的方式来传达广告主旨，暗示消费者注意。在表达方式上灵活多变：有设问式的，如"你想了解天下大事吗？请订阅《环球时报》"；有祈使式的，如"欢迎订阅《扬子晚报》"；有新闻式的，如"人民商场六十年店庆，隆重推出史上最大促销打折活动"；有描写渲染式的，如"四川特产，口味一流；天府花生，越剥越开心"。

当然，广告标题还有很多种，但无论采用哪种方式，都应以吸引消费者"即刻注意，激发消费"为其目的。

（二）正文

正文是广告的主体，是承接标题、展开广告信息的重点所在。正文的构思应该从兴趣、信任、欲望、行动等若干环节出发，进行创制。广告的正文一般由开头、主体和结尾三部分组成。

1. 开头

广告开头常见的写法有三种：一是与广告标题相呼应，或承接标题继续叙述，或对标题的设问作出回答，或解释标题含义并进一步强调标题；二是概括全文，以精练的语言点明主旨，写法类似新闻导语；三是介绍企业情况。

开头不是所有的广告都需要的，应视具体的广告而定。

2. 主体

主体是广告内容的中心，是广告主题的具体化。一般多用有力的事实和根据来说明商品的特点、优势及推荐理由。内容包括广告主办单位名称，商品名称，劳务名称，商品的规格、款式、性能、功效、制作工艺及保养方式、出售方式等。

3. 结尾

广告的结尾应干净利落，一般以简洁的语言呼吁消费者尽快采取行动。简短的广告结尾可省略。

（三）落款

广告的落款一般标明企业或经营者的名称、地址、购买商品或接受服务的方法、通信联络方式、联系人、银行账号等。

三、广告的写作要求

（一）遵守社会公德和职业道德

广告内容应有利于人民的身心健康，促进商品和服务质量的提高，保护消费者的合法权益，遵守社会公德和职业道德，维护国家的尊严和利益。

（二）实事求是

广告宣传一定要实事求是，无论宣传的是何种商品或劳务，都不能弄虚作假。为了赢得公众的信任，广告宣传要真实、准确、可靠，即广告中对产品的性能、产地、用途、质量、价格、生产者、有效期限的介绍或对服务的内容、形式、质量等使用的数据、统计资料、调查结果、文摘、引用语，都要清楚准确、有根有据。在行文中，一定限度的艺术渲染和艺术夸张是允许的，但必须以事实为基础，不能脱离事实本身。

（三）广告主题要精心确定

广告主题要力求鲜明、突出，应针对商品本身的特点、消费者的心理和需求、市场动态等因素认真筛选后精心确定广告主题，做到有的放矢。

（四）广告语言要有感染力

广告的语言文字是否有感染力是衡量广告优劣的重要标志。因此，广告的语言要新颖、简洁、鲜明、生动，既要通俗易懂、朗朗上口，又要活泼风趣、富有情趣。广告语言切忌冗长枯燥、生硬呆板和深奥难懂。撰写广告文案，在语言的使用上务必反复推敲、千锤百炼。

四、例文评析

月到中秋分外明　眼戴隐镜格外亮

戴"博士伦"隐形眼镜充分体现自然美，从此你的眼睛神采飞扬，在社交中受人欢迎、在事业上进展顺利。

"博士伦"隐形眼镜如水珠般柔软，戴上它舒服得好像没有戴镜片一样，无牵无挂，活动自如。

"博士伦"隐形眼镜最先获得美国食品和药物管理局（FDA）核准销售，现已有全世界90多个国家，2500万人使用。

中秋佳节，亲人团聚。"博士伦"助你传神，赐你快乐。愿有情人终成眷属。

口号：戴"博士伦"，舒服极了！

【例文剖析】

这则广告在内容上不仅宣传了戴"博士伦"隐形眼镜的美观、舒适，而且说明该产品质量可靠，最先获得美国食品和药物管理局（FDA）核准销售，在全世界拥有广大的消费者，市场前景广阔，以此来赢得消费者的信任。在构思上，该广告针对中国市场的文化背景和青年人为隐形眼镜消费主体的特点，巧妙地运用了朗朗上口的对仗式标题，并将"月到中秋分外明"与"有情人终成眷属"这些脍炙人口的语句自然地融入广告的标题和正文中，从而大大地提高了广告的传播效果。

自主学习

1. 广告的含义是什么？它有哪些特点？
2. 广告如何分类？哪几种类型的广告是你经常接触或使用的？
3. 广告的写作要领有哪些？
4. 广告有哪些写作要求？

第七节 产品说明书

一、产品说明书概述

（一）产品说明书的含义

产品说明书也称商品说明书，是以说明为主要表达方式，向消费者介绍产品的成分、构造、性能、特点、主要技术参数、使用方法、用途、维护保养及必要的操作技能等知识的应用文体。其目的在于指导消费、宣传推销产品。

（二）产品说明书的特点

1. 科学性

产品说明书是指导消费者科学认识和使用产品的指导文书，要以科学的态度和科学的方法向消费者客观真实地介绍产品的性能、结构、成分、效用、注意事项、维护保养等必需的知识，应力求全面、准确无误，绝不能为了推销而任意夸大产品的功用，夸夸其谈，误导消费者。有些说明书附有的技术参数、构造、图纸等，是其科学性的体现。

2. 实用性

产品说明书是为了方便人们了解产品、正确使用产品而制作的。所以说明书要围绕产品的构造、性能、特点、功用、使用方法、注意事项、维护保养等具有实用价值的内容来写。消费者要对照说明书的内容才能了解产品、进行操作，从而正确使用所购买的产品，实现产品的实用价值。如果缺少了如何操作、使用等必需的实用内容，疏漏或隐瞒了某些该告知的内容，就可能影响消费者对该产品的操作和使用，是对消费者的不负责任。

3. 条理性

不同的产品有着不同的属性、特征和作用，因此写作时要根据产品的特性，依循一定的程序，有所选择地有条有理地依次分列清楚，使消费者逐一了解和掌握产品使用和保养的有关事项，在使用上准确有序。分类说明方法的运用往往是条理性的具体体现。

4. 通俗性

产品说明书的阅读对象大多为不具备专业知识的普通消费者。因此，要以通俗浅显的语言形式，将产品各方面的情况介绍清楚，尽量不用或少用不易理解的专业术语。用语力求通俗、平实。有的说明书在使用说明性文字的同时，还配以适当的图表、绘画或照片，给人以形象直观的认识。

（三）产品说明书的分类

产品说明书的分类方法有很多，常见的有以下几种：

（1）根据内容，可分为产品介绍说明书、产品使用说明书、产品保养说明书。

（2）根据说明方式，可分为详细说明书、简要说明书。

（3）根据性质，可分为日用品说明书、食品说明书、医药说明书、电子产品说明书、机械产品说明书等。

（4）根据表达方式，可分为文字式说明书、图表式说明书。

（5）根据结构形式，可分为文章式说明书、条款式说明书。

二、产品说明书的写作要领

产品说明书因产品的种类、用途不同，写法也是多样的。一般而言，产品说明书由标题、正文、结尾三部分组成。

（一）标题

产品说明书的标题一般由产品名称加上"说明书"三字构成，如"××说明书"。有些说明书侧重介绍使用方法，称为使用说明书，如"××使用说明"。一般商品包装上的说明往往就是商品名称，如"蒙牛高钙奶"、"统一鲜橙多"等。

产品说明书标题的字体通常用大号或美术字体，放在显眼的位置以引人注意。

（二）正文

产品说明书的正文是说明书的主体，通常介绍产品的有关知识，包括产地、原料、功能、特点、原理、规格、使用方法、注意事项、维修保养等知识。不同说明书的内容侧重点也有所不同，在实际写作中，可采用以下几种形式：

1. 条款式

根据产品的主要情况，采用分条列项的说明方式。其优点是内容具体、层次分明、条目清楚。通常用于简单产品的说明。

2. 概述式

采用概括和叙述的方式，对产品的有关情况进行概括的介绍和说明。一般只需要介绍产品的基本情况或主要情况。其优点是内容完整、意思连贯。

3. 复合式

综合使用概述和条款两种方式，文中既有总体概括的介绍，又有分项的具体说明。一般是先概述，后分述。其优点是能把事物说得比较清楚、周密，既能给人一个总的印象，又能让人了解具体项目的内容。

（三）结尾

产品说明书的结尾一般包括提供生产或经销等相关企业或单位的名称、地址、电话、邮政编码、传真号码、网址、商标说明等内容。产品不同，结尾也不尽相同。

三、产品说明书的写作要求

产品说明书的特点决定了其写作一定要如实说明产品的情况，绝不可随意夸大产品性能，欺骗消费者。

（一）面向广大消费者

产品说明书要能切实起到方便消费者的作用，要把消费者的需要放在第一位，要根据他们的心理，设身处地地说明消费者希望和需要知道的有关内容。对所写的内容，要做到具体、易懂、可知，甚至可感，而不能太笼统、抽象。

（二）抓住重点、突出特点

抓住重点，就是把产品最主要的情况介绍给消费者。这要根据具体产品的具体情况来定。如介绍家用电器，就应着重说明其使用方法、操作程序和保养事项等。

突出特点，就是强调所介绍的产品与其他产品相比所具有的独特之处。这样，既便于消费者认识或使用该产品，也有利于该产品在同类产品中有竞争力，起到一定的广告宣传效果。

（三）语言力求准确、通俗、简明

许多产品往往具有较强的专业知识，而消费者的文化层次差异很大，说明书应写得深入浅出，有助于读者理解、消化。产品的种类不计其数，产品的用途千差万别，要选择最恰当的词语，准确地加以说明，如果有错误的话，不仅无助于消费者，还会误导消费者。说明书的文字还应简洁，行文要干净利落，言简而意明。

四、例文评析

碧螺春茶

　　碧螺春属于绿茶类。主产于江苏省苏州市吴县太湖的洞庭山（今苏州吴中区），所以又称"洞庭碧螺春"。洞庭碧螺春茶芽多、嫩香、汤清、味醇，是我国的十大名茶之一。碧螺春茶已有1000多年历史。民间最早叫"洞庭茶"，又叫"吓煞人香"。相传有一尼姑上山游春，顺手摘了几片茶叶，泡茶后奇香扑鼻，脱口而道"香得吓煞人"，由此当地人便将此茶叫"吓煞人香"。到了清代康熙年间，康熙皇帝视察并品尝了这种汤色碧绿、卷曲如螺的名茶，倍加赞赏，但觉得"吓煞人香"其名不雅，于是题名"碧螺春"，从此此茶成为年年进贡的贡茶。

　　碧螺春茶条索紧结，卷曲如螺，白毫毕露，银绿隐翠，叶芽幼嫩，冲泡后茶味徐徐舒展，上下翻飞，茶水银澄碧绿，清香袭人，口味凉甜，鲜爽生津，早在唐末宋初便列为贡品。但凡品饮过碧螺春的人，都不由会被它嫩绿隐翠、叶底柔匀、清香幽雅、鲜爽生津的绝妙韵味所倾倒。碧螺春，名若其茶，色泽碧绿，形似螺旋，产于早春。

　　[品鉴方法]

　　将茶轻轻投入水中，茶即沉底，有"春染海底"之誉。茶叶上带着细细的水珠，约2分钟，几乎全部舞到杯底了，只有几根茶叶在水上飘着，多数下落，慢慢在水底绽开，颜色浅碧新嫩，香气清雅。碧螺春的二水三水入口微涩，甘甜之味返归得很慢，但在齿颊间，余香较远。饮其味，头酌色淡、幽香、鲜雅；二酌翠绿、芬芳、味醇；三酌碧清、香郁、回甘，真是其贵如珍，宛如鉴赏一件工艺奇珍，个中妙境，可遇而不可求也。

　　品赏碧螺春是一件颇有情趣的事。品饮时，先取茶叶放入透明玻璃杯中，以少许开水浸润茶叶，待茶叶舒展开后，再将杯斟满。一时间杯中犹如雪片纷飞，只见"白云翻滚，雪花飞舞"，观之赏心悦目，闻之清香袭人，端在手中，顿感其贵如珍，宛如高级工艺品，令人爱不释手。

　　[名茶品质]

　　碧螺春的品质特点是：条索纤细、卷曲成螺、满身披毫、银白隐翠、清香淡雅、鲜醇甘厚、回味绵长，其汤色碧绿清澈，叶底嫩绿明亮。有"一嫩（芽叶）三鲜（色、香、味）"之称。当地茶农对碧螺春描述为："铜丝条，螺旋形，浑身毛，花香果味，鲜爽生津。"

［种植采摘］

碧螺春采制技艺高超，采摘有三大特点：一是摘得早，二是采得嫩，三是拣得净。每年春分前后开采，谷雨前后结束，以春分至清明采制的明前茶品质最为名贵。通常采一芽一叶初展，芽长 1.6～2.0 厘米的原料，叶形卷如雀舌，称之为"雀舌"，炒制 500 克高级碧螺春约需采 6.8 万～7.4 万颗芽头，历史上曾有 500 克干茶达到 9 万颗左右芽头，可见茶叶之幼嫩，采摘功夫之深非同一般。细嫩的芽叶，含有丰富的氨基酸和茶多酚。优越的环境条件，加之优质的鲜叶原料，为碧螺春品质的形成提供了物质基础。

采回的芽叶必须及时进行精心拣别，剔去鱼叶和不符标准的芽叶，保持芽叶匀整一致。通常拣别 1000 克芽叶，需费工 2～4 小时。其实，芽叶拣别过程也是鲜叶摊放过程，可促使内含物轻度氧化，有利于品质的形成。一般 5～9 时采，9～15 时拣别，15 时至晚上炒制，做到当天采摘，当天炒制，不炒隔夜茶。

［品级分类］

洞庭碧螺春的国家标准分为五级，分别为特一级、特二级、一级、二级、三级。炒制锅温、投叶量、用力程度，随级别降低而增加，即级别低锅温高，投叶量多，做形时用力较重。

［鉴别方法］

有专家提醒，颜色是植物生长的自然规律，颜色越绿并不意味着茶叶品质越好，市民在分辨真假碧螺春时，应注意以下事项：

看外观色泽：没有加色素的碧螺春色泽比较柔和鲜艳，加色素的碧螺春看上去颜色发黑、发绿、发青、发暗。

看茶汤色泽：把碧螺春用开水冲泡后，没有加色素的颜色看上去比较柔亮、鲜艳，加色素的看上去比较黄暗，像陈茶的颜色一样。

专家补充，如果是着色的碧螺春，它的绒毛多是绿色的，是被染绿了的效果。而真的碧螺春应是满皮白毫，有白色的小绒毛。

［沏泡方法］

水以初沸为上，水沸之后，用沸水烫杯，让茶盅有热气，以先发茶香。因为碧螺春的茶叶带毛，要用沸水初泡，泡后毛从叶上分离，浮在水上，把第一泡茶水倒去，第二泡才是可口的碧螺春，但最好的茶是第三次泡的，茶的香味才充分发挥出来。

［饮用方法］

1. 请选择安静优雅，空气清新的环境。

2. 请选用无异味洁净的茶杯茶具。

3. 请选用"农夫山泉"、"洞庭山"等优质矿泉水。

4. 先注水后放茶叶，且严格确认在放入茶叶时注入杯中的开水已冷却至摄氏 70

度以下，如此您将感受到原生态碧螺春茶传说中淡泊高雅的水果香（约维持 30 秒后果香逐渐转为茶香，凡无水果香的碧螺春就不能算是真正的碧螺春，因此也就成为行家鉴别标准；碧螺春茶树均应生长在果园里），产自不同果园的碧螺春和水温的微小差异其果香味亦不尽相同。

[贮藏要求]

碧螺春贮藏条件十分讲究。传统的贮藏方法是纸包茶叶，袋装块状石灰，茶、灰间隔放置缸中，加盖密封吸湿贮藏。随着科学的发展，近年来亦有采用三层塑料保鲜袋包装，分层紧扎，隔绝空气，放在 10℃ 以下冷藏箱或电冰箱内贮藏，久贮年余，其色、香、味犹如新茶，鲜醇爽口。

[销售范围]

如今，碧螺春畅销国内各大城市和港、澳地区，远销美国、德国、比利时、新加坡等国家。碧螺春茶区每到采茶季节，春意盎然，满山苍翠，茶香百里，真是"入山无处不飞翠，碧螺春香百里醉"。

[保健功效]

碧螺春是茉莉花茶代表产品之一，根据我国中医学及现代药理学对茶叶的保健功效研究认为：茶叶苦、甘，性凉，入心、肝、脾、肺、肾五经。茶苦能泻下、祛燥湿、降火；甘能补益缓和；凉能清热泻火解表。茶叶含有大量有益于人体健康的化合物，如儿茶素、维生素 C、维生素 A、咖啡碱、黄烷醇、茶多酚等。

【例文剖析】

这是一份复合式的产品说明书。它先概述了碧螺春茶的产地、悠久历史、形状特点；然后分项说明碧螺春茶的品鉴方法、名茶品质、种植采摘、品级分类、鉴别方法、沏泡方法、饮用方法、贮藏要求、销售范围、保健功效等要点，层次清晰，通俗明了。此说明书还显示出作者有关碧螺春茶的丰富的知识和其深厚的文学修养。这是一份成功的产品说明书，具有较强的文学性，说明时抓住重点、突出特点；还使消费者在享受产品的同时扩大自己的知识面，获得一种审美上的满足。

自主学习

1. 产品说明书的含义是什么？它有哪些特点？
2. 产品说明书如何分类？哪几种类型的产品说明书是你经常接触或使用的？
3. 产品说明书的写作要领有哪些？
4. 产品说明书有哪些写作要求？

延伸学习

1. 以下五则广告的标题制作，在语言的表述上或多或少都存在着不当之处，请加以指出，并按广告标题制作的规范要求，重新拟定。

（1）今年爸妈不收礼，收礼只收脑白金。收礼只收脑白金！（脑白金广告）

（2）他好，我也好。（汇仁肾宝广告）

（3）穿什么，就是什么。（森马广告）

（4）女人对男人的要求就是男人对西服的要求。（柒牌服饰广告）

（5）质量款新寰宇颂，国际名表西铁城。（西铁城表广告）

2. 如今，大学生为方便学习或出于其他因素的考虑，在校外租房现象比较普遍，为了维护自己的合法权益，避免出现经济纠纷和不必要的麻烦，请根据"合同"写作的规范要求，拟定一份"租房合同"，写作时注意合同的格式规范、条款齐全、责权明晰等写作要领。

第十章　新闻文书写作

信息社会的重要特点之一就是资讯丰富且传播迅速。现代社会每天都会产生无穷数量的各类信息，与此同时，网络、手机等新型传播技术和手段的出现，不仅使得各类信息的传播频率和速率大为提高，更使得信息在传播过程中进一步衍生出新的信息。由于在信息社会中，相当比重和数量的信息都以新闻的形式出现，因此可以说，新闻是现代人和现代社会生活中不可缺少的组成部分，是人类社会得以生存和发展的重要基石之一。

第一节　新闻概述

一、新闻的含义

新闻的定义有着多种说法，据初步统计，不下于200多种，而且，关于新闻的定义是随着时代的发展而不断变化的。如李大钊认为："新闻是现在新的、活的社会状况的写真。"邵飘萍认为："新闻者，最近时间内所发生，认识一切关系社会人生的兴趣，实益之事物现象也。"范长江认为："新闻就是广大群众欲知应知而未知的重要事实。"

上述定义，都从不同角度揭示了新闻的重要特质。在我国，最常见的关于新闻概念的定义是陆定一同志提出的，1943年他在《我们对于新闻学的基本观点》一文中提出："新闻的定义，就是新近发生的事实的报道。"这一定义对中国的新闻事业具有深远影响，也是迄今为止最为常见的新闻定义之一。该定义的界定简明扼要，包括了新闻的真实性、新鲜性特点，并且强调新闻的表现形式是报道。20世纪80年代以后，随着人类社会进入信息社会的迹象日趋显明，上述定义被进一步改写为：新闻是新近事实发生变动的信息。这一定义同样包括新闻的真实性、新鲜性特点，但更侧重于强调新闻是信息的本质。

当今社会随着西方传播学的引进和运用，新闻的定义又出现新的诠释。复旦大学新闻系王中教授在20世纪80年代给出的定义是："新闻是新近变动的事实的传播。"

此后，宁树藩教授补充为："新闻是经公开传播的新近变动与正在变动的事实信息。"这一定义同样肯定新闻的本质是"事实信息"，又强调了新闻的公开传播性和变动性，较为合理。

作为一种普遍的社会现象，新闻随着人类社会的产生而产生。早在原始社会时期，就已经出现口头和信号新闻，随着文字的出现，人类社会就进入用文字传播新闻的新阶段。我国是世界上印刷业最为发达的国家之一，虽然没有产生像西方近代报纸那样主要刊载新闻的连续出版物，但印刷媒介早在唐宋时期就已经出现。当时称之为"邸报"，是一种专门记载朝廷文书和政治情报的时政文抄，包括皇帝谕旨和大臣奏折、朝廷公文等，还出现了专门抄录邸报以售卖牟利的商人。至明清时期发展为"京报"，并且已经有专门的报房来管理经营。

以连续出版的新闻报纸为主要标志的新闻事业，是随着西方资本主义的发展而出现的。随着资本主义商品经济的发展，社会分工日益细致，任何生产单位只有在摸清和了解市场相关需求的前提下才能进行生产，同时社会变动急剧，每时每刻都涌现出大量新鲜信息。人们希望能够更快捷、更及时地了解到各类信息和资讯，于是新闻报纸应运而生。欧洲在15世纪末已经出现印刷报纸，1609年德国奥格斯堡发行的《德国观察周刊》可能是世界上现存最早的印刷周刊，而1615年创办的《法兰克福新闻》每周定期出版一次，每张纸有数条新闻，成为第一张真正的报纸。此后，报纸新闻事业在欧洲地区从小到大、从简单到复杂迅速发展起来。

20世纪初，广播技术日益成熟，美国底特律8MK实验电台于1920年8月31日广播了一条有关密歇根州州长竞选的新闻，这是最早的广播新闻。同年10月，美国匹兹堡的KDKA电台正式营业，标志着广播新闻事业的开端。1936年11月，英国广播公司在伦敦亚历山大宫建立世界上第一个公共电视发射台，开始定期播出电视节目。"二战"结束后，电视技术日益成熟，电视新闻事业也得到蓬勃发展。

20世纪90年代以后，随着网络等全新传播技术的成熟，新闻的生产和传播者已经不再局限于诸如通讯社、电台电视这样的传统媒体，借助于网络和手机等，任何个人都有可能成为新闻的生产者和发布者。例如，曾轰动世界的前美国总统克林顿和莱温斯基"拉链门事件"，就是由一个名不见经传的、既没念过新闻专业又没有新闻机构颁发证书的新闻业余爱好者马特·德拉吉（Matt Drudge）最先发布的。1998年1月17日，德拉吉创办的"德拉吉报道"以"世界独家新闻"为标题，向近5万名新闻邮件订户发布了一条震惊世界的消息：

在最后一分钟，星期六（1月17日）晚上6点钟，《新闻周刊》杂志枪杀了一个重大新闻。这条新闻注定将动摇华盛顿的地基：一个白宫实习生与美国总统有染。

一夜之间，"德拉吉报道"闻名全球。数天后，知名报纸《华盛顿邮报》和《洛杉矶时报》，以及美国有线电视新闻网（Cable News Network，CNN）和美联社等媒体才开始全力追踪此事。1998年8月，克林顿被迫承认丑闻并公开道歉。

二、新闻的功能

新闻有着多重功能，对人类社会有着重要意义，如果归结到一点，那就是有助于人类社会的生存和发展。新闻可以为人类提供有关外部环境的真实而客观的信息，通过新闻，人类可以真切地了解到自然界和自身社会的各种重要变化，进而达成共识，采取相应的对策。因而可以说，新闻活动是人类社会求生存的基础之一，任何国家和社会、任何团体和个人每天都要获取一定数量的新闻，才能正常地生存。新闻的功能具体体现在以下几个方面：

（一）传播知识

新闻报道所传递的知识，大多数与人们的生活工作有着密切联系，或是自然科学领域的新技术、新创造、新发明，或是人文和社会学科领域的新思想、新观点、新研究，又或是日常生活中的新鲜事物，这些都可以增长个人见识。除新闻报道外，新闻评论对时事所表达的鲜明观点和态度，更可以帮助人们消除蒙昧、提高认识。

（二）提供娱乐

各地的奇闻趣事、风土人情以及文艺娱乐、体育赛事等，也是新闻报道的重要内容之一，这些都可以为公众提供娱乐功能。例如，美国人喜欢看棒球、橄榄球和篮球的赛事新闻，而英国人对来自王室的花边新闻尤其情有独钟，至于四年一届的奥运会、世界杯以及包括奥斯卡在内的国际各大电影节期间，相关报道往往会占据报纸、电视的半壁江山。

（三）舆论监督

权力导致腐败，绝对权力导致绝对腐败，这是政治学常识。对权力的监督有多种方式，包括权力自身制衡、司法监督、社会监督等，其中，新闻媒体承担的舆论监督就构成社会监督的主体。所以在西方社会，媒体和公众拥有的舆论监督权号称是行政、司法、立法之外的第四种权力，可以对政府公权力实行强有力的监督，在1972年的"水门事件"中，美国总统尼克松就是在新闻媒体的紧追不舍下，最终黯然离职。在我国，近年来新闻媒体的舆论监督功能也越来越凸现，如在2008年的汶川地震中，包括网络在内的众多新闻媒体高度关注救灾帐篷去向、善款透明使用、校舍倒塌过多等问题，都起到有力的舆论监督作用。

（四）促进经济

新闻活动还可以传递各类经济信息，互通有无，直接推动经济的发展。与广告相比，经济新闻对商品和品牌的宣传不大容易引起大众的抵触心理，特别对行业形势的宏观分析和商品特点的比较分析等新闻，还可以为大众提供各种购买选择，并激发起公众的购买欲望。至于证券、期货和股市的行情新闻，更是投资者进行投资的重要参考。在金融市场上，利用某一经济和金融新闻的时间差，可以为投资者带来巨大收益。

以上是新闻活动对人类社会的积极作用，新闻对人类社会也有一定的负面影响。首先，随着人类社会进入大众传播时代，新闻媒体对人们的观点和行为的影响日益显著，这使得大多数社会成员趋向于认同某一观念或行为。例如有实验表明，广播电视中的黄色新闻和色情片、凶杀片的泛滥，会直接导致社会犯罪率的上升。其次，发达的新闻媒体向人类社会提供了大量信息和知识，却使得人们的思考能力受到削弱。美国学者哈里·沃特斯在《大众传播工具文化》一书中指出："孩子们全神贯注地坐在电视机前消耗了时间，他们不得不放弃有益的读书及户外活动，甚至简单的独立思考。"再次，一些假新闻和不实新闻会给人们带来巨大危害。由于种种原因，很多人都对新闻媒体的报道予以高度信任，殊不知一些无良企业正是利用人们的这一心理，借助于广告和有偿新闻大肆推销自己的低劣产品。还有少数媒体一味追求火爆、越位，为吸引大众的眼球甚至不惜夸张和扭曲事实，从而给社会带来严重的负面影响。最后，在极权社会中，统治者会借助于对新闻媒体的垄断，对社会成员进行意识形态的灌输式宣传。解决上述问题的关键在于新闻自由，无论是极权主义政权的意识形态宣传，还是强势媒体对社会成员的潜移默化影响，都只有借助于自由的新闻活动才能保证人类社会的良好发展。

三、新闻的特点

新闻的特点可以归结为三个：真实性、时效性和新鲜性。

（一）真实性

真实性是新闻的首要前提和基本原则。如果新闻不具有真实性，哪怕再轰动一时最后也只能丢入假新闻的垃圾堆中。毕竟，新闻是人类认识外部世界最重要的手段之一，必须以事实为依据，如果新闻提供的都是假的信息，人们就无法真实、客观地了解外部世界，进而会对人类自身的生存和发展造成危害。在中西方新闻史上，都曾经出现过著名的假新闻案例。

《华盛顿邮报》是美国最具影响力的主流报纸之一。1980 年 9 月 28 日，该报第一版大标题刊载了 27 岁的黑人女记者珍妮特·库克的调查性报道《吉米的遭遇》，讲述华盛顿的一个贫民家庭里，八岁的黑人男孩吉米和单亲妈妈一起住在贫民窟，母亲的男朋友给他注射了海洛因，他因此染上毒瘾。这一报道引发了强烈的社会反响，这位记者因此获得了当年的普利策新闻奖。然而，当美国华盛顿警方介入，数百警员调查数周都找不到那位名叫吉米的染毒男童时，珍妮特·库克只能承认报道是杜撰的。原来，这一新闻稿是库克在知道美国首都华盛顿地区有很多青少年吸毒的情况下，为与其他记者"竞争"而凭空杜撰出来的。

尽管珍妮特·库克造假的动机是为打击青少年吸毒现象，但她违背新闻的真实性原则是不可宽恕的，库克只有选择离开新闻界，并退回普利策新闻奖的奖金，这也是普利策奖有史以来唯一一次追回奖金的事件。库克在辞职声明中说："我从来没有遇见或访问过一个有海洛因毒瘾的八岁的孩子。1980 年 9 月 28 日《华盛顿邮报》刊登的文章是一次使我深感遗憾的严重歪曲。我向我的报纸道歉，向我所从事的职业，向普利策奖委员会和追求真理的人们道歉。面对真理，我今天已提出我的辞呈。"名誉受损害更大的是《华盛顿邮报》，库克造假被证实后，该报视为一次沉痛教训，在第一版刊登道歉社论并详陈退奖原委。执行主编本杰明·布拉德里声称："可靠性是一家报纸最宝贵的资产，它有赖于记者们的诚实。我们必须立即开始为恢复我们的可靠性艰苦奋斗。"

（二）时效性

时效性也是新闻的重要特点之一。时效性是指发布新闻要快，从记者获取、完成新闻到媒体发稿，这一过程要求尽量快速。现代社会中新闻媒体众多，彼此竞争激烈，公众可以通过多种渠道获得新闻。如果某一媒体提供的新闻不能及时传达给大众群体，或者落后于其他媒体，那么这家新闻媒体的声誉就会受到一定程度的影响。特别是当出现突发性新闻，如爆发局部战争、发生地震海啸或交通事故等重大事件时，新闻媒体要在第一时间派出记者赶赴现场，才能真实报导现场发生的各种情况。记者从现场发回新闻后，报纸和电视编辑人员还要提高发稿效率，如报纸以号外、特稿等方式，电视以现场直播、新闻插播等方式，用最快的速度把记者采回的新闻呈现给公众。

所以新闻界历来有"抢新闻"之说。1981 年 3 月 30 日下午 2 时 25 分，美国前总统里根突然遇刺并受伤。当时在场有很多新闻媒体，各记者纷纷向自己所属的报社、电视台等传回消息，但拔得头筹的是美国广播公司（America Broadcasting Company，ABC）。美国广播公司在 5 分钟以后即 2 时 30 分，就播出驻白宫记者萨姆·唐纳森发回的里根总统遇刺消息，成为新闻史上以快制胜的经典案例。

因为要抢新闻，难免出现忙中出错的尴尬情形。2004 年雅典奥运会 8 月 29 日凌晨，中国女排与俄罗斯女排争夺冠亚军，中国女排先以 0：2 落后，第三局又落后对手，在该局接近结束的时候，新浪网体育频道登出《女排姑娘奋战不敌俄罗斯 20 年奥运冠军梦惜未能圆》。没想到随后女排姑娘展开绝地反击，最后扭转乾坤以 3：2 反超对手获得金牌。事后，新浪网发表致歉声明，声称因为"紧张"而致"误操作"，但这其实就是"抢新闻"的另一种委婉说法而已。

进入网络时代后，一旦发生突发事故，最先发布新闻的往往是当事者。2011 年 7 月 23 日晚上 8 点 34 分，这是一个令国人痛心的时候，D301 次列车行驶至浙江温州市双屿路段时与 D3115 次列车追尾。在事故发生前 7 分钟，即 8 点 27 分时，网络 ID 为"Smm_ 苗"的乘客就通过手机发出微博："狂风暴雨后的动车这是怎么了?? 爬的比蜗牛还慢……可别出啥事儿啊……"事故发生后 4 分钟即 8 点 38 分，D301 次列车上网络 ID 为"袁小芫"的乘客发出微博称："D301 在温州出事了，突然紧急停车了，有很强烈的撞击。还撞了两次!"13 分钟后，网络 ID 为"羊圈圈羊"的乘客发出第一条求救微博："求救! 动车 D301 现在脱轨在距离温州南站不远处! 现在车厢里孩子的哭声一片! 没有一个工作人员出来! 快点救我们!"在温州动车事故中，旅客借助微博成为最早发布动车发生事故消息的非专业新闻人员。

（三）新鲜性

新鲜性俗称新闻眼，是指新闻自身的新闻价值，即新闻应具有能够吸引相当数量社会成员关注的新闻性，这是新闻最本质的特点。新闻之所以能成为新闻，在于其本身具有新鲜性，如果是陈年旧事，或者与人们的现实生活全无关系，就无法引起公众的注意力，自然难以成为一条新闻。所以美国《纽约先驱论坛报》的采编主任斯坦利·瓦利克尔在 20 世纪 30 年代就提出，"新闻是三个'W'：women（女人）、wampum（钱财）、wrongdoing（坏事）"。美国《纽约太阳报》编辑室主任约翰·博加特在 19 世纪 70 年代也有句名言："狗咬人不是新闻，人咬狗才是新闻。"还有美国杂志作家威尔·艾尔温也说："反常的事情就是新闻。"这些说法都形象地揭示了新闻的新鲜性。

毫无疑问，最新鲜的新闻就是独家新闻。只有一个媒体报道某个新闻，其他媒体均不知情或还来不及报道，这样的新闻因为没有对比，自然具有极强的新闻性。如今，几乎所有的报社、电台、电视台和通讯社、网站，都很注重独家新闻的挖掘，以能够向受众提供人无我有的独家新闻为卖点之一。

新闻的新鲜性涵括多方面内容，但主要为内容新和角度新两个方面。诸如新问题、新现象、新观点、新动态、新变化、新成就、新风尚、新经验等，都可以纳入内容新之列。而角度新是指同一新闻题材，可以从不同角度去挖掘，换个切入点，从而赋予新的新闻含义。2002 年 11 月 15 日，中共十六届一中全会召开，选举产生以胡锦涛同志为总书记的新一届中央政治局。次日，所有新闻媒体的头条都是这一新闻以及一中全会公报等相关内容，而《南方周末》11 月 16 日第 979 期的头条是《他们眼中的胡锦涛》，该报记者此前专程赴泰州，采访多位胡锦涛乡邻、亲友和儿时同学、老师，根据他们的回忆，大致描绘出这位新任中共中央总书记成长中的一些片段。作为一家周报，《南方周末》在新闻的时效性方面比不上其他日报和电视、网络，因此他们从新闻的切入点上下工夫，从乡邻、亲友和儿时同学、老师那里勾勒出胡锦涛总书记不为人知的另一面形象，自然能吸引读者的兴趣。

四、新闻的分类

大众传媒的新闻体裁，大体上可以分为两大类：新闻报道和新闻评论。

新闻报道又可以分为多种：

根据新闻的内容，可以分为时政新闻、社会新闻、经济新闻（财经新闻）、科技新闻、教育新闻、卫生新闻、军事新闻、文艺新闻、体育新闻。媒体机构、新闻版面和节目板块的设置，也可作相应划分。

根据新闻的发生区域，可以分为国际新闻、国内新闻和地方新闻。

根据新闻的发生时间，可以分为突发新闻和日常新闻。前者如战争的爆发，突然发生的政变、自然灾害和交通事故等，要求时间精确，甚至到几分几秒，并在各新闻版块和栏目中常常置于最显著的位置。后者如各种社会问题、事件进展、名人动态、行业状况、气候变化等，时间不需要过于精确，可以使用"近日"、"日前"等模糊时期。

根据新闻的性质，可以分硬新闻和软新闻。前者实际上是指时效性和新鲜性都较为明显的新闻，包括关系到国计民生和人们切身利益的新闻，还包括政府决策、经济状况、金融信息、物价变化、交通事故、体育赛事等，有可能会对人们的日常生活和工作产生较为重要的影响。硬新闻要求报道尽可能准确，语言规范严谨，并且讲究时效，不能过于滞后。软新闻不是指广告，而是指以知识性、趣味性、娱乐性为主的新闻，典型如娱乐明星的花边新闻，这类新闻没有明显的时效性，与公众的切身利益也没有直接关系，更多的是为满足大众的猎奇心理。

根据新闻的载体，可以分为报纸新闻、电视新闻、广播新闻、通讯社电讯、网络新闻。在美国，民间测验表明，电视在 1963 年已经超过报纸成为主要的消息来源。近年来，随着手机和通信网络的普及，手机也成为新闻的载体之一，原本以通信功能为主的手机也因此成为新媒体之一，号称"第五媒体"。2003 年 3 月，新华社开播"新华短信"，以短信方式发送新闻，两年后即拥有 350 多万正式用户。2004 年 7 月 18 日，《中国妇女报》推出全国首家手机报《中国妇女报——彩信版》，到次年年底，手机报的订阅就逼近纸质报纸，由此引发手机报新闻媒体的热潮。2006 年 10 月，贵州省出台《贵州省手机报管理暂行办法》，这是我国第一个由地方新闻出版行政部门颁发的专门针对手机报新媒体的地方行政管理规定。如今，通过手机看报纸、看新闻，已经成为相当大一部分手机用户的阅读习惯。

根据新闻的形式，可以分为消息（或称普通新闻）、通讯、特写、深度报道、系列报道（或称连续报道）以及图片新闻等。其中，消息是最常见的新闻形式，而深度报道尤其能够体现一家新闻媒体的综合实力，所以比较受媒体的重视。

自主学习

1. 小王正在网上浏览当日新闻，他的舍友小张问他："今天有什么新闻吗？"小王回答说："看了半天，没看到什么新闻。"请问小王和小张所说的"新闻"是什么意思？

2. 请举例说明新闻的功能。

3. 新闻的首要前提和基本原则是什么？新闻的最本质特点又是什么？

4. 新闻如何分类？

5. 什么是普利策新闻奖？我国的最高新闻奖是什么？

第二节 消息

一、消息概述

（一）消息的含义

在新闻写作学中，新闻有广义和狭义之分。广义的新闻是指新闻报道，包括消息、通讯、特写、深度报道、连续报道等；狭义的新闻单指消息而言。

消息是报纸、广播、电视和网络最常使用的一种新闻报道文体。我们平时所阅读的报纸和观看的电视新闻中，大多数都可归入消息的范畴。消息以记叙为主要表达手段，以简洁的文字对社会生活中具有新闻价值的事实加以报道，篇幅短小、时效迅速，具有较强的可读性。

（二）消息的特点

与其他新闻文体相比，消息的特点是真实、快速、新鲜、简短。

消息报道的一般都是事实，要求记者对新闻事实作实事求是的客观报道，应尽量符合事物的原来面貌，一般不作艺术渲染和夸张，不允许虚构，记者也不能带有先入为主的主观成见，或是表现出某种强烈的价值主观倾向。当然，对新闻素材作进一步的剪裁和整理是允许的。

消息报道的大都是新近发生的事实，如果迟缓拖沓，就不能称为新闻了。就报纸消息新闻而言，日报大都是昨天或前天的新闻，几天前则用模糊的"近日"、"日前"来表示。电台和电视消息新闻大都是当天或昨天的。当遭遇重大突发性事件时，媒体会以消息方式在最短时间内播报这一新闻。1985 年，美国有线电视新闻网（CNN）中断广告节目，插播美国民权运动领袖弗农·乔丹遭暗杀未遂的现场报道，由此开创世界新闻史上中断正在播放的节目以插播突发事件的先河，此后，中断正在播出的其他节目插播突发重大事件成为惯例。

消息除了要真实、快速外，还要注意有所新意和别出心裁，要从不同角度去挖掘同一新闻事实。有的消息涉及国内外经济、政治和文化各领域的动态，靠内容本身来吸引读者；有的消息是则靠角度新颖来吸引读者。但不管是内容还是角度，新鲜都是新闻能够吸引公众的最优先和最重要的因素之一。

篇幅较短、文字较少，这是消息区别于其他新闻文体的另一特点。消息最短可以为一句话新闻，或者简讯、动态消息，寥寥数十字、近百字，多者五百至八百字，甚至更多。篇幅稍长的消息，正文可分加小标题。如果还不能说明问题，那么就可以考虑深度报道文体。现代社会中，人们每天都生活在信息的海洋中，如果消息篇幅过长、主题散乱，就难以吸引公众的眼球，容易被公众所忽略。

（三）消息的分类

根据写作特点的不同，消息可以分为以下六种：

1. 简讯

简单报道事实情况，不交代背景，也不对事件进行分析，篇幅最为短小。

2. 动态消息

报道正在发生的或处于发展变化中的单一事物的报道形式。动态消息以迅速及时地报道国内外重大事件和新鲜事物、事件为根本任务，一事一报，文字简洁，题材多样，快速完整地向大众介绍某一事件的过程，有时也采取连续报道的形式。

3. 综合消息

把发生在不同地区或部门的性质类似的事件综合起来进行报道，内容可以横向概括，也可以纵向延伸，由不同事实组成，点面结合，材料丰富，可以给大众形成整体的印象。

4. 经验消息

对事物发展经验作总结性、概括性报道的为经验消息，又称典型报道。

5. 特写消息

特写消息类似于图片新闻，但以文字来表现精彩瞬间，以再现具有典型意义的新闻事件为主要手段，一般多采用白描手法对新闻事件、人物或场景进行生动形象的勾勒。

6. 述评消息

在报道国内外重大事件或社会上具有普遍意义问题时常采用述评写法，即边叙边议、夹叙夹议的方式，在报道新闻的同时，对事实发生的背景、原因、结果、意义等进行分析评述，以揭示其内在意义，帮助公众更深入地了解新闻事件的本质和意义。也有学者将其归入深度报道之列。

除上述分类外，消息也可以按题材内容分为时政消息、经济消息、文娱消息、科技消息、体育消息、军事消息、教育消息、卫生消息等；按发生的区域分为国际消息、国内消息、地方消息等。

二、消息的写作要领

消息一般由标题、消息头、导语、主体、结尾等几个组成部分。

一篇写得比较成功的消息，要做到标题醒目、层次分明、中心突出和内容明确。在标题、导语、主体三者中，标题和导语尤显重要。据中国人民大学新闻传播研究所的调查，一般读者阅读报纸新闻时，目的只是为了解当天和新近发生的重大或有意义的事情，读者只有被新闻消息的标题、导语吸引住，才会继续往下看。而且，在信息爆炸的现代社会，人们因生活节奏加快而不大会看完整条新闻，只是随意浏览，因此新闻消息首先要靠标题和导语来吸引读者。所以新闻界有句俗语，称"三分之一时间写标题，三分之一时间写导语，三分之一时间写主体"。

（一）标题

完整的标题包含三个部分：主题（正题或母题）、肩题（引题或眉题）和副题（子题或辅题）。其中主标题居中，字号最大最醒目，揭示新闻中最重要、最具吸引力的内容；肩题一般交代背景、烘托气氛、揭示意义等；副题一般用来补充说明、印证主题。如以下标题：

申办二十九奥运会

北京成功了

江泽民李鹏朱镕基等参加联欢

——《解放日报》2001 年 7 月 14 日头版

机关算尽争夺富翁财产

"造假骗官" 王亚丽领刑 24 年

涉案情况：勾结他人，造假过亿资产

——《现代快报》2011 年 6 月 10 日 A1 版

上述两例为完全式标题，主题、肩题和副题一应俱全，非常完整，适用于意义较为重大或内容较多的消息。一般情况下，可以只有主题，形成单行标题，称主标式标题，这是采用最多的短讯标题形式；或者主题加肩题称主肩式标题、主题加副题称主副式标题，形成双行标题。

标题是新闻的"眼睛"，是对消息内容的高度浓缩和概括。所以标题是新闻的重中之重，一篇消息能否吸引公众的注意力，在很大程度上要取决于有没有一个生动、贴切的标题。例如《人民日报》2010 年 11 月 10 日的头版头条是一篇题为"江苏给力'文化强省'"的消息，在这个标题中，网络流行语"给力"赫然入目。"给力"一词原先只在网络上流传，虽然使用频率极高，但毕竟只属于网民的"自娱自乐"，官方正式场合几乎从未使用。这一标题迅速引起网友热议，很多网友都予以好评，认为党报调整报道方式，用民众喜闻乐见的语句来传播新闻，正是党报亲近民意、对民意"给力"的真实反映和体现。

（二）消息头

消息头是消息的标志，表明发布新闻的媒体名称，交代发布新闻的时间和地点。有"讯"和"电"两种形式。通常情况下，通讯社、报纸、电台将消息头放在新闻的前面，电视台则放新闻后面，或打字幕标出。各媒体对消息头的称法也不相同，通讯社发往本地的消息称"讯"，发向外地的称"电"，形式为"××社×地×月×日电"。报纸称"本报讯"，如采用通讯社电讯稿时，称"据××社"。电台、电视台均称"本台消息"，或"本台综合消息"。

（三）导语

导语就是消息的开头部分，是开头的第一小段或第一句话。"立片言以居要，乃一篇之警策"，一篇消息能否吸引读者，除标题部分外，就数导语。导语的写法有以下几种：

1. 概述式

概述式即开门见山式，也是最为常见的导语写作方式，用最简洁、最扼要的一句或几句话把整篇消息中最重要的内容概述出来。如 1945 年 8 月 14 日，日本宣布无条件投降，美联社抢发这一重大新闻时，导语干脆利落："日本投降了!" 短短 5 字却有千钧之力，当时就被新闻界称为"最佳导语"。概述式导语可以概括全篇，为大众提供整篇消息的梗概，金融消息中这种写法也较为常见，如：

新浪财经讯　北京时间（2011 年）9 月 3 日凌晨消息，周五美国股市大幅收跌。美国 8 月非农就业增幅为零，令投资者担心美国经济将受到更多国会党派争斗的拖累；多家大型银行面临政府起诉，也使得美股承压。

2. 描述式

对报道的事实或事实的某个侧面、某个细节作简洁而鲜活的描述，以突出对象的最主要特点，提高新闻的感染力，引起公众的重视和注意。如《广州日报》2009 年 9 月 17 日刊登的消息《普京 5500 英镑名表赠工人》源自英国《每日电讯报》，编辑将导语改写为：

一位名叫维克多·扎加夫斯基的金属制造工突然对普京说道："您也许要送给我什么礼物当作纪念?""也许你的手表（可以作为送我的礼物)。"经过短暂的犹豫后，普京真的摘下手表送给了扎加夫斯基。

3. 设问式

设问式导语即设身处地提出一个鲜明的问题，再自问自答。由于这种设问是站在公众的立场和角度，所以很可能会引起公众的兴趣和注意力。特别是当公众对某一事件或报道较为关注时，可以优先考虑采用设问式导语。获 2011 年度中国新闻奖二等奖、《楚天金报》2010 年 4 月 22 日的消息《餐馆"获权"谢绝顾客自带酒水》就以设问式开头：

本报讯（记者李秋芳、柯锐）　昨日，一份刚出炉的《武汉餐饮行业经营规范》

成了媒体记者关注的焦点。"餐饮企业有权谢绝消费者自带酒水、有权对自带酒水收取服务费……"在由武汉餐饮业协会、武汉市消协和武汉市个私协召开的新闻发布会上，看到上述条款，参加发布会的十多名媒体记者面面相觑，有媒体记者当即发问："这是中消协多次炮轰过的霸王条款，为何能成为武汉餐饮行业的规范？"

4. 引语式

引语式导语指在导语中直接引用消息中重要人物的言语或评语，以引起公众的注意。如《参考消息》2011 年 8 月 26 日第 16 版有一条消息为《萨科齐寻求中国为全球复苏发力》，导语部分为：

路透社北京 8 月 25 日电　中国国家主席胡锦涛 25 日对来访的法国总统尼古拉·萨科齐说，中方关注欧洲债务危机，希望欧洲采取措施确保中方对欧投资安全。

5. 悬念式

悬念式导语是仿照侦探推理小说，设置一个不合常理或不合逻辑的悬念，引起大众的好奇心，使之不得不继续看下去。如第 13 届中国新闻奖作品、原载 2002 年 8 月 7 日《武汉晚报》的《看个"咳嗽"要掏 1065 元》：

本报讯（记者李红鹰　实习生吴芳）　7 日，武昌杨先生带着 2 岁的女儿到市儿童医院看病，没想到看了个"咳嗽"就要花 1000 多元。因此，他于昨日投诉到本报新闻 110。

6. 评论式

评论式又称言论式或评述式导语，把叙事和议论交织在一起，或者干脆从评论入手，对新闻事实作简明扼要的评论。评论式导语在叙述新闻事实的同时，对事实作画龙点睛式的评价，或指出新闻事实背后的深刻意义。但需要注意的是，新闻主要用事实说话，不宜滥发议论，要充分相信公众群体的认知水平，只有当一些新闻事实的深刻意义难以把握时，才有必要采用评论式导语，而且要尽量避免记者直接公开地发表议论，力求让消息主体中的人物表达观点。评论式导语在国际时政新闻消息中运用稍多，2011 年 8 月 31 日的《参考消息》有一篇《李明博提名心腹执掌统一部》，该消息的副题为"媒体认为韩朝关系或将改善"，导语部分为：

在 30 日进行的内阁调整中，韩国总统李明博提名一心腹出任新的统一部长官，处理与朝鲜的关系，此项提名或许意味着首尔对平壤的政策将有所调整。

以上列举了消息导语的六种撰写方法，不管哪种类型，其共同特点都是想方设法地突出最重要的、最新鲜的部分，以达到吸引大众的目的。因此有经验的记者，为写好导语总是全力以赴，反复推敲、精心修改，直到满意为止。

（四）主体

主体是新闻消息的主要构成部分之一，是导语之后对新闻内容作进一步阐释和说明的部分。导语所涉及的新闻要素，不管是概述、描述，还是悬念、评论，都需要在主体部分中加以补充。导语不曾涉及的新闻要素，也要在主体部分中具体展开。实际上，当消息的标题和导语引起大众足够强烈的好奇心后，满足大众好奇心的任务就由消息的主体来完成。

主体的结构大致可以分为三种：纵向结构、横向结构、点面结构。其中最常见的是纵向结构，即消息主体按事件发展的先后顺序安排结构。这种结构方式的好处是直观清晰，可以清晰反映新闻事件的大致过程、前因后果。

横向结构的特点是不受事物发展顺序的限制，围绕同一个主题，把同一时空范围内的相关情况、要素有机地组织起来，从整体上反映主题。

点面结构中的点指个别的、典型的事例，面是指一般的、总体的情况。以点带面、点面结合，这种结构更适合于新闻要素较多、情形较复杂的场合，可以为大众提供更为开阔的视野，更具说服力。

（五）结尾

结尾是一篇消息的收尾部分，也是消息的重要组成部分。消息的结尾或是小结性的，对全文起画龙点睛的作用；或预示事物的发展趋势，以引起人们的进一步思考。不管是什么样的收尾，都要求自然简洁、言之有物，要杜绝空话套话。如果主体部分已经把所有内容介绍完毕，全文即可戛然而止，省去结尾。

消息的结尾大体可分以下几种：

1. 总评式

总评式收尾对消息主体加以总结分析，可以深化主题、引人深思。这种总评常以专业人士或业内人士的口吻加以表达。《广州日报》2009 年 9 月 28 日有一篇消息《广东是美国鸡消费大省　肉鸡市场暂时反应平静》，记者以美国出口的"肉鸡"受检查为新闻源，报道对广州市场的影响，结尾部分为：

在此背景下，养鸡企业以及餐饮市场专业人士都认为，在国内鸡肉价格整体偏低的前提下，一旦美国肉鸡被征收高额关税，给国内的鸡肉深加工市场，凤爪、鸡汤等菜点带来的影响还是比较大，"这部分菜肯定要涨价，尤其是广东人喝早茶时喜欢吃的凤爪，涨价的空间还是有的”，餐饮市场专业人士表示。

2. 引语式

引用重要人物的话语来结束全篇，既可以呼应和深化主题，又可以增强现场感和可读性。如新华网云南频道 2012 年 5 月 18 日的消息《昆明市文明办承诺：为搀扶摔倒老人被讹者埋单》的结尾部分为：

（昆明市委宣传部副部长、市文明办主任）杨凤华表示，老人是社会的弱势群体，每个老人都有可能面临这样的危险，老人摔倒，救是不救？这无须商量，也是义不容辞的，因为老年人的健康状况比不上年轻人，他们的伤情一旦被耽误，很可有会引发其他更严重的病症。但近年来，随着江苏彭宇案等事件的发生，我们身边出现了一种不好的社会风气，群众不敢救助他人，害怕救完人后反被讹吃官司。

“这被讹的不是一个人，而是整个社会的良知，这种风气必须扭转，我们要找回城市的良知，让生活在这座城市的人都能感受到温暖，找到归属感”，杨凤华称。

3. 补充式

在结尾部分补充必要的新闻事实或背景材料，使主体内容更加完整、充实，也有助于读者进一步了解背景知识。《新京报》2011 年 7 月 12 日的消息《审计署去年养公车 5.4 万辆》，其结尾部分为：

截至昨日，已经有科技部、教育部、国家文物局、中国工程院、中国科学院等几家单位公布了“三公经费”，多数部门尚未公开。

4. 描述式

以某一个类似特写镜头的场景或画面来结束整篇消息的报道，可以给大众留下鲜明的印象，使读者难以忘怀。

三、消息的写作要求

1. 记叙为主

消息写作主要采取记叙方法，这是因为消息的最主要特点就是向大众传递最新的新闻事实。叙事的内容则包括新闻的六个要素：什么人、什么事、什么时间、什么地点、什么结果、为何如此。

2. 分清主次、井然有序

一般情况下，新闻消息的整体结构呈现倒金字塔式结构，这是就导语和主体这两者的关系而言。为了更好地吸引大众，一篇新闻消息中最能吸引人的新闻要素、内容和结果，要先出现在导语中，以达到引人注意的效果，然后再由主体部分对导语部分作详细展开，因而从逻辑角度看，导语和主体呈现一种先果后因的倒金字塔式结构。

除此之外，消息主体也可以按内容的重要程度由前至后依次展开，相对而言最不重要的、可说可不说的内容往往被置于主体结尾。

3. 生动活泼、雅俗共赏

消息力求生动和可读性，切忌说套话、空话。这种生动性又体现在两个方面：一是内容生动，即新闻事实本身就吸引人，具有较强的可读性；二是形式生动，包括消息的题目生动别致，能够吸引大众的眼球。消息的导语部分具有较强的感染力，消息的主体部分文字浅显易懂且生动有趣，雅俗共赏、文采斐然。

4. 事发文成

消息的一大特点就是时效性，要及时迅速地反映新闻事实及其变化，发现快、采访快、写作快、发表（播出）快，做到争分夺秒，力求事发文成。

四、例文评析

夜鹭今年不南飞　喜耶，忧耶？
苏州大学北校区居民面对生态课"考试"

本报讯　"两个黄鹂鸣翠柳，一行白鹭上青天……"这是现代都市人十分向往的生态佳境。可鸟儿真的来了，烦恼也随之而生，苏州大学北校区居民近日就出现了这样的尴尬。

昨天，苏州大学北校区的一位陈老师拨通本报热线，说苏大北校区的香樟树林里飞来了数千只鸟，这些鸟儿以林为家、昼夜盘旋。可要命的是这些鸟儿在给树林带来生机的同时，也给附近的居民带来一份难堪的"见面礼"——鸟粪。附近居民清晨在香樟林下晨练或往返时，经常会遭到从天而降的鸟粪的袭击，让他们好不狼狈。

昨日上午10点左右，记者来到位于干将东路苏大北校区，一入校门，举目所见就是一大片郁郁葱葱、高达近十米的樟树林，树梢头就是那些鸟儿的"安乐窝"，只要稍有动静，哪怕是行人路过，鸟儿们就会"忽啦啦"地飞起一大堆。一位在校园值班的保安告诉记者，这些鸟来了近个把月，以前还不觉得怎样，自从前两天学校放假变冷清后，这些鸟儿就越聚越多，大概有几千只，随之而来的就是猝不及防的鸟粪

"炸弹"，"要想把这些鸟儿赶走，最好是放几个大炮仗"。

记者注意到，香樟树林中的水泥小径布满了已成白色的鸟粪痕迹，连路边的石凳也难逃一劫，脏兮兮的根本没法坐下，甚至连路边的绿草丛也沾满了点点白色斑痕。在校门口，记者碰到一位已退休住在苏大附近的王老师。他告诉记者，退休后，他每天都要到学校里晨练或转悠转悠。本来，林子里有鸟是好事，说明环境不错，不过这两天这些鸟儿太多了，有点可恶，不但把好好的林荫道弄得一塌糊涂，"空气也有点腥臭"。

苏州科技学院生物系的赵肯堂教授对上述的"人鸟之争"表达了这样的看法：苏大北校区的鸟儿叫夜鹭，属于苏州市去年2月份颁布的《野生动物保护法》保护动物。夜鹭的生活习性是晚上出去捕食，清晨四点多钟回到栖息处。以前每逢冬天夜鹭都要飞往南方的广东等地，现在苏州的冬天比较暖和，夜鹭就留下来在苏州"过年"了。

赵教授认为，目前苏州市已经被评为"最佳人居奖"城市，创建国家园林城市的口号也深入人心，这在一定程度上意味着苏州城市生态化的发展趋势，这样，市民和鸟儿首先要学会和睦相处，共同拥有城市的蓝天。鸟儿的栖息对自然环境造成的负面影响，有关部门可以通过加强清理和管理尽量消除，绝不能因噎废食，因为鸟儿是人类的朋友。

【例文剖析】

这是《江南时报》2002年2月3日头版头条消息。标题颇为生动别致，"夜鹭今年不南飞"从文中总结而来，"喜耶，忧耶"则表达了一种探讨式口吻，雅俗共赏，没有为吸引读者眼球而采用"人鸟大战"式的火爆标题。全文的立足点，也以人鸟和谐相处为出发点，新闻性比较突出。

结构方面，就整体而言，导语和主体呈倒金字塔式结构，在逻辑上呈现果前因后关系。而消息的主体结构，是典型的纵向结构，读者似乎跟着记者一路采访，从记者接到读者提供新闻线索开始，再到现场观察和采访保安，随着地点的转移，见记者所见、闻记者所闻。最后采访专业人士，就问题作较为深入的分析，时间的纵向性表现得非常清晰。

自主学习

1. 与其他新闻文体相比，消息的特点有哪些？
2. 消息主体结构大致可分为三种：纵向结构、横向结构、点面结构，其中最常见的是纵向结构，为什么？

3. 什么是倒金字塔式结构？消息为什么常常采用倒金字塔式结构？

4. 消息的结尾方式通常有哪些？

5. 本节"例文评析"中所引消息的导语和结尾分别采用了什么写法？

第三节　通讯

一、通讯概述

（一）通讯的含义

通讯的报道较为详细、深入，是适当运用叙述、描写、抒情、议论等手法，具体生动地反映新闻事件和典型人物的一种新闻报道形式。通讯之称主要见诸国内。

通讯和消息同属新闻文体，但两者有所区别。从时间上看，通讯的时效性不如消息，即消息报道的大都是最新新闻；而通讯报道的内容可以不是最新的。从内容和篇幅上看，消息大多一事一报，篇幅简短；而通讯要详细得多，可以涉及多个人物、多个事件。从表达方式上看，消息以叙述为主，可以有描写，议论不多，很少抒情；而通讯可根据需要，较为灵活地使用上述表达方式。

（二）通讯的特点

通讯最显著的特点，是具有较为明显的价值倾向，属于宣传性报道。

通讯大都围绕特定的报道主题，对相关事实材料进行有意识的选择取舍后，着力宣扬某一种观点或思想。从这个角度看，通讯的目的很明确，即影响甚至改变人们的情感态度和行为。为了达到影响甚至改变人们的情感态度和行为这一目标，通讯常常以创造典型、树立榜样为手段，借助于叙述、描写、议论和抒情等写作手法，侧重于情感情节和细节描写，进而起到广泛动员和号召的效果。通讯要注意处理好新闻价值和宣传价值之间的关系，新闻价值是新闻事件本身所具有的，是中立、客观的，宣传价值是传播者事先预设并希望事后实现的某种主观意图，而后者正是传播者在选择事实材料时首先加以考虑的因素。

除此之外，通讯还具有真实性、时效性、灵活性和完整性的特点。通讯可以采用多种写作手法，但所报道的人或事都应该是真实的，不允许虚构，一人一物、一情一景都应该有根有据。通讯不像消息那么迅速、及时，但对时效性仍有一定的要求。通讯的表现形式和写作方法都比较灵活多样，只要有助于表现主题、突出人物，各种表达方式和修辞手法都可以运用。完整性是指通讯的报道相对深入细致，可以全面具体地报道人物和事件的整个过程，内容充实，一些细节场面也可以包括在内。

（三）通讯的分类

通讯根据报道的内容，大致可以分为以下四类：①

1. 人物通讯

人物通讯以人物报道为主，通过一个人物或一组人物的行动和事迹来揭示他们崇高的思想境界和人格修养或反映时代特点和社会面貌。人物通讯应具备一定的先进性或典型性，但并不局限于名人，人物对象的选择应取决于对象自身所蕴涵的新闻价值。

2. 事件通讯

事件通讯报道的是具有典型意义的事件，通过对该新闻事件的发生、发展和结果的详细叙述来反映社会现实。事件通讯可以完整报道事件的来龙去脉，具有较强情节性，挖掘其中新闻意义，发扬社会风尚，弘扬时代精神。事件通讯不孤立记事，可以刻画、揭示与事件相关的人物的思想风貌。与人物通讯相比，事件通讯侧重于通过事件来反映新闻意义。

事件通讯关注民众生活，追踪突发事件，透视各类社会现象，又可以分为两种：一种是正面肯定的颂扬式报道，树立典型、提供学习榜样；另一种是揭露阴黑的批评性报道，针砭时弊，让人们引以为戒。

3. 工作通讯

工作通讯以报道工作中的成就、经验和问题为主。工作通讯可以传播先进事迹，总结先进经验，指导和推动各项工作的开展，也可以揭露和抨击一些不良倾向甚至违法犯罪的事实，近年来，后一类通讯更能引起公众的关注。

4. 风貌通讯

风貌通讯以某个区域、某个范围或某个组织的变化和活动为报道对象，也可以旅途见闻为报道对象。风貌通讯的题材内容较为广泛，可以涉及各地的风土人情、山川风光，但重心仍然在社会生活上，旨在突出当地的风俗变异、社会变迁，包括新风尚、新气象、新成就、新问题等。

---

① 随着微博的影响越来越大，微博体通讯也应运而生。2011 年 6 月 8 日，新华社播发了"史上第一条微博通讯"，正文共有 35 段，每段文字均不超过 140 字，内容是 40 多家网络媒体的网站 CEO 或总编辑，在上海参加"北京网络媒体红色故土行"时，以微博体裁、碎片式地记录下的诸种随想。如搜狐董事局主席张朝阳的感受："中国革命的成功是个巨大奇迹，近百年来，没有任何一场活动的难度、深度和规模能够超越它。中国共产党如何在各种困难情况下，把握形势、制定策略、凝聚力量，这远比 MBA 教科书深刻。"

风貌通讯因作者亲历亲行，具有较强说服力。如1935年5月，26岁的范长江以天津《大公报》特约通讯员的身份只身南下，从上海乘船溯江西上至成都。7月14日离开成都，踏上西行之旅，两个月后到达兰州，途中穿森林、翻雪山，不畏艰险，历时10个月、行程4000多公里。范长江沿途写下大量通讯，他写的关于红军长征的《岷山南北剿匪军事之现势》（刊发于《大公报》1935年9月13日、14日），以及《毛泽东过甘入陕之经过》（刊发于11月23日）等通讯，首次站在同情者的立场向世人报道了红军北上长征的真实情况，引起了当时中国社会的强烈反响。

二、通讯的写作要领

通讯和消息一样，也由标题、导语、主体和结尾等几个部分组成，但对通讯而言，素材取舍、主题提炼、结构安排和表现手法尤为重要。

（一）标题

通讯的标题一般分为两种：单标题和双标题。单标题只有一个正标题，双标题则包括正标题和副标题。与消息的标题相比，通讯的标题多为点到为止、含而不露，或是使用修辞，通过某些暗示和提示来吸引读者关注，而且因其对时效的要求不强，多采用静态的标题，如获得2011年度中国新闻奖一等奖的通讯作品《从"芭比"到"苹果"：笼罩在数据迷雾下的"中国制造"》。

（二）导语

导语用来引出对通讯主体的报道，和消息导语一样，通讯导语也可以采用概述式、描述式、引语式、设问式、悬念式、评论式等。与消息相比，通讯的描述式导语可以更偏向于抒情、比兴等手法，让大众在情绪的渲染中进入主体部分。如获得2010年度中国新闻一等奖的通讯《栾城草农敢闹海——听栾城农民种草者说》（原载《石家庄日报》2009年6月9号头版头条）的导语部分，就以场景描述切入：

站在栾城农民的草地上，就像站在绿茵场上，就像置身绿色的海洋。如果此时再吹来一阵清风，或者再冉冉升起一轮朝阳，最好是昨夜曾飘洒过一场毛毛细雨，你能闻到草香，你能看到草尖上的露珠，你能捕捉到忙碌着的农民那心底的微笑和从黑红的脸膛上迸发的光芒。

（三）主体

主体是对通讯主要内容的表述，用于对典型事件或人物进行深入细致的报道。主体的结构较为灵活多样，没有固定格式，不像消息那样大多采用倒金字塔式结构，可以根据内容和题材的需要，除采用常见的纵式、横式结构，还可以采用纵横结合式、时空变换法、并列铺排法等多种安排。但不管采用什么样的结构安排，目的都只有一个，即更好地烘托和表现主题。

（四）结尾

结尾部分和消息一样，也可以采用总评式、引语式、补充式和描写式等方法。此外，通讯还可以采用抒情方式结尾，以增强全文的感染力和说服力。

三、通讯的写作要求

（一）主题明确

通讯的篇幅要远超出消息的篇幅，包含的信息量也比较丰富，这就要求通讯具备明确的主题以统领全文。通讯撰写的整个过程，包括材料取舍、谋篇布局、表达方式、语言运用等，都要围绕主题来展开。因此，在撰写通讯之前，作者要有意识地依据事实酝酿和提炼主题。

通讯的主题应当正确、鲜明、新颖、深刻，由于通讯是一种宣传性报道，主题是决定通讯优劣成败的关键因素之一。具体而言，通讯的主题要能够体现和反映时代精神和时代特征。1983 年 3 月 1 日《中国青年报》刊登了一篇题为"生命的支柱——张海迪之歌"的人物通讯，之前有关张海迪的报道已为数不少，但大多是强调她以重残之身去做好事，而该通讯作者注意到，20 世纪 80 年代的青年刚刚经历过"文革"，正面对改革开放的大潮，他们最关注的，是自己的人生之路该如何走，如何实现自己的人生价值。于是，"生命的支柱——张海迪之歌"这篇通讯就着重描摹张海迪实现自己人生价值的过程，引导读者去思考生命的意义和价值。通讯刊发后，在社会上引起强烈反响。

（二）慎重选材

与迅速、快捷的消息相比，记者在完成一篇通讯时，有足够的时间进行细致深入的采访，可以获得大量的新闻素材和资料，因此有必要对这些新闻素材进行区分和筛选。新闻素材取舍的标准是首先看与主题是否一致，再看素材是否具有典型性、代表性，最后看素材是否生动感人，有没有具体情节和感人细节。

大体而言，通讯的新闻材料可以分为骨干性材料、细节性材料和一般叙述性材料。记者要根据通讯主题作进一步筛选，突出材料的典型性和代表性，以小见大，力求精当，彰显时代特色，切忌重复选材和选用与主题无关的材料。

（三）事、情、理结合

通讯可以有多种表现手法，一般以叙述和描写为主，同时兼用议论、抒情等手法，以加强文章的表达效果。通讯的篇幅较消息要大，因此叙述可以具体一些，无论是刻画人物还是叙述事件过程，都要有详细形容和描写，以突出新闻性和现场感。在此基础上，可以适当议论、抒情，深度挖掘新闻人物和事实背后的意义和价值，融入自身的思想和情感，增强通讯报道的感染力和影响力。但需注意的是，议论、抒情皆缘事而发、因事生情，所以不可滥用，切忌抽象概括和空洞说教，通常只在开头、结尾、关键之处作点睛之笔，旨在揭示本质、升华主题。

四、例文评析

下面这篇通讯曾获第 11 届中国新闻奖三等奖，刊载于 2000 年 1 月 5 日的《中国青年报》。

人给水出路　水给人活路
洞庭湖大规模退田还湖

郭幸初老人拄着拐杖，站在田埂上，指着不远处的一片稻田对记者说："20 多年前那里还是一片湖泊。"

郭是位于洞庭湖边的湖南省汉寿县大南湖乡武竺山村村民，今年 74 岁，1974 年"围湖造田"的情景犹历历在目：人山人海，号声震天，手挖肩挑，大堤一天天在增高。

如今，这里又要退田还湖，他全家就要搬迁到外地去了。故土难离，但饱经水患的他说："想得通。"

查阅《洞庭湖水利志》，记者发现大规模的围湖造田从清朝康熙年间就已开始，仅从 1825 年至 1905 年 80 多年间，洞庭湖便缩小了近 1500 平方公里。

1949 年以来又经历了三次大的围湖造田，围垦面积达 280 多万亩，致使洞庭湖湖面面积迅速萎缩。

湖区老水利专家徐超分析说，新中国成立以后的"围湖造田"，既有"以粮为纲"思想误导的因素，也有因实施"围垦灭螺"造成的恶果。当时围垦的主观愿望是"只生产，不住人"，洪水一来就破堤蓄洪。可随着岁月的流转，洞庭湖区的人口已由解放初期的 290 万跃到了当前的 1000 多万。为了生计，曾经用于蓄洪的垸子，不但抛粮下种，而且建房造屋，住满了人丁。由于湖面锐减，堤筑得再高，也难以免除"一年一小灾，三年一大灾"的厄运。

"人与水争地谋利，以致水与人争地为患。"早在 1747 年，有识之士就意识到这一点。当时一位姓杨的湖南巡抚就下了一道禁开新垸令："沿湖荒地，未经围垦者即行严禁，不许再行筑垦，以致有碍水道。"

但此后迫于人口压力，盲目围垦仍恶性发展。其后果是水灾频仍，特别是近 5 年来就有 4 次与特大洪水苦苦抗争。1998 年洪灾带来的损失更是惨重。洞庭湖区共溃决堤垸 142 个，其中万亩以上堤垸 7 个，溃垸灾民达到 37.87 万，直接经济损失近 200 亿元。

在经历洪水的反复劫难之后，湖区人们在觉醒。青山湖垸是沅水洪道的一个江心洲垸，1995 年到 1998 年 4 年中 3 次溃决。1998 年，当地政府决定退田还水，移民建镇，不再花巨资堵口复堤。当地一位负责人算了这样一笔账：1 万多亩耕地一年的纯收入 30 万元左右，而花在堵口复堤、抗洪的费用上百万元，得不偿失。

1998 年洪灾过后，湖南省委、省政府根据党中央、国务院提出的"平垸行洪，退田还湖，移民建镇"的治水方略，决定从 1998 年开始两年内对 161 个堤垸退田还湖，其中平垸行洪退人退田堤垸 106 个，退人不退田堤垸 52 个，3 个蓄洪垸实行移民外迁、空垸待蓄，需迁移 5 万多户 19 万多人。

华容县小集成垸是横卧在长江中的一个"孤岛"，1998 年溃决后，连大堤也被洪水淹没了。部分村民仍不愿意转移，在大堤上用木条支撑起一个吊脚楼似的棚子守着自己的家当。大风卷着巨浪袭来，棚屋摇摇欲坠。要让这样的村民离开故土谈何容易？但经 150 多名干部挨家挨户做工作，3000 多户 1.1 万人去年底今年初全部搬迁到其他乡镇落户。

记者从去年 12 月 12 日湖南省灾后重建工作会议了解到，截至 11 月 20 日，共搬迁安置 3.9 万多户、14.8 万多人。这 14 万多群众在 1999 年汛期中免遭水患之苦。

"退田还湖"还出了经济效益。大南湖乡党委书记童自政估算了一下，避开主汛期种植藕等水生蔬菜，比种水稻强 3 倍。一位姓黄的村民对记者说："原以为退田还湖无生路，谁知水中也有黄金屋，1999 年 18 亩水生蔬菜增收 3 万多元。"

人不给水出路，水就不给人活路。退田还湖实际上就是对生态透支进行补偿。从"围湖造田"到"退田还湖"，人们的认识上升到了一个新的高度：人与自然必须和谐相处。

【例文剖析】

这是一篇工作通讯，开头为描述式，选择了一位具有代表性的郭幸初老人，他既是"围湖造田"的历史见证人，又是"退田还湖"的现场感受者，通过这位老人，现实与历史有了沟通的桥梁，于是自然而然过渡到"围湖造田"的历史。在遭到自然的惩罚之后，人们终于认识到"围湖造田"的危害，于是开始改变已有的做法，实行"退田还湖"，最后得出人与自然应该和谐相处的结论。全文思路清晰，数据翔实，既形象具体，又有思想性，说服力极强。

自主学习

1. 请从时效性、写作手法、篇幅大小等角度比较通讯和消息这两种新闻文体。
2. 通讯有什么特点？其中最显著的特点是什么？
3. 通讯一般怎样分类？
4. 通讯的写作要求是什么？
5. 请尝试以周围某个熟悉的人物为题，撰写一篇人物通讯。

第四节　深度报道

一、深度报道概述

（一）深度报道的含义

深度报道是指追踪重要新闻事件和社会问题的来龙去脉，冷静、客观、思辨地揭示其实质意义和发展趋势的一种报道方式。深度报道是对新闻事实的深层次报道。

深度报道（Indepth Reports）一词源于西方国家，最早可以追溯到 20 世纪初美国的黑幕揭发运动，60 年代以后，美国报界对越南战争的报道和"水门事件"的追踪，奠定了深度报道的历史地位和报道模式。1985 年普利策新闻奖设立两个新奖项：解释性新闻奖和调查性新闻奖，被新闻学界看成是深度报道地位的最终确定。深度报道在我国兴起于 20 世纪 80 年代这一社会转型时期，1986 年，中国新闻奖正式设深度报道奖项，以系列报道、组合报道和连续报道作为深度报道的三种形式进行评选，1987 年因涌现深度报道作品而被称为"深度报道年"。《1988 年中国新闻年鉴》的概括是："1987 年的深度报道追求表现单一新闻事件的整体背景和发展趋势，以促进读者对社会现状与发展形势完整而深刻的认识，成为新闻体现历史意义、追求历史真实的最佳模式之一。同时，以这类手法报道的社会重大题材往往触动社会敏感神经，引起重大反响，体现出新闻参与历史进程的主动性。"

（二）深度报道的特点

与消息相比，深度报道涵盖的内容更广，解释更清晰，说理也更透彻，在某种程度上，与通讯有相似之处。但深度报道和通讯之间的最大不同之处，在于深度报道完全遵从事实和理性原则，在新闻事件中，记者首先是一个职业的、中立的事实记录者、观察者，然后才是社会舆论的监督者和影响者。因此，深度报道并不属于宣传性报道。具体而言，深度报道具有以下特点：

1. 题材重大

深度报道所报道的题材涉及社会生活的方方面面，但只有那些能够引起相当数量社会成员重视和关注的社会焦点、热点问题，才能成为深度报道的报道对象。从这个角度看，深度报道的内容大多与公众利益密切相关，能够直接引起社会各界普遍关注的不良现象、社会问题等，富有强烈的现实针对性和时代感。

2. 内涵深刻

深度报道要对题材内容进行较深程度的挖掘，既要对新闻事件的详情作如实、客观的报道，还要提供充分的背景情况，或者展示人物心态，通过对新闻材料的加工，挖掘新闻背后的新闻，分析透彻，透过事实，由此及彼、由表及里，揭示事件或事物深层的、令人深思的内涵和本质。1987年5月发生的大兴安岭特大火灾，震惊全国，《中国青年报》多位记者奔赴现场进行全面采访，三篇连续报道《红色的警告》、《黑色的咏叹》、《绿色的悲哀》，一改过去"讴歌"自然灾难的做法，对火灾的表面原因（"厄尔尼诺"现象）和深层原因（官僚主义弊端）进行了深层次揭露。

3. 手法多样

深度报道可以采用多种表现手法，既可以直叙事实，也可以夹叙夹议、边叙边评；既可以长篇大论，也可以长短结合、大小并用；既可以行文严谨，也可以轻松活泼、不拘一格。深度报道的结构也是开放多维的，可以采用消息常用的倒金字塔结构，也可以根据内容的需要，纵横并用，采用更为开放、自由的叙述结构。

4. 背景广阔

深度报道不是就事论事、浅尝辄止式的一般报道，题材的重大、内容的丰富决定了深度报道具有较大的时空容量，这使得深度报道不能只局限于某一点，报道的视线和触角应该是多方位、多角度的，各种与之相关的社会背景、社会现象都可以纳入报道中。如2008年三鹿奶粉事件爆发后，《南方周末》自2008年10月2日至2009年1月15日共刊发八篇深度报道，从不同角度和方位去透视三鹿事件，包括对受害者的赔偿、奶业存在的问题、三鹿财产的处理和相关法律问题等，内容各不相同，但都是围绕三鹿奶粉事件展开的。

（三）深度报道的分类

深度报道可以分为两大类，即单一型深度报道和集合型深度报道。

1. 单一型深度报道

单一型深度报道主要由单篇深度报道构成。根据报道内容，又可以分为以下几种类型：

（1）解释性报道：侧重于新闻事实的本身形态，说明新闻事实的来龙去脉，阐释事件发生的原因、过程和结果，以及与其他相关事物的联系。

（2）调查性报道：调查性报道需要作者作深入细致调查后方能完成，一般针对较为重大的新闻题材和社会事件，这类报道经常带有曝光性。

（3）问题性报道：这类报道只是提出问题、分析问题，并不解决问题，但可以让原本为社会公众和相关部门忽略的却具有普遍意义的社会问题或现象浮出水面，引起广泛重视。

（4）分析性报道：新闻事实的本身形态对分析性报道而言并不特别重要，更重要的是对新闻事实、新闻现象的深入分析和定位，对人们普遍关注且迷惑不解的现象和问题进行解读。

（5）预测性报道：对尚未发生但将要发生或可能发生的事件的报道。

（6）述评性报道：以夹叙夹议、叙论结合的方式报道新闻事件，这种报道仍然属于新闻报道而非新闻评论。

2. 集合型深度报道

集合型深度报道由多篇报道集合在一起，或者由多个事实排列在一起，可以拓展新闻报道的深度和广度。集合型深度报道又可以分以下几种：

（1）连续报道：针对同一新闻主题，尤其是正在发生的新闻事件，作跟踪式报道。连续报道既可以跟踪事件的发展进程（进行式连续报道），也可以反馈社会各界的相关反应（反应式连续报道）。

（2）组合（专题）报道：围绕同一新闻主题或事件，在同期或同一版块内刊发不同体裁的多篇报道。组合报道可以促进新闻报道的立体化、纵深化。网络新闻不受版面限制，常以专题报道的方式全面展现某一重大新闻事件的全过程，如2010年9月22日"嫦娥二号"发射前夕，人民网推出专题报道《"嫦娥二号"探月全景报道》，前后组织13名前方记者和40余名编辑、摄像、美术设计、技术等后方工作人员参与报道，以现场报道、嘉宾访谈、背景资料、互动体验等多种形式，以11种语言展现探月进展和成果。该专题获第21届中国新闻奖一等奖。

（3）系列报道：在一定时期内，围绕某一新闻主题或事件，作多角度、多侧面、多层次、多方位的报道，旨在全面反映这一新闻主题或事件。系列报道的重点在于深入剖析、深刻透视新闻事件。

深度报道在实际撰写中，可以是多种类型的综合。

二、深度报道的写作要领

在撰写方面，深度报道和前述消息、通讯等文体有一定的相通之处。当然，深度报道涉及的题材比较重大，相应的篇幅也较长，因此要兼备宏观、微观层面叙述问题，注重多方面、多角度、全方位的考察和透视问题，进而全面、完整、立体的报道和反映新闻事实与事件，避免片面化、零碎化、平面化叙述。

具体而言，深度报道一般由标题、导语、主体、结尾等几个部分组成。

（一）标题

标题可以采用单标题或双标题，单标题只有一个正标题，双标题包括正标题和副标题。深度报道的标题要仔细推敲提炼，或点明主题，或提示线索，或引人深思。

（二）导语

深度报道经常采用"聚焦式"导语，即对一个与报道主题密切相关的人物或事件进行"白描"，或者是事件的真实回放，或者是一段感人的曲折情节，或者是人物的心灵独白，目的都是为激发和引起大众的兴趣。

（三）主体

深度报道的主体没有固定的写作套路和外在形式，各种新闻文体皆可拈来，各种表现手法皆可运用。

在表达方式上，深度报道可以不拘一格，但首要原则是注重严谨、客观叙述，特别是当涉及一些重大题材时，尤其需要注意严谨性。在此前提下，可适当夹叙夹议、边述边评，甚至适当抒情，用思辨性的语言揭示事物或事件的本质，但不可过多表达主观态度和观点，也不能用议论来代替事实。

在结构安排上，可以跳出纵横结构的框架，按照事件本身的逻辑发展过程依次展开，或者抓住核心问题，开门见山、直击要害，在一开始就提出硬性的、紧扣主题的问题，然后扩展为比较笼统的问题；或者由浅入深，抽丝剥茧，由外围逐层深入，从各个角度、各个维度一步步引向最终的主题。

在语言风格上，深度报道力求准确、朴实地反映新闻事实和事件，同时根据题材的具体内容，可考虑语言风格的多样化，避免过分追求庄重而显得枯燥乏味，降低可读性。

（四）结尾

前述消息、通讯的结尾手法，深度报道都可以采用。

三、深度报道的写作要求

由于深度报道涉及的题材一般比较重大，"七分采访三分写作"之说体现得尤其明显，因此，深度报道对新闻从业人员的职业素质提出了更高要求。

（一）精心策划、分工合作

深度报道在很多时候非一人之力所能胜任，需要由多位记者和编辑共同协作完成，这时记者之间、记者和编辑之间就需要默契合作。如曾获《南方都市报》自设的"2005 年度普通新闻报道奖"金奖的《千里裹尸还》及后续报道，《南方都市报》连续报道 9 天，共发各类新闻、图片 14 篇，其中有 6 个整版，前后有社会新闻组、深度报道组和图片部的 6 名记者加入。《千里裹尸还》的报道也由三个方向加以展开：其一，采访背尸的主角李绍为，还原他与死者的关系，这是比较容易想到的思路；其二，探访李绍为的老家，探讨他的这种特异举动具有什么样的文化和社会背景；其三，追踪李绍为的下一步落足点，发现不少公司老板都被李绍为之举所感动，他最后应邀在惠州一家民企就业。可以说，正是这些记者和编辑之间的通力合作，《千里裹尸还》及后续报道才会引起强烈反响。

（二）感觉敏锐、挖掘真相

深度报道所涉及的题材和事件，其敏感性、重大性有的一望即知，有的则难以察觉。很多引起轰动的新闻事件，起初都是不为人们所注意的细节小事，这就需要新闻从业人员具有敏锐的新闻意识，由冰山一角紧追不舍，最后挖掘成深度报道。

例如"水门事件"之初，媒体并没有予以重视。1972 年 6 月 17 日凌晨，华盛顿警方接到报警后，在水门大厦六楼——美国民主党全国委员会总部所在地——抓住 5 名潜入其中拍照和装窃听器的嫌犯。这一事件发生时正值周六，当时并无人关注，更没人会想到此事会与白宫有瓜葛，《纽约时报》只在不起眼处刊登了这则消息，《华盛顿邮报》也派出两名初出茅庐的记者伍德沃德和伯恩斯坦前往法院旁听预审，但正是这两名不起眼的记者在随后两天内查出这 5 名嫌犯的幕后主使者来自白宫。于是 6 月 20 日，《华盛顿邮报》头版以醒目标题爆出新闻："白宫顾问与水门窃贼有染"，"水门事件"就此浮出水面。

（三）采访细致、用事实说话

深度报道涉及的题材都比较重大，记者必须进行深入、细致甚至艰苦的调查，才有可能接近和获得真相。在报道时，应尽量客观、中立，用事实说话。尤其是一些批评性题材，新闻记者要遵循专业原则，要做事实的记录者、观察者，不能先入为主地站在某种预设的价值立场，否则，将严重损害深度报道的客观性。

四、例文评析

被收容者孙志刚之死（节选）

3月17日：在广州街头被带至黄村街派出所

3月18日：被派出所送往广州收容遣送中转站

3月18日：被收容站送往广州收容人员救治站

3月20日：救治站宣布事主不治

4月18日：尸检结果表明，事主死前72小时曾遭毒打

孙志刚，男，今年27岁，刚大学毕业两年。

2003年3月17日晚10点，他像往常一样出门去上网。在其后的3天中，他经历了此前不曾去过的3个地方：广州黄村街派出所、广州市收容遣送中转站和广州收容人员救治站。

这3天，在这3个地方，孙志刚究竟遭遇了什么，他现在已经不能告诉我们了。3月20日，孙志刚死于广州收容人员救治站（广州市脑科医院的江村住院部）。

他的尸体现在尚未火化，仍然保存在殡仪馆内。

孙志刚死了

先被带至派出所，后被送往收容站，再被送往收容人员救治站，之后不治。

孙志刚来广州才20多天。2001年，他毕业于武汉科技学院，之后在深圳一家公司工作，20多天前，他应聘来到广州一家服装公司。

因为刚来广州，孙志刚还没办理暂住证，当晚他出门时，也没随身携带身份证。

当晚11点左右，与他同住的成先生（化名）接到一个手机打来的电话，孙志刚在电话中说，他因为没有暂住证而被带到了黄村街派出所。

在一份"城市收容'三无'人员询问登记表"中，孙志刚是这样填写的："我在东圃黄村街上逛街，被治安人员盘问后发现没有办理暂住证，后被带到黄村街派出所。"

孙志刚在电话中让成先生"带着身份证和钱"去保释他，于是，成先生和另一个同事立刻赶往黄村街派出所，到达时已接近晚12点。

出于某种现在不为人所知的原因，成先生被警方告知"孙志刚有身份证也不能保释"。在那里，成先生亲眼看到许多人被陆续保了出来，但他先后找了两名警察希望保人，但那两名警察在看到正在被讯问的孙志刚后，都说"这个人不行"，但并没解释原因。

成先生说，其中一个警察还让他去看有关条例，说他们有权力收容谁。

成先生很纳闷，于是打电话给广州本地的朋友，他的朋友告诉他，之所以警方不愿保释，可能有两种情况，一是孙志刚"犯了事"，二是"顶了嘴"。

成先生回忆说，他后来在派出所的一个办公窗口看到了孙志刚，于是偷偷跟过去问他"怎么被抓的，有没有不合作"，孙回答说"没干什么，才出来就被抓了"。成先生说，"他（孙志刚）承认跟警察顶过嘴，但他认为自己说的话不是很严重"。

警察随后让孙志刚写材料，成先生和孙志刚从此再没见过面。

第二天，孙的另一个朋友接到孙从收容站里打出的电话，据他回忆，孙在电话中"有些结巴，说话速度很快，感觉他非常恐惧"。于是，他通知孙志刚所在公司的老板去收容站保人。之后，孙的一个同事去了一次，但被告知保人手续不全，在开好各种证明以后，公司老板亲自赶到广州市收容遣送中转站，但收容站那时要下班了，要保人得等到第二天。

3月19日，孙志刚的朋友打电话询问收容站，这才知道孙志刚已经被送到医院（广州收容人员救治站）去了。在护理记录上，医院接收的时间是18日晚11点30分。

成先生说，当时他们想去医院见孙志刚，又被医生告知不能见，而且必须是孙志刚亲属才能前来保人。

20日中午，当孙的朋友再次打电话询问时，得到的回答让他们至今难以相信：孙志刚死了，死因是心脏病。

护理记录表明，入院时，孙志刚"失眠、心慌、尿频、恶心呕吐，意识清醒，表现安静"，之后住院的时间，孙志刚几乎一直"睡眠"。直到3月20日早上10点，护士查房时发现孙志刚"病情迅速变化，面色苍白，不语不动，呼吸微弱，血压已经测不到"。医生在10点15分采取注射肾上腺素等治疗手段，10分钟后，宣布停止一切治疗。孙志刚走完了他27年的人生路。

医院让孙志刚的朋友去殡仪馆等着。孙的朋友赶到殡仪馆后又过了两个小时，尸体运到。

护理记录上，孙的死亡时间是2003年3月20日10点25分。

孙志刚是被打死的

尸检结果表明：孙志刚死前几天内曾遭毒打并最终导致死亡。

医院在护理记录中认为，孙是猝死，死因是脑血管意外，心脏病突发。

在向法医提出尸检委托时，院方的说法仍是"猝死、脑血管意外"。据 3 月 18 日的值班医生介绍，孙志刚入院时曾说自己有心脏病史，据此推断孙志刚死于心脏病。但是，这个说法遭到了孙志刚家属和同学的反驳，孙志刚父亲表示，从来不知道儿子有心脏病。

同样，法医尸检的结果也推翻了院方的诊断。在中山大学中山医学院法医鉴定中心 4 月 18 日出具的检验鉴定书中，明确指出："综合分析，孙志刚符合大面积软组织损伤致创伤性休克死亡。"

虽然孙的身体表面上看不出致命伤痕，但是在切开腰背部以后，法医发现，孙志刚的皮下组织出现了厚达 3.5 厘米的出血，其范围更是大到 60×50 厘米。孙志刚生前是一个身高一米七四、肩宽背阔的小伙子，这么大的出血范围，意味着他整个背部差不多全是出血区。

"翻开肌肉，到处都是一坨一坨的血块。" 4 月 3 日，中山大学中山医学院法医鉴定中心解剖孙志刚尸体，孙志刚的两个叔叔孙兵武和孙海松在现场目睹了解剖过程。"惨不忍睹！"孙兵武说，"尸体没穿衣服，所以伤很明显。"

孙兵武说，他看到孙志刚双肩各有两个直径约 1.5 厘米的圆形黑印，每个膝盖上，也有五六个这样的黑印，这些黑印就像是"滴到白墙上的黑油漆那样明显"。孙兵武说，他当时听到一名参加尸体解剖的人说"这肯定是火烫的"。

孙兵武说，他看到在孙志刚的左肋部，有一团拳头大小的红肿，背部的伤甚至把负责尸检的医生"吓了一跳"，"从肩到臀部，全是暗红色，还有很多条长条状伤痕"。医生从背部切下第一刀，随着手术刀划动，一条黑线显现出来，切下第二刀的时候，显现出一坨坨的黑血块。

法医的检查还证明，死者的其他内脏器官没有出现问题，"未见致死性病理改变"。

法医的尸检结果表明：孙志刚死亡的原因，就是背部大面积的内伤。

鉴定书上的"分析说明"还指出，孙的身体表面有多处挫擦伤，背部可以明显看到条形皮下出血，除了腰背部的大面积出血以外，肋间肌肉也可以看到大面积出血。

"从软组织大面积损伤到死亡，这个过程一般发生在 72 小时内。"广州市第一人民医院一名外科医生介绍："软组织损伤导致细胞坏死出血，由于出血发生在体内，所以眼睛看不见，情况严重时会导致广泛性血管内融血，这一症状也被称作 DIC。DIC 是治疗的转折点，一旦发生，患者一般会迅速死亡，极难救治。所以类似的治疗，早期都以止血、抗休克为主，目的是阻止病情进入 DIC 阶段，没有发生 DIC，患者生还希望极大。"

3 月 18 日晚上 11 点 30 分，孙志刚被收容站工作人员送到医院（广州市收容人员救治站）。当天值班医生在体检病历"外科情况"一栏里的记录只有一个字："无"，"精神检查"一栏里的记录是"未见明显异常，情感适切"，初步印象判断孙志刚患有焦虑症或心脏病。

对于孙志刚背部大面积暗红色肿胀，双肩和双膝上可疑的黑点以及肋部明显的红肿，病历上没有任何记录。在采访中，当晚的值班医生承认，由于当晚天黑，没有发现孙志刚的外伤，第二天，"由于患者穿着衣服，也没有主动说有外伤"，还是没有发现孙志刚严重的外伤。

"（护理记录中）所谓的睡眠很可能其实是休克，"广州市第一人民医院的外科医生说："由于内脏出血，血压下降，患者会出现创伤性休克，这是发生 DIC 症状的前兆之一，应该立即采取抢救措施。"

但是护理记录上，还只是注明"（患者）本班睡眠"。

按法医的说法，孙志刚体内的大出血，是被钝物打击的结果，而且不止一次。"一次打击解释不了这么大面积的出血"，一名不愿意透露姓名的法医在看完尸检结果以后说。

从尸检结果看，孙志刚死前几天内被人殴打并最终导致死亡已是不争的事实。

……

【例文剖析】

这是刊载于 2003 年 4 月 25《南方都市报》的《被收容者孙志刚之死》。全文除导语外，分为四小节，限于篇幅，这里只节选其中的第一和第二部分，其后还有两小节内容，小标题分别是："孙志刚该被收容吗?"和"孙志刚是被谁打死的?"

这篇新闻稿题材重大，牵涉面较广，详细、冷静和真实是这篇深度报道的最大特点。全文的报道非常之详尽，如孙志刚被收容的经过就借其宿友之口被清晰呈现。关于孙志刚是被打死的结论，则完全通过尸检报告和专家的诊断而得出，显得异常客观和冷静，包括标题"被收容者孙志刚之死"也只是表述了一个客观事实。报道还涉及国家层面的现行法律法规，但没有人怀疑这篇报道的真实性，因为文中所有的细节都有交代来源和出处，都是真实可信的。该文作者陈峰和王雷为此前后花费将近 3 个月的时间进行深入采访。

这篇深度报道刊发后，迅速引发公众的高度关注，其他媒体和网络迅速跟进，进而引起全国各界对强制性的《城市流浪乞讨人员收容遣送办法》的强烈质疑。最后在其他媒体和社会各界人士的关注和努力下，国务院于当年 6 月出台新的《城市生活无着的流浪乞讨人员救助管理办法》。

自主学习

1. 什么是深度报道？谈谈你对深度报道文体出现原因的认识。
2. 深度报道和消息、通讯的不同点是什么？
3. 深度报道有哪些特点？
4. 请列举一篇较为著名的深度报道。
5. 假如某市郊区的一化工厂发生了一起有毒气体泄漏事故，造成 2 人死亡，事发后 3 小时得到有效控制。如果就此事写一篇深度报道，你认为可从哪些角度深入挖掘？需要采访哪些相关人士？

第五节　新闻评论

一、新闻评论概述

（一）新闻评论的含义

新闻评论是一种以国内外具有较重要意义的新闻报道为对象，对其进行分析评论，并通过大众传播媒体传递的新闻文体。新闻评论也可以针对评论而发，发出与原评论不同的观点和声音，即"评中评"。对新闻媒体来说，评论的重要性即便用灵魂来形容也不为过，如美国新闻学家约斯特称："新闻是报纸的身躯，它表示出报纸的形状和形式，而社论则是报纸的灵魂，要是没有了灵魂，身躯就等于一具失去活力的躯壳了。"

当代社会的强势新闻媒体都很重视新闻评论，很多报纸都设置了专门的言论版，刊发社论、知名人士专栏和读者来信，电视电台也以专家点评、访谈等形式，增加新闻评论的数量，加强新闻评论的力度。

新闻评论的作者除从事新闻事业的记者、编辑外，从事人文社会科学和自然科学研究的专家学者、政府部门官员和相关产业的专业人士等都可参与。现代社会随着网络的普及，任何人都可以对新闻报道进行评论，成为新闻评论的作者。

（二）新闻评论的特点

新闻评论一般具有以下几个特点：

1. 以议论为主

新闻评论属于议论文的一种，因而全文以议论为主，观点鲜明、论证严密，有较强的针对性。

新闻评论总是有感而发，因此新闻评论总有明确的指向，所评论的新闻是有选择性的，必须是值得评论的新闻才会加以评论，因而新闻评论具有很强的针对性。一般而言，那些对社会生活有重要影响的、涉及公众利益的、与政府大政方针相关的、关系到全局的新闻报道，才有可能被新闻评论所青睐。在提出鲜明观点的同时，还要对观点进行严密论证，要摆事实、讲道理，运用逻辑、推理等方法，从各个角度、各个方面加以论证。所以新闻评论虽然篇幅短小，但结构大都严密完整。

与大多数新闻报道要严守中立、客观的立场不同，新闻评论总是有着旗帜鲜明的观点和立场。新闻评论的观点非常明确，而且要透过且超越新闻现象，直指本质。新闻评论能吸引公众的最大原因之一，就在于新闻评论能见旁人所不能见、言旁人所不能言。此外，新闻评论者可以有各自的价值观念和不同的政治立场，但一般以人类良知和公共利益为底线，体现公共理性，有助于社会进步。

2. 时效性强

新闻评论的时效性包括两层含义：其一是指新闻评论的即时性。新闻评论是针对新闻报道的评论，相应也就带上时效性特点。如果对新闻报道的评论不够及时，时过境迁，就会变成旧闻评论。正因为如此，现在的报纸通常在刊发某条较为重要的或可能会引起公众关注的消息新闻的同时，在言论版配发相关评论，如《现代快报》2011年7月21日以四个版的篇幅集中报道姚明退役，同时刊发社评文章《仅有一个姚明不够　中国的加分靠我们的自信和向上》。在广播和电视节目中，一些记者和主持人也会现场采访、现场评论，促使公众对新闻事实背后的问题进行深入思考。

其二是指新闻评论的时宜性。新闻报道为公众提供事实真相，而新闻评论则为公众提供意见性信息，具有一种舆论导向效应，因此新闻评论何时刊发、在什么时间段刊发颇有讲究。特别是对党的新闻媒体来说，社论、评论员文章都代表着官方的声音，对舆论的影响和引导起着举足轻重的作用，因此选择什么样的时机刊发或播发，表达什么样的声音以及把握什么样的度，都有着特定的作用和意义。

3. 生动活泼

新闻评论的表现形式应该是生动活泼。新闻评论针对新闻事实进行分析，是建立在逻辑说理基础上的，在讲究行文严谨缜密、以理服人的同时，还要注意文笔生动、结构多样，适当运用修辞手法，不能板着脸枯燥说教，不能站在道德的制高点或是高举意识形态的大棒一味指责他人。一篇能够引起公众关注并得到公众认可的新闻评论，往往既内容深刻、说理透彻，又文风灵动、风格多样。

还需要补充的是，随着网络成为现代社会不可缺少的一个组成部分，网络新闻评论也已随处可见。网络新闻评论除上述特点外，还具有同步性、开放性、交互性、爆发性和隐秘性特点。随着网络的普及，任何人只要可以上网，都可以通过 BBS、博客、微博等针对新闻报道发表观点和看法，因此网络评论基本上已经与新闻报道同步，且具有开放性和交互性。爆发性是指某条引起社会公众广泛关注的新闻，往往会在短时间内引发网友数量众多、如潮水般的热议和跟贴。隐秘性则是网络评论允许作者以匿名的方式发表，尽管有些网友的评述不够严谨和负责任，但隐秘性在一定程度上可使人们敢在网上实话实说。

（三）新闻评论的分类

新闻评论可以有多种分类：按照评论的内容，可分为政治评论、军事评论、经济评论、文化评论、社会评论、文教评论、国际评论等；按照评论的性质，可分为解说型评论、鼓舞型评论、批评型评论、论战性评论、纪念性评论等；按照评论的角度，可分为立论性评论、驳论性评论、阐述性评论、解释性评论、提示性评论等；按照评论的载体，可分为报纸评论、广播评论、电视评论、网络评论和杂志评论等。

一般按照评论的形式可分为以下几种：

1. 社论

社论是代表媒体针对重大问题发表的权威而慎重的评论，如果是党报社论，还代表同级党政机关的立场，具有鲜明的政策性。社论从形式上可大体分为倾向型、鼓动型、解释型、褒贬型、立论型和驳论型。2011 年 9 月 3 日《人民日报》为纪念中国人民抗日战争暨世界反法西斯战争胜利 66 周年而发表社论《在铭记历史中汲取复兴力量》，可以说是一篇鼓动型社论。

社论既可以针对热点事件和社会问题代表媒体发表观点，也可以直接表达媒体的一贯立场和宗旨。如 1926 年《大公报》续刊第一期就发表社论，提出"不党、不卖、不私、不盲"为其办报宗旨和方针。在中国近代报业史上，这是第一家以社论形式鲜明表达舆论独立诉求的民间报纸。金庸先生创办的《明报》也在社论中多次表明该报的立场和宗旨，如《明报》创办两周年社论称："……我们的目标如下：1. 严格遵守公正无私、不左不右的立场，拥护中国人的利益、香港人的利益。……认为中国这个国家，比共产党或国民党重要，更比美国或是苏联值得我们爱护。……5.《明报》虽为小报，但博大有容，不害怕，不拒绝任何方面意见。"

2. 评论员文章

评论员文章是仅次于社论的重要评论。评论员文章可以署名也可不署名，是结合新闻事件或报道而配写的重头评论，体现媒体或编辑部的立场和态度。评论员文章一般只代表编辑部或媒体的观点和立场，不代表同级党政机关。如《人民日报》2005 年 12 月 11 日第一版刊发本报评论员文章《加快推进体制改革》，就是配合该年度中央经济工作会议提出的加快推进体制改革目标而撰写的。如果冠以特约评论员名义，说明为媒体外人士撰写，也可以突出评论的权威性和专业性。观察家评论也属于评论员文章之列，它一般用于时事评论，选题谨慎，寓评论于观察之中。

3. 编者按语

编者按语依附于新闻报道，是媒体对报道所加的解释、说明、建议、评价等，以示重视和谨慎，可以对报道起到补充、提示、评论的作用。编者按语一般分为两大类：说明性按语和言论性按语。由于编者按语的依附性较强，所以不管哪种按语，都不单独添加标题，也无须展开论证。编者按语可以加在文前（编前按语、编前话），也可以加在文中（文中按语）或文后（编后小记、编后附记、编后话等），加在文前最为醒目。

4. 短评

短评以短小精悍的体式针对新闻事件或社会生活中的某一突出现象、问题发表评论，作者来源较为广泛。短评可以为一则新闻配发，也可以为一组新闻配发，但都具有缘事而发的特点。短评的切入点应该从新闻事件中选取，议题的展开也应该与新闻事件有一定的联系。短评的结构轻快短小，一事一议，不求面面俱到，但要抓住关键、深入追踪，通过鞭辟入里的分析来透彻说明问题，提高人们认识或引起重视。短评可以写得活泼有趣，从而避免给人板着面孔说教的印象。

目前，国内各报纸、网络等媒体刊发的短评数量日益增多，分量日益加重。

5. 专栏评论

专栏评论常指在媒体的固定版面、特定栏目中发表的评论，其作者可以是固定的一位或几位专业人士，也可以是不固定的广大公众。社论、评论员文章大都从政治角度考虑问题，而专栏评论不仅可以关注时政大事，还可以将触角伸及社会生活的各个层面，只要能引起社会普遍关注或公众利益密切相关的话题，都可以成为专栏评论的对象和内容。

沃尔特·李普曼是 20 世纪最著名的专栏作家之一，他先后在多家报纸任职，擅长撰写政治题材的专栏评论和文章，当过 12 位美国总统的顾问，并获得过 1958 年普利策奖。他的专栏评论被 250 多家美国报纸和约 25 家国外报纸刊用，同时他还为 50 多家杂志撰稿。

20 世纪 30 年代《大公报》推出"星期论文"专栏，由胡适、丁文江、翁文灏、梁漱溟、傅斯年等自由主义知识分子担任撰稿人，不仅时效性强，还具有较高的学术价值，成为当时的著名专栏。

6. 新闻述评

新闻述评是新闻报道和新闻评论两者的结合体，即在客观报道新闻事件的过程中，作出必要的评价和分析，边述边评、述评结合，即事明理、生动形象。从篇幅上看，述的内容一般多于评的成分。新闻述评的优势在于融新闻与评论于一体，两者结合紧密，评论立足于事实，在客观叙事的同时，表现出作者的鲜明倾向和立场，使得人们在了解新闻事实的同时，也能理解和接受作者的观点。

新闻述评在电视、广播等媒体中运用较多。如获得第 21 届中国新闻奖二等奖、央视 2010 年 12 月 23 日《焦点访谈》播出的电视评论《假酒真相》，就结合记者的深入细致的暗访，层层深入，揭露了整个假酒产业链条，对秦皇岛市昌黎县假酒泛滥、监管失职的状况进行了犀利的质疑和评论。又如获第 21 届中国新闻奖一等奖、2010 年 3 月 24 日《浙广早新闻》播出的广播评论《善待民工才能够缓解民工荒》，既采访了大量农民工、企业主，还采访了一批从事农民工研究的专家、学者，请他们从理论、实践等方面剖析、论述发生"民工荒"的深层次原因。

二、新闻评论的写作要领

新闻评论的结构灵活多样，并不固定，一般由标题、导语、评论主体和结尾等几个部分组成。

1. 标题

标题力求简洁、高度概括，能够将评论的主要内容和观点高度浓缩和概括，同时生动形象、引人入胜，能够吸引公众的注意力，还要能鲜明地表达出作者的倾向和立场。如《大公报》1945 年 8 月 29 日的社论标题为《毛泽东来了!》，简洁有力，将民众盼望国共携手、消弭内战的强烈愿望表达得淋漓尽致。

评论的标题大体可分为以下几种，直接表明态度立场的观点式标题：《唐山"三大遗憾"应作汶川重建之鉴》（《广州日报》2008 年 5 月 27 日）；表示探讨或质疑的反问式标题：《虎照鉴定缘何成了"烫手山芋"?》（"浙江在线"2008 年 2 月 21 日）；富有文采的修辞式标题：《每个人都是风险时代的乘客》（《京华时报》2011 年 7 月 25 日特约评论员文章）、《民间微公益驱散冬日寒意》（《中国青年报》2011 年 12 月 18 日"中青评论"）；引人深思的思辨式标题：《要反对保守主义，也要反对急躁情绪》（《人民日报》1956 年 6 月 20 日社论），等等。

2. 导语

评论的导语大体上有两种格式，或者开门见山，将自己的观点和盘托出；或者对刚刚发生的新闻事实稍加概述，再点明自己的观点和态度。如果是后者，所涉及的新闻事实往往是才报道的，具有一定的时效性。如《大公报》1947 年 4 月 23 日的社论《战败国可成天堂》的导语部分，先概述美国方面对战后日本的态度和举措，随即表明自己的看法：

读麦克阿瑟元帅占领日本 1 月份报告，看远东委员会决定日本的工业标准，闻太平洋学会美分会有一种运动，欲使日本恢复生产低廉货物，售与远东各国。我们直感着世界已出现了一种新福音，战败国可成天堂。

3. 评论主体

主体的结构并不固定，可以是单一结构的，针对要论述的问题逐层深入、层层分析；也可以是并列结构的，把要论述的问题分成几个要点，逐个加以论述。不管是单一结构还是并列结构，都应注意运用具体、充分的论据，选择恰当合适的论证方法，以理服人。

4. 结尾

结尾部分可以总结全文、深化主旨，或者引申开来，警示或感召公众，进一步引起人们的注意。获得第 20 届中国新闻奖议论三等奖、刊登于《新华日报》2009 年 12 月 3 日的评论《权力"烫手"才正常》，评论的新闻事实是全国 39 名中学校长获得北大试行的"校长推荐权"后，纷纷感慨这推荐权看起来很美，实际上却很"烫手"。结尾部分这样写道：

总之，权力越来越"烫手"，这是好事，是社会发展进步的重要体现。龙永图说，完善社会主义市场经济制度，必须减少审批经济，把权力从任由把玩的"香饽饽"变成受到制约的"烫手芋"。如果越来越多的领导干部感到权力"烫手"时，正说明，干部的"权力观"越来越科学，我们的改革越来越成功，我们的社会越来越进步。

三、新闻评论的写作要求

新闻评论属于议论文体，故应遵循议论文的一般撰写要求，同时又是专门针对新闻报道和新闻事实而发的议论，属于新闻体裁，因而又具有新闻文体的撰写要求。

1. 观点明确、内容深刻

新闻评论要有一个明确、统一的论点，一事一议、一理一评，针对一个问题、一个事件或一种现实，赞成什么、反对什么，必须清晰明确，不能含糊其辞。新闻评论可以立足于新闻报道，这是指观点可以由新闻报道引申出来，观点本身应该较新闻事实更为深刻，是新闻报道无法道出或者忽略的，既要点到问题的要害和关键，又要符合客观实际，不能老生常谈、隔靴搔痒。

2. 论证严密、分析深入

观点能否站得住脚，关键要看论证。新闻评论也是这样，从新闻报道中引申出论点后，要选择恰当的论证方法，摆事实、讲道理，用证据、事实和逻辑分析加以论证，把问题阐释透彻，不能讲官话、套话或空洞说教，这样的评论才能令人口服、心服、信服、佩服。

3. 语言讲究、说服力强

新闻评论的语言有所讲究，准确、简洁和富有哲理是新闻评论语言的基本要求，同时又要力求生动形象、通俗易懂，让公众易于接受。严肃与生动的统一，是评论语言追求的重要目标。

四、例文评析

廉租房为什么应低标准

我赞成发展廉租房，但廉租房应该是低标准的，有私人厨房，但不一定有私人厕所。这引起许多人的质问，为什么廉租房没有厕所。我认为廉租房是有厕所的，而且应该是水洗的，是室内的，但未必是私人的，而是公用的。

要求廉租房高标准，这使我联想起经济适用房盖成了180平方米的大公寓，它不是经济适用房，而是相当阔气的公寓房。为什么有这种现象？简单说，就是一些有权有势的人侵占中低收入者（他们原本是经济适用房的对象）的利益，以经济适用房为名，图他们的私利。为了防止在廉租房中出现类似的问题，廉租房应该是低标准的，类似地，经济适用房也该是90平方米以下的。究竟什么样算低标准，大家可以讨论。我建议不设私人厕所只是方案之一。

廉租房是为谁建的？是为在城里生活、收入最低的那部分人，主要是进城打工的农民工。他们现在的住房标准是不得超过15个人一间，这是北京市明文规定的。那儿没有水洗厕所，而且也不是室内厕所。他们能用上水洗的室内厕所就是一个大改进。其实，这种情况在改革以前很普遍。就在东北，冬天非常冷，上厕所只好去露天挨冻。即使在现在，大部分大学生的宿舍里也没有私人厕所，厕所也是公用的。进城打工的农民工能住上有私人厨房的廉租房，应该感到满意，因为比原来的条件有了很大改善。

低标准的廉租房还有一个优点，就是当他们的收入提高以后，会主动退出廉租房，去寻找条件更好的住房。别的国家实施廉租房的经验之一，就是客户条件改善后不愿退出廉租房，还想继续享受廉租房的优惠，而政府很难请他们走。如果条件差，他们比较容易自动退出，去寻找适合于自己收入水平的住房。

改革以前，北京和许多城市都有所谓的筒子楼，那是一般干部的标准住房：中间一条走道，两边是一间间的宿舍，每间的面积约为 15 平方米。一间房就住一个家庭，有两三口人，做饭就在自己的门口。他们既没有私人厨房，也没有私人厕所，但有公共的室内水洗厕所。我心目中的廉租房就相当于过去的筒子楼。但厨房还是应该独立隔离，公用厨房是很难的。

有人说，廉租房没有私人厕所是歧视穷人。这话不错。市场经济就是对穷人不利。有钱人什么都能做，没钱什么也做不成。它是认钱不认人的。能不能改成一视同仁？我们试验过，就是吃大锅饭，结果不但富人完蛋，穷人更惨。倒是改革开放以后，虽然贫富差距扩大，但穷人的生活有了改善。现在基本上没人挨饿了。这是中国几千年从未有过的事。市场经济能把饼做大，它的分配原则是谁创造的财富多，谁就得到更多的分配。但这样的分配原则，不能把饼均匀地分配给每一个人。

廉租房的建筑标准低，虽说是对穷人的歧视，但也是对穷人的帮助和优惠。他们花很小的代价，能住上比过去好的住房，靠的是全国的纳税人出钱。但是，最终走出贫困，还得靠自己努力。把希望寄托在提高廉租房标准上，既不合理，也没有可能，因为我们还是一个比较穷的国家。如果将来经济实力进一步提高，当然可以建高标准的廉租房。

【例文剖析】

这篇评论的作者为经济学家茅于轼先生，登载于 2009 年 3 月 22 日的《新京报》。全文开门见山，观点鲜明，思路清晰，既有正面立论，又有反面驳论。更难得的是，全文的论调是心平气和的，通篇摆事实、讲道理，作者是冷静的，但观点是深刻的，说服力是巨大的，理性和逻辑的力量在这篇评论中有着充分的体现。或许有不少人不同意作者的观点，但在作者平和但严密有力的论证面前，反对者也很难找到其中的瑕疵。正因为如此，凤凰网列该文为 2009 年度十大评论之三，《南方周末》编辑部评出的 2009 年度十大评论中，该文名列第七。

自主学习

1. 新闻评论有什么特点？
2. 新闻评论如何分类？
3. 你认为新闻评论可起到什么样的作用？
4. 你觉得完成一篇优秀的新闻评论需要哪些方面的知识储备？
5. 仔细翻阅近日的报纸新闻，然后就某篇报道撰写一篇新闻评论。

延伸学习

1. 以下为 2012 年 4 月 16 日某媒体转登新华社的一则消息，请指出格式上的一处错误，并为该则消息拟写标题。

秘鲁南部"黑头"铜矿场矿难发生将近一周后，9 名受困矿工 11 日清晨全部获救。

当地时间 7 时（北京时间 11 日 20 时）左右，受困矿工身上裹着红色毛毯，戴着保护眼睛不受日光刺激的墨镜，开始一个接一个自行走出井口。其中一名矿工行走有些困难，戴着氧气面罩。

秘鲁总统奥良塔·乌马拉·塔索和这些矿工的亲人在地面迎接他们，其他矿工把一面国旗升至一根简易旗杆顶端，庆祝工友获救。

据介绍，"黑头"铜矿位于伊卡省基尔克地区，本月 5 日中午发生矿井坍塌事故，9 名矿工当时在距地面 200 多米处作业，困在一条水平巷道，所幸无人受伤。受困矿工经由一根金属管道与地面人员联系并获得氧气、饮用水和营养液。乌马拉和数名部长分别在现场监督救援。

2. 以下为杭州某景区举办"梅花节"时发布的新闻通稿，如果你是前往采访该活动的某报社记者，请根据该新闻通稿拟写一篇关于该活动的新闻消息。要求文字通顺、简洁，结构清晰，内容具有一定的新鲜性，能够吸引读者的阅读兴趣。

2 月 27 日（正月初十），"超山梅花节"在素有十里梅花香雪海之称的余杭超山风景区拉开帷幕。余杭区政府区长姜军出席活动并宣布"超山梅花节"开幕。参加活动的领导有杭州市政协副主席，西泠印社常务副社长陈振濂，杭州市旅游委员会党委书记、常务副主任李虹以及上海普陀区、浦东新区领导，西泠印社艺术家，吴昌硕艺术研究协会艺术家，海上书画名家后裔联谊会艺术家，上海著名书画家参加了开幕式。应邀参加活动的还有区有关部门负责人，在杭各大旅行社代表，省、市、区新闻媒体的记者朋友及全国各地慕名而来的 1000 余名游客。

此次梅花节从 2 月 27 日开始到 3 月 25 日结束，历时一个月。期间游客不仅能在超山风景区赏梅踏春，一览十里梅海的遗风，还可参观超山盆景展、超山奇石展、吴昌硕纪念馆、金石书画长廊，领略金石文化的内涵。同时，为增添赏梅的趣味性和互动性，主办方还在梅花节期间推出了"金石书画展"、"观灯猜谜闹元宵"、"逛塘栖农副特色产品展"、"吃土菜、品蜜饯"、"超山寻宝游园"等丰富多彩的互动活动，不仅好看、好吃、好玩，还有精美礼品拿，让游客在不知不觉中度过轻松愉快的一天。

超山为江南三大赏梅胜地。超山梅花以"古、广、奇"三绝而闻名于世，历史上素有"十里梅花香雪海"之美誉。初春二月，花蕾绽放，白花平铺散玉，方圆十里遥天映白，如飞雪漫空，天花乱出，甚是壮观。已故金石书画大师、西泠印社首任社长吴昌硕先生生前就酷爱超山梅花，曾留下"十年不到香雪海，梅花忆我我忆梅，何时买棹冒雪去，便向花前倾一杯"的千古佳句，并选择身后与超山梅花相伴。至今这里仍保留有吴昌硕墓、吴昌硕纪念馆。今年由于气候适宜，梅花花蕾茂密，2月初陆续开始盛放，元宵节前后最为旺盛，可持续到3月上旬。为充分挖掘超山梅文化、金石文化内涵，这里每年举办超山梅花节。期间邀三两好友，或携家带口到超山泡一壶绿茶，赏十里梅海，登千级石阶将别有一番情趣。

第十一章　法律文书写作

第一节　法律文书概述

一、法律文书的含义

法律文书，是一切具有法律效力及法律意义的文书的总称。它是我国法律关系主体，依照法律规定，按照各自的职权或权利，在办理各种诉讼案件过程中所制作的各类文书。

作为应用文写作的一个重要组成部分，法律文书的写作包括写作理论和写作实践两个部分。随着现代社会的发展，社会成员之间的矛盾纠纷与利害冲突也随之增多，为了维护正当权益，法律关系主体经常需要借助法律文书来陈述自己的法律意向、请求、理由，因此，了解并掌握法律应用文书的基本理论和写作方法，也就非常重要了。

二、法律文书的特点

（一）合法性

（1）法律文书的制作必须合乎法律的规定。首先，法律文书的制作主体必须合法，即需要具备相应的资格。根据我国《民事诉讼法》的规定，制作起诉状的原告必须是与本案有直接利害关系的自然人、法人或其他社会组织。虽然有资格的主体也可以委托代理人代理制作诉状，但诉状必须是以被代理人的名义制作的，否则诉讼文书将没有法律效力。其次，法律文书制作主体对文种的选择必须合法。法律应用文的制作，必须有法律、法规的根据，在不同办事程序上选择哪个文种，当事人并无选择或变通的权力。如民事诉讼或行政诉讼，原告起诉时应递交起诉状，而不是其他任何法律文书。提交错误法律文书或只提交一封反映情况的书信，法院都将不予受理相应案件。

（2）法律文书的内容必须合法。当事人所制作的法律文书，内容必须符合法律规定。如民事诉状、刑事诉状或行政诉状所陈诉的理由，必须能在现有法律中找到依据，必须无悖于我国宪法。如果内容无法可据，甚至与有关法律相悖，所提请的理由不能成立，或与法律的具体规定不相符合，经有关部门审查，或不予受理，或在审明事实后将依法予以驳回。

（二）真实性

法律文书的制作与应用，关系到法律法规的贯彻实施，关系到当事人合法权益能否得到保障，因此对文书内容的真实性有着极其严格的要求。首先，法律文书所依据的事实或证据，必须真实可靠、准确无误，如果虚构或捏造事实、证据，那么就不具备法律效力，相关当事人可以申请人民法院等国家机关宣告其无效或予以撤销。其次，法律文书的语言要准确，绝不允许故意夸大或隐瞒情节。

（三）规范性

法律文书具有很强的形式规定性，它的结构形式，是有关法律主管部门在长期实践基础上所总结和统一规定的，法律文书的制作者不能任意打破这些规约。首先，法律文书的结构要规范，法律文书大都由首部、正文和尾部三部分组成，这就显得程式化、规范化。其次，法律文书的措辞要规范，不同的法律文书在措辞上往往有不同的要求。如在民事诉讼中，原告的对方当事人称为被告，而在刑事诉讼中，公诉人的起诉对象则成为被告人。严格的形式规定，可以保证法律文书项目要素齐全，内容表述完整，既便于在全国范围内统一使用，又便于依照有关规定进行案卷的归档和管理。

（四）强制性

法律文书的制作有着明确的法律规定，它的用途、格式、内容等，不但有严格的规范性，而且有一定的强制性。首先，任何组织和个人不得违法任意制作和使用法律文书。其次，法律文书一经制作，经过一定法律程序和期限，就产生法律效力，而生效的法律文书对当事人具有法律约束力，当事人必须按照法律文书的规定执行相关要求。如果一方当事人拒不执行，另一方当事人可以依法强制执行或申请强制执行。

（五）时效性

法律文书的制作和应用，都有一定的时效性要求。首先，何种文书在何时制作和使用，一般都有规定的法律程序。有些法律文书如反诉状、上诉状等，即使格式、内容都符合规范，但如果未在法律规定的期限内提交，就失去了法律效力。其次，当事人可以提出权利诉讼的时效，有相应的法律规定。当事人逾期起诉，除非被告愿意主动承担侵权责任，否则即便法院受理，原告也会因超过诉讼时效期而丧失了胜诉机会，起诉状的制作和应用实际上是没有意义的。

三、法律文书的作用

（一）当事人维护合法权益的重要工具

在法制社会，社会成员都必须遵纪守法，必须自觉地运用法律制度来规范自己的行为。同时，社会成员在合法权益受到损害时，也应懂得如何运用法律武器来维权，而法律文书就是我们依法维护自己权益的重要工具。为了挽回自己的损失，或者预防可能给自己造成的损害，公民、法人和其他组织，可以依法向司法机关提交法律文书，来陈述案件事实，说明请求事项和请求理由，以便于法律机关进行审理，作出正确的裁决。

（二）司法机关审案的重要依据

法律文书是司法机关启动审案程序的前提和必要条件。根据法律规定，在诉讼或非讼法律事务中，法律程序的进行必须以相应的法律文书为依据，如果某一法律程序的启动或实施，不具备相应的法律文书，那么该程序即使实施了，也不具有法律效力。如民事或行政诉讼案件的当事人，必须先向人民法院递交起诉状，法院才能受理并裁断相关的案件。另外，法律文书既要作为人民法院审理案件的重要材料，也要作为历史材料保存下来，以便复查、审核。

（三）法律正确实施的重要保障

法律文书的正确运用，是国家实施法律的一个重要方式。审理诉讼案件和处理非讼法律事务，当事人依照法律规定所提交的法律文书，是人民法院等国家机关查明事实、分清责任，进而作出正确裁断、处理的重要环节，是保证法律程序公正、提高办案质量的重要手段。在这个意义上，法律文书具有保证国家法律正确实施的作用。

四、法律文书的分类

法律文书有广义与狭义之分。从广义上说，它是指由国家机关、社会团体、企事业单位或公民个人制作的记载法律行为或事实、具有法律意义或法律效力的一切书面文字材料。广义的法律文书主要分成两类：一类是规范性法律文书，对社会成员具有普遍的约束力，包括国家权力机关依照立法程序制定的法律、法规，国家行政机关依据法定职能颁布的规章、制度等；一类是非规范性法律文书，只对案件当事人具有约束力，是指人民法院、人民检察院、公安机关或其他机关为了处理刑事、民事、行政案件或执行其他法律行为，机关、团体、企事业单位或公民个人为进行诉讼或进行其他有法律意义的活动，根据法律规定而制作的具有法律意义或法律效力的各种文书。

从狭义上说，法律文书指的是上述的广义法律文书的第二类。狭义的法律文书，主要包括司法文书和诉讼文书两大类。司法文书，是人民法院、人民检察院、公安机关等司法机关、行政机关为处理刑事、民事、行政或经济案件而依法制作的具有法律效力或法律意义的文书。诉讼文书则是诉讼活动中的诉讼当事人及其法定代理人，为维护合法权益，依照法定的程序向人民法院提出诉讼请求、答辩或上诉时所制作、使用的具有法律意义或法律效力的应用性书状，包括起诉状、上诉状、申诉状、答辩词等。它是民事、刑事、行政诉讼等法律程序中不可缺少的材料。本书主要介绍诉讼性法律应用文书。

自主学习

1. 法律文书的含义是什么？
2. 法律文书的主要特点是什么？
3. 法律文书的主要作用是什么？
4. 狭义的法律文书是指什么？
5. 诉讼文书主要有哪些类型？

第二节　起诉状

一、民事起诉状

（一）民事起诉状概述

民事起诉状是指民事原告在自己或受自己保护的民事权益受到侵害或与他人发生争议时，为维护自身的合法权益，依照事实和法律规定，向人民法院提交的书状。

民事起诉状有两种基本作用：第一，引起民事诉讼、裁判程序。民事起诉状是人民法院受理案件、提起诉讼程序的前提，没有起诉状就不会有民事案件、民事裁判的发生。第二，民事原告维护自己合法权益的重要途径。民事起诉状的提交，是因为民事原告认为自己的合法权益受到了损害或与他人发生了争执，要求通过起诉状的方式向人民法院提出诉讼请求，要求人民法院通过审判查明真相、分清责任、合理裁判，从而达到维护自己合法权益的目的。

根据我国《民事诉讼法》的规定，民事起诉状的提起有以下基本特点：

（1）民事起诉状有特定的使用范围。民事起诉纠纷的焦点是民事权益或其他民事纠纷，这主要涉及三类案件：一是财产权益纠纷，如所有权、损害赔偿、合同纠纷等；二是婚姻家庭纠纷，如离婚、收养、继承纠纷等；三是知识产权纠纷，如专利权、商标权纠纷等。

（2）民事起诉状中的原告必须是与本案有直接利害关系的自然人、法人和其他社会组织，同时，民事起诉状中必须有明确的被告。

（3）民事起诉状应有具体的诉讼请求和事实理由，且诉讼请求应属于人民法院判决的基本范围，超出诉讼范围的内容，人民法院不会加以判决。

（4）民事诉讼应在受诉法院管辖范围内，若超出范围，法院则不予立案。

（二）民事起诉状写作要领

民事起诉状由首部、正文、尾部三部分组成。

1. 首部

首部包括标题和当事人的基本情况。

标题写明"民事起诉状"，如果是关于经济合同纠纷的案件，一般写成"经济起诉状"。

当事人即原告与被告的基本情况，依照原告人、被告人的顺序来列写，如果有第三人，则在被告项下另起一段写明。

提出诉讼的原告类别不同，身份事项的写法也有所不同。原告系自然人的，应写明原告人的姓名、性别、年龄、民族、籍贯、职业、工作单位和住址。如果原告是法人或其他组织，则依次写明原告的单位全称、地址，再写明法定代表人的姓名、职务、电话。原告是企业的，还应同时写明企业性质、工商登记核准号、经营方位和方式、开户银行和账号等。被告人及第三人所写项与原告人相同。被告人若是法人，则只需写明单位名称、所在地址和电话号码。

如果原告、被告有代理人，那么在列出原、被告人后，应紧接着另起一行列出代理人的称谓（是法定代理人还是委托代理人）。在称谓后，还要列出代理人的姓名、性别、年龄、民族、籍贯、职业、单位或住址、与被代理人的关系等。若代理人是受委托的律师，那么只需列出其姓名、单位和职务。如果有数个原告和被告，则应以他们在案件中的地位和作用，依次排列，并逐个说明基本情况。

2. 正文

正文包括请求事项、事实与理由。

诉讼请求是原告请求人民法院解决有关争议的具体内容，也是原告希望通过诉讼所要达到的目的。主要应写明原告人就有关民事权益的争议提出的请求和主张，要求人民法院依法判决。如要求债务清偿、损害赔偿，要求与被告离婚、继承遗产等。请求内容应具体明确、简明扼要，不能含糊其辞、复杂冗长，还要有法律依据。

事实与理由是民事起诉状的核心部分，也是人民法院裁决当事人之间民事权益纠纷和争议的重要依据。事实部分，主要应写明被告侵犯原告民事权益的事实，或当事人双方争议的事实。主要包括：当事人之间的法律关系；当事人之间纠纷的由来，发生、发展的全过程；双方争执的焦点和双方对民事权益争执的具体内容；被告人侵权行为所造成的后果和应承担的法律责任等。叙述事实应力求做到紧紧围绕诉讼请求，符合实际情况，叙述逻辑清楚、重点突出。叙述事实经过时或当交代清楚事实后，还应写明能证明所控告事实的证据，包括证人、证言、书证、物证及所交验的具体证物等，同时还要提供证人的姓名、职业和住址。

理由部分一般包括两个层次的内容：一是根据事实和证据，写明认定被告人侵权行为的性质、所造成的后果、应承担的法律责任，并阐明理由；二是提出请求的法律依据，即恰当地援引法律法规，用以证明诉讼请求的合法性，如"综上所述，根据××法第×条第×款规定，被告应负××责任，请求对被告人依法惩处"。

3. 尾部

尾部应写明：诉状所呈送的人民法院的名称，分两行写"此致"（空两格）和"××人民法院"（顶格）；起诉人签名或盖章，并注明具体年月日，若起诉人是法人或其他组织，则应写明法人或其他组织的全称，同时法定代表人签字并注明其职务；附件除了要写明起诉状副本份数外，对于提供证据的，还要写明证据的名称和数量；如请人代书，应在起诉时间下写明代书人姓名、工作单位和职务。

（三）民事起诉状写作要求

1. 客观全面，真实可靠

民事起诉状所述事实是否属实、理由是否充足，是起诉能否最终胜诉的关键，因此，叙写起诉状应力求客观、全面、真实。尤其是当原告自己一方也有一定责任或过错时，也应和盘托出，不可为求胜诉而歪曲事实。

2. 行文简练，重点突出

民事起诉状是人民法院审理案件、判明是非责任的重要依据，因此在诉状中应围绕争执焦点，把主要事实和理由讲清楚，做到脉络清楚、层次分明，不能纠缠于细枝末节，不能笼统模糊、轻重不分。

3. 格式规范，用语文明

民事起诉状应严格按照我国民事诉讼的格式，有条不紊、要件齐全地叙写、制作，不能师心自造、别创一格；同时，诉状要用庄重、平实的语言来讲理、讲法、讲事实和证据，不要在行文中使用贬低、侮辱对方人格的用语。

二、刑事自诉状

（一）刑事自诉状概述

刑事自诉状，又称刑事自诉书或刑事起诉书，是指当公民的人身权利、财产权利受到侵犯时，由本人或其法定代理人、近亲属根据法律和司法解释的规定，直接向人民法院提出起诉，要求追究加害人刑事责任，或同时承担民事赔偿责任而制作的书状。

刑事诉讼案件有两种类型：一是公诉案件，二是自诉案件。我国刑事诉讼以公诉为主、自诉为辅，绝大部分案件由人民检察院代表国家向人民法院提起公诉，只有部分刑事案件由被害人及其法定代理人直接向人民法院提起自诉，并由人民法院直接受理，这类案件包括：告诉才处理的案件，如侮辱、诽谤案，暴力干涉婚姻自由案，虐待案，侵占案等；人民法院为提起公诉而被害人有证据证明的轻微刑事案件，如故意伤害案、非法侵入住宅案、侵犯通信自由案、重婚案、遗弃案、侵犯知识产权案等；被害人有证据证明，对被告人侵犯自己人身、财产权利的行为应当依法追究刑事责任，而公安机关或人民检察院已经作出不予追究书面决定的案件。

刑事自诉状的作用体现在，自诉人可以通过刑事自诉状直接向人民法院提出控告，要求追究被告人刑事责任或同时承担民事赔偿责任。这就可以使公民在人身权利、财产权利遭受不法侵犯，而依法不适用刑事公诉程序时，有效地维护自己的合法权益。

刑事自诉状有以下几个主要特点：

（1）刑事自诉状只适用于法律规定的刑事自诉案件。

（2）刑事自诉状中的自诉人必须是刑事案件的受害者或其法定代理人。

（3）如果被害人由于被告人的行为而遭受物质损失，可以在诉状中附带提起民事诉讼，称为"刑事附带民事自诉状"。

（二）刑事自诉状写作要领

根据我国最高人民法院颁发的《法院刑事诉讼文书样式》的规定，刑事自诉状由首部、正文及尾部组成。

1. 首部

首部由标题和当事人身份情况两项内容构成。

标题应写成"刑事自诉状"或"刑事附带民事自诉状"。

当事人即原告人和被告人的基本情况，与民事起诉状的写法相同，可参看。

2．正文

正文应写明案由和诉讼请求、事实和理由，这是刑事自诉状的主体部分。

案由和诉讼请求，主要写明自诉人控告被告人犯了何罪，请求人民法院依法追究被告人的刑事责任，但不必写具体的刑罚。写罪名时要求准确，并符合法定称谓。如"被告人的行为已构成重婚罪，请求依法判决"。如果同时提起附带民事诉讼，要求被告人给予赔偿的，应具体写明赔偿的内容和数额，如"要求被告人赔偿引起犯罪行为给被害人造成的经济损失××元"。如果被告人是两人以上，而自诉人请求追究不同刑事责任的，诉讼请求则应根据不同情况逐人逐项写明。

事实和理由部分，是法院受理案件和依法处理的重要依据，是刑事自诉状的核心部分，因此需要重点阐述。事实部分，应写明被告人犯罪的时间、地点、动机、目的、手段、情节和危害后果。事实写清楚后或叙述事实经过时，还应写明能证明所控告事实的证据，包括证人、证言、书证、物证以及所交验的具体证物等，还需要提供证人的姓名、职业、住址。需要注意的是，事实叙述的时间要准确，有时甚至要精确到时、分；地点要尽可能确切；动机要写明犯罪行为的起因；目的要说明被告人希望通过犯罪行为要达到的目的；写侵害手段时要客观、准确地反映出被告人犯罪行为的具体方式、方法；情节主要写清被告人实施犯罪的整个经过；结果主要写清犯罪行为所造成的危害后果。若被害人遭受物质、经济损失的，还应写明实际损失的财物名称、数额、经济损失总额等。

理由部分，主要写根据事实和法律对被告人的侵权行为的分析认定，即写明被告人的侵权行为给原告人带来了什么损害，已构成什么性质的犯罪，触犯了什么法律条令，请求法院依法追究刑事责任或赔偿损失的事实依据和法律依据。如果被告人的犯罪行为有从重或从轻量刑情节的，也应当提出并作出分析。在陈述的最后部分，通常以这样的方式结束："综上所诉，被告人×××的行为已经触犯了《中华人民共和国刑法》第×条第×款的规定，构成××罪，且后果严重，特向你院起诉，请求依法判处。"如果是附带民事诉讼的，应加上"并赔偿自诉人经济损失××元"。

3．尾部

刑事自诉状的尾部与民事起诉状相同，可参看。

（三）刑事自诉状写作要求

刑事自诉状的写作要求与民事起诉状相同，即应做到客观全面，真实可靠；行文简练，重点突出；格式规范，用语文明。此外，制作刑事自诉状，还要做到举证有力，说理中肯，援引法律恰当无误；诉讼请求也要求切实可行，不能提出过分的要求。

三、行政起诉状

（一）行政起诉状概述

行政起诉状是指公民、法人或其他组织认为行政机关和行政机关工作人员的具体行政行为侵犯其合法权益，依照《行政诉讼法》的规定向人民法院提起诉讼，要求依法判决所制作的书状。行政起诉俗称"民告官"。

根据我国《行政诉讼法》，公民、法人或其他组织可以提起行政诉讼的范围是有规定的，具体包括：对拘留、罚款、吊销执照和许可证、责令停产停业、没收财务等行政处罚不服的；对限制人身自由或者对财产的查封、扣押、冻结等行政强制措施不服的；认为行政机关侵犯法律规定的经营自主权的；认为符合法定条件申请行政机关颁发许可证和执照，行政机关拒绝办理或者不予答复的；申请行政机关履行保护人身权、财产权的法定职责，行政机关拒绝履行或者不予答复的；认为行政机关没有依法发给抚恤金的；认为行政机关违法要求履行义务的；认为行政机关侵犯其他人身权、财产权的；法律、法规规定可以提起行政诉讼的其他行政案件等。

行政诉讼文书的作用是两方面的，它既可以保护公民、法人和其他组织的合法权益，在行政管理过程中不被违法行政行为所侵犯，又可以维护行政机关依法行使行政职权，为合法的行政行为提供法律保护。

行政诉讼及行政起诉状的特点有以下几个方面：

（1）行政起诉状的原告必须是行政管理关系中的行政相对人，即依法接受行政机关行政管理，并承担相应行政义务的公民、法人或其他组织。

（2）行政起诉状是一种民用性质的文书，原告无论是公民、法人还是其他组织，都具有民间性，是代表民间来起诉代表国家或官方的行政机关。

（3）代表民间的原告和代表官方的行政机关，在行政诉讼中的法律地位平等。

（4）在行政诉讼中，原告对被告具体行政行为的违法性不负举证责任，但被告则负有举证责任，即行政机关在行政诉讼中首先要拿出证明自己被原告起诉的具体行政行为是合法的。

（5）有权提起行政诉讼的公民死亡，其近亲可以提起诉讼；有权提起行政诉讼的法人或其他组织终止，承受他们权利的单位可以提起诉讼。

（二）行政起诉状写作要领

行政起诉状包括首部、正文、尾部三个部分。

1. 首部

首部应首先写明标题"行政起诉状"，其次应写明原告与被告的基本情况，这与民事、刑事起诉状的写法相同，可以参看。需要强调的是，在行政诉讼中，正确地确定被告十分重要，它直接关系到案件是否能被受理。我国《行政诉讼法》对被告资格有如下的规定：原告直接向人民法院提起诉讼的，做出具体行政功能行为的行政机关而非具体执行公务的行政人员为被告；经上级行政机关批准的具体行政行为，在对外发生法律效力的文书上署名的机关为被告；两个以上行政机关共同做出同一具体行政行为的，各行政机关为共同被告；经复议但复议机关维持原具体行政行为的，做出原具体行政行为的行政机关为被告；经复议且复议机关改变原具体行政行为的，复议机关是被告；法律、法规授权的组织做出具体行政行为的，该组织是被告；未取得合法授权的行政机关的内部机构或行政机关组建的机构做出具体行政行为的，以该行政机关为被告；有行政机关委托的组织所做的具体行政行为，委托的行政机关是被告；行政机关被撤销的，继续行使其职权的行政机关是被告；应当履行保护公民、法人或其他组织人身权、财产权的法定职责而拒绝履行的行政机关是被告。另外，原告起诉时，一般应列写被告法定代表人的姓名和职务，但不知晓其姓名的，起诉状中可以不写法定代表人项。

2. 正文

正文部分包括诉讼请求、事实和理由两项内容。

诉讼请求应根据起诉的事实和理由明确、具体地写出。如认为行政处理决定违法或不当，应请求人民法院撤销或变更该行政处理决定；认为被告不作为即不履行或拖延履行法定职责的，可以提出判令被告在一定期限内履行其法定职责的请求；如因行政处理机关的处理决定给公民或组织造成财产上的损失，应请求人民法院判令被告赔偿经济损失等。

事实与理由是行政起诉状的关键部分。在叙述事实时，要全面简要地反映案件的客观事实情况，着重写明案件事实的六个要素，即时间、地点、人物、事件、原因、结果。写作时可以分三个层次：第一层说明原告一方引起行政机关具体行政行为的事项；第二层讲清哪一个行政机关做出具体行政行为的经过、内容及其法律依据；第三层说明原告对具体行政行为是否申请复议，复议机关是否改变原具体行政行为以及改变的内容。行政诉讼案件的事实叙述，一般按时间顺序来书写，目的是要使事实清楚，层次分明，重点突出。

理由部分，首先提出对具体行政行为的不服之处，然后引用法律、法规和有关条款，结合事实进行论证，论述的内容包括举证、论证理由和引用法律、法规与规章的有关条款。最后，得出行政机关具体行政行为不当、违法或应当履行而不履行的结论，从而支持变更、撤销或履行的诉讼请求。根据《行政诉讼法》的规定，可以作为变更理由的是行政处罚行为显失公正，即行政处罚虽然形式上不违法，但处罚结果明显不公正，损害了公民、法人或其他组织的合法权益。可以作为撤销的理由有行政机关做出的具体行政行为所依据的主要证据不足；行政机关做出具体行政行为时错误地适用了法律、法规；行政机关在实施具体行政行为时违反了法律规定的实施该行为应当遵循的步骤、顺序、方式和时限等要求。可以作为要求履行的理由是被告负有法定职责而没有履行，并且无正当理由。

3. 尾部

行政起诉状的尾部内容与民事起诉状略有不同，即行政起诉状一般还应当附具被告做出的具体行政行为的文书。如果本案术语经复议而原告不服复议决定起诉的，还应附上行政复议机关的行政复议决定书。其他可参看民事起诉状。

（三）行政起诉状写作要求

行政起诉状的写作要求与民事起诉状相同，可参看。

四、例文评析

行政起诉状

原告：×××，男，××岁，×族，××出版社编辑，住北京市××区××街××号。

邮政编码：××××××，联系电话：×××××××

被告：北京市出租汽车管理局，住所地：北京市××区×××路××号。

邮政编码：××××××，联系电话：×××××××

诉讼请求：

一、判令被告向原告公开赔礼道歉。

二、判令被告依法对北京市××实业股份有限公司拒载伤害原告的恶劣行为作出处罚。

事实与理由：

原告于20××年5月21日早7：30分在××小区北口叫了一辆××出租汽车公司所属白色"面的"（车号：京B××××），并对司机讲到小区内带点东西和接一个人。车到住处楼下，我下车准备上楼时，司机说下车需留下押金，我于是掏出50元钱放在驾驶室右座前的仪表台上。我和我爱人各搬几包东西放在车上，司机讲带东西要加10元钱。由于无此项规定收费标准，故予以拒绝。司机讲："你不给加钱就甭坐。"我说："不坐就不坐。"司机又说："不坐也要给10块钱。"这时我爱人正准备往车下搬书，司机却一把将放在右仪表盘台上的50元钱装在兜里，并启动车，而我此时手执车门扶手正站在开启着的车右前门侧的地上和司机讲理，由于担心车上的钱物被带跑，无证据，于是就将其右仪表盘台上的服务卡取下，这时车速已很快，将我拖着跑了约 60 米，然后一个左急转弯，将我及车上的书重重地甩在地渣路上，我的衣服被搓破，浑身是血，经送医院检查，全身脸、手、胸、腿多处挫、裂伤，其中右手的食、拇指间有一宽 3 厘米、深 2~3 厘米的口子，造成外伤，缝合 8 针。目前原告右手遗有运动障碍，左面部留有伤疤。

事发之后，被告对其辖下的北京市××实业股份有限公司的恶劣行为非但不进行处罚，反而对原告十几次找被告寻求解决问题采取推诿、拒不接待，甚至说原告妨碍了他们的工作。被告的行为引起了新闻界的极大关注：《法制日报》于 20××年 10 月 6 日予以报道，10 月 7 日刊出评论，北京电视台在 11 月 13 日的北京新闻中予以报道，并且披露了被告拒绝被采访的事实；《北京青年报》在 11 月 19 日的新闻周刊中亦予以报道，《南方周末》在 12 月 5 日也给予披露。

然而，时至事发后近一年的今日，被告对××仍未做出任何处罚，对原告也未做出任何口头或书面有关此事的答复。

根据《北京市出租汽车管理条例》的有关内容，被告没有履行其所应负有的责任，给原告及社会造成了极坏的后果，依据《行政诉讼法》、《民法通则》、《消费者权益保护法》的有关规定，向人民法院提起诉讼，请求人民法院公断。

此致
北京市××区人民法院

起诉人：×××
二○××年×月×日

附：1. 本诉状副本一份；
    2. 书证×份。

——选自付晓静、王希文主编的《新编现代应用文写作大全》，略有改动

【例文剖析】

这篇行政起诉状有两个比较明显的特色：一是语言朴实、真诚，叙事全面而简练。该起诉状正文主体部分的语言相对比较口语化，基本上是按照起诉人的口头表述来进行写作的，这就增强了起诉的真实性和可信度。同时，这种比较口语化的叙述虽然很全面，但是并不啰嗦，在内容全面和叙述简洁方面取得了一个比较好的平衡。此外，作为叙事简练特色的一个组成部分，起诉状中运用了不少具体的数字，如时间、

数量等，这也有力地增强了起诉事实叙述的可信性。

二是运用间接论证法，巧妙支持自己的上诉事实和理由。在正文部分，起诉状还特别叙述了大众传播媒体对其所历案件的关注，例证丰富而确凿，其并没有正面强调自己所处的受损害境地，但是通过起诉人的间接表述，我们已经明显感觉到了他的切实处境，并对其起诉对象行为的恶劣性有了更为强烈的反面印象。思路新颖，效果良好。

自主学习

1. 民事起诉状的主要作用是什么？
2. 刑事自诉状的主要特点是什么？
3. 公民、法人或其他组织可以提起行政诉讼的范围是什么？
4. 行政诉讼及行政起诉状的主要特点是什么？

第三节 上诉状

一、上诉状概述

上诉状是指案件的当事人或其法定代理人，不服人民法院的第一审判决或裁定，依照法定的诉讼程序，在法定的期限内，向上一级人民法院提出上诉，请求撤销、变更原审裁判或重新审理的书面请求。

根据我国《民事诉讼法》的规定，我国审判制度实行两审终审制，第一审案件中的当事人，包括原告、被告和第三人，若不服审判的均可提起民事上诉。在刑事案件中，有权提起上诉的主体主要是刑事案件的当事人或其法定代理人；被告的辩护人和近亲属经被告同意，也可以提起上诉；刑事附带民事诉讼的当事人及其法定代理人，只能就附带民事部分提起上诉。《行政诉讼法》规定的当事人的上诉权是一项绝对权，当事人在法定期限内提起上诉的，原审法院的上一级人民法院必须受理，没有自由裁量的余地。

民事、刑事和行政上诉的法定期限有明确的规定：民事、行政案件在一审判决书送达之日起十五日内，刑事一审判决书和裁定书分别为送达之日起十日内和五日内，可向上一级人民法院提起上诉。如果超过法定上诉期限，一审裁决即产生法律效力，不能再行上诉。

上诉是诉讼上的一项法律制度，上诉的提出是第二审人民法院受理案件并进行审理的缘由和依据，这有利于第二审人民法院对案件进行全面审查、审理，有利于上级法院对下级法院的审判工作进行指导和监督，有利于提高办案质量，也能有效地保护当事人的合法权益。

上诉状有三个比较突出的特点：

（一）时效性

我国诉讼法明确规定了上诉的有效时限，因此撰写上诉状有严格的时间限制，上诉人必须在规定时间内提交上诉状才有效，否则上诉行为将被视为无效。

（二）针对性

上诉状是案件当事人针对一审人民法院的判决或裁定在认定事实、运用法律条款或诉讼程序上存在的问题而提出的，目的在于请求上一级人民法院撤销、变更原审裁判，进行重新审理，因此它具有很强的针对性。

（三）述理性

上诉状的提出，主要是要全部或部分否定原审的判决或裁定，要针对一审判决、裁定中的错误，来具体地摆事实、讲道理，进行批驳，以期得到合理的重新裁判，因此是有很强的辩论性和述理性。

上诉状分为三个类别，即民事上诉状、刑事上诉状和行政上诉状。

二、上诉状写作要领

上诉状由首部、正文、尾部三部分组成。

（一）首部

首部首先应根据案件性质的不同，分别写明"民事上诉状"、"刑事上诉状"、"刑事附带民事上诉状"、"行政上诉状"等。

其次应依次写明当事人包括上诉人和被上诉人的基本情况。叙写时，按上诉人在先、被上诉人在后的顺序，列出当事人的基本情况。其写法与起诉状基本相同，只是要将"原告"、"被告"相应地改为"上诉人"、"被上诉人"，并在各自后面，用括号注明在一审中的诉讼地位，即是原审原告，还是原审被告或第三人。公诉的刑事案件无被上诉人，则只要写出上诉人的基本情况。如果上诉人有法定代理人，还要写明法定代理人的基本情况及其与上诉人的关系。

（二）正文

正文包括案由、上诉请求、事实和理由。

案由要写明上诉人不服原审判决或裁定的事由，具体包括罪名、原审人民法院的名称、处理时间、裁判文书名称、文书编号和上诉表示等内容。一般表述为："上诉人因×××一案，不服××人民法院×××年×月×日×字第×号一审判决（或裁定），现提起上诉"，或"上诉人对××人民法院对×××（被告人姓名）××（罪名）一案所作的（年度）×字第×号一审判决（或裁定）不服，特向你院提起上诉，请求依法调卷审理"。

上诉请求是上诉状的纲要，要求明确具体、全面完备。它主要应写明上诉人针对第一审人民法院裁判的不当之处，向第二审人民法院表明自己的上诉目的和要求，提出自己的诉讼主张，要求上一级人民法院对原审裁判作撤销、部分撤销或变更处理，或要求重新审理案件等。

上诉理由是上诉状的核心部分，上诉理由是否充分有力，直接关系到上诉请求能否成立。它不再是针对对方当事人的无理之处进行说理论证，而必须依据事实和法律，针对原审裁判的错误所在，进行辩驳，以阐明纠正或否定原审裁判的事实与法律依据。这包括以下几方面的内容：

（1）对原审裁判认定事实错误的论证。如果一审裁判在事实的认定上有错误，包括某种行为事实根本不存在，或有重大出入，或缺乏证据等，那就要用切实、充分的证据说明事实真相，全部或部分地否定一审裁决认定的事实。

（2）对原审裁判定性不当、量刑失当及适用法律错误的论证。上诉人应根据客观事实，指出一审裁判定性不当的根据、正确的定性是什么，并分析正确定性的法律依据。应明确指出一审裁判量刑过重或过轻，并合法、合理、合情阐述理由，请求二审法院重新量刑。应针对一审裁判运用法律的错误，运用正确的法律依据进行辩驳。

（3）对原审裁判程序上错误的论证。可作为上诉理由的程序违法情形，包括：书记员充当审判员在法庭上审理案件；审理过程中剥夺被告人的自行辩护权；未成年人犯罪案件或隐私案件，一审公开审理；被告人为聋哑人或未成年人而没有辩护人，一审人民法院没有为其指定辩护人；审判人员、书记员、鉴定人、翻译员应当回避而没有回避等。如果一审法院在审理案件和最后裁判中，存在违反诉讼程序的错误，那就应根据有关法律规定指出其错误，并提出自己的诉讼请求。

（三）尾部

尾部应首先写明呈送或呈转法院的名称，可写为"此致（首行）××人民法院（第二行）"或"此致××人民法院转报××中级（或高级）人民法院"。

其次要求上诉人签名或盖章，并注明具体年月日。上诉人如果是法人或其他组织，要写明法人或其他组织的全称，同时法定代表人签字并注明其职务。

最后是附项，分别写明上诉状副本×份、书证×件、物证×件。如有证人，还要写清证人的姓名、地址等。

三、上诉状写作要求

（一）实事求是，以理服人

辩驳时要运用确凿的事实和充分的理由驳倒对方。辩驳要有理有据，切不可强词夺理，无理狡辩。同时，在辩驳过程中，还应充分而有针对性地援引法律条文来阐明自己的观点和主张，真正做到以事实、事理和法理服人。

（二）抓住关键，有的放矢

上诉的目的是反驳一审裁判的不当之处，最终改变一审裁判，因此阐述上诉理由时要抓住关键问题，有的放矢地进行剖析、辩驳，不要在枝节问题或个别词语上纠缠不休。

（三）语言简练，表达流畅

上诉状的语言应简洁凝练，繁简得当，层次清楚，表达流畅，这样才能有力而得体地传达上诉人的上诉意见和目的。

四、例文评析

上诉状

上诉人（原审被告）：××省轻工业厅，地址：××市新城广场省政府办公楼。

法定代表人：×××，厅长。

委托代理人：李×，男，48岁，××××学院教师。

被上诉人（原审原告、被反诉人）：刘××，男，59岁，汉族，陕西××县人，××市××局干部，住××市××南路15号。

上诉人因房屋租赁纠纷一案，不服××市××区人民法院于20××年4月15日〔20××〕×法民字第043号民事判决，现提出上诉。

上诉请求：

原审法院认定事实严重失实，审理中剥夺上诉人依法享有的反诉权利，所作判决没有法律、政策依据。请求撤销原判，依法作出公正裁决。

上诉理由：

一、原审判决歪曲事实，混淆了房屋租赁与征地拆迁安置这两种性质不同的法律关系。

《中华人民共和国民事诉讼法》第七条规定："人民法院审理民事案件，必须以事实为根据，以法律为准绳。"事实不清或被歪曲，必然导致判断谬误，是非不明。

本案的基本事实是：被上诉人刘××"文革"期间租用省政府（原××省革委会）所辖×省×轻工业厅家属院内平房一间，面积14平方米。由此，双方确立了房屋租赁关系。1990年7月，上诉人在自己单位家属院内拆房建楼，被上诉人所租的一间也在被拆除之列。根据租赁凭证，上诉人为拆除平房而收回其所租房屋是完全合法有据的，本可及时终止租约，但鉴于刘××当时家属尚在××农场，市内没有其他住房，于是上诉人基建办在刘所填写的"住房情况调查表"上签注意见，同意在新楼建成后给其安排住房，面积不小于原住面积。1992年底到1993年初，上诉人分配新房时，本系统住房矛盾突出，与刘××条件相当的职工也未能安排上，上诉人即于11月份在家属院另栋楼房调剂出一间，供其安置家属。1997年4月，刘××在自己单位分得住房一套，已不具备继续占用上诉人住房的条件，根据省委和省政府有关文件规定，理应将原租用房屋退还上诉人。但被上诉人作为党员干部，不按住房规定办理，在未经上诉人同意的情况下擅自将房子转让其在本市工作的儿子、儿媳居住，且以这间住房比原租平房小两平方米、没有厨房、连保姆也住不成等为理由，坚持要上诉人给他安置一套住房。由于上诉人未能满足这种无理要求，被上诉人即声称上诉人拆了他的住房，侵犯了他的合法权益，并向法院提起诉讼。

对于以上事实，原审法院不作认真查证，不分是非曲直，只凭被上诉人的一面之词，就毫无事实根据地将上诉人依据租赁关系收回住房、拆旧建新，和后来被上诉人另行解决住房的行为，武断地认定为"征地拆迁"。试问：上诉人作为国家机关单位，在自己依法占有、使用的家属院内拆旧建新，怎么能是"征地拆迁"？如果尊重事实，就应当承认，上诉人与被上诉人之间根本不存在征地拆迁所引起的拆迁安置法律关系。两种法律关系性质不同，调整的依据和原则自然不同，两者不容混淆。

二、国家机关单位的公房是国家财产，其合法的所有权应受国家法律保护。

上诉人根据省直机关财产所有权人省人民政府的授权，对××省×轻工业厅的房屋、财产依法"享有占用、使用、收益和处分的权利"。具体地说，上诉人有权将房屋租赁给当时无房居住的刘××，在因公需要拆除或者承租人已经分到公房的情况下，也有权收回所租房屋，这是法律赋予的正当权利。

上诉人与被上诉人原订租约为不定期租约，后来出于其无房的现实状况给予安排一间住房，属于契约变更，变更后的契约仍为不定期租约。我国《民法通则》规定，对于履行期限不明确的契约，"债权人可以随时要求债务人履行义务"。据此，对于不定期的房屋租约，租赁方也可以随时要求承租人返还租赁物。上诉人依法行使财产处分权利，根本不存在侵犯他人合法权益的问题，如果租出的财产租赁方从此就无权收回，就是说，刘××租用上诉人房屋，自己有了住房以后可以随意转让给儿子，将来再传给孙子，上诉人也无权过问，这岂不是把财产租赁关系变成财产转移关系了吗？如果不是故意曲解法律关系，那么，原审法院判决为刘××继续安置一套住房的根据是什么？

三、上诉人要求解除房屋租约符合有关政策规定。

中共××省委办公厅、××省人民政府办公厅1992年5月19日联合下发的×办发〔1992〕52号文件，对国家机关干部职工的住房标准和分配原则分别作了明确规定。其中关于住房分配的有关条文是："原则上一户只能有一处住房。分配新房的住户，原住房必须退交房产主管部门统一调整，不得私自转让。""已工作的子女如不同住时，子女的住房由子女所在单位解决。父母不得以解决已工作子女住房为理由，要求或擅自扩大自己的住房面积……"2000年1月19日，中共××省委办公厅又下发×办发〔2000〕6号文件，除重申了上述分配原则以外，对住房标准的规定更为具体："处级干部和享受处级待遇的干部，每户住房使用面积为40至60平方米"，"凡达到住房标准低限的住户，不予补差"。这些政策规定，对包括被上诉人刘××在内的机关干部职工，特别是党员干部，应该说都是适用的。

被上诉人1997年已经在本市××南路15号分到一套住房，凭什么要在本市××路上诉人的家属院内再占住房？刘××的儿子在本市有工作单位，文件规定"机关工作人员已工作的子女与父母分居时，其住房由子女工作单位解决"，刘××凭什么要求上诉人单位给其解决住房？被上诉人不及时退还上诉人房屋已经违反了政策规定，反而还要抓住依法应予解除的租约，寻找种种借口，企图多占一套住房，这是公然违反政纪、党纪和违反政策、法规的行为，原审法院对这种行为不予制裁，反而极力予以支持和保护，不知是何原因？

四、原审法院不许上诉人（被告）反诉违反了民事诉讼法的规定。

被上诉人提起诉讼后，上诉人依据《民事诉讼法》第四十六条的规定提出反诉，原审法院无视程序法关于当事人平等行使诉讼权利和被告有权反诉的规定，仅将上诉人作为被告，不让反诉，从审理到作出判决，对反诉一事只字不提。不仅如此，原审法院根本不听上诉人的申诉，也不进行查证，被上诉人说什么就肯定什么，凭空妄断，判决让上诉人"按双方所签订的拆迁安置协议给原告妥善安置一套住房"。事实是，"协议"即住房情况调查表虽有，"一套"的说法却无。试问这"一套住房"的提法是哪里来的？所谓"一套"又是多大面积？上诉人实在不得而知。人民法院处理案件，如果连现成的证据材料都没有看清或者不去看就下结论，那么它所作的判决不是不顾事实、不分是非的先入之见又是什么？

五、原审判决没有法律、政策依据

人民法院的民事判决，是依据事实和法律就当事人争议的实体问题所作的处理决定，依法生效后具有法律约束力。但从原判决中找不到据以判决的法律、政策依据。连"准绳"都可以不要，连政策都可以不顾，仅凭"其行为显系不妥"一语来处理纠纷，用主观随意性来代替法律根据，显然难以服人，难以保证法律的正确实施。再者，"显系不妥"具体指的是什么？当事人即有违法，从这里无从得知自己的作为究竟违反了何法何律或哪项有关政策，当然也搞不清楚到底应当怎样作为才符合法律和政策要求。这样的判决文书，用《民事诉讼法》第一百三十八条第一款第一、第二项来衡量，其本身就是违反法律规定的。

综上所述，上诉人认为，原审法院的判决于事实不符，于法律、政策无据，于理不公。为了维护法律的尊严，切实依法保护当事人的合法权益，特此提出上诉，同时郑重重申上诉人在一审程序中提出的反诉请求，要求被上诉人在一月内退还所占房屋。请二审法院依法撤销原审法院的错误判决，作出合乎事实和法律的正确裁判。

此致

××市中级人民法院

上诉人：××省×轻工业厅

二〇〇×年四月二十三日

代书人：××学院教师 李×

附：1. 本状副本一份；
 2. 原审答辩与反诉状一份。

——选自洪威雷、毛正天主编的《应用文写作学新编》，略有改动

【例文剖析】

上诉状的撰写，最终要达到推翻原判以维护上诉人合法权益的目的，因此，为了达到上诉目的，上诉状就必须紧扣原判在事实认定、罪行定性和量刑及适用法律等方面的错误，进行针锋相对的分析、辩驳。

这篇上诉状分五点，分别对歪曲事实、裁定无据、违反法律法规、裁判语焉不详等问题，作了细致深入、逻辑谨严的辩驳，其主要特点是纲举目张、有的放矢，其所依据的事实、事理和法律、法规也都真实可信、有据可依，因此取得了很好的上诉效果，是一篇质量上乘的上诉状。

自主学习

1. 上诉状包括哪些类型?
2. 上诉状的主要特点是什么?
3. 上诉状与起诉状的关系是怎样的?
4. 在撰写上诉理由时应当写明哪些方面的主要内容?

第四节　答辩状

一、答辩状概述

答辩状又称答辩书,它是司法诉讼活动中,被告人或被上诉人针对原告、自诉人或上诉人的起诉、自诉或上诉中提出的事实和理由,进行答复和辩驳的书状。它是与起诉状、自诉或上诉状相对应的书状。

答辩是被告人、被上诉人依法享有的一种诉讼权利,是一种应诉行为。据相关法律的规定,人民法院应当在立案或收到上诉状之日起五日内,将起诉状、自诉或上诉状副本发送至被告人或被上诉人,被告人或被上诉人应在收到之日十五日内提出答辩状。被告人或被上诉人如提出答辩状,人民法院则应在收到答辩状之日起五日内将副本发送原告人或自诉、上诉人;被告人或被上诉人不提出答辩状的,不影响人民法院的审理。

答辩状的作用体现在:被告人和被上诉人通过答辩状,可以针对原告人或上诉人提出的起诉或上诉事实、理由、根据及请求事项,进行有的放矢的答辩,提出自己的事实和证据,阐明自己的理由和要求,帮助人民法院全面了解事实真相,有利于人民法院作出公正裁判,也有利于维护当事人特别是被告人的合法权益。

答辩状的特点主要体现在三个方面:

(一) 明确的针对性

答辩状是被告人或被上诉人针对原告、自诉或上诉人的起诉或上诉进行辩驳以达到维护自身合法权益的书状,因此它的针对性非常明显。具体来讲,一审答辩状要针对起诉状中的诉讼请求、事实和理由有的放矢、针锋相对的回应与辩驳;二审答辩状则要针对上诉请求和上诉理由有针对性地进行回答与辩驳,在答辩中阐明自己的观点和要求。

（二）严格的时效性

根据我国有关法律的规定，答辩状的提交有严格的时间规定，被告人、被上诉人要在起诉状、自诉和上诉状副本送达的规定期限内向人民法院提交答辩状，逾期不交将被视为自动放弃答辩的权利，但这并不影响法院对案件的审理。

（三）强力的辩驳性

答辩状是针对起诉状和自诉、上诉状而撰写的辩驳性文书。主要运用驳论的写法，目的在于使对方败诉，让人民法院接受自己的意见和主张，作出合理的裁判。答辩状往往是以对方的诉讼请求不当、事实不确或引用法律不当作为目标对象，用真实准确的事实和确凿的证据作为论据，通过严密的逻辑推理来驳倒对方的诉求请求、事实与理由，以达到最终胜诉的目的。

根据案件性质的不同，答辩状可分为民事答辩状、刑事答辩状和行政答辩状。从诉讼程序上看，答辩状又有第一审答辩状和第二审答辩状之分。一审程序上的答辩状和二审程序上的答辩状，在性质、功能上是相同的。

二、答辩状写作要领

答辩状的写作与起诉状类似，也由首部、正文、尾部三部分组成。

（一）首部
首部包括标题和答辩人基本情况介绍两部分。

标题既可只写"答辩状"三字，也可根据案件的具体性质的不同来确定，分别写明民事答辩状、刑事答辩状、行政答辩状等。涉及经济纠纷的答辩状，可以写成经济纠纷答辩状，也可写成经济答辩状。

答辩人基本情况的写法与原告、上诉人情况的写法一致，若有法定代理人或诉讼代理人，在答辩人的下面另起一行写明其基本情况。被答辩人的情况一般不作介绍，但刑事案件的两审答辩状，一般要同时写明答辩人与被答辩人的基本情况。

（二）正文
正文由案由、答辩理由和答辩意见三项内容组成。

案由应写明对何人、何单位起诉或上诉的何案进行答辩。写作时要遵循简洁、具体、清楚的原则。常用的表述方法有："因×××（原告人、自诉或上诉人的姓名、单位名称）诉我×××一案，现提出答辩如下"，或"因×××（自诉或上诉人姓名或法人、其他组织的名称）不服×××人民法院×××年××月××日×字第×号判决（或裁定），提出上诉一案，现提出答辩如下"，或"你院于×××年××月××日第×号送达的诉状副本通知书及诉状副本我已收到。现遵嘱提出答辩如下"，等等。

阐述答辩理由，一般从以下几方面着手：一是针对对方指控的事实不符或证据不足之处，陈述事实真相，并列举充分的证据，以证明自己行为的合法性，从而否定诉讼请求；二是针对对方在适用法律上的错误，指出对方引用法律失当，并援引有关法律规定进行充分论证，以揭示其诉讼理由与诉讼请求的不合法之处；三是从诉讼程序上反驳，以诉讼程序法为依据，指出原告或自诉、上诉人不具备或已失去诉讼的条件，从而使其诉讼请求不能成立；四是列举充分的事实与证据，证明答辩人对原告的义务已经履行或消失，从而驳斥对方的诉讼请求。

当然，答辩理由通常要分项逐一书写，一般先驳斥对方指控的事实，再驳斥对方指控的理由与请求。反驳事实要注意举证，让事实来说话；反驳理由则要符合逻辑，论述推理要严密。辩驳的同时还要叙明事实真相，并提供充分的证据与法律依据。尤其是行政答辩状，答辩人负举证责任，行政机关在作为被告提出答辩时，一定要提供作出具体行政行为的全部证据和所依据的规范性文件。

还要注意的是，一审答辩状和二审答辩状在写作上各有侧重：前者主要针对起诉状的内容，而后者虽也针对上诉状的内容，但在答辩时，答辩人作为一审的胜诉方，要侧重于维护支持一审的裁判结果，尽可能地提出充分的证据和理由，从而证明原审裁判在认定事实和适用法律上的正确性，反驳上诉人上诉的不合理要求，并请求二审人民法院维持原判。

答辩意见，应在充分阐述答辩理由的基础上，通过综合、归纳，客观而明确地提出自己认为应当怎样处理纠纷的意见和主张，请求人民法院依法进行公正合理的裁判。

（三）尾部

尾部的内容和写法与起诉状相同，但要将"起诉人"和附项中的"起诉状副本"相应地改为"答辩人"和"答辩状副本"。

三、答辩状写作要求

答辩状的写作应注意以下两个问题：

（一）有的放矢，针锋相对

答辩状是对起诉的回应和辩驳，因此必须抓住起诉状中的关键问题，一要述即摆事实，二要辩即讲道理，从而对对方的指控作针锋相对的反驳，最终达到驳倒对方不实指控及不合理诉讼请求的目的。

（二）注重事实，措辞得体

客观事实是答辩状的生命基线，只有事实才具有真正的雄辩力量。但在阐述事实、辨析道理的时候，不要加入过多的个人感情，行文措辞应客观得体，不可用"纯属无稽之谈"、"大放厥词"等语气激烈的词语来刺激、讥讽对方当事人。

四、例文评析

民事答辩状

答辩人：无锡××电动自行车有限公司，地址：无锡市××路××号。

法定代表人：×××，董事长，电话：×××××××××。

被答辩人：×××，地址：南京市××区××路××号。

因被答辩人提起产品质量损害赔偿一案，现依据事实和法律答辩如下：

一、被答辩人主张"该车车筐自行滑落"显然没有依据。

被答辩人所主张的"该车车筐自行滑落"，没有任何证据与之相印证，况且南京市公安局公安交通管理局的交通事故认定书也只是认定"A车行驶时，A从车上摔下"，而没有提到所谓的"车筐自行滑落"，可见被答辩人所谓的"车筐自行滑落"根本不是事实，所以没为交警所采纳。并且根据常识我们可以认定，应是被答辩人发生交通事故在前，车筐碰撞脱落在后。所以被答辩人的这一陈述没有任何依据。

二、被答辩人主张"因该车车筐自行滑落致前车轮受阻致原告发生交通事故"，亦显然没有依据。

《中华人民共和国道路交通安全法》第七十三条规定："公安机关交通管理部门应当根据交通事故现场勘验、检查、调查情况和有关的检验、鉴定结论，及时制作交通事故认定书，作为处理交通事故的证据。交通事故认定书应当载明交通事故的基本事实、形成原因和当事人的责任，并送达当事人。"可见，在交通事故认定书中"应当载明交通事故的基本事实、形成原因"，可是交通事故认定书并没有提到车筐的任何问题，也就是说交通事故的原因根本与车筐无关！并且被答辩人在驾驶过程中，车后座承载两人，被答辩人的不规范驾驶，才是发生交通事故的根本原因。所以被答辩人对于交通事故原因的陈述，亦没有任何根据。

三、被答辩人在起诉状中称我厂生产的电动自行车为"缺陷产品"，要求销售者和生产者承担赔偿责任，对此我方根本不能予以认同。

我厂生产的电动自行车，已通过国家安全质量检验，并且在20××年获得无锡市电动自行车行业品质金奖。我厂生产的每一辆电动自行车，出厂之前都有相应的质量检验，被答辩人称我厂生产的电动自行车为"缺陷产品"不知有何根据？

四、我方保留追究被答辩人损害我厂名誉权的民事责任的权利。

此致

南京市××区人民法院

答辩人：无锡××电动自行车

二〇〇×年×月×日

附：本答辩状副本三份。

——选自葛树强主编的《应用文写作》，略有改动

【例文剖析】

这篇答辩状的篇幅并不是很长，但是有的放矢、重点突出。其首先主要对被答辩人在起诉状中提出的两个主张和一个认定进行了针锋相对的驳斥，得出了答辩人的主张和认定"显然没有依据"的结论，从而有力地回击了被答辩人不客观的起诉理由和无理的起诉要求，达到了答辩的目的；其次，该答辩状还在正文末尾追加了一条"保留追究被答辩人损害我厂名誉权的民事责任的权利"，这就从侧面再次强调了前面所答辩事实的客观可信和被答辩人起诉理由与起诉要求的无理。全状采取陈述事实、引用法律和逻辑推理相结合的陈述思路，取得了较好的答辩效果。

自主学习

1. 答辩状的含义是什么？
2. 答辩状的主要特点是什么？
3. 一审和二审答辩状的区别是什么？
4. 在撰写答辩状时应遵循怎样的写作原则？

第五节 申诉状

一、申诉状概述

申诉状又称申诉书、再审申请书，它是民事、刑事、行政案件的当事人、法定代理人，对人民法院已经发生法律效力的判决、裁定、不起诉决定等不服，按照审判监督程序提出申诉，请求人民法院或人民检察院重新处理的诉讼文书。

由于我国实行两审终审制，即任何二审法院的裁判都将发生法律强制力。但当事人并不一定最终信服二审法院的裁判，法院的判决也不一定因为经过两次审理就完全公正。因此，法律允许当事人按照审判监督程序递交申诉书，使当事人有可能得到重新审理案件、获得公正审理结果的机会，其法律维权作用是显而易见的；同时，它对于司法机关的公正执法，维护法律的严肃性，也具有重要的作用。

法律申诉书的特点，可以在与上诉书的比较中得到凸显。

（一）两者对象不同

申诉状是针对已经发生法律效力的判决、裁定中的错误而提出的书状；上诉状则是针对未发生法律效力的判决、裁定中存在的问题而提出的书状。

（二）两者时效不同

对于申诉书的递交，刑事诉讼法没有规定期限，只要在判决、裁定生效后的任何时候都可以，民事和行政申诉书可以在判决或裁定生效两年内提出；而上诉状递交的期限则较短，如无正当理由耽误期限的，逾期则不能上诉。

（三）两者受理机关不同

接受申诉状的可以是原审法院，也可以是上级法院，刑事申诉状还可以向人民检察院提交；而上诉状只能向作出第一审判决或裁定的上一级人民法院提交。

（四）两者处理程序不同

申诉状是通过审判监督程序来维护当事人的合法权益，因此它适用于法律监督程序；而上诉状则适用于正当的诉讼程序。

（五）两者引起的后果不同

申诉状只是提起审判监督程序的一种材料来源，不能停止生效判决、裁定的执行；而上诉状必然引起第二审程序，导致一审判决或裁定不能生效。

申诉书大致分为三种类型，即民事申诉书、行政申诉书和刑事申诉书。根据我国《诉讼法》规定，有权提出申诉的主体有所不同：民事案件的申诉主体可以是当事人及其法定代理人；行政案件仅限于当事人；刑事案件的范围较广，可以是当事人及其代理人、近亲属。

二、申诉状写作要领

申诉状由首部、正文和尾部组成。

（一）首部

首部包括标题和当事人基本情况两部分内容。标题可以只写"申诉状"或"申诉书"，也可以根据具体案件的性质来确定，即"民事申诉状"（或"再审申请书"）、"刑事申诉状"、"行政申诉状"。对于涉及经济纠纷的申诉状，可以为"经济纠纷申诉状"或"经济申诉状"。

申诉当事人基本情况的写法，与相应上诉状的写法相同，但要把称谓相应地改为"申诉人"和"被申诉人"或"对方当事人"。值得注意的是，如果申诉人不是案件的当事人，则要注明申诉人与当事人之间的关系，并加写当事人的基本情况。另外，刑事诉讼的公诉案件没有被申诉人，如系被告人的近亲属提出申诉的，要注明与被告人之间的关系。

（二）正文

正文包括案由、请求事项、事实和理由三部分内容。

案由主要写明申诉人因何案不服何地人民法院何时以何字号作出的判决或裁定而提出申诉。一般为"申诉人因××一案，不服××人民法院×××年××月××日×法（刑、民、行、经）×字第×号刑事（或民事、行政等）判决（或裁定），提出申诉（或申请再审）"。

请求事项应写明申诉人要求人民法院或人民检察院解决的问题，表明自己通过申诉所要达到的目的。一般要指明申诉人受到的处理有何不当，并明确提出希望怎样解决，如请求撤销、变更原裁判，或请求人民法院自行复查、进行再审等，以纠正原审裁判的不当。

　　事实和理由是申诉书的关键部分，应当写明不服裁判的理由。事实上，申诉案件的情况千差万别，但其主要理由归纳起来，主要是事实认定不清、适用法律法规不当、违反诉讼程序三个方面，申诉事实和理由就要围绕这些内容重点展开。其写法比较灵活，既可以先概括原审裁判所认定的事实和意见，然后针对原裁判在认定事实和法律运用方面的错误进行辩驳；又可以先陈述客观事实和相关证据，然后列示原审裁判在认定事实和适用法律方面的主要错误，分条列项依次进行申辩和反驳。当然无论怎样写，都应将案件的客观情况讲清楚。

（三）尾部

　　尾部首先应写明申诉状所呈送的法院的名称。其次是申诉人签名或盖章，并注明具体年月日；如果申诉人是法人或其他组织，要写明法人或其他组织的全称，同时法定代表人签字并注明其职务；如请人代书，应在申诉时间下写明代书人姓名、工作单位和职务。再次是附项，应分别写明本申诉状副本、物证和书证的数量，并附上已经发生法律效力的判决或裁定的司法文书的原件或复印件，以便人民法院审查处理。

三、申诉状写作要求

（一）重点突出，目的明确

　　申诉的目的是纠正既定法律裁判的错误，因此撰写申诉状就要突出主要问题，抓住要害，指出并证明已经发生法律效力的裁判中所存在的错误，这样才能使人民法院重新审理案件，维护当事人的合法权益。

（二）事实客观，理由充分

　　事实是申诉的生命，申诉的事实应全面、真实，如发现新的证据则更为有利。此外，还应说明法律运用的情况，如原判运用法律不当，对案件的性质认定错误，并正确运用法律、援引具体法律条款进行辩驳。如原判违反诉讼程序，也应在申诉中阐明并提出正确执行诉讼程序的要求。

（三）表述简练，用语文明

　　申诉状与上诉书、起诉书一样，都要求书状撰写者用简练、流畅的语言进行表述、辩驳。同时，申诉状撰写的前提是因为当事人认为原判不当，而自己的合法权益受到了损害，但不能因为内心的不满而使用过于激烈的语言甚至进行讥刺。

四、例文评析

刑事申诉状

申诉人（被告）：杜××，男，×族，××县人，初中文化程度，20××年×月×日被逮捕。被捕前系××市第一橡胶厂工人。

申诉人因与王××流氓一案，经××省高级人民法院于20××年×月×日以法刑一核字（84）第228号刑事判决书："核准××市中级人民法院20××年×月×日（××）刑上一字第6号以流氓罪判处杜××死刑，缓期两年执行，剥夺政治权利终身的刑事判决。"原判认定事实和论罪定刑均有欠当，特提出申诉。先将申诉理由和请求分述如下：

省高级人民法院原核判决认定事实有重大出入：

一、原判认定："20××年×月×日晚，王××、杜××为首纠集江×、李×、尹××、潘××（均已判刑）等20余人，携带剑、棍、气枪等凶器砸抄石××家。"事实上，那天晚上是张××来通知我到石家去的，并不是我"为首纠集"；同时，我因为与石××的父母相处关系很好，去后，为了敷衍王××等人，只拾了一块砖头砸了石家的玻璃窗户，没有砸中任何人，就借故和江××一道走了，此事有张××和江××两人可以作证。

二、原判认定："同年×月×日晚，在杜××提议下，王××、杜××等人殴打了工人陈××。"这与事实不符。当晚，我在黄××家吃晚饭，后在回家路上，是李×提出去打陈××的，我未作声，正好遇到陈××来了，李××蹿上去抓住陈××打成一团，我既未"提议"，也未动手打陈××。只因我当时跌倒，被陈××一伙围住，迫于无奈，才用水果刀刺了陈××，这属于正当防卫行为，不能认为构成犯罪。

三、原判认定："20××年×月×日，杜××与祁×等人打伤郑××头顶部。"事实上，×月×日晚，我与刘××到矿务局看电影，途中，看到蒋××等人追赶郑×××。此事完全与我无关。

四、原判认定："20××年×月×日晚，在杜××指使下，龚××开散弹枪击伤王××，四粒子弹穿透了肺部。"这也不符事实。当时我和刘××、杨×在矿务局冷饮室，龚××来找我们帮助他运两袋瓜子回家，运好后，我和张××到王××家喝酒。酒后，在回家的路上，龚××提出要去打王××。到了王家，见到一人从屋里出来，龚××举枪要打，我劝他不能乱打，他说："不管是谁，我都打。"此时，我拣砖头砸了王××家窗户的玻璃就走了。我离开现场后才听到枪声，杨×、刘××可以作证，此事认定是我"指使"，纯属冤枉。

五、原判认定："20××年×月×日，杜××用刀捅伤油库工人夏××的臀部。"其具体经过是：当时我和钮××在等候乘汽车，夏××和钮××不知为何扭打起来，我上前劝解，夏××照我脸上打了一拳，于是，我接过钮××的刀，刺伤了夏××的臀部，纵然构成伤害，也只能算作防卫过当。

综上所述，原判认定申诉人所进行的五次犯罪活动，其中有两次只动手砸了人家窗户玻璃，并未伤人，没有造成严重后果；用刀刺伤两人的问题，一次属于防卫过当，另一次则是正当防卫；其余一次所谓打伤郑××一节，则完全与申诉人无关。由此可见，申诉人参与聚众斗殴，寻衅滋事，在进行流氓犯罪活动中，只是处于从犯地位，并非首要分子。原判援引《中华人民共和国刑法》第一百六十条第一款的规定，作为处刑根据，足以说明承认申诉人并非首要分子。而在认定事实部分，有一处却又说我"为首"，不免前后矛盾。另外，原判引用了全国人大常委会《关于严惩严重危害社会治安的犯罪分子的决定》第一条第一项，这一项规定："流氓犯罪集团的首要分子或者携带凶器进行流氓犯罪活动，情节严重的，或者进行流氓犯罪活动危害特别严重的，可以在刑法规定的最高刑以上处刑，直至判处死刑。"而申诉人既非首要分子，且犯罪活动及其后果又不是"情节严重的"，更不是"危害特别严重的"，因此，不适用刑法第一百六十条第一款规定的最高刑七年以上处刑。故原判对申诉人论罪处刑不当，请求按照审判监督程序予以提审改判，依法从宽处理！

谨致

××省高级人民法院

申诉人：杜××

二○××年×月×日

——选自付晓静、王希文主编的《新编现代应用文写作大全》，略有改动

【例文剖析】

这篇申诉状要素齐全，结构完整，在形式上比较规范。就内容而言，该申诉书紧紧扣住申诉主题，对原判在事实认定、罪刑论处及法律适用等方面的诸种错误，进行了分条列项的分析、辩驳，其重点突出、目的明确、有根有据、辩驳有力，语言上又能朴实简洁，最后得出"原判对申诉人论罪处刑不当"的结论，既合事理又合法理，是一篇比较成功的刑事申诉状。

自主学习

1. 申诉状的含义是什么？

2. 申诉状与上诉状的区别是什么?

3. 申诉状主要有哪些类型?

4. 在撰写申诉状申诉当事人基本情况时应注意哪些问题?

延伸学习

1. 以下为一份民事申诉状,请指出其中的不合规范之处。

民事申诉状

申诉人:吕××,男,37 岁,汉族,江西省××县人。

被申诉人:周××,女,38 岁,汉族,江西省××县人。

申诉人因被申诉人周××诉其房屋租赁返还转让费纠纷一案,不服××县人民法院作出并已生效的判决,认为其存有错误。申诉人曾向××县法院提出申诉,被××县法院驳回,现特向中级人民法院提出申诉,请求中级人民法院依法直接提审此案,终止本案执行,依照审判监督程序,直接对本案进行审理。

申诉人认为,××县人民法院的判决存有下列错误:

一、错列被告。申诉人不是本案的被告人,因为周××与申诉人从未发生门店租赁关系,双方根本不存在权利和义务的法律关系,申诉人曾多次在送达回证上明确表示与周××无任何关系,而法庭置之不理,不知有何根据?

二、原审判申诉人返还周××门店转让费 15000 元,是没有事实根据的,纯属原告人周××虚构事实,周××与申诉人既然不存在房屋租赁关系,哪来的返还门店转让费呢?即使是周××提供的货物清单,也不能自圆其说,更不能证实周××与申诉人之间有任何法律关系存在的事实,因此××县《驳回申诉通知书》的理由是不能成立的。虚构事实是非法的,不能作为法律依据,因而判定申诉人返还门店转让费是错判,应予撤销原判。

三、原审接受周××申请执行,更是错上加错,查封申诉人的住房,非法拘留申诉人之妻,使申诉人全家老小六人无处居住,只能在外租屋栖身。租我家房屋的店主,也被封逐走,给申诉人造成重大经济损失,周××应负责赔偿。同时原审两次搜查,将我家现金 600 元没收,既无扣押清单,又无收款凭证,应予返还。

据上所述:周××虚构事实致使原审判定事实确有错误,错列被告,申请执行查封,侵犯了申诉人及其他共有人的合法权益,使申诉人蒙受重大经济损失和精神创伤,周××对此应承担全部赔偿责任。

　　为维护申诉人合法权益,根据《中华人民共和国民事诉讼法》第178条之规定,特向××市中级人民法院提起申诉,请求中级人民法院依法提审改判,依法准予所请。

　　此致

××市中级人民法院

申诉人:吕××

　　2. 根据以下材料写一份刑事自诉状。

　　自诉人张××,女,汉族,24岁,住××市××区××街××号,××市人,××市××工厂工人。

　　被告人赵××,男,汉族,26岁,住××市××区××路××号,××市人,××市××工厂工人。

　　被告人赵××于2011年7月2日上午10时许,将一张侮辱自诉人人格的小字报贴在工厂食堂门口醒目之处。午饭时引起群众围观,全场轰动,影响恶劣。被告人在小字报中捏造事实,无中生有,污蔑自诉人道德败坏,无情断绝了与其本人的恋爱关系,而与黄××恋爱是为了骗取黄××的钱财。还造谣说自诉人与黄××刚认识几天就在××公园乱搞男女关系,当场被公园保安人员抓住,受到罚款处理。

　　7月2日下午,厂保卫科人员经过调查了解,掌握了可靠的证据,证明小字报确实是被告人所写。于是保卫科人员对被告人进行了严厉的批评。被告人当时表示接受批评,同时,还愿意在车间大会上向自诉人赔礼道歉。当日下午5时下班后,车间主任李××在全车间大会上让被告人检讨时,被告人却忽然蛮横起来,当众继续造谣生事,声称小字报所说的都是事实,绝对可靠,还对自诉人破口大骂,再次公然侮辱诽谤自诉人。

　　自诉人张××与被告人赵××,都是××市××工厂一车间工人,工作上有一些联系,关系一般。被告人于2011年4月向自诉人写情书,要求建立恋爱关系,被自诉人断然拒绝。此后被告人又连续三次向自诉人求爱均被自诉人拒绝,并被告知自诉人已有男朋友。于是被告人怀恨在心,伺机报复,企图给自诉人造成难堪的局面。同时于2011年5月通过本车间主任打听到自诉人的男朋友,是本市××公司××部门经理黄××。

　　被告人犯罪的证据有:张贴的小字报影印件;厂保卫科的调查材料;保卫人员高××,车间主任李××及车间工人方××、常××可以证实有关情况。被告人的行为触犯了《中华人民共和国刑法》第二百四十六条第一款,已构成公然侮辱诽谤罪。

被告人犯罪动机卑鄙，手段恶劣，情节严重，因此自诉人于 2011 年 7 月××日提起诉讼，要求人民法院依法严惩。

——选自张天来主编的《应用写作》，略有改动

参考文献

1. 裴显生，王殿松. 应用写作（第二版）. 北京：高等教育出版社，2005
2. 林心治，刘俐. 应用写作教程（第三版）. 重庆：重庆大学出版社，2007
3. 杨金忠，郭上玲. 应用文写作（第三版）. 北京：中国轻工业出版社，2010
4. 张天来. 应用写作. 南京：东南大学出版社，2010
5. 冯广珍. 270 种应用文写作方法（第二版）. 重庆：重庆出版社，1999
6. 陈子典. 当代应用文书写作（第二版）. 广州：暨南大学出版社，2010
7. 郗均衡. 新编现代应用文写作大全（第二版）. 桂林：广西师范大学出版社，2005
8. 冒志祥等. 应用写作学习题集. 南京：南京师范大学出版社，2010
9. 岳海翔. 综合事务文书写作. 北京：中国纺织出版社，2010
10. 吴俊. 大学写作. 上海：华东师范大学出版社，2003
11. 霍然. 大学应用写作. 杭州：浙江大学出版社，2006
12. 陈庆元，高兰等. 应用文写作. 北京：北京师范大学出版社，2011
13. 郭光华. 新闻写作. 北京：中国传媒大学出版社，2006
14. 文宏. 新编新闻写作基本知识与范例. 北京：中国商业出版社，2010
15. 刘玉学. 写作学教程. 北京：中国政法大学出版社，1999
16. 程学兰. 大学实用写作. 武汉：武汉大学出版社，2002
17. 丁晓昌. 应用写作. 南京：南京师范大学出版社，2003
18. 徐中玉. 新编大学写作. 上海：复旦大学出版社，2004
19. 洪威雷，毛正天. 应用文写作学新编. 北京：中华书局，2005
20. 王景科. 大学应用文写作. 济南：山东人民出版社，2007
21. 付晓静，王希文. 新编现代应用文写作大全. 武汉：崇文书局，2008
22. 郝立新. 大学写作. 武汉：华中科技大学出版社，2008
23. 阳晴. 新编实用文体大全（第五版）. 北京：气象出版社，2008
24. 葛树强. 应用文写作. 济南：山东人民出版社，2009
25. 柳宏. 实用写作新教程. 南京：江苏教育出版社，2009
26. 傅宏宇，尹夏楠. 财经应用文写作. 北京：北京大学出版社，2006
27. 孙秀秋，吴锡山. 应用写作教程. 北京：中国人民大学出版社，2006

28. 阎杰. 应用文写作新编. 北京：气象出版社，2008

29. 陆亚萍等. 应用文写作教程. 上海：复旦大学出版社，2008

30. 耿云巧，马俊霞. 现代应用文写作. 北京：清华大学出版社，2007

31. 师尼罗. 实用公文写作与处理新编. 北京：化学工业出版社，2008

32. 张元忠，张东风. 公务应用文写作与评析. 武汉：华中科技大学版社，2007

33. 李展. 职场文书写作. 北京：北京大学出版社，2011

34. 文鸣升. 讲话稿写作与讲话艺术. 北京：金盾出版社，2010

35. 杨霞. 公文写作规范与例文解析. 北京：北京大学出版社，2009

36. 崔学路. 尺牍百法. 北京：中国书店出版社，2008

后　记

　　当今，高等教育的教学改革正在如火如荼地开展着，其中的一个重要内容便是教学内容如何适应社会生产、经济建设的需要，为经济建设服务，而应用文写作这门课程恐怕与社会生活的实际需要结合得是比较紧密的。因此，如何运用先进的教学手段，如何选用适合学生学习的行之有效的教材，就成为当务之急。

　　2011 年 9 月新学期开学后不久，为响应学院深化教学改革的号召，学院主管教学的李正春院长建议我们编写几部常用的中文专业基础课程教材，《应用文写作与例文剖析》便是其中的一部，这是这部教材编写的初衷。

　　当这部教材确定由我来负责主编时，我感到责任重大，因为对于我和我的编写团队来说，我们既无应用文写作教材的编写经验，也无编写教材的思想准备；同时我个人的学识和眼界也有很大的局限性，生怕承担不起一部完整教材的编写任务。再加上我们编写团队的其他几位老师都有繁重的教学任务和科研工作，且他们的工作重心、兴趣爱好与此教材的编写有所偏离，所以要让大家凝聚在一起，齐心协力，各负其责，共同完成好此教材的编写，我的内心还是有所顾虑的。好在编写团队的各位成员以教改的大局为重，统一思想，群策群力，全身心地投入到此教材的编写工作中，并保质保量地完成了编写任务。

　　在教材编写之际，我们首先就此教材的编写体例达成了共识，即此教材分为应用文写作基础理论部分和应用文文体写作部分两大模块。而为了体现本教材的编写特色，我们又在例文的选用和剖析上进行了努力和尝试。因为应用文写作教材的编写从目前来看，要在理论上进行创新已不太可能；要在概念上有所超越也很困难；要在应用文文种的介绍上包罗万象似乎也没有必要。为此，我们在注重对应用文写作理论知识阐释的同时，在各类应用文例文的选用上精挑细选，突出例文的新颖性、典型性、规范性、可仿效性。努力将应用文写作的理论与应用文写作的实践相结合，使学生能举一反三，学以致用，发挥应用文写作教材应有的作用。

本教材共分十一章，编写时具体分工如下：第一章、第二章、第三章、第四章、第六章、第九章由朱全福负责编写；第五章、第八章由梁丽英负责编写；第七章、第十章由沈华负责编写；第十一章由路海洋负责编写。

本教材在编写过程中，尽管我们付出了极大的努力，力争有所创新和完善，但由于我们水平有限，且编写时间比较仓促，缺点和不足之处一定不少，恳请同行方家不吝指教，也恳请广大教师和学生批评指正。

本教材在编写时参考和吸收了前辈及多位专家的理论和成果，对此表示万分的感谢和敬意。与此同时，在本教材付梓之际，对李正春院长的热切关心，对暨南大学出版社及杜小陆编辑的大力支持，一并表示衷心的感谢。

朱全福
2012 年 3 月